LE LÉGIONNAIRE FLUTSCH

ANTOINE SYLVÈRE

LE LÉGIONNAIRE FLUTSCH

FRANCE LOISIRS
123, boulevard de Grenelle, Paris

Édition du Club France Loisirs, Paris,
avec l'autorisation de la Librairie Plon

ISBN 2-7242-1620-2

PRÉFACE

En 1980 la publication de *Toinou* (coll. Terre Humaine) révéla d'emblée un grand écrivain, Antoine Sylvère. Dans ce livre puissant et drôle, Sylvère traçait un portrait très cru de son enfance de fils de paysans auvergnats, de son éducation par les Sœurs puis par les Bons Frères de l'école Saint-Joseph d'Ambert... Le livre, fait en deux parties, « Toinou » et « Le Pont des Feignants », s'achevait à la porte d'une usine où Antoine Sylvère allait voir mourir ses deux amis d'enfance, le Puissant et Pudorgne, dont l'amitié était sa seule richesse. Leur disparition le laissait *inconsolable et désemparé. Je me sentais encombré*, écrit-il, *de ma force inutile, aussi maladroit qu'un bourdon prisonnier entre quatre murs et qui ne parvient pas à trouver l'air libre*...

Né le 4 mai 1888, mort le 23 octobre 1963, Antoine Sylvère avait, en fait, un projet littéraire beaucoup plus vaste qui, selon un plan tracé par lui en 1945, devait couvrir en dix volumes l'ensemble de sa vie. Sylvère ne devait mener à terme que les trois premiers livres de cette fresque : *Toinou*, *Le Pont des Feignants* et *Le Légionnaire Flutsch*... Pour des raisons éditoriales, le livre de la collection Terre Humaine ne reprenait que les deux premiers, citant sous forme d'extraits quelques éléments du troisième. C'est ce livre-là que nous découvrons aujourd'hui et si sa lecture suffit en soi, il serait dommage de se priver de ses richesses les plus profondes en ne le lisant pas dans la perspective directe de *Toinou* et du *Pont des Feignants*, car c'est bien la même voix qui s'exprime, la même révolte qui emporte le récit.

Tout commence le 26 avril 1905 lorsque Antoine Sylvère choisit de s'expatrier pour fuir la justice à la suite d'un détournement de fonds. Il passera d'abord en Corse, puis en Tunisie. C'est là, à la suite d'une bagarre où il laisse un homme pour mort, que Sylvère s'engagera dans la Légion. Il ne faudrait pas croire pour autant que l'aventure qui est la sienne relève du feuilleton où les faits d'armes le disputent aux aventures galantes. Aussi paradoxal que cela puisse paraître pour un légionnaire, l'aventure de Sylvère est une aventure intellectuelle. *A l'origine de toute faute, il y a une convoitise. Et précisément, j'étais harcelé par celle qui est la plus grande des convoitises, celle qui ne laisse jamais de répit, que nul dérivatif ne peut éloigner : le besoin de savoir*.

La littérature militaire ne connaît que deux genres : le genre héroïque (baïonnette au canon, fleur au fusil, scrogneugneu, sabre au clair) et le pamphlet antimilitariste. L'armée, on est *pour*, on est *contre*, on est rarement *dedans*. De la même façon qu'il dégageait radicalement *Toinou* du « témoignage vécu » et de la « communication ethnologique », Antoine Sylvère réussit le tour de force de sortir *le Légionnaire Flutsch* de cette problématique réductrice.

Sylvère n'est ni *pour* ni *contre* la Légion; elle est la chair de son livre, il l'observe comme un homme penché sur son propre corps, relevant ses imperfections, ses muscles noueux, ses faces écrasées, mais aussi ses grâces, l'éclat d'un regard, la précision d'un geste, la force d'une main. C'est la vie quotidienne de la Légion qu'il nous donne à voir avec ses beuveries hebdomadaires, ses bagarres journalières, ses rites incroyables, comme cette tradition qui permet à un homme de troupe de venir « jouer une pièce au Lieutenant », c'est-à-dire de venir l'insulter au front des troupes dans les termes les plus offensants sans risquer d'être puni. Tradition qu'on trouve aussi chez les corsaires où pendant une heure les hommes avaient le droit de jurer contre tout et contre tous, sauf contre Dieu; cela s'appelait la « liberté de cabestan ». Et cette liberté-là, les légionnaires ne s'en privent pas, trouvant dans le vin, dans l'injure, dans la lutte l'exutoire aux épouvantables heures d'ennui du casernement, loin des guerres, des batailles et des femmes.

Sylvère n'occulte rien, la violence de son texte est la violence naturelle de la troupe à laquelle il appartient. Très curieusement la clarté et la rigueur de son style, son refus des morceaux de bravoure patriotico-symboliques, son réalisme foncier font qu'Antoine Sylvère se rapproche plus des écrivains américains, comme Norman Mailer dans *Les Nus et les Morts*, comme E.E. Cummings dans *L'énorme Chambrée* ou encore James Jones dans *Tant qu'il y aura des hommes*, que des auteurs français qui écrivirent sur l'armée. Ce n'est pas la Légion elle-même qui intéresse Sylvère, ce sont les hommes qui la composent : *On parle beaucoup de respecter la dignité humaine. Eh bien, je regrette d'avoir à dire que c'est à la Légion étrangère que j'ai rencontré le plus grand respect pour la dignité humaine*.

La chance d'Antoine Sylvère, c'est d'avoir été animé toute sa vie de ce prodigieux « besoin de savoir ». Que ce soit dans la campagne de Montsimon auprès de son grand-père le Galibardi, dans l'usine à gaz d'Ambert auprès du Pantomin, l'ouvrier qui ose s'affronter aux patrons, à la Légion auprès de Flory, de Baudry, de Noblet, Sylvère trouve toujours les maîtres qui lui sont nécessaires. Ces éducateurs de fortune commenceront *tous* par reconnaître Antoine Sylvère comme un individu intelligent, capable, responsable et non comme une bête qu'il faut dresser à coups de bâton, selon la doctrine des écoles religieuses. Cela ne signifie pas que des paysans ou des légionnaires se transforment soudain en pédagogues attendris sur le sort d'un jeune homme prometteur, non, leurs méthodes ont la brutalité ordinaire de la campagne ou de la Légion mais, au contraire des Bons Frères, elles reposent sans cesse sur le respect de l'autre, sur l'égalité absolue entre celui qui apprend et celui qui enseigne : *N'attends pas de moi*, lui dit Baudry, *que je joue au maître d'école. Il ne dépend pas de moi que tu restes ignorant ou que tu deviennes un homme instruit. Tu comprendras que tant que l'on se réfère à une autorité, on ne sait rien.*

Cette leçon, Antoine Sylvère ne l'oubliera jamais. C'est elle qui biaise son œuvre tout entière, qui fait du *Légionnaire Flutsch* un livre sur le savoir où *Toinou*, dit la Gronle, se révélera un mathématicien-né, instinctif, génial... Nous sommes ici à des millions d'années-lumière du folklore légionnaire, de Gary Cooper dans *Beau Geste* ou de Jean Gabin dans *Gueule d'amour*.

A la Légion Antoine Sylvère aura appris à penser librement, *à jouer sa pièce*; lorsqu'il la quittera après deux ans de service, c'est un homme résolu qui se présentera devant les juges. A l'instar d'Edmond Dantès, comte de Monte-Cristo, le légionnaire Flutsch reviendra chez lui en vainqueur, non pour se venger comme le héros de Dumas, mais pour faire partager ce « besoin de savoir », cette capacité à trouver une issue dans les situations les plus désespérées. En cela, Antoine Sylvère sera fidèle à la mémoire de Maffèi, misérable immigrant italien qui l'empêcha de se suicider : *Maintenant, me dit-il en me tendant une pièce de cinq francs, voilà tout ce que je peux te donner pour boulotter jusqu'à ce que t'ayes trouvé du travail. Ces cent sous, tu penseras que Maffèi a sué vingt heures pour les gagner... Si tu penses à moi et que tu trouves un type dans la mouscaille, plus tard, tu t'arrangeras pour le démerder comme je l'ai fait pour toi.*

Gérard MORDILLAT

Le train qui m'emportait vers mon destin s'était arrêté à Saint-Sauveur, à Sainte-Allyre, à La Chaise-Dieu. Maintenant, il roulait à bonne allure sur le plateau. A quarante kilomètres d'Ambert, je me trouvais plus éloigné de mon pays que je ne l'avais jamais été. Dans les villages que j'apercevais, les gens parlaient un autre patois. Leurs coutumes, leur culture étaient déjà différentes. Mon regard absent se perdait sur les pentes boisées, coupées d'escarpements. Il s'arrêta un instant sur les toits rouges d'une scierie au fond de l'étroite vallée. La distance la rendait minuscule. Je pensais qu'il y avait là des gens à l'âme apaisée, appelés à vivre longtemps, et que j'étais à jamais rejeté de cet univers.

Dès le début du mois, tout serait découvert. La Direction départementale des postes remettrait à la justice les preuves manifestes d'un détournement commis au préjudice de l'État, crime dont j'étais, moi, l'Antoine, l'auteur principal et l'instigateur.

C'était le soir du 26 avril 1905. J'aurais, le 4 mai prochain, tout juste dix-sept ans. Vivrais-je jusque-là? Rien n'était moins sûr.

J'avais dans ma poche une fiole de cyanure de potassium qui contenait une dose suffisante pour faire mourir un régiment. Dès que je serais pris, je boirais un coup de la solution préparée depuis longtemps et les choses se passeraient telles qu'elles s'étaient passées pour le chat du Jean Labre à qui j'en avais administré une dose infime, quelques mois plus tôt.

Je m'effondrerais, incapable de faire un pas. Je me roulerais par terre en gigotant, je pousserais quelques cris inarticulés et, avant que les témoins aient eu le temps de compter jusqu'à trente, je ne serais plus qu'un corps inerte au visage effrayant dont le regard exorbité ferait peur. Ce serait bien la première fois que ma mine ferait peur à quelqu'un!

Souvent, j'avais imaginé cette agonie dans laquelle je figurais à la fois l'acteur essentiel et l'unique spectateur. Les premières visions m'avaient terrifié, puis, de jour en jour, le spectacle considéré avait perdu son caractère atroce, s'était progressivement adouci. Cette fin avait été acceptée comme possible et maintenant sa répétition l'avait rendue si familière que j'en admettais sans crainte l'éventualité.

La Gronle, le Crassus, ne serait pas ramené dans sa petite ville entre deux gendarmes, défilant devant une haie de gens goguenards.

C'est à l'École des Frères que l'on m'avait affublé de ces sobriquets qui m'avaient définitivement classé.

La Gronle : imaginez un vieux bout de serpillière qui aurait recueilli les déjections d'un chien malade et aurait été ensuite jeté à la rue. Cet objet innommable en bon français, à Ambert était une « gronle ».

Comme ouvrier, à la petite fonderie qui se trouvait face à l'école, puis à la fabrique de galoches, j'avais été le plus malmené. Comme porteur de dépêches, j'avais constamment souffert du mépris qui m'était témoigné, tant par le receveur que par le personnel de la Poste.

J'avais été retenu au travail de sept heures du matin à neuf heures du soir pour dix sous par jour et pendant le temps passé à la maison mon père n'avait cessé de me qualifier de propre-à-rien. J'en étais arrivé à penser que je n'avais plus rien à perdre.

J'obtiendrais, mort, la pitié que l'on accorde à tous les morts, même à des coupables comme moi, s'ils ont passé dans leur vie sans semer la souffrance autour d'eux. Car nul n'aurait à souffrir de ce détournement de quelques centaines de francs pris dans les caisses de l'État au moyen de mandats-cartes frauduleusement introduits dans les sacs postaux par mon complice, le Pierre, et qui m'avaient été adressés ensuite, l'un au Monestier et l'autre à Clermont.

A Ambert et aux alentours, dans les villages où tous me connaissaient, les bonnes femmes diraient :

« Dieu soulage! ... Le pauvre! Quand on l'a pris il a bu de *l'empoison!* »

Le Jean, mon père, se mettrait dans une colère terrible. Il tonnerait publiquement contre ce « sacré nom de Dieu de cochon, qu'il aimait mieux voir crevé plutôt que ce tort à la famille de qui jamais personne avait rien eu à dire ».

Ma mère pleurerait, mais il y avait si longtemps qu'elle avait sa charge de peines, si longtemps qu'on ne la voyait plus sourire, que plus rien ne pouvait être ajouté au fardeau qu'elle portait depuis des années.

En compensation, les vieux trouveraient autour d'eux une sympathie apitoyée qui leur ferait du bien. Peut-être même ferait-on « quelque chose » pour ce pauvre Jean et cette pauvre Marie « qui avaient bien du malheur ».

A la pensée de mon petit frère, le Damien, mon cœur se serrait... Il m'aimait et savait le montrer.

Dans quelques jours les gamins de l'École des Frères se grouperaient autour de lui, pousseraient des clameurs, se montreraient impitoyables comme ils l'avaient été pour le Rondin, le petit bâtard.

L'enfant, que les huées rendraient fou furieux, se jetterait sur le troupeau, frapperait, mordrait, se battrait à mort jusqu'à ce qu'on l'emporte... Je le connaissais bien, mon Damien!

Plus tard, mon frère se mettrait en colère contre quiconque tenterait de flétrir ma mémoire :

« Le premier qui en parle mal, je lui saute dessus et je lui bouche la gueule. L'Antoine, il a payé trop cher pour ce que ça valait et celui qui pense mal de lui n'est qu'un feignant. »

Quant à mon Grand[1], le Galibardi, il me semblait déjà l'entendre :

« On le mettait plus bas que terre, ce garçon qui était courageux comme pas un! A dix ans il travaillait comme un homme et il s'en plaignait pas. On l'a jamais vu dans un café, jamais avec une cigarette. Moi, je peux dire qu'une chose, c'est que c'est malheureux qu'à force de l'emmerder, son père, qui peut plus passer un dimanche sans se saouler, l'a amené à faire un coup pareil. »

Avec le Grand, il en serait toujours ainsi. Auprès de lui j'avais cessé d'être un gosse méprisé et bafoué à tout instant.

Je revoyais sa haute taille qu'il penchait vers moi, ses cheveux « à la Jeanne d'Arc », sa lourde barbe blanchissante dont l'aspect s'apparentait à celle d'un moujik de l'époque tsariste.

Avec lui, les conversations se prolongeaient d'égal à égal comme s'il eût été enfant avec moi ou que je fusse adulte avec lui.

Le Galibardi, qui vivait de son mieux de deux vaches dont il était propriétaire, ne pouvait équitablement juger son gendre. Mon père, épuisé par ses soixante-douze heures hebdomadaires à la scierie, gagnait quarante-cinq sous par jour. Cette somme, avec les quelques pièces de vingt sous des lessives de ma mère au cours de la semaine, devait payer un loyer de quatre-vingts francs par an et assurer l'entretien de cinq personnes. Le Jean Sylvère compensait son travail de forçat en passant au bistrot les longs après-midi du dimanche où il jouait à la manille et consommait quelques chopines.

J'avais en poche un ticket de chemin de fer pour Saint-Étienne. Je partais vers la liberté ou la mort avec un minimum de bagages. Je n'avais même pas envisagé la nécessité de changer de chemise.

Je portais un complet « des dimanches » qui m'avait coûté dix-huit francs, et de magnifiques chaussures jaunes, rêve jusqu'ici irréalisable de mon adolescence.

La satisfaction de ce besoin d'élégance m'avait coûté huit francs et le vendeur honnête avait pris soin de m'avertir que ce n'était point là souliers « d'usage » mais « de luxe », à ne sortir que par beau temps.

1. Voir *Toinou* — Antoine Sylvère, collection Terre Humaine, Plon.

Avec « l'os » des cuirs, pour ce prix-là, on ne pouvait avoir que des semelles et des talons en simple carton comprimé. Avec la pluie « ça fondrait comme du sucre ».

Tel que, avec mon complet des dimanches, le faux col en celluloïd choisi de la plus grande hauteur possible, la cravate aux tons violents et multiples, je me trouvais une allure « bourgeoise » des plus convenables et digne de cette considération que l'on m'avait constamment refusée jusque-là. On me prendrait assurément pour un fils de « bonne maison » et même si cela ne devait durer que deux ou trois jours, cela en valait la peine...

Comme mon esprit s'embarrassait peu de contradictions, je m'étais pourvu d'un solide couteau à cran d'arrêt, arme nettement prohibée que j'avais payée trois francs. Je n'avais certes pas en tête des projets homicides. Mais si un concours de chances particulièrement favorables le permettait, je pourrais gagner un de ces « pays sauvages » où l'on trouve Indiens, Nègres ou Chinois, toujours prêts à faire un mauvais parti aux garçons de race blanche qu'ils rencontrent désarmés.

Ainsi tout mon passé n'était-il que contradictions :

Le Galibardi me déclarait « vaillant comme pas un », mon père me reconnaissait seulement une aptitude certaine à « tirer les pieds de biche ». Les Frères Gérard, Armand, Philippe, Hermyle avaient dénoncé avec esprit à la population juvénile de l'École Chrétienne mon état d'abjection profonde alors que le Frère François et le Frère Désiré m'avaient déclaré digne d'une très haute destinée si j'entrais au « Petit Noviciat ». Ils avaient même envisagé que de là on me « pousserait » sûrement vers la Faculté catholique où, grâce à mon intelligence, je pourrais acquérir un immense savoir que j'emploierais pour la plus grande gloire de Dieu et de la Congrégation des Frères de l'École Chrétienne, comme le Très cher Frère Héribaud, une lumière des sciences naturelles.

Ma mère avait poussé de grands cris à l'idée que son garçon pourrait la planter là, juste au moment où il allait commencer « à gagner ». On aurait pu, en vérité, forcer la décision de la Marie en faisant intervenir l'autorité de Monsieur le Curé, mais j'avais une raison autrement sérieuse de décliner l'offre des bons Frères : une double amitié me liait à mes deux camarades Pudorgne et le Puissant, comme moi pauvres et doux. Cette amitié avait été ma richesse la plus précieuse. Leur mort, à l'âge de quinze ans, m'avait laissé inconsolable. C'est parce qu'ils n'étaient plus avec moi que les choses avaient si mal tourné.

A Sambadelles, après avoir mangé une soupe à l'Hôtel de la Gare, je pris en fin de soirée la correspondance pour Saint-Étienne.

Sur cette ligne plus importante, je n'étais pas solitaire dans mon compartiment qui s'était garni de marchands de bestiaux en longues blouses bleues, boutonnées depuis les pieds jusqu'au menton. Juste avant le départ, un « monsieur » en paletot, une serviette de cuir sous le bras, vint occuper en face de moi la dernière place disponible.

Incapable de prendre part à une conversation qui s'était engagée entre négociants sur les cours du bétail, sur le renchérissement des cochons qui valaient maintenant jusqu'à des dix-huit et vingt sous le kilo sur pied, je me tournai vers le « monsieur » et me tins prêt à usurper la place d'un fils de famille, à mon sens absolument inestimable.

Le « monsieur » était jeune, mais non point pour moi alors. La vieillesse commence à l'âge où l'on porte moustache et mon vis-à-vis en avait une, fine et frisée, ainsi qu'une légère barbe ondulée. Dès le départ, je me risquai :

— Vous allez loin, monsieur?

— Je vais à Lyon. Et vous?

— Oh! moi, je vais très loin, à Marseille, et si je peux, je m'embarquerai pour Java.

— Tiens, rien que cela? Que diable pouvez-vous avoir à faire par là? Vous y avez de la famille?

— Oh non! Mais je veux quitter le pays. Il y a longtemps que j'en avais envie. Je me suis décidé à partir, et voilà!

— Et peut-on savoir ce que vous comptez faire là-bas?

— Je ne sais pas encore. Je verrai quand je serai sur place. Je suis fort et je peux travailler. — Voilà que j'oubliais que j'étais un fils de famille cousu d'argent! — Et puis, je sais pas mal mon électricité, ça pourra sans doute me servir.

— Tiens! mais vous êtes un collègue! Je suis justement ingénieur électricien. Nous pourrions peut-être parler métier. Où avez-vous fait vos études d'électricité?

— J'ai travaillé tout seul. Je sais tout ce qu'il y a dans le livre de physique du baccalauréat, celui de Langlebert. Vous le connaissez? Je crois que c'est ce qu'il y a de plus fort.

Mon interlocuteur éclata de rire :

— Quel âge avez-vous?

— Bientôt dix-sept ans, monsieur.

— Eh bien mon ami, vous ne manquez pas d'illusions si vous pensez qu'avec ces connaissances vous allez faire fortune à Java! Et qu'avez-vous appris dans ce livre savant?

— Je sais ce que c'est que l'électricité statique et l'électricité dynamique.

— Vous avez bien de la chance! Moi, je ne le sais pas encore!

— Je sais aussi comment on fait une machine de Holtz, une machine de Gramme, en enroulant du fil en couronne et qu'on fait tourner entre les pôles d'un électro-aimant, et les galvanomètres, et tout le reste.

— Il vaudrait mieux, je crois, supprimer le reste. Le livre dans lequel vous avez fait vos études est périmé depuis longtemps. Mais vous aimez l'électricité?

— C'est ce que j'aime le mieux.

— Alors mon ami il faut l'étudier si vous voulez prétendre à autre chose qu'à dérouler un câble le long d'une ligne de poteaux. Mais vous allez à Java? Qu'emportez-vous comme bagages pour aller si loin?

Je mentais fort mal, et j'affirmai en rougissant :

— J'ai deux grandes caisses aux bagages. J'emporte des livres et aussi des armes.

— Et beaucoup d'argent, je suppose?

J'avais pour habitude de compenser automatiquement toute imposture par un acte de franchise :

— J'ai un peu plus de cent francs.

— Diable! Mais c'est une somme! Et c'est avec ça que vous entendez vous payer un voyage à Java? Avez-vous seulement un passeport?

— Qu'est-ce que c'est?

— Je vois que vous êtes riche d'illusions, mon petit. Très sincèrement, je vous avertis que vous resterez sur le quai de Marseille et que vous rentrerez bien vite chez vous quand vous n'aurez plus d'argent.

— Je pense que je pourrai m'embaucher pour travailler sur un bateau et que je serai payé au lieu d'avoir à donner de l'argent.

— Oui, la foi peut soulever des montagnes mais je ne crois pas qu'elle puisse mener à Java un garçon qui aura bientôt dix-sept ans et qui a cent francs dans sa poche.

Près de moi, les marchands, après avoir déploré la rapacité paysanne, insistaient sur de prudentes mesures qu'il convenait d'observer quand on présentait à d'éventuels acheteurs un lot de gorets pour l'élevage :

— Il est bon de mettre une épaisse couche de paille sur le plancher de la cage, ça avantage les bêtes qui ont toujours les pattes trop courtes.

— Avez-vous des papiers pour obtenir un passeport, reprit le « monsieur »? Il vous faut des pièces d'identité et l'autorisation de vos parents.

— Je n'ai rien de tout ça.

— Avez-vous un métier?

— J'étais manœuvre dans une fonderie de laiton et bronze, avouai-je, renonçant à tenir plus longtemps le rôle trop ingrat pour moi de « fils de famille ».

— Pourquoi diable ne cherchez-vous pas du travail dans une entreprise d'électricité, si vous aimez l'électricité? Vous commencerez par transporter des poteaux et à percer des trous dans les murs et puis vous apprendrez à poser des moulures et à coller des fils dans leurs rainures. Là, si vous voulez avancer, il faudra vous procurer des livres. Il y en a d'excellents que vous pourrez étudier tout en gagnant votre vie. Assez vite, vous apprendrez beaucoup de choses si vous êtes sérieux et appliqué et vous pourrez devenir monteur. C'est actuellement le métier le mieux payé. J'en connais qui gagnent neuf francs par jour.

L'une après l'autre, nombreuses avaient été les stations franchies et maintenant de rouges lueurs éclairaient le ciel. Le train défilait devant un quai illuminé par d'énormes lampes enfermées dans des globes de verre dépoli qui déversaient une lumière éblouissante et qui me subjuguait : pour la première fois je voyais un éclairage électrique!

— Les aciéries de Firminy, annonça l'ingénieur.

Par intervalles, le paysage s'illuminait de clartés. Ici et là, on voyait apparaître de longues traînées de feu indiquant la présence d'usines dont l'importance me déconcertait.

Mon compagnon me les désignait au passage :

— Le Chambon-Feugerolles, l'usine Claudinon, la Ricamarie... Eh bien, moi aussi j'aime l'électricité. C'est pour cela qu'après ma sortie de l'École des mines de Saint-Étienne je suis passé par l'École Supérieure d'Électricité. Je fais des études en vue de l'installation de futures centrales. Celle que j'étudie en ce moment pourra fournir une puissance de trente à quarante mille chevaux. Mon métier est merveilleux. C'est une excursion continuelle en des sites toujours pittoresques. On calcule ici, d'après l'érosion des vallons adjacents, l'âge des roches et tout ce qu'on peut déduire de leur vie passée, ce que va coûter le tunnel par où nous ferons passer le canal d'amenée. Après cela, aux heures de repos, on imagine ce bel œuvre achevé qui sera peut-être ruine un jour, mais qui laissera des vestiges, des témoignages formels de notre vie et de notre activité.

J'étais ébloui. J'en oubliais complètement ma misérable situation et me voyais moi-même ingénieur avec une lourde serviette de cuir.

— C'est dur pour être ingénieur? Est-ce que vous croyez que moi, en travaillant beaucoup, je pourrai devenir ingénieur?

— N'importe qui peut devenir ingénieur au sens vulgaire. Ce n'est qu'une affaire de travail et de suite dans les idées. Si vous êtes capable de prendre plaisir à chercher un problème que vous ne savez pas résoudre, si, ayant échoué malgré vos efforts, vous en conservez les données dans votre esprit pendant des semaines, des mois, toujours dans l'attente de quelque nouveau moyen qui viendra à votre secours, vous ne « deviendrez » pas ingénieur, vous êtes déjà ingénieur.

J'étais tout secoué par cette révélation. C'était justement une des caractéristiques les plus marquantes de mon esprit que venait de définir là mon interlocuteur.

— Je suis comme ça, dis-je, avec animation. Quand je trouve un problème que je peux lire, je le cherche jusqu'à ce que je l'aie trouvé, c'est même pour ça qu'on se fiche de moi et qu'on dit que je « fais des almanachs ». Ça m'amuse comme ça amuse les camarades qui jouent au billard de s'engager pendant des dimanches et des dimanches à faire des coups qu'ils ne savent pas faire. Tenez, l'été dernier, le long de la rivière, j'ai trouvé le fils du facteur qui travaille pour être agent-voyer. Il avait un petit livre : « Tables de logarithmes de Lalande ». Je lui ai demandé ce que c'était : « Pas la peine, tu ne comprendrais pas ». Voilà ce qu'il m'a répondu. Eh bien, monsieur l'Ingénieur, moi je vous jure que je comprendrai. Que je trouve seulement un livre qui l'explique et on verra si je ne comprends pas.

A Saint-Étienne, l'ingénieur me proposa :

— Si vous voulez, nous continuerons la conversation jusqu'à Lyon. Vous m'intéressez avec vos enthousiasmes. Je vous expliquerai ce que sont les logarithmes et ce qu'on en fait. Éveillé comme vous l'êtes, en dix minutes vous serez au courant. Vous me posez un problème nouveau, un problème humain, et de tels problèmes m'intéressent autant et plus que les autres.

Dans le train de Lyon, l'ingénieur tira un calepin et aligna deux séries de nombres, les accoupla par paires et fit apparaître avec clarté les conséquences extraordinaires qui résultaient de ce mariage. La multiplication devenait addition, la division soustraction... En moins de dix minutes j'avais tout compris : ce qu'étaient les fameuses tables et leur utilité... Je voulus aller plus loin et savoir comment on avait calculé ces fameuses tables qui donnaient le nombre et son conjoint pour tous les nombres possibles.

— Ça, mon petit, c'est une autre affaire. Ce que je trouve merveilleux, c'est que vous ayez besoin de le savoir. Où avez-vous fait vos études?

— Chez les Frères jusqu'à treize ans. Après, j'ai travaillé pour gagner ma vie. Je voulais étudier, mais je n'avais pas de livres. C'est pour ça que je me suis sauvé.

— Et c'est pour ça que vous vouliez aller à Java?

— Je suis bête, n'est-ce pas?

— Ignorant, oui. Bête, assurément non. Il faut en tirer les conclusions. Dans n'importe quelle grande ville vous trouverez les moyens de développer des facilités que je reconnais certaines. Vous trouverez des livres écrits dans une langue que vous pourrez comprendre. Quel que soit le travail que vous ferez, des problèmes se poseront et vous n'aurez qu'à obéir à vos tendances.

En gare de Perrache il fallut se quitter. L'ingénieur me donna un dernier avis. C'était une invitation formelle :

— Bon courage, mon petit! Quand vous aurez fait votre tour, si vous repassez par Lyon, et si cela vous intéresse, vous demanderez M. Machezaud, ingénieur à la Société des Forces Motrices du Centre. Je pourrai vous faire embaucher... Avec moi, peut-être. Ne serait-ce qu'en qualité de porte-mire.

Dès que je me retrouvai seul, mon enthousiasme tomba.

« Trop bête par ma faute », j'avais commis un acte irréparable. Si j'étais parti ce même jour avec trente francs empruntés sur ma paye de fin de mois, je me serais arrêté ici, à Lyon. Je me serais embauché n'importe où : comme « goujat » pour servir les maçons, ou à la gare même, pour décharger les wagons. J'aurais pu travailler à n'importe quoi, à n'importe quel prix, jusqu'à ce que M. Machezaud me prenne avec lui. En peu d'années, j'aurais dépassé ceux qui avaient le mieux réussi à l'École des Frères, même ceux qui s'y trouvaient encore alors que je l'avais quittée depuis quatre ans. J'aurais même dépassé le Bernard qui avait passé son brevet et qui était entré au chemin de fer.

Mais avant peu les gendarmes seraient à mes trousses... Il fallait fuir loin, le plus loin possible, fuir jusqu'au jour inévitable où il faudrait porter la fiole à mes lèvres, tomber et mourir...

C'est ainsi qu'après un voyage mouvementé, peu après le lever du jour, je débarquai en gare de Marseille. Je gagnai le buffet où je bus un café et mangeai un morceau de pain. De là, je sortis et gagnai le Vieux-Port.

Je contemplai le pont transbordeur, m'étonnant de la dimension des bateaux, de l'un d'eux surtout, magnifique, peint en blanc, sur le pont duquel s'élevaient des constructions en bois verni. Partout des cuivres rutilants. On m'informa que ce beau navire était la propriété d'un milliardaire dont j'entendais le nom pour la première fois : M. Pierpont Morgan. Je pensai avec regret que je ne reverrais plus mon grand-père le Galibardi à qui j'aurais tant de choses à dire, après seulement un jour de voyage. Je pensai à M. Machezaud et à l'obligation d'avoir des pièces d'identité. Ma résolution fut prise.

Je dispersai dans cinq de mes poches les cinq louis de vingt francs que je possédais et j'abordai un groupe de jeunes désœuvrés qui jouaient au bouchon sur le quai.

Le plus naturellement du monde, je demandai si l'un d'entre eux ne pourrait contre paiement me céder une pièce d'identité. L'un d'eux s'avança :

— Je peux te vendre mon livret de travail, si ça fait ton affaire. Combien que tu donnes?

Et il tira de sa poche un carnet crasseux relié en toile noire.

— Vingt francs.

— Sans blague! Ça vaut cent balles! C'est pas cher pour que je te donne mon nom. Si tu pipes une condamnation à mon compte c'est des emmerdements pour « mes colles », s'pas? Allez! Raque les cent balles.

— Je les ai pas. Je n'ai que soixante francs.

— Bon! Aboule-les et prends le carnet.

Après ce marché, j'appris avec indifférence que mon nom serait désormais Bruno Louis, que j'étais âgé de dix-neuf ans et demi et que j'étais né à Aubagne, Bouches-du-Rhône, toutes choses dont je ne m'étais jamais douté jusqu'à ce jour. J'appris également que j'avais travaillé aux tuileries de Saint-André et dans la fabrique de chaux de M. Romain Boyer à la Bedoule. J'avais eu un nombre considérable d'autres employeurs, suffisamment pour occuper de nombreuses pages du carnet. En compensation, le total des journées de travail s'exprimait par un nombre assez réduit pour que la vente du carnet eût ajouté une sérieuse augmentation à leur valeur marchande.

J'avançai vers le goulet pour admirer la tour impressionnante du Fort-Saint-Jean. Un vieux marinier installé dans sa barque m'interpella :

— Hé! dites-donc, jeune homme, vous voudriez pas aller faire un tour au Château d'Ife, ça coûte que cinque francs?

— Je n'ai pas d'argent.

Le vieux réfléchit, puis insista :

— Vous aimeriez bieng y aller, heing?

— Qu'est-ce que ça peut vous faire puisque je n'ai pas d'argent.

— Hé, bonne mère, pas besoin de le répéter, vous l'avez déjà dit, je suis pas sourd! Je vous demande si vous avez envie d'aller au château d'Ife, voir le cachot d'Edmond Dantesse avé le trou où on peut passer dans le cachot de l'abbé Faria? Vous connaissez l'histoire de France, oui? Eh bieng, si vous voulez voir tout ça, montez, ça vous coûtera rieng, pardi!

Je pris place dans la barque et tout en ramant avec le même zèle que s'il eût été payé, l'ancien me présenta les beautés de sa ville, de son port. Il nomma les forts, les îles Tatonneau et Pomègues, Notre-Dame-de-la-Garde. A l'atterrissage, il expliqua au gardien :

— Je m'emmerdais là-bas, tout seul, et j'ai voulu venir te voir. Tu me manquais, bonne Mère! Et ça me disait rieng de venir sans personne à qui parler, té! Alors j'ai pris le jeune homme pour qu'il me tienne compagnie. Fais-lui voir le château mais c'est pas la peine que tu lui tendes la main. Il a rieng pour y mettre. Il pourra juste cracher dedans pour te rendre service si ça peut te soulager pour tourner la clef dans la serrure. On le sait bieng, té, que t'es fatigué!

J'avais lu *Le Comte de Monte-Cristo* et le château me parut beaucoup moins important que je ne me l'étais imaginé.

Pendant le voyage de retour, le vieux marin s'inquiéta :

— Comment qu'vous allez faire pour becqueter, jeune homme, si vous n'avez pas d'argent?

— Je mangerai quand j'aurai trouvé du travail. Peut-être que je pourrai m'embarquer.

— Tu es inscrit maritime? questionna le brave homme, passant au tutoiement.

— Non.

— Ben alors, si t'es pas inscrit et si tu attends pour casser la croûte de trouver un engagement, t'as pas besoin de t'en faire, t'as qu'à te laisser périr de faim. Moi, je te propose de venir à la maison, la bourgeoise, elle aura fait la bouillabaisse. Nous sommes deux vieux tout seuls et ça nous fera plaisir d'avoir un jeune pour nous tenir compagnie. Tu pourras en manger pour vingt-quatre heures et encore il en restera pour demaing.

— Oh non! je vous remercie.

— De quoi, oh non? T'as peur qu'elle te mange, la vieille? Elle en aurait du mal, la pôvre. Elle a pas une seule dent. Et dans quoi tu te figures qu'elle l'a laissée la dernière? Dans un morceau de mie de paing!

L'accueil de « la bourgeoise » fut des plus aimables.

Je ne connaissais la bouillabaisse que de nom. A l'exception du hareng, des sardines à l'huile et de la morue salée, le goût des poissons de mer m'était parfaitement inconnu. Je déclarai à l'excellente femme, avec beaucoup plus de franchise que je n'avais jugé bon d'en manifester à l'égard du vieux marin, que sa cuisine était bien la meilleure que j'eusse connue avant ce jour. Par exemple, les bons vieux refusèrent de croire à ma sincérité, pourtant bien réelle, lorsque je déclarai que je n'aimais pas le vin.

— Faut jamais dire que tu aimes pas le ving, réprimanda le vieux. C'est pas chrétieng! C'est bon pour les bicots de pas aimer le ving! Mahomet leur défend d'en boire mais nous autres qui sommes de bons chrétiengs, c'est pas la même chose puisque le curé il pourrait pas dire sa messe si on lui versait pas un coup de ving à boire au moment de la communiong.

Je dus boire deux grands verres de vin blanc qui m'étourdirent. De plus, je me sentais fatigué. Je n'avais pas dormi la nuit précédente. Je fus pris d'idées noires et les larmes mouillèrent mes yeux.

— Qu'est-ce qui ne va pas mon petit? demanda la vieille.

— Je crois que je suis un peu saoul. Je n'ai pas l'habitude de boire du vin, et je suis fatigué parce que j'ai voyagé toute la nuit.

— Té, il est fatigué ce petit, commenta le vieux. Mets-le donc dans le lit du fisse. Il va dormir jusqu'à ce soir et il mangera la soupe avé nous.

Nous avons un grand garçong, m'expliqua-t-il, qui est inscrit maritime. Il est par là-bas, sur la côte d'Afrique, du côté de Porto Novo, en ce moment. Il a ton âge, à peu près. Il aura ma place à la Compagnie. Moi je suis retraité maintenang et, avé ce que je me fais avé ma barque, ça nous fait bien de reste pour la bourgeoise et moi. Tu vas rester ici jusqu'à demaing mating et puis, si tu veux, tu iras voir s'il fait beau et si tu trouves du travail.

Je me couchai et m'endormis d'un sommeil tranquille jusqu'après sept heures du soir. Devant le lit, à mon réveil, j'aperçus la brave femme qui me regardait avec une bienveillance que je n'avais jamais vue dans les yeux de ma malheureuse mère, qui se tuait à la tâche afin de « joindre les deux bouts » qui se refusaient à tout rapprochement. Ce souci constant de la Marie ne lui laissait rien à donner aux tâches contemplatives.

A table, le soir, ces braves gens se donnèrent bien du mal pour étudier diverses perspectives d'avenir dont aucune n'était praticable pour moi. Je ne devais pas m'attarder à Marseille. Le lendemain il faudrait fuir, causer une amère déception à ces deux vieillards, ajouter à tout le reste une canaillerie nouvelle qui me paraissait plus abominable encore. Je pris note d'un nom de contremaître des usines Tassy-Roca. Ce dernier était un ami du vieux marin et m'embaucherait certainement.

— Le dimanche, quand c'est qu'il fera beau, on partira tous les trois, avé la vieille, pêcher dans les calanques. Si on met la voile, on fait du chemin. On fera la croûte sur le rivage et, bonne mère, tu verras comme on sait se la couler douce, nous autres, les Marseillais!

Le lendemain matin, au lieu d'aller aux usines Tassy-Roca, je gagnai la gare où je pris un train pour Nice.

Tassé dans le coin d'un compartiment je me livrai à de tristes réflexions. Le monde était plein d'excellentes gens. Parti depuis deux jours j'avais rencontré deux occasions m'offrant un avenir de satisfactions telles que je n'eusse jamais auparavant pu en espérer de semblables. La veille, j'aurais pu me fixer près de M. Machezaud. Aujourd'hui, après avoir été embauché à l'usine, je serais rentré déjeuner chez « la bourgeoise » pour laquelle je me sentais débordant de tendresse. Je me serais réjoui d'avance de la partie de pêche prévue pour le proche dimanche. Et voilà : je m'enfuyais comme un salaud. Je pleurais en pensant à la déception des vieillards qui m'attendraient pour le déjeuner. Ils n'avaient rien exigé, rien imposé. Comment s'expliqueraient-ils cette ingratitude lorsqu'ils arriveraient à la conclusion : « Il ne reviendra pas. »

Je ne pouvais m'intéresser aux sites merveilleux qui se déroulaient sous mes yeux, à ces jardins aux plantes étranges, à ces villes magnifiques, à cette mer calme comme un lac dont l'étendue paraissait infinie.

Arrivé à Nice, j'entrai dans le premier hôtel venu et comme je n'avais pas de bagages, je fus invité à régler d'avance le prix d'une chambre de six francs. Après m'être assuré que je pourrais la payer, je pris un repas à prix fixe, me mis à table et m'étonnai de recevoir, au lieu du pain que je réclamais, de minces baguettes craquantes de la grosseur de l'index. Je n'insistai pas, craignant de me faire remarquer dans ce milieu. Je broutai du bout des dents la nourriture qu'on me servit. Je regrettais la bonne soupe paysanne faite de poireaux et de pommes de terre, de dés de lard un peu rance. Et jusqu'à la réflexion de ma mère et son ton « reprochant », après cette soupe :

— Tiens! regarde-le *ton* garçon!

A entendre le Jean et la Marie, il semblait que chacun voulût accuser l'autre de ma naissance. Lorsque de l'un à l'autre ils parlaient de moi, c'était toujours à la seconde personne, comme si chacun eût senti la nécessité d'affirmer la constance de ce reniement.

J'allai me coucher sans même jeter un regard par la fenêtre sur cette ville dont on parlait tant, sur cette nuit étoilée.

Avant de m'enfoncer dans le sommeil et dans l'oubli, la vision des beaux soirs d'été à Montsimon, après les soins donnés au bétail, surgit. Nous allions dans le pré, le Grand et moi. On s'asseyait face au nord pour observer une étoile qui se tenait toujours juste au-dessus de la dernière feuille haute du grand noyer :

— Regarde-la bien celle-là, insistait le Galibardi, personne me l'a jamais dit mais sûr et certain que c'est bien la polaire. Tu vois, y a que celle-là qui bouge pas, toutes les autres, elles tournent autour. Y en a pas une autre qui est toujours du côté de la bise. Tu vois, elles tournent les étoiles, comme les aiguilles d'une montre mais en sens contraire et y leur faut le double de temps pour faire le tour. Pas tout à fait pourtant, c'est comme une grosse montre qui avancerait un peu, à peu près une demi-heure par semaine. Elles doivent toutes avoir des noms. Mais y a personne qui prendra la peine de nous les dire, à nous. Toi, faudra que tu ailles dans les villes où on peut apprendre tout ça. Y a rien qui te retiendra. A temps perdu, si tu veux, tu pourras apprendre le nom des étoiles. Et tu seras pas de ceux qui savent et gardent tout pour eux comme un secret.

J'allais dans les villes, mon « Grand »... Et je ne pourrais jamais revenir au pays pour te révéler le nom des étoiles...

Le lendemain, levé tôt, j'errai sans prendre aucun intérêt aux diverses beautés qui s'offraient à la vue. A midi, je déjeunai d'une assiettée de frites et me dirigeai vers le port où j'appris que j'avais encore les moyens de me payer un passage de pont pour Bastia. Après avoir réglé le prix du billet, il me restait encore presque dix francs. Je pensai, avec satisfaction, que je réussirais malgré tout à faire une traversée.

Sur le reliquat de ma fortune je consacrai six francs à l'achat d'un guide Joanne et, vers le soir, je m'embarquai sur le Cyrnos... où une jeune fille me fit des avances!

Elle était blonde, jolie et fort avenante. Elle était autrichienne et voyageait en seconde classe, engagée comme institutrice des enfants du sous-préfet de Bastia. Il ne fallut que peu de temps avant que nous nous racontions mutuellement les faits essentiels de notre vie. Je présentai la mienne assortie d'un grand nombre de mensonges que je jugeai nécessaire de compenser par un très petit nombre de vérités.

Nous eussions volontiers poursuivi l'entretien pendant toute la nuit. Malheureusement, le départ et les insupportables nausées qui suivirent vinrent mettre fin à l'idylle naissante.

Je me sentis à moitié mort quand je me retrouvai au petit jour sur le quai de Bastia.

Je flânai sur le port, me reposant de temps à autre sur une bitte d'amarrage, feuilletant mon guide afin de chasser toute pensée désagréable de mon esprit. Vers midi, j'entrai à l'hôtel François-Bartoli où, pour le prix de vingt-cinq sous, on me servit un excellent repas, après quoi je demandai une chambre à vingt sous et m'enfermai jusqu'au dîner.

Je me sentais douloureux et somnolent, sans curiosité pour ce pays. Le regret d'un acte dont je ne pouvais voir que les conséquences désastreuses se manifestait, de plus en plus cuisant. Il me semblait que ma vie avait commencé deux jours plus tôt, avec la rencontre de M. Machezaud. Je pensais avec une vive amertume à ce que les vieux Marseillais qui m'avaient si bien accueilli pouvaient conclure de mon passage dans leur maison. Jamais ils ne sauraient à quel point j'étais dégoûté de moi-même, vraiment las à mourir.

Le lendemain, après avoir employé mes derniers sous à régler le montant de la chambre et du déjeuner chez Bartoli, je pris la route montant vers le col de Téghime. Maintenant, c'est avec un grand calme que j'envisageais l'emploi très prochain du flacon de cyanure, étiqueté « alcool de menthe ». La chose pourrait se faire bientôt. Je savais pouvoir atteindre sans manger un maquis désertique indiqué sur la carte du guide : le désert des Agriates. Là, je périrais, solitaire, et personne à Ambert ne saurait ce que j'étais devenu.

Le col franchi, j'abordai la descente sur Patremonio et marchai jusqu'à Barbaggio. Je me sentis très las. La nuit tombait mais le temps était doux.

Je m'installai sur un banc de pierre devant une auberge et contemplai encore une fois le spectacle de ma fin prochaine.

Un facteur qui passait devant moi m'interpella :

— Alors, jeune étranger, on est venu faire une visite à la patrie de Napoléon?

N'ayant, en fait, jamais eu la moindre idée de ce que je pouvais venir faire en Corse et pris de court, je jetai au hasard : « Je suis venu chercher du travail. » Un éclat de rire accueillit cette déclaration.

— Eh bien, dit le facteur, en voilà une bien bonne! Venir chercher du travail en Corse! Mais il n'y a pas, dans le pays, du travail pour seulement le quart des habitants, jeune homme. C'est pourquoi il y en a tant de chez nous qui vont en chercher sur le continent. Mais je ne vous dis pas ça pour que vous alliez, de ce pas, reprendre le bateau. Puisque vous êtes dans notre île, prenez tout votre temps pour la visiter. Elle en vaut la peine! Si les Corses sont pauvres, ils sont hospitaliers. Celui qui se présente à l'auberge avec de l'argent est bien reçu : c'est un client. Celui qui n'en a pas, c'est un hôte. Vous trouverez partout un toit pour vous recevoir et une table avec de quoi manger à votre faim à l'heure des repas. Il y a dans toutes les auberges la paillasse de feuilles sèches qu'on étale devant le foyer pour le voyageur sans argent. Tenez, Antonini, cette vieille crapule, la tient prête à vous recevoir, la paillasse de feuilles avec sa couverture. Vous verrez qu'on y dort très bien. Alors pas la peine de vous biler. Demain, vous repartez après le café et vous continuez votre tournée. Dans n'importe quel village on vous recevra comme ici. Il y a de l'honneur chez nous, voyez-vous, jeune homme, et celui qui laisserait partir un étranger qui demande l'hospitalité sans avoir fait son devoir serait méprisé.

C'est une bonne soupe que je mangeai le lendemain matin, à l'heure du café. Et je repris la descente sur Saint-Florent. J'étais plus léger que la veille et pensais maintenant que je pouvais m'accorder un sursis. Les poursuites contre moi ne seraient pas engagées avant quelques jours. Rien ne pressait!

Je traversai sans m'y arrêter la petite bourgade de pêcheurs et continuai ma route vers l'Ile-Rousse à travers le maquis des Agriates. Ce fut une marche de cinquante kilomètres qui me fit grand bien malgré la souffrance physique causée par les chaussures à semelles de carton qui n'avaient pas été prévues pour cet usage.

A l'Ile-Rousse, je visitai le port. Je me promenai sur le môle où je restai quelques heures à observer les vagues qui se brisaient sur les blocs de béton.

Je revins sur le quai et avisai un bateau d'assez grandes dimensions sur l'arrière duquel on pouvait lire : Tempus (Cardiff).

Sur le pont, deux garçons au visage criblé de taches de rousseur et aux cheveux roux fainéantaient au soleil, assis sur un panneau d'écoutille. Je leur demandai si je pourrais me faire embaucher; les gars se regardèrent, échangèrent quelques mots en un langage incompréhensible et se mirent à rire.

Un grand gaillard en casquette déboucha d'une ouverture vitrée et fit un signe. Les deux rouquins m'empoignèrent et me jetèrent sans façon sur le quai d'une hauteur de deux mètres. Le porteur qui me tenait les jambes avait lâché prise le premier, si bien que pendant la chute je pus me rétablir partiellement et tomber d'aplomb sur les fesses qui s'en trouvèrent rudement contusionnées.

Dégoûté, j'eus l'idée de revenir à Bastia...

L'entrée dans la gare et l'installation se firent sans difficultés. Le train partit et je m'intéressai au paysage pittoresque, aux localités, aux noms sonores : Belgodère... Palasca... Le compartiment se remplit et la nuit survint. Un long arrêt marqua l'embranchement de Ponte-Leccia.

Un contrôleur monta dans le compartiment :

— Sieurs, dames, billets siouplaît!

Je ne fis pas un mouvement. Je réfléchis que l'instant de la crise était arrivé.

Le contrôleur s'arrêta devant moi :

— Alors? Vot'billet?

— Je n'ai pas de billet.

— Alors il faut payer depuis Calvi.

— Je n'ai pas d'argent.

— Eh bien, tant pis pour vous. Donnez-moi vos papiers.

— Je n'ai pas de papiers.

— C'est bien, nous verrons ça à Bastia.

Après le départ du contrôleur, le public du compartiment se montra fraternel et témoigna d'un intérêt empressé à mon égard. Un garçon d'à peu près mon âge me conseilla d'attendre, pour me sauver, la station de Lupino qui se trouvait être la dernière station, à cinq kilomètres avant la ville.

A Lupino, lorsque je voulus descendre à contre-voie, je trouvai la portière fermée à clef. J'étais pris comme un rat! Le garçon qui m'avait conseillé me vint en aide. Il abaissa simplement la vitre :

— Tiens, par là, on ferait passer un cheval. Démerde-toi, le train démarre. Cette raie blanche, c'est la route. Prends à gauche, tout droit jusqu'à Bastia... Adieu... bonne chance!

Une heure plus tard je demandais à dîner et retenais une chambre à l'hôtel Bartoli : j'en étais arrivé à ne plus craindre de commettre une filouterie. S'il me fallait mourir le lendemain, on verrait bien. Il vaut mieux bien manger et bien dormir encore une fois avant de crever.

Le lendemain, sentant l'affolement me gagner, je me dirigeai vers le port.

J'avisai un grand bateau à cheminées fumantes : *L'Italia*, qui embarquait marchandises et bagages. Je gravis l'échelle et avançai sur le pont dont je fis le tour. Ce faisant, j'aperçus un petit homme d'une trentaine d'années, très brun, vêtu d'un veston usagé s'ouvrant sur une chemise sans cravate mais fort propre.

L'homme engagea la conversation et j'appris qu'il était un maçon piémontais qui s'était embarqué à Marseille pour la Tunisie où il allait chercher du travail. Il était simple et paraissait fort bon homme. Son visage me rappelait celui de l'oncle Charles. C'était la même figure ridée de bonne heure, le même regard tranquille. Ce rapprochement provoqua chez moi un besoin éperdu de me confier. Je n'en pouvais plus.

— Moi aussi, dis-je, je voudrais bien partir en Tunisie. J'ai les gendarmes au derrière, dans mon pays. J'ai volé, si bêtement!... Hier, j'ai voyagé sans billet et je me suis fait prendre, mais je me suis échappé avant qu'on me passe aux gendarmes. Je dois un dîner et une chambre à l'hôtel où je me suis réfugié pour ne pas me faire ramasser pendant la nuit. Je suis foutu, je n'en peux plus!

— Si c'est comme ça, dit l'homme sans s'émouvoir, tu risques pas plus ici qu'à retourner en ville. Le bateau va bientôt partir. T'as qu'à venir dans ma cabine. Y'a deux lits. Sur celui d'en haut, j'ai mis mes valises. T'auras qu'à t'fout derrière. Y'a personne qui viendra t'y chercher, ou alors ça m'étonnerait bien. T'as bouffé à midi?

— Non, j'ai pas osé. Tu sais, ils n'attendaient que ça à l'hôtel pour m'amener la note. Je n'ai pas de bagages.

— Oui, c'était à peu près sûr. Mais y faudra pourtant que tu manges. Ça fait drôlement souffrir quand y faut dégueuler et qu'on a le ventre vide. Je vais descendre pour aller te chercher un morceau. J'ai rien pris d'avance. J'ai une troisième et je suis nourri. C'était pas la peine de me charger.

Je fus conduit dans la cabine, je me hissai sur la couchette supérieure et me fis un barrage des valises. Je trouvai la cachette confortable. Peu après, l'Italien reparut porteur d'une miche, d'une bonne longueur de cervelas et d'une bouteille de vin.

— Tiens, remplis-toi le ventre tant que tu peux. C'est pas que ça te profitera beaucoup mais ça t'aidera.

Tant de générosité m'émut. J'étais stupéfait à la pensée que le monde contenait tant d'amis.

— Comment t'appelles-tu, demandai-je à l'Italien. Je ne voudrais jamais oublier ton nom.

— Je m'appelle Maffei. C'est pas pour que tu te rappelles que je te le donne. Ou alors, si ça t'arrive d'y penser, y faudra que tu dises après : « Nous autres, les malheureux, on doit toujours s'aider. » Et pour penser que si t'as dans ta poche assez d'argent pour manger encore quat'jours, y faut en donner un peu à ç'ui-là qui a besoin de manger tout de suite. Si par hasard t'étais poissé, je compte que tu diras pas que je t'ai conseillé mais que tu m'avais dit que tu avais payé ta place, parce que tu dois comprendre que ça me coûterait cher et que, à toi, ça te rapporterait rien.

— Tu peux y compter, Mafféi.

— Viens prendre un peu l'air sur le pont. Tant qu'on n'est pas parti, y a pas de pétard.

Tout en avalant d'énormes bouchées de pain frais accompagnées de cervelas, je suivis l'Italien.

— Tu me sauves la vie, Mafféi. Je ne veux pas être pris. Je ne veux pas rentrer dans mon pays entre deux gendarmes avec les chaînes aux mains. Pour éviter ça, j'étais prêt à mourir si tu ne m'avais pas aidé. Tu vois? J'étais prêt.

Je lui montrai le flacon de solution cyanhydrique préparé depuis longtemps.

— Qu'est-ce que c'est? demanda Mafféi.

— C'est du cyanure de potassium que j'ai barboté dans une boîte qui faisait de la dorure. Il en faut pas même gros comme une tête d'épingle pour tuer un homme en moins d'une minute.

— Fais voir ça un peu, demanda l'Italien.

Le front ridé, il prit le flacon, l'examina longuement, puis, d'un geste brusque son bras se détendit et le flacon tomba au loin dans les eaux du port.

— Oh! Mafféi! criai-je, les larmes aux yeux, plus que jamais désespéré. Je te croyais mon ami!

— Et alors? Tu le crois plus que je suis ton ami! hein, petit con? Et si tu es le quart d'un homme, tu m'entends, si tu trouves un gars sur ton chemin qui en a marre et qui veut se détruire, tu feras ce que je viens de faire. Si, au lieu de ça, tu m'avais fait voir un pétard, il aurait pris le même chemin. Maintenant ça sera plus difficile pour toi de crever et t'auras le temps de réfléchir. Tu parles comme un livre et tu prends la vie comme un môme. Quel âge as-tu?

— Dix-sept ans dans quelques jours.

— Et c'est pas'que t'as volé que tu veux te détruire? Qui c'est qu't'as volé?

— L'État... J'ai fait des faux mandats.

— Et tu as peur qu'on te coupe le cou pour ça?

— Non, mais je veux pas aller en prison.

— T'as pas appris à vivre, je te dis... Plus ou moins on fait le con à ton âge. Si t'es pris et qu't'ayes quelques années de taule, ça passe, tout ça... C'est quand on est mort que tout est fini.

La sirène de *l'Italia* lançait les derniers appels.

— Descendons, commanda Mafféi.

En bas, il ferma la porte de la cabine et poursuivit :

— Qu'est-ce que tu risques, si t'es pris? Deux ans? Cinq ans? Y vont jamais bien fort quand c'est la première fois et que c'est un gars de ton âge. Regarde, moi, j'ai plus de trente ans et de la misère toujours, du plus loin que je me rappelle. J'ai jamais tué ni volé. Je dis pas ça pour te faire honte mais c'est pour que tu comprennes. Toi, si tu fais ta peine, ça te donnera l'habitude de payer c'que tu prends et si ça t'arrive demain, à vingt-deux ans au pire tu seras dehors, jeune et beau garçon. T'auras qu'à turbiner et personne te demandera rien. T'auras vingt-deux ans! Ça t'en laisse du temps pour faire des choses propres avant de crever! tu seras encore mieux parti que Mafféi qui sait si peu lire et écrire que ça vaut pas la peine d'en parler.

Après une mauvaise nuit je me retrouvai le lendemain avec un estomac tolérant. Je pus faire honneur aux vivres que m'apportait l'Italien.

Par le hublot, j'observais la côte de Sardaigne que *l'Italia* suivait de très loin. Mon esprit inconstant et mobile s'était laissé gagner par les raisonnements de Mafféi. J'admettais maintenant que je pourrais, dans un proche avenir, rentrer à Ambert, enchaîné entre deux gendarmes, la tête basse. Je dirais mes regrets et ce que j'avais appris depuis que j'avais quitté le pays. Je paierais et, ma peine finie, je pourrais repartir à la recherche de braves gens comme M. Machezaud, le ménage des Marseillais ou Mafféi.

L'Italien m'entretenait dans ces pensées, me détaillant mes chances.

— Ton pays est riche. C'est pas comme chez nous où on est forcé de partir pour gagner son pain. On peut pas se marier, nous autres... On arrive là, on travaille, et puis y fait mauvais temps... ou y a plus de boulot et y faut aller plus loin. Si t'as mis quat'sous de côté, faut les manger en attendant de trouver du travail. Et dans l'intervalle, c'est ta culotte ou tes godasses qui foutent le camp. Toi, t'auras qu'à te tenir tranquille quand c'est que t'auras fait ta peine.

Le soir même, *l'Italia* abordait à Tunis et Mafféi descendit ses valises.

— Je vais voir comment que ça se goupille pour la sortie, dit-il.

Il rentra quelques minutes plus tard :

— Y faut que tu restes là et que tu dormes ici. Y a pas moyen en ce moment. Tu risquerais trop de te faire poisser. Demain matin, tu te baladeras sur le pont comme un type qui se promène et comme on n'empêche pas de monter, ça étonnera personne de voir un p'tit gars qui zieute les machines avec les mains dans les poches. Pis t'auras qu'à descendre tranquillement et ceux du bateau croiront que t'es un type de dehors; les douaniers, eux, que t'es un type du bateau, tu comprends? Maintenant, me dit-il en me tendant une pièce de cinq francs, voilà tout ce que je peux te donner pour boulotter jusqu'à ce que t'ayes trouvé du travail. Ces cent sous, tu penseras que Maffei a sué pendant vingt heures pour les gagner. Pour les mettre de côté, quand tout va bien et que le travail manque pas, y faut une semaine, t'as compris? Alors, respecte-la et, si tu penses à moi et que tu trouves un type dans la mouscaille, plus tard, tu t'arrangeras pour le démerder comme je l'ai fait pour toi. Si tu le fais pas, tu verras un beau salaud quand tu te regarderas dans la glace.

J'ai encore quelque chose à te dire. T'as pas l'air bien démerdard. Y te faudra des copains. Ça aide à vivre, les copains. Y en a de toutes les sortes, des bons et des mauvais. Les meilleurs de tous, on les trouve au Syndicat. Si t'as trouvé Maffei à ton goût, c'est par là que t'en trouveras des comme lui qui pensent qu'y faut s'aider. Alors, où que tu travailles, cherche le Syndicat, s'y en a un.

Alors adieu. On s'verra pus. J'ai plus rien à te donner et j'ai trop de mal à vivre moi-même pour te porter... Y faudra que tu te démerdes seul ou que t'en trouves d'autres pour t'aider... Adieu!

Vingt ans plus tard, moi le voyageur clandestin de *l'Italia*, je dirigeais d'importantes affaires et les centaines de milliers de francs que je gagnais par an me donnaient cette richesse relative que je n'eusse jamais osé espérer.

Je fis rechercher par des agences privées un certain Maffei qui, en octobre 1905, avait émigré vers la Tunisie... A supposer qu'il fût encore vivant! Pendant des années je m'étais plu à imaginer la rencontre, à vivre la scène émouvante dont je berçais mes regrets.

J'irais quelque part sur un chantier, trouver un pauvre homme usé par la misère et le travail, j'irais avec un portefeuille plein de billets et je lui dirais : « Je suis le petit gars que tu as aidé, Maffei, que tu as sauvé sur *l'Italia*. J'ai réussi et je viens te chercher. On va aller dans ton pays où je t'achèterai une gentille petite ferme. Ce sera ton bien et je t'y ferai aménager un joli petit coin où tu pourras venir te reposer quand tu seras vieux. »

Les agences donnèrent des espérances et se firent payer très cher, rien que des espérances. On ne retrouva pas Maffei. Il était écrit que nous ne nous reverrions jamais.

Deux jours plus tard, les cinq francs de Maffei n'étaient plus qu'un souvenir. De nouveau sans un sou, je passai devant le palais du Bardo, avançant vers Bizerte. Vainement, à Tunis, je m'étais offert sur les chantiers. Maçon, on m'eût embauché. On ne prenait pas de manœuvres. La population indigène en offrait en surabondance. On me signala qu'à Bizerte, à soixante-neuf kilomètres, les travaux du port militaire recrutaient « à tour de bras ».

Après avoir lavé ma chemise, j'avais abandonné le faux col et la cravate rendus inutiles par l'aspect misérable du « vêtement du dimanche », taché et fripé. Mes chaussures étaient défaillantes et j'avais le ventre vide. Le besoin de nourriture devenait impérieux. Je décidai d'offrir à un cantonnier le fameux couteau à cran d'arrêt que j'avais acheté trois francs. Après cinq minutes de négociations, je pus en obtenir une portion de pain d'une valeur de trois sous.

Plus loin, je fis la connaissance d'un trimardeur qui ramassait des escargots dans l'herbe, relativement fraîche, qui tapissait les fossés de la route. C'était un vieillard à cheveux blancs.

— Je suis en train de chercher ma croûte, m'expliqua ce dernier. Si tu la sautes, t'as qu'à faire comme bibi. Grillées sur la braise, c'est fameux ces bêtes-là. T'as jamais essayé?

— Non!

— Eh ben, c'est le moment. T'as qu'à en ramasser et tu verras que quand tu en auras goûté, tu en redemanderas.

Le pain que je venais d'absorber ayant juste suffi à renforcer mon appétit, je me mis à la cueillette. J'étais leste et avais une bonne vue. En peu de temps, je réussis à constituer un tas de coquillages dont la taille ne dépassait guère celle d'honnêtes bigorneaux. Le nombre pouvait heureusement compenser la faible valeur individuelle.

Le vieux alluma un feu de brindilles et me chargea d'assurer la fourniture du combustible pendant que lui-même s'occuperait de la cuisson.

Cette répartition du travail donna de bons résultats. Peu après, armé d'un bâtonnet pointu, je faisais honneur à ce simple repas. Je ne devais plus me souvenir du goût assez insipide qu'avait cette nourriture à laquelle manquaient des condiments essentiels. Mais elle me remplissait l'estomac et c'était là l'important.

Nous reprîmes la route en direction de Bizerte et, chemin faisant, le vieux voulut s'informer de mon pays et de mon passé.

Je donnai des explications fausses mais plausibles. Après la mort d'un père qui avait de la fortune, un intrus avait épousé ma mère et toute entente s'était révélée impossible avec ce méchant homme. J'avais mieux aimé me faire trimardeur que de rester à la maison.

Le vieux témoigna d'un certain pessimisme quant à mon avenir.

— Avec tes souliers qui se débinent, sans fringues de rechange et les pluies qui ne vont pas tarder à venir, je te vois mal parti pour faire le trimard. Où c'est que tu comptes nicher ce soir?

— Ça, j'en sais rien.

— Tu viendras avec moi. J'ai un filon pour la croûte et pour la biche. Nous allons à Utique, chez le comte de Chabannes. Le cantinier Paonessa y donne à manger aux frais du comte, tu peux t'en mettre jusque-là et t'as plus qu'à te foutre au chaud, dans le foin, jusqu'au lendemain.

Le soir, à la chute du jour, nous arrivions à Utique. Là, s'étendait une ferme-vignoble de plusieurs milliers d'hectares. C'était la propriété des Chabannes La Palisse. Ce nom ne m'était pas inconnu : j'avais de sérieuses connaissances en histoire de France. Je me sentis fier d'être hébergé par le descendant direct d'un héros tué à la bataille de Pavie.

Le cantinier Paonessa nous accueillit en clients et plaça devant nous une grosse miche et un grand plat d'olives. Bien que j'eusse ignoré jusqu'à ce jour que l'olive était une nourriture, j'y fis honneur. La suite, soupe et bœuf bouilli, acheva de me convaincre que la vie est une excellente chose tant qu'on a un bon estomac et de quoi le remplir. L'existence me paraissait maintenant pleine d'intérêt.

A la fin du repas, j'abordai Paonessa :

— Je serais content si je pouvais trouver du travail ici. Je ne suis pas un roulant.

— Qu'est-ce que tu sais faire?

— Je ne suis qu'un manœuvre mais je ne suis pas fainéant. Je tiens le manche d'une pelle ou d'une pioche tout comme un autre. Je peux jardiner un peu.

— Eh bien, tu viendras me trouver demain. Je pourrai toujours t'occuper pour une semaine ou deux.

Le lendemain, dans l'immense écurie de la ferme, je burinais des trous carrés. Je m'en tirai à la satisfaction du contremaître qui, plus tard, m'envoya au magasin chercher un madrier de quatre mètres. Je n'entendais rien à la charpente et ne savais rien de précis sur les madriers, sinon qu'ils étaient en bois.

Je revins avec un chevron et me fis vivement reprocher mon ignorance. Comme j'avais résolu d'apporter dans mon travail tout ce que je pouvais d'activité et de bonne volonté, cet incident me serra le cœur jusqu'à l'heure du déjeuner.

Mais le cantinier Paonessa nourrissait bien le personnel. Je me trouvai donc heureux malgré quelques contretemps, oubliant ma famille et Ambert.

Au bout de quelques jours, je fus mis à la disposition du jardinier qui m'employa à bêcher, à sarcler et à planter. J'eus là l'occasion de marauder quelques oranges que leur écorce verte fait déclarer immangeables mais dont je me régalai.

Une jeune dame, escortée de deux enfants, me surprit à un moment où je paressais au lieu de travailler, ce qui m'arrivait rarement. J'avais la manie de compter, surtout lorsque la tâche était pénible. Lorsque je bêchais, par exemple, j'enfonçais trente fois le fer de l'outil puis retournais la charge et l'égalisais. Cette manœuvre trente fois répétée, je m'accordais un temps d'arrêt d'environ une minute. J'arrivais ainsi à une productivité dont mon chef me marquait un réel contentement. Les souliers jaunes à semelles de carton ayant montré une inaptitude formelle à participer à ces travaux horticoles, le jardinier avait muni son aide d'une paire de sabots.

Je n'avais jamais vu la comtesse mais je la reconnus sans hésitation, à son allure, à son grand air. Une grande dame, en vérité.

Avant ce jour, je n'avais jamais approché de dame. Il y en avait dans ma petite ville. C'étaient des femmes de commerçants en gros, des notairesses. Elles étaient méprisantes, hargneuses, sèches comme merluches ou grasses comme truies à l'engrais. Je n'avais reçu d'elles que des regards dédaigneux ou courroucés.

La comtesse était d'une taille longue et mince et le regard de ses yeux d'un bleu très pur, posé sur moi pris en flagrant délit d'inactivité, n'exprimait qu'une sereine bienveillance.

— Il fait bien chaud, mon ami, me dit-elle, pour travailler en plein soleil. Pour vous surtout. Je vois à votre teint qu'il n'y a pas bien longtemps que vous êtes dans ce pays. De quelle province êtes-vous?

— D'Auvergne, Madame.

J'arrêtai court, rougissant jusqu'aux oreilles. J'hésitai à dire : « Madame la Comtesse », jusqu'à ce qu'il fût trop tard pour compléter. Je créais ainsi un précédent tel que je ne saurais jamais dire : « Madame la Comtesse »! Je resterais seul parmi tout le personnel, y compris le régisseur, à l'appeler « Madame ». Ce manque de déférence ne serait d'ailleurs jamais relevé.

— Je connais bien l'Auvergne, déclara la comtesse, et en Tunisie nous avons souvent la nostalgie de sa fraîcheur, de la beauté de ses lacs de montagne. Pourquoi avez-vous quitté un si beau pays?

— Je me suis brouillé avec mes parents et puis je voulais voyager... pour m'instruire.

— Par exemple! Comment pouvez-vous dire froidement une monstruosité pareille, protesta la dame scandalisée. Est-ce qu'un être normal et sain, comme vous l'êtes certainement, peut se brouiller avec ses parents? On ne se brouille pas avec ses parents, voyons, mon ami. On les aime. On les comprend et quand on n'est pas de leur avis, on s'incline.

Je me sentis flatté d'être déclaré normal et sain par une autorité qui devait s'y connaître.

— Quel âge avez-vous?

— Dix-sept ans, Madame.

— Et vous vous plaisez ici?

— Jamais je n'ai été aussi bien, Madame. Si j'avais seulement quelques livres à lire, le soir, avant de me coucher, il ne me manquerait rien.

— Je peux vous prêter des livres s'il ne vous manque que cela. Venez me trouver ce soir, à la maison, et vous choisirez selon vos goûts. Allez mon ami, et bon courage.

Le soir, je reçus des mains de la comtesse un gros volume relié : *Le*

Tour du Monde. Je l'emportai, joyeux, et lus jusqu'à la fermeture de la cantine les péripéties du voyage du docteur Crevaux à travers les forêts vierges de la Guyane et de l'Amazonie.

Le lendemain était un dimanche et devant moi s'offrait la riante perspective d'une longue journée que je passerais en compagnie d'un livre passionnant, étendu à l'ombre des écuries.

Ce soir-là, avant de m'endormir dans le foin, je pensai à mon complice, le Pierre. Le mois s'avançait et l'homme était certainement en prison. Il ne s'était pas décidé à quitter le pays, simplement soucieux de s'amuser tant qu'il pourrait, une bonne fois dans sa vie, avait-il déclaré.

Je n'avais pas apprécié les amusements de Pierre qui était de deux ans et demi mon aîné. Une fois, je l'avais accompagné à Clermont et l'avais suivi dans un bordel de la rue des Trois-Raisins. Des femmes en chemise m'y avaient frôlé, qui n'avaient pas plus éveillé mes désirs sexuels que n'aurait pu le faire ma propre grand-mère. La simple pensée de me laisser « tâter » par elles me soulevait le cœur.

J'avais « fait flanelle », buvant dans la salle commune une bière nauséabonde. Pendant que le Pierre « montait », j'avais attendu avec impatience de quitter ce lieu où tout me choquait. Non que je n'eusse pas désiré d'être « homme », mais il m'eût fallu pour cela d'autres objets et des incitations sous d'autres formes.

Je me souciais peu de mon complice. Je lui avais bien proposé de partir pour Java mais le Pierre trouvait meilleur emploi de l'argent que de payer des voyages. Il n'avait pas voulu suivre, tant pis pour lui!

J'opérai une révision complète des événements. Ma fuite, menée sans plans exécutables, m'apparut comme une merveille de tactique. Ce périple, accompli les mains dans les poches, ne laissait de traces nulle part. Comme maint général après une campagne heureuse, j'attribuais à mon propre génie les effets d'une succession de chances inespérées.

Mon esprit ne pouvait toutefois se complaire longtemps à des pensées cyniques.

J'évoquai l'image de la comtesse de Chabannes et avec mon ingénuité habituelle, ne doutai point que tout ce que j'avais vu d'aimable en elle fût l'apanage exclusif des comtesses, et non comme il eût été plus juste de le penser, celui d'une personne remarquable par ses qualités de cœur, pouvant tout aussi bien se rencontrer parmi les représentants de la vieille noblesse que dans tout autre milieu. Je m'étonnais qu'une dame de cette qualité m'eût parlé cordialement, m'eût appelé « mon ami », m'eût prêté un livre.

J'éprouvais un regret sincère d'être obligé de la tromper, de lui laisser croire que j'étais un brave garçon « normal et sain » alors même que les gendarmes me cherchaient partout.

Mais en quelques jours j'avais fait la connaissance de personnes dont le contact commençait à transformer mon jugement sur l'humanité en général.

Pour l'instant j'étais encore un enfant pour lequel des jours très rares s'éclairaient de la furtive lueur de quelques rayons volés; d'autres innombrables s'étaient suivis dans une obscurité douloureuse, tellement chargée de maux qu'il faut une âme et un corps d'enfant pour les supporter sans périr. De là, j'émergeais au premier coup de soleil, prêt à la renaissance et au prompt oubli.

Ainsi les jours de souffrance s'abolissent dès que la vie daigne accorder un sourire; les existences désespérées se raniment devant le spectacle d'aventures, de joie et d'abondance; les ventres régulièrement vides par le jeûne chronique peuvent s'amuser un instant d'une soupe chaude.

Ce dimanche-là, je fus pendant la plus grande partie de la journée avec le docteur Crevaux et son fidèle Apatou dans la forêt équatoriale. Je m'identifiai positivement à l'explorateur et m'attribuai une part importante de ses mérites. Vers le soir, je pensai tout à coup que moi aussi je pourrais connaître les joies de l'exploration.

Derrière la cantine s'étendait un champ de ruines : celles de l'antique cité carthaginoise d'Utique.

J'eus le désir de fouler ce sol où avaient dû se dérouler des scènes atroces. Me laissant tomber d'un gradin à l'autre je descendis vers le fond, envahi par les hautes herbes. Là, je me recueillis et imaginai des souffrances dont la pensée seule m'effrayait rétrospectivement. Je me signai avec conviction en hommage aux martyrs.

Abordant les gradins du côté opposé à celui de la descente, je m'élevai lestement par des rétablissements successifs et allais atteindre le sommet lorsque je fus rappelé à moi-même de telle façon que gladiateurs et martyrs furent instantanément chassés de ma pensée.

Alors que par une traction j'amenais ma tête au niveau d'une assise, j'aperçus, encadrée par mes deux mains, une vipère à corne qui me fixait, braquant droit dans mes yeux la lumière de deux points noirs étincelants.

Pris de panique, perdant la tête, je regagnai le fond à toute allure au risque de me casser les jambes, pour remonter bien vite le côté que j'avais descendu.

Ce fut tremblant comme une feuille et le cœur battant que, provisoirement dégoûté de l'exploration pour mon propre compte, je m'en fus conter l'aventure à Paonessa qui me versa un grand verre de rhum.

— Si tu en avais parlé, je t'aurais averti, dit le cantinier. C'est farci de vipères dans ce coin-là où jamais y a personne qui vient les déranger. Tu penses qu'il y a tout ce qu'il faut pour que ça peuple. Tu as eu de la chance qu'elle t'ait pas sauté à la figure, t'aurais pas pu remonter de l'autre côté et t'aurais eu beau gueuler, y a personne qui t'aurait entendu. On n'aurait jamais pensé à aller te chercher par là. Tu aurais pu y rester des années. Mais aussi qu'est-ce que t'allais y foutre? Dio! faudrait qu'on me paye cher pour que j'y descende et que je remonte de l'autre côté sans voir à quel endroit je pose mes mains.

J'avais le beau rôle pour lui rétorquer que dans mon pays aussi il y avait des vipères et des couleuvres.

Ainsi le coup que le Pantomin avait toujours considéré comme des plus réussis était celui de la couleuvre qu'il avait, certain soir, glissée toute vivante dans la boîte aux lettres du notaire, Mᵉ Travers, celui-là même qui, à vingt-cinq ans, avait « été débauché » par la Crymozane qui n'en avait que treize [1].

La bête s'était échappée dans la maison lorsque la servante était venue prendre le courrier pour « le monter à Monsieur », et la gendarmerie avait été mobilisée pour donner la chasse à une « vipère » qu'un assassin avait mise là pour détruire une famille riche et respectée.

Le bâtiment avait été évacué pendant les recherches qui avaient duré une bonne partie de la journée.

La Crymozane avait immédiatement propagé la nouvelle qui risquait d'apparaître moins dramatique lorsque les suites en seraient connues.

— Bon Jésus! commençait-elle d'un air tellement las qu'il suggérait immédiatement la nécessité d'un petit verre « de consolation ». C'est qu'y a du méchant monde, tout de même!

— Quoi donc qu'y a d'arrivé, ma pauvre?

— Figurez-vous qu'y z'ont mis une vipère dans les lettres de monsieur Travers!

On dit que ç'en est une à collier rouge, tout ce qu'y a de pus mauvais. Dieu soulage, on l'a pas pu trouver encore. Y faut que les gendarmes y cherchent tout partout, dedans les lits et dans les poches des habits. Elle aurait pu piquer quéqu'un, pensez : une vipère à collier rouge!

Après cette conclusion et momentanément réconfortée par quelques gouttes de cric, elle laissait un village en transes pour aller apitoyer le suivant.

Dès le début de l'alerte, le Pantomin s'était enfui aux noisettes en évitant l'école. N'ayant pas encore acquis le talent de se « faire un front qui ne rougit jamais » il avait préféré prendre le large. Ce fait divers retentissant et dont tout le monde parlait, assez grave pour déplacer des gendarmes, allait le mettre dans une situation insupportable. Le petit malin avait senti qu'il valait mieux disparaître tant qu'il serait question d'assassinat et d'assassin. Quand « le monde » aurait compris que ce n'était qu'une farce et qu'une couleuvre et qu'il n'y avait qu'à en rire, la situation se dédramatiserait d'elle-même.

— J'ai tout de même bien rigolé, concluait-il, seulement fallait que

1. Voir *Toinou* — Antoine Sylvère, collection Terre Humaine, Plon.

je rigole tout seul. J'avais pas de camarade pour marcher avec moi, comme vous qu'êtes trois [1].

Si je m'étais fié à un autre, y m'aurait vendu. C'est pas aussi rigolo de rigoler seul que de rigoler en compagnie. Et ce qu'y a de pus bête c'est que, un peu après, quand j'ai voulu dire que c'était moi, y en a pas eu un pour me croire. J'me suis fait traiter de menteur...

Et ma couleuvre, elle avait été retrouvée dans la cuisine, en train de téter du lait...

Le bruit n'en persista pas moins d'un attentat criminel perpétré au domicile d'un des personnages les plus distingués de la région.

Les quelques mois qui suivirent à Utique furent d'une tranquillité parfaite. Je me voyais installé là jusqu'à la fin de mes jours.

Je faisais de petits travaux, servant le maçon, le charpentier ou le jardinier. Ces tâches n'avaient rien de pénible pour moi et la nourriture de Paonessa était abondante à souhait.

Avec insouciance, je dépensais régulièrement le solde de ma paye en friandises variées. Le besoin de m'acheter une chemise ou un pantalon de rechange ne s'était pas fait sentir. Mouchoirs et caleçons n'avaient jamais été pour moi de première nécessité et les souliers jaunes avaient été mis de côté comme seule réserve. Habitué depuis mon enfance à ne chausser des souliers que pour aller à la messe, les sabots étaient suffisants.

Je passais mes veillées et mes dimanches à lire *Le Tour du Monde*. J'avais maintenant la conscience en paix et je vivais heureux.

Vers la fin d'octobre ce fut la catastrophe. Un soir, Paonessa me prévint que la saison était terminée et que, pour l'hiver, la propriété ne conservait que les ouvriers des corps de métier. En conséquence, tous les manœuvres devaient aller chercher leur vie ailleurs jusqu'au printemps prochain où l'on embaucherait de nouveau pour les soins à donner à la vigne.

Aimablement, Paonessa me conseilla de me rendre à Bizerte. Il se construisait, du côté de la Pêcherie, d'immenses casernes et les entrepreneurs cherchaient des manœuvres de tous les côtés.

Je dus envisager de reprendre la route avec un peu moins de cent sous en poche. C'était tout ce qui me restait de ma semaine mangée d'avance.

J'allai rendre à la comtesse le dernier volume emprunté, désolé à la pensée que je ne saurais rien lui dire de tout ce que j'aurais pourtant voulu lui exprimer. Elle m'accueillit comme d'habitude, simple et souverainement gracieuse.

Je balbutiai des adieux.

— Vous êtes bien jeune, mon ami, pour courir les routes à la

1. Il s'agit de Toinou (Jésus-Christ) Pudorgne et le Puissant. (Voir *Toinou* — Antoine Sylvère, collection Terre Humaine, Plon).

recherche d'un travail et je vous demande de garder tout votre courage. Ici, comprenez que je ne puis rien faire pour vous. Revenez au printemps et je demanderai à Paonessa de s'occuper tout particulièrement de votre formation afin qu'il puisse vous garder, après la saison, comme employé permanent.

Elle tira un louis de vingt francs d'une bourse en mailles d'argent et le glissa dans ma main.

— Voilà pour vous aider, mon petit, en attendant que vous ayez trouvé du travail.

Je tentai de bégayer un refus.

— Si, insista la comtesse, acceptez, voyons! C'est mon plaisir à moi, d'offrir. Ce plaisir m'a toujours été trop mesuré à mon gré. Et puis, si le travail vous manque à Bizerte, revenez à Utique. Peut-être pourrons-nous trouver une issue. En ce moment, le comte est absent et je ne peux rien contre les ordres qu'il a donnés avant son départ.

Je regagnai la porte, muet, ne sachant que dire. Je me retournai et déclarai d'une voix bredouillante :

— Madame... Madame... je voudrais vous dire merci...

— Eh bien, c'est fait mon ami. Je l'ai entendu avant même que vous n'ayez pu le dire. Je vous répète : Soyez sage, et bon courage!

Le lendemain, ayant chaussé les fameux souliers et vêtu du complet « des dimanches », dont on eût pu dire qu'il avait été présenté cent fois à de minables acheteurs sur un quelconque marché aux puces, j'avançais vers Bizerte en compagnie de Beugnet, un passant impécunieux d'une trentaine d'années, qui allait « s'embaucher aux casernes ». La veille, il avait été accueilli par Paonessa, logé et nourri aux frais du comte de Chabannes, comme tous les traîne-savates qui se présentaient à Utique.

Beugnet était un brave garçon comme tant d'autres de sa sorte et comme j'aurais pu l'être avec un peu moins d'imagination et de malice.

Les solides godillots qu'il avait aux pieds faisaient son orgueil, surtout lorsqu'il les comparait à mes savates éculées.

— T'es pas démerdard, constatait-il, t'as gratté des mois à Utique et t'as pas pu seulement te payer une paire de godasses. Pour nous autres, ce qui compte, c'est les godasses. Toi, t'es drôlement chaussé et quand c'est qu'y pleuvra, ça sera pas rigolo. C'est moi qui te le dis.

Nous dépassâmes Menzel-Djemil dont les blanches maisons cubiques s'étageaient à flanc de côteau. Une petite bourgade indigène comme j'en avais vu sur les illustrations du *Tour du Monde*... Puis ce fut l'étendue, sans limites visibles, du lac de Bizerte.

Nous nous connaissions depuis la veille et faisions des projets comme si nous ne devions plus nous quitter.

J'avais en poche vingt-quatre francs et Beugnet n'avait pas un sou.

Dans une auberge, au bord de la route, nous cassâmes fraternellement la croûte.

Dès l'arrivée à Bîzerte, l'ancien se montra homme de ressources :

— Nous allons passer chez le commissaire de police et y demander un bon de nourriture et de logement. C'est l'habitude. Alors c'est pas la peine que tu croques tes sous avant d'avoir du boulot. Si t'en avais pas, faudrait bien qu'on se démerde, s'pas?

L'idée de rendre visite à un commissaire de police m'épouvanta.

— Vas-y toi, dis-je à mon compagnon. Moi, je peux pas me risquer, je n'ai pas de papiers.

— Et après, quéqu'ça peut foutre? C'est souvent qu'on en a pas de papiers, puisqu'on les a laissés en gage chez le taulier. J'te dis que t'es pas démerdard. T'as qu'à dire que tu les a laissés à Tunis et que c'est le taulier qui les garde en attendant que t'ayes de quoi le payer. Ça se fait, par ici, ce truc-là. Tu grattes, tu prends une piaule et puis un jour ça pète, plus de boulot! Pendant que tu en cherches, tu bouffes tes quat'sous d'avance et tu continues à chercher pendant que la note monte chez le taulier. Un jour, y marche pus et y faut que tu y dises : « Ça colle pas, je trouve rien, y faut que j'aille faire un tour dans la nature, gardez mon bordel et mes papiers, je viendrai les chercher quand j'aurai des ronds. » Ça prouve que t'es honnête. C'est pas comme si tu foutais le camp en plantant un drapeau. Et pis, t'en fais pas, c'est moi qui parlerai. Je sais y faire.

— Vous avez vos papiers? demanda le commissaire.

A cette question, je fus pris d'un tremblement. Je pensai bien au carnet de travail que j'avais acheté à Marseille mais jugeai prudent de ne pas le montrer.

— Mon copain n'a pas les siens, déclara tranquillement Beugnet, en présentant un livret militaire maculé de taches graisseuses. Il était à Tunis, sans boulot, et y devait plus de quinze francs à son logeur, et ses nippes, à part ce qu'il a sur le dos, ça valait pas trois balles. Vous comprenez, M'sieu le Commissaire, nous sommes honnêtes et c'est pas comme y en a qui foutent le camp en laissant des ardoises. Le taulier, c'est M'sieu Antonetti, à la sortie de Tunis, dans une rue qui donne sur la route de Mam'zelle Bab.

— Medjze-el-Bâb, rectifia le commissaire.

— C'est ça, j'ai jamais pu dire comme y faut ce nom de Dieu de nom.

Le commissaire ne daigna pas commenter le long discours qu'il venait d'entendre. Il tira un papier d'un tiroir, écrivit quelques mots, timbra et signa :

— Voilà des bons. Vous avez le logement pour cette nuit, le dîner pour ce soir, et le déjeuner pour demain midi. Le soir, si vous avez travaillé, vous pourrez toucher un acompte. Faites voir vos mains?

Il examina les paumes tendues et les trouva sales et calleuses à souhait.

— Ça va! conclut-il d'un air malin. Si vous étiez vagabonds professionnels c'est pas à l'auberge que je vous enverrais. Vous avez compris?

— Tu vois s'ils la connaissent dans les coins, ces gars-là, commenta Beugnet. Y voient vite quand c'est un type qui a fauché ou quand ç'en est un qui a les bras retournés. Nous, y savent bien qu'on est pas pour la fauche. Tu serais pas fringué et chaussé comme tu l'es, s'pas? Les faucheurs y manquent pas de pèze et y z'ont des papiers, va! Quand y t'a regardé les mains, c'était pour voir si, des fois, tu serais pas né fatigué et il a fait le compte. Il a bien vu que t'avais dû gratter assez pour te payer la tenue de gala que t'as sur le dos et les bath pompes que t'as aux pieds, s'pas? et maintenant, compte : vingt sous de cagna et trois francs de croûte. Ça nous fait quat'balles de gagnées en arrivant. Ça vaut l'coup!

Le lendemain, de très bonne heure, dispos et gaillards nous nous présentâmes sur un chantier et fûmes embauchés sans délai au tarif de trois francs par journée de dix heures de travail. Nous avions un salaire privilégié car la Résidence accordait aux entreprises une prime de dix sous pour chaque Français qui était embauché. Ainsi, pour un même travail, un Français touchait trois francs, un Italien cinquante sous et un ouvrier indigène vingt sous.

Le travail était éreintant.

Les ouvriers étaient répartis par équipes restreintes sous la surveillance de contremaîtres appelés « caporaux » qui ne les perdaient pas un instant de vue, les stimulant constamment pour interdire tout arrêt et accélérer la cadence.

Séparé de Beugnet, j'eus pour tâche de transporter à la brouette, sur une piste de madriers, le béton que me préparaient quatre gâcheurs à haut rendement. Dès mon arrivée je dus empoigner les mancherons, rouler vers la fouille, vider ma charge et revenir à mon point de départ où m'attendait une brouette remplie. Pendant des heures je continuai ce mouvement de chaîne sans fin.

Debout sur un tertre de gravier, à proximité de la piste, le « caporal » Monti surveillait la besogne.

Dès que, à bout de forces, je me risquais à reposer mon véhicule ou tentais, en fin de course, de carotter quelques secondes de répit, un coup de sifflet de Monti me rappelait à l'ordre et la voix impérieuse clamait :

— Allons! En avant la « berrouett »!

Des journées s'écoulèrent, abrutissantes, d'une longueur démesurée, auxquelles succédaient les nuits douloureuses, coupées de fréquents réveils causés par les courbatures et les maux d'estomac.

Le matin de bonne heure, encore écrasé du poids des fatigues de la veille, accompagné de mon camarade, je courais au chantier, reprenais ma brouette et mon mouvement de va-et-vient, que les gâcheurs approvisionnaient sans arrêt... A intervalles éloignés, il fallait déplacer la piste de madriers, mais l'initiative de cette manœuvre appartenait à Monti.

A midi, je me précipitais chez le cantinier maltais où, moulu, affamé, j'absorbais coup sur coup deux ou trois portions de ragoût de mouton aux haricots rouges. Le menu ne comportait pas de variantes. Plus tard, la quantité de suif absorbée et la fermentation des haricots entraînaient des difficultés digestives et un supplément de misères s'ajoutait à la souffrance des courbatures qui tenaillaient tous les muscles du corps. Cependant, je trimais sans arrêt, sous la terreur constante d'un rappel à l'ordre de Monti. J'avais cessé de penser, brisé, vaincu.

Beugnet, non moins fatigué, restait comme moi silencieux pendant les repas comme pendant le trajet de la ville au chantier, se contentant de répéter deux fois par jour la même phrase :

— Tu parles d'un bagne! J'avais 'cor rien vu d'pareil!

Cependant, un horizon merveilleux se présentait devant mes yeux, chaque jour, pendant des heures. Des spectacles tels que je rêvais d'en contempler jadis et auxquels je me sentais incapable d'accorder le moindre intérêt. Mon regard se posait, indifférent, sur l'étendue des eaux dont les gris lointains se fondaient avec les gris du ciel. A peine remarquais-je la fuite rapide d'un torpilleur, la silhouette monumentale d'un croiseur. De tout cela, je ne me souciais plus.

La conduite de la brouette sur la piste de madriers mal jointés, alignés bout à bout, exigeait plus d'attention que la conduite sur une route de montagne. A tout instant, il fallait craindre le déraillement causé par une glissade que des inclinaisons variées dans le sens latéral favorisaient dangereusement. Il fallait alors empoigner la roue profondément embourbée et la remettre sur la voie au prix d'un effort épuisant, cependant que Monti hurlait :

— Pouvez pas regarder devant vous, non?

Un peu plus loin, Beugnet, inclus dans une équipe de quatre, soulevait à la cadence de trente coups par minute, une lourde dame de fonte qu'il laissait retomber sur le lit de béton. Un caporal, émule de Monti, réglait la cadence, exigeant un synchronisme parfait.

A longs intervalles, il accordait un repos très court, juste le temps qu'il fallait pour promener un mouchoir crasseux sur un front ruisselant ou pour arroser d'un jet d'urine la paroi de la tranchée, plus large qu'une rue dans un quartier pauvre d'Ambert.

Ainsi, l'entreprise obtenait un excellent rendement. Jamais une impulsion n'était modérée par la fatigue musculaire d'un exécutant. Le caporal commandait les mouvements, animé par la perspective des primes : il pouvait, avec zèle, apporter tous les stimulants nécessaires dans l'exécution d'un travail qui ne le fatiguait pas.

Le samedi soir, après la soupe, nous décidâmes de rester au lit jusqu'au lendemain midi. Ensuite, après le repas, chacun pourrait laver sa chemise et nous irions faire un tour.

Malgré cette décision, le dimanche matin, dès huit heures déjà debout, je tordais ma chemise dûment lavée. Le résultat aurait justifié quelques critiques. Des taches grises formaient des îlots ou de longues traînées. Les aisselles indiquaient leur place par un net changement de ton mais j'étais, depuis ma première culotte, au-dessus d'inutiles raffinements.

Je n'avais pu rester au lit. Brisé de courbatures, tout mon corps n'était que douleur. Debout, je ne pouvais souffrir davantage et j'en étais arrivé à considérer que n'importe quelle occupation serait un dérivatif.

Beugnet s'était fait un devoir de respecter la tradition de la grasse matinée bien qu'il dût affirmer en se levant qu'il avait attendu midi « comme il avait vu, à l'hôpital, un rhumatisant attendre le jour ».

— Quel bagne! répétait-il pendant le repas. J'ai jamais vu un chantier à crever les types, comme ç'ui-là. J'suis claqué et pourtant j'ai l'habitude du boulot, j'te jure. C'qui m'étonne c'est que tu tiennes le coup. Faut pas qu'tu soyes feignant, t'sais? C'est moi qui t'le dis. Quand c'est qu'on en aura marre, on ira voir à Geryville. Ça peut pas êt'pire. S'y fallait continuer comme ça, vaudrait mieux s'engager à la Légion.

— Qu'est-ce que c'est, la Légion?

— C'est des régiments où on prend tous ceux qui savent plus où se mettre. Des gars qui trouvent que la terre est trop basse pour travailler. Mais y faut tout d'même qu'y soyent assez costauds pour tenir le coup et faire cinquante kilomètres avec cinquante livres su'l'pal'tot, des fois sans croûter, et pour gagner un rond par jour. C'est eux qui s'tapent tous les coups durs à Madagascar, au Tonkin, au Maroc. On y fout tous les étrangers qui s'sont tirés de leur pays pasqu'y z'avaient joué au con. Y demandent même pas les papiers. C'est pour ça qu'y a des Français qui ont la paille au cul pasqu'y z'ont fait quéqu'mauvais coup, fauché du pognon ou foutu un coup de couteau un jour qu'y z'étaient saouls. Y z'aiment mieux aller là que d'aller en taule, pardi!

— Si je voulais m'engager à la Légion, tu crois que ça serait facile?

— Tu parles! Ça serait une manière comme une autre de faire le con. T'es jeune, t'es costaud et t'as qu'à te présenter au bureau de recrutement qui t'envoyera passer la visite. Tu signeras pour cinq piges et t'es bon. T'as pas à t'faire de bile après ça. Y foutent jamais à la porte sur ce chantier-là. Y débauchent jamais. Y foutent dedans. Même que c'est salement plus cher pour en sortir que pour y rentrer.

— Mais s'il y en a qui vont là parce qu'ils ont fait des bêtises, c'est pas malin de leur part? On voit bien, rien qu'à l'entendre parler, si le type est Français, et la police doit surveiller ça?

— Sûr, si c'est un assassin. Ceux-là, on les manque pas, sois tranquille. Mais si c'est un pauv'type qui a fauché un peu de galette ou foutu un coup de lame ou un coup de pétard dans une bagarre, un gars quoi qui en aurait pris pour deux ans, on va pas l'emmerder alors qu'il en prend pour cinq qui feront p't'êt' quinze ou vingt! Y le laissent courir. Autant vaut l'avoir là-bas pour faire les coups durs. Quand y en a un cent ou deux de bousillés, on en parle pas, ou alors c'est juste pour fout' des décorations. Si c'était des gars de la ligne, ça ferait du pétard. Quand c'est ceux-là, y a jamais personne pour venir rogner à cause d'eux.

L'après-midi se passa à errer à travers la ville. A tour de rôle, nous nous offrîmes réciproquement des cafés maures à un sou la tasse. Nous allâmes jusqu'à la plage et Beugnet fit une utile constatation :

— Elles sont bouclées, dit-il, en parlant des cabines, mais on peut entrer par la fenêtre. Faudra s'en rappeler tu vois? Un jour qu't'es fauché et qu'y tombe de la flotte, tu peux toujours y passer la nuit.

La soirée parut longue. Nous rentrâmes au logis aussi fatigués que la veille et nous nous couchâmes tôt pour affronter la journée du lendemain.

Dès le matin, Beugnet reprenait sa dame et moi je roulais mes brouettes. Elles étaient alourdies par les couches successives de ciment solidifié qui s'y étaient superposées depuis qu'elles étaient en service et le poids mort dépassait la charge utile.

A midi, le caporal Monti me requit pour aider au pompage de l'eau qui envahissait la fouille. J'aurais une demi-heure de travail pénible mais on me marquerait une heure supplémentaire.

Cette tâche exécutée il me restait, compte tenu des temps morts, vingt minutes pour avaler ma double ration de ragoût de mouton aux haricots rouges. Je repris les mancherons à une heure, exténué avant de commencer, vidé par ce supplément d'effort que je venais d'accomplir pour gagner six sous.

Vers les deux heures, un soleil écrasant rendit suffocante une atmosphère dont la tranquillité se lisait sur les eaux du lac, sans rides. L'étoffe de mon pantalon devint brûlante et son frottement sur la peau inondée de sueur sans la protection d'un caleçon jugé superflu, ajouta de cuisantes excoriations à une somme de misères déjà trop grandes.

J'allais cependant, continuant mon mouvement sans fin, les yeux brouillés par les larmes autant que par la sueur qui ruisselait de mon front en délavant la poussière.

Et ce fut le drame.

Dans ma hâte à me délivrer de ma charge, je vidai le contenu de ma brouette sur la tête et les épaules d'un Marocain qui, à trois mètres en contrebas, avait pour tâche d'en opérer la répartition.

Moins d'une minute après, l'indigène, souillé de mortier, m'abordait.

Je murmurai :

— Je te demande pardon, je ne l'ai pas fait exprès!

Sans m'écouter, l'homme avançait vers moi qui reculais, cherchant des paroles apaisantes...

Mon adversaire avait un aspect redoutable. Grand, fortement charpenté, le visage couturé de blessures acquises au cours de nombreuses rixes au couteau, il était dans la force de l'âge, plus grand et assurément plus vigoureux que moi. Un rictus, retroussant ses lèvres, découvrait des dents irrégulières aux canines puissantes.

Près d'être atteint, je me révoltai, comprenant la vanité de mes offres de paix. Cessant de reculer, je fis un bond en avant et, d'un violent coup de pied dans le bas-ventre, stoppai le poursuivant qui s'effondra sur les genoux, se massant à deux mains les parties génitales. Je le regardais, hébété, ne sachant si je devais fuir ou porter secours!

L'indécision fut de courte durée. Le Marocain se releva, fouilla sous le sac qui lui servait de chemise et en tira une lame brillante, longue de trente centimètres. A cette vue, je crus ma dernière heure arrivée. Je tournai les talons et m'enfuis comme si le diable m'emportait, escaladant les tas de sable ou de gravier, franchissant des tranchées profondes.

Je courus dans le sentier, cherchant une issue, mais, pour mon malheur, le mur d'enceinte du casernement avait été construit avant le commencement du gros œuvre et je me trouvai pris comme un rat dans une ratière. Avec une froide détermination, l'homme me suivait à dix pas.

Nul parmi les centaines d'ouvriers du chantier ne faisait le moindre geste pour me venir en aide, pas même Beugnet qui était remonté de sa fouille pour jouir du spectacle. Je pensai capituler mais imaginant cette lame pénétrant ma gorge ou me tranchant les entrailles, je compris enfin que la contre-attaque était l'unique moyen de salut. J'avisai une pelle plantée debout dans un tas de mortier. Au moins, je ne connaîtrais pas la honte de me laisser saigner comme un mouton.

J'empoignai l'outil à pleines mains en faisant un demi-tour et, le poussant en avant comme une lance, je chargeai. Lancé à plat, avec une violence rageuse, le fer de la pelle trancha le visage basané à la hauteur des pommettes, pénétrant chairs et cartilages, broyant des os avec un bruit tellement sinistre que ma terreur fut portée à son comble. Mon pantalon se mouilla!

Instantanément, la main laissa tomber le couteau pendant que le visage se balafrait d'une marque sanglante qui, avant même que l'homme se fût écroulé, l'inonda jusqu'au menton.

Le Marocain ne bougeait plus et je n'eus pas le courage de vérifier s'il était mort ou vivant. Il fallait fuir et vite!

Le long du mur s'élevait un hangar contenant les réserves de chaux et de ciment. Regrettant de n'y avoir pas pensé quelques instants plus tôt j'y courus, gagnai la toiture et, après un prompt rétablissement, me trouvai à cheval sur l'arête du mur qui, d'une hauteur de cinq mètres environ, dominait un terrain vague parsemé de figuiers de Barbarie parmi lesquels je me laissai tomber et dont les aiguillons me provoquèrent autant de brûlures que si j'avais été piqué par un essaim d'abeilles.

Je gagnai la ville et l'auberge où je logeais avec Beugnet. Je passai dans la chambre de ce dernier où je m'emparai d'un veston à peine suffisant pour vêtir un épouvantail à moineaux. Je descendis et réclamai au logeur papier et porte-plume pour adresser un dernier message à mon compagnon.

« Je t'ai pris ta veste de rebut. Elle ne vaut pas quatre sous. La mienne, qui la vaut dix fois, est restée sur le chantier. Tu la prendras à la place. Dans la poche intérieure, tu trouveras mon argent noué dans un bout de chiffon. Il y a plus de quarante francs. Tu vas te faire une bonne journée. Par exemple, il faudra régler ce que je dois au taulier. Comme on a payé samedi, ça ne doit pas faire cent sous.

Moi, je me tire et ce soir je me serai embarqué pour n'importe où. Au diable, si je peux.

Adieu! Je te fais mes compliments, tu es un sacré salaud de foireux. J'ai passé devant toi avec le type et je comptais que tu ferais quelque chose. Si tu avais été à ma place, moi, je te l'aurais étalé proprement. Il n'y avait qu'à allonger la jambe. Tu n'es pas un homme Adieu! »

Hors de danger, je considérai la situation. De voleur, j'étais peut-être devenu meurtrier. Atterré par cette soudaine montée en grade, je me sentais emporté par un courant m'entraînant dans des abîmes où j'allais inévitablement me perdre. J'irais probablement en prison et peut-être au bagne. Une enquête allait avoir lieu. On me retrouverait sûrement et tout se saurait.

A Ambert et dans les villages à dix kilomètres à la ronde, on parlerait de moi. On dirait :

« On a rattrapé l'Antoine Sylvère. Il s'était ensauvé, par là-bas, en Tunésie, où le Turc, le garçon de la Cane a servi dans les zouaves. On dit que maintenant il a tué un homme et qu'on lui coupera le cou. »

Soudain, je pensai à la Légion, ma dernière chance.

Quelques instants après, je me présentai au capitaine du bureau de recrutement qui m'examina d'un air amusé :

— Qu'est-ce qu'il y a?

— Je voudrais m'engager à la Légion.

— Ah! C'est pour cela que tu as tant couru? Tu avais donc bien peur qu'il n'y ait plus de place? T'as pas tué ta moukhère au moins?

— Non. Sur les chantiers un Marocain me courait après avec un couteau long comme ça. J'ai pris peur. J'ai saisi ma pelle et je l'ai arrêté par un coup en pleine figure.

— Et tu l'as touché comment?

Je traçai d'un signe sur mon visage une barre fictive, à peu près à égale distance entre les yeux et la bouche.

— Bon. Du moment que tu l'as pas touché sur le crâne, ça n'est pas bien grave. Il s'en tirera avec quinze jours d'hôpital et une magnifique cicatrice dont il se sentira fort honoré. Ça ne t'empêcherait pas d'être arrêté, ne serait-ce que pendant la durée de l'enquête. Les témoins ne manqueront pas pour déclarer qu'il te poursuivait le couteau à la main. Il y a eu légitime défense. Tu as peur à ce point des gendarmes?

— C'est surtout le Marocain que je crains. Des gens comme lui n'oublient pas et pardonnent moins facilement encore. S'il me retrouve à sa sortie de l'hôpital mon compte est bon.

— Soit. Tu n'es pas ici dans un bureau de police mais dans un bureau de recrutement. Quelle est ta nationalité? Je te préviens : si tu es français je ne pourrai pas t'engager. Si tu es étranger, je te crois. Tu me donnes ton âge et ton nom. Le tien ou celui que tu auras choisi. As-tu compris ou faut-il que je te répète?

J'avais compris et je m'étais déjà constitué un état civil fictif.

— Je m'appelle Flutsch, Gabriel. Et je suis luxembourgeois.

— Tu parles allemand?

— Non. Mon père était luxembourgeois, mais nous sommes venus en France, à Douai, quand j'étais tout petit.

— Ça va. Ne perdons pas de temps. Je m'en fous. Comment écris-tu... « ton » nom?

— F.L.U.T.S.C.H.

— Tu n'aurais pas pu trouver quelque chose de plus simple? On aura tout vu : si tu es incorporé, tâche de ne pas oublier comment tu t'appelles. Quel âge as-tu?

— Dix-neuf ans.

— Bon. Le planton va te conduire au quartier des zouaves où tu toucheras ta gamelle et où on te donnera un lit. Tu te présenteras demain à la visite et si tu es « bon », comme c'est probable, le caporal de semaine te ramènera ici pour te faire signer l'engagement. As-tu quelque chose à prendre en ville?

— Non. J'ai laissé sur le chantier ma veste et mon argent. Je n'ai pas le goût d'aller les chercher.

— Compris. Planton! appela-t-il, conduisez-le aux zouaves, à la section Hors-Rangs. Voilà le papier.

Puis se tournant vers moi :

— Tu n'as plus le droit de sortir seul autrement qu'avec l'uniforme, à moins que le major te déclare inapte. Va! Mange et dors tranquille! Ne te fais pas trop de bile à propos de ton Marocain. Il n'est pas mort. Un coup de pelle dans la figure ne tue pas un homme, un Marocain surtout! Ce sont des gaillards qui ont la vie dure. Tu t'en apercevras quand tu seras légionnaire. Il n'y a rien de plus difficile à descendre qu'un Marocain, surtout quand il vous tire dessus. A propos, tu dois savoir d'avance que tu t'engages pour cinq ans. On ne fait pas le détail, à la Légion. Pas de haute paye avant cinq ans. Jusque-là, un sou par jour. Si par hasard, d'ici demain, tu te souvenais que tu es français et que tu préfères la Coloniale, tu toucherais une prime. Tu pourrais aussi n'en prendre que pour quatre ans. Il te suffira d'amener ton extrait d'acte de naissance et une autorisation de tes parents.

Je n'hésitai pas :

— C'est dommage, mais il n'y a pas moyen pour moi. Je suis luxembourgeois.

— A ton aise! A demain après la visite.

A la caserne des zouaves, je fus introduit dans une chambrée où s'ébattaient, jouant comme des gosses en vacances, des zouaves en chéchia et treillis bouffant, échangeant des plaisanteries nombreuses dont je me trouvai franchement offensé. Malgré mon passé, j'avais conservé des pudeurs de jeune fille et appréciais mal la gauloiserie.

J'avais, sur de possibles relations avec les femmes, des idées fort personnelles, à base essentiellement platonique. Si de violents désirs se manifestaient en moi, ils s'orientaient régulièrement vers un idéal inaccessible tellement parfait que je m'y laissais prendre corps et âme.

A cinq heures, le clairon sonna et deux hommes apportèrent une claie chargée d'appétissantes gamelles de macaronis submergés d'une sauce odorante où une large tranche de viande formait un îlot plus clair.

Invité à me servir, j'obéis et voulus obtenir quelques renseignements.

J'appris que j'étais dans une chambrée de la section Hors-Rangs, dont le chef était caporal-clairon.

Je n'hésitai pas à me reconnaître engagé pour cinq ans, ce qui provoqua des rires et des hochements de tête. Un loustic alla prendre sur la claie une paire de gamelles dédaignées par des privilégiés qu'une nourriture plus recherchée attendait en ville et les posa devant moi.

— Tiens! bouffe encore celles-là! Fallait-y que tu la crèves drôlement chez toi, pour t'en coller pour cinq ans!

Des ricanements s'élevèrent et le caporal intervint :

— Dites-donc, vous allez me faire le plaisir de laisser ce gars-là tranquille. Compris? Moi aussi je suis engagé, et après? S'il y en a encore un qui s'amuse à l'ouvrir, je lui fous ses deux jours avec le motif et ça fera bien huit jours de taule, ou je rends mes galons.

A peu près seul dans la chambrée désertée, le caporal, à califourchon sur son lit, prit son instrument en main et entonna *Le Clairon* de Déroulède :

L'air est pur, la route est large
Le clairon sonne la charge

Après chaque couplet, il embouchait le cuivre et sonnait la charge qui, vigoureuse d'abord, allait *decrescendo* après chaque couplet supplémentaire, pour se terminer dans un enrouement d'agonie.

Mon âme primitive et sensible vibrait profondément. Je m'attendris jusqu'aux larmes devant le spectacle imaginaire de ce même zouave qui, le clairon en main, achèverait de mourir.

Après une excellente nuit, je fus tiré de mon sommeil par la sonnerie du réveil et mis quelques minutes à me reconnaître. Mon voisin se planta sur son lit et retroussa sa chemise jusqu'au menton, présentant son sexe comme s'il eût été le seul pourvu de cet organe.

— Si c'est pas malheureux, soupira-t-il, toute cette banderie perdue! Dire qu'y en a tant qui demanderaient qu'à en profiter!

Je me sentis profondément écœuré par cette exhibition, mais le quart de café que, pour la première fois de ma vie, on me servait au lit, apporta une heureuse compensation.

Plus tard, dans la matinée, escorté par le caporal de semaine, je me présentai à l'infirmerie où le major m'accorda un tour de faveur : je fus appelé le premier.

Le médecin prit une lame plate qui baignait dans un liquide violet et ordonna :

— Ouvrez la bouche.

Il examina les dents régulières, sans défaut, le palais, le fond de la gorge puis ajouta :

— Déshabillez-vous.

Nu comme un ver, je comparus de nouveau, fus examiné de haut en bas, ausculté. Le regard du major se posa sur mes parties génitales et j'entendis la voix impérieuse commander :

— Décalottez.

Sans comprendre l'utilité de cette opération, j'obéis. Le major pinça l'organe entre deux morceaux de coton et conclut :

— C'est bon. Mais je vous signale qu'il faut me tenir cette partie-là plus rigoureusement propre que l'intérieur de l'oreille. Compris?

— Oui, monsieur le major, dis-je rougissant et au comble de la confusion.

Je fus pesé, passé sous la toise et appris que j'avais une taille de un mètre soixante-dix-sept et que je pesais soixante-seize kilos.

Le major nota sur une feuille imprimée et confia au sergent :

— Vous pouvez l'envoyer au recrutement. Il nous faudrait beaucoup de recrues et d'engagés comme celui-là!

Le capitaine du Recrutement me fit signer un imprimé qui pour tout renseignement portait que le nommé Gabriel Flutsch, âgé de dix-neuf ans et demi, de nationalité luxembourgeoise, contractait un engagement de cinq ans au titre de la Légion étrangère.

L'officier plia la feuille, la plaça sous un galet de silex et, les yeux dans les yeux, me fixant intensément, prononça, très grave :

— Maintenant, vous êtes soldat. Vous êtes le légionnaire Flutsch. Vous appartenez à la Légion qui, pendant cinq ans, peut disposer de vous, corps et âme. Vous irez, sans hésitation, sans murmure, où vos chefs vous ordonneront d'aller. Vous ferez tout ce qui vous sera commandé, même si c'est impossible. Vous supporterez d'avoir froid, d'avoir faim, de marcher à votre place dans le rang avec les pieds en sang. Vous ramperez droit vers l'ennemi qui vous tire dessus, même si vous faites dans votre pantalon. Peur ou pas peur, il faudra obéir à la parole, au coup de sifflet.

Vous aurez des camarades de toutes les qualités, des illettrés et d'autres très instruits, des repris de justice et des hommes qui portent un grand nom. Le prince Heinrich, le propre neveu de l'empereur Guillaume II vient de mourir à Géryville il y a deux mois. Au moins, vous serez sûr de ne pas avoir autour de vous de véritables crapules. Les crapules savent qu'il n'y a pas de gibier pour elles à la Légion. Vous y verrez des mabouls, des excités, des soûlards. Cette dernière catégorie représente à elle seule une bonne partie de l'effectif. Mais comme ils n'ont pas d'argent, le mal n'est pas bien grand.

On vous remettra un livret militaire sur lequel vous pourrez lire quelles peines punissent des faits que vous pourriez croire sans gravité. La mort pour avoir blessé un gradé, la mort pour avoir quitté son poste de combat, la mort pour s'être endormi étant sentinelle devant l'ennemi...

Mais vous serez entouré de compagnons solides, durs à tout, et j'ajoute pour que vous en éprouviez une juste fierté : il n'y a pas, actuellement, de troupe capable de se mesurer à nombre égal avec la Légion. Il n'y a pas d'officier qui, la connaissant, n'ait été pris du désir d'y obtenir un commandement. Partout où il faudra combattre, la Légion y sera. Ça vous va?

— Après ce que vous venez de me dire je dois vous répondre sincèrement que même si j'avais le choix, je m'engagerais dans la Légion. Qu'est-ce que je vais faire maintenant?

— Le caporal va vous ramener au quartier des zouaves et, demain soir, il vous conduira au bateau *Le Medjerdah*, avec votre feuille de route. Vous débarquerez à Alger et vous vous rendrez au dépôt des Isolés. Là, on vous dirigera sur la Légion. Dès maintenant vous êtes soldat, vous êtes le légionnaire Flutsch et vous êtes justiciable du Conseil de guerre. Adieu et soyez bon soldat, conclut-il en me serrant la main.

J'avais remarqué que, dès la signature qui me faisait soldat, le capitaine avait mis fin au tutoiement. Je voyais en cela l'effet d'une sorte de promotion. J'étais maintenant légionnaire, dûment enregistré. Je pourrais répondre à quiconque me demandant mon nom par une identité bien à moi. Je n'avais pas la moindre idée de l'uniforme que j'allais revêtir, mais je savais que je porterais les armes, et rien à mon sens n'était respectable autant qu'un homme portant les armes.

J'eus un regret en songeant que j'aurais pu tout aussi bien devenir le légionnaire Flutsch sans déshonorer le nom des miens. Pour cent sous, j'aurais pu me rendre au recrutement à Saint-Étienne et là, on m'aurait engagé comme à Bizerte.

Je pensais au proverbe patois souvent cité par mon grand-père le Galibardi. Chaque fois que je commettais une sottise, le vieux ne me faisait pas de reproches. Il soulignait qu'il y avait là une simple ignorance, une erreur de jugement et il concluait par cette maxime en forme d'absolution :

— Que veux-tu mon garçon : « Deviner fait faute ».

Pour lui, il n'y aurait jamais eu faute si, avant d'agir, on avait pu en prévoir les conséquences.

Je pensai que je pourrais écrire au Damien ou à mon oncle, le Charles, raconter des choses étonnantes, embellies de quelques menus mensonges, simplement pour user du privilège qui s'accorde à la distance.

Le dimanche, à la sortie de la messe de neuf heures et demie les grands-oncles le Liaude et le Liaudounet, la grand-tante Marie et la tata Juliette auraient demandé des nouvelles.

— Alors? Le Toinou a écrit? Qu'est-ce qu'il devient là-bas, dans son Afrique chaude?

Le Damien et le Charles donneraient des détails. On montrerait la dernière lettre qui passerait de mains en mains. Mon Grand, le Galibardi, affirmerait :

— Vous inquiétez pas! Instruit comme il est il fera son chemin, ou le diable m'emporte!

Et il maintiendrait bien ferme sa conviction que l'Antoine réaliserait le rêve de sa propre vie à lui, le Galibardi.

— Vous pouvez être sûrs que c'est un malin et qu'il sera pas long à mettre la main sur de la bonne terre où il y aura qu'à la prendre. Quand il reviendra il aura ses trois cents setiers comme le Lèbre qui est allé au Canada. Et il aura plus de vaches qu'il y en a dans le village du Cheix et dans celui de Boisserolles réunis.

Rien de tout cela ne pourrait être et ne serait jamais. On ne pourrait parler de moi que comme on parle des morts :

— Ce pauvre Toinou tout de même... Dieu soulage!

Je mourrais dans la peau de Gabriel Flutsch. Je serais soldat jusqu'à ce que je meure ou, si j'avais de la chance, je serais retraité comme le père Lafond qui avait fait vingt ans dans l'infanterie de marine et qui terminait sa vie tranquillement, la canne à la main.

Je n'avais qu'à répondre au nom de Flutsch. Un nom comme un autre, après tout. Ma vie commençait le 2 novembre 1905. Tout ce qui s'était passé avant devait être oublié.

Rien n'eût été plus difficile que de relever chez moi le plus léger indice me prédisposant à une carrière criminelle.

Si j'étais naturellement réservé et peu liant, j'étais cependant prêt à m'attacher jusqu'au dévouement absolu à quiconque me marquait quelque bienveillance. La souffrance d'autrui m'atteignait profondément par l'identification que j'en faisais à ma propre personne.

Si j'avais eu quelques moyens, je me serais fait un plaisir de donner, et cependant, je n'avais pas le moindre souvenir qu'un de mes camarades fortunés de l'École des Frères m'eût jamais offert un bonbon ou une parcelle de chocolat, sauf le fils Ouvry dont le grand-père et le père étaient fabricants de chapelets. Ce grand garçon qui avait à peu près mon âge et ma taille était silencieux et appliqué. Un jour, il m'aborda dans la cour pour me tendre une grosse barre de chocolat, me pria de la manger, puis s'effaça sans tenter d'autre rapprochement avec « La Gronle »... J'avais bien eu de bons amis, Pudorgne et le Puissant, mais ils n'avaient eu à partager avec moi que des privations et souvent des coups. Et puis ils étaient morts l'un et l'autre. Ils s'étaient « en allés de la poitrine » — comme on disait à Ambert — à peine adolescents.

Je pratiquais fréquemment le mensonge, non par goût, mais c'était pour moi comme une arme qu'il n'était licite d'employer que dans le cas de légitime défense, une sorte de protection contre un mal plus grand encore.

Les répugnances qui limitaient mes divagations sexuelles me mettaient sur ce point à l'abri de besoins d'argent. Je n'aimais ni le vin ni l'alcool et les rares passages au cabaret ne me laissaient que des souvenirs d'ennui et de désagréables brûlures au fond de la gorge. Je ne fumais pas alors et restais absolument réfractaire à ce passe-temps.

Mais, à l'origine de toute faute, il y a une convoitise. Et précisément, j'étais harcelé par celle qui est la plus grande des convoitises, celle qui ne laisse jamais de répit, que nul dérivatif ne peut éloigner : le besoin de savoir.

J'étais véritablement curieux de toute connaissance. J'avais puisé dans tous les livres que j'avais pu rencontrer et dévoré tout leur contenu. Presque rien de ce que j'apprenais n'avait de valeur. Je connaissais, en détail, des expériences de physique vieilles de cinquante à cent ans, des formules chimiques périmées depuis longtemps. Je savais fabriquer l'iodure d'azote, le fulmicoton ou la dynamite et je pouvais réciter d'un trait que l'éthylène avait été découvert par Deiman, Van Troostyck, Boond et Lawerrenburgh, je savais que l'état américain de l'Illinois avait Springfield pour capitale. Si j'avais eu, comme Sophie Kowalewsky, la chance d'avoir une chambre tapissée de pages arrachées à un cours de calcul intégral, il n'est pas douteux que, tout comme l'illustre mathématicienne, je les eusse apprises par cœur.

Je n'aurais pas été le garçon que j'étais ce jour-là : le légionnaire Flutsch que le caporal de semaine de la S.H.R. embarquait sur *Le Medjerdah,* nanti de huit sous, montant de sa solde payée d'avance jusqu'au jour de son arrivée à Alger, au dépôt des Isolés.

Sur le pont, le commissaire de bord prit livraison du légionnaire Flutsch. Il examina ma feuille de route qu'il conserva et, après avoir renvoyé le caporal, il me conduisit vers l'avant où je retrouvai une paire d'autres guenilleux qui bavardaient en italien, assis sur un panneau d'écoutille.

— Tou vas à la Légion? interrogea le plus grand, un beau garçon au teint mat, aux traits réguliers, aux yeux bruns, qui sourit en montrant une double rangée de dents éclatantes sous une moustache fine et soyeuse. Nous aussi on va à la Légion. Moi c'est Baousso qué jé m'appell'.

Il désigna son compagnon : un petit homme laid et miteux au-delà de toute expression.

— C'est Arfino, qué loui il s'appell'. Et toi? Comment qué tou t'appell'?

— Flutsch, je m'appelle Flutsch.

— Eh bien, Flouche, on séra camarad'.

Baousso avait vingt-cinq ans et Arfino dépassait la trentaine.

Ce dernier expliquait avec volubilité à son compagnon quelque chose qui faisait hausser les épaules à Baousso. J'entendis prononcer : « cavalérie de costa ».

— Cét oun maboul, dit le plus grand. Ilé dit qué c'est pour la cavalérie qu'ilé s'ét' engagé. La cavalérie per qué faut garder la mer à cause dé la contreband'.

Ce ne serait qu'à la fin du voyage qu'Arfino comprendrait qu'il était fantassin pour cinq ans.

La sirène lança son appel. On entendit le battement des machines et nous, les trois recrues, nous gagnâmes la cale.

Elle était déjà fort encombrée. Sur le plancher, des familles juives s'étaient formées en bloc compact, cerclé de caisses et de valises. Elles s'entassaient sur des empilages de matelas et de coussins, d'édredons et de couvertures, entourant, avec toutes les marques du plus grand respect, un vieillard vénérable à longs cheveux, pourvu d'une barbe qui lui tombait jusqu'à la ceinture.

Sur la surface restante, une foule d'indigènes, accroupis sur leurs talons, utilisaient jusqu'au moindre vide et, sur les marches d'escalier, s'étageaient, pressés les uns contre les autres, une quinzaine de gaillards, coiffés de fez crasseux enfoncés jusqu'aux sourcils.

Au prix de quelques écrasements acceptés avec résignation par les victimes impassibles, nous atteignîmes enfin une paroi et nous nous installâmes près d'un hublot, assis à mi-hauteur sur une membrure longitudinale du navire.

Ayant franchi le goulet, *Le Medjerdah* gagna la mer. Les effets combinés du tangage et du roulis ne tardèrent pas à se manifester dans la cale.

Les visages basanés changèrent de couleur et les épanchements prévus commencèrent à se produire sur les marches de l'escalier où ils dégoulinèrent de dos en dos, en cascades malodorantes.

Parmi les engagés, Baousso donna, le premier, des signes d'inquiétude.

— Jé crois qué jé vé dégueuler, soupira-t-il.

Cette crainte était justifiée. Elle se vérifia sans retard par l'arrosage copieux d'un groupe de burnous qui occupaient le rez-de-chaussée et qui étaient trop absorbés par leurs propres misères pour s'intéresser à cet incident.

Je compris alors l'intérêt de ma situation privilégiée. Peu après que le mal eût empoigné Arfino, je succombai à mon tour. S'il y avait du monde au-dessous de moi, il n'y avait personne au-dessus.

Deux heures plus tard, une atmosphère d'une aigre puanteur emplissait la cale devenue sentine. Ce fut suffocant. Au centre du groupe juif, le patriarche perdit connaissance.

— Vite! ... Vite ... Ouvrez! mais ouvrez donc! criait-on. J'avais moi-même toutes les peines du monde à reprendre conscience.

Je fis appel à toute ma volonté et déverrouillai le hublot contre lequel j'étais adossé.

Un flot cylindrique d'eau noire, du diamètre de l'ouverture, me frappa en plein corps, m'enleva de mon perchoir et me transporta par-dessus le mur de valises au milieu des juifs où je me retrouvai couché sur les seins plantureux d'une matrone qui m'injuria dans une langue inconnue et qui m'eût vraisemblablement giflé, si un nouveau jet, semblable au premier, ne fût venu la déshabiller et la culbuter dans une mare de plusieurs mètres cubes d'eau salée.

— Fermez!... Fermez vite!

Baousso faisait ce qu'il pouvait, repoussait le couvercle vitré qu'une immersion lui arrachait des mains pour envoyer une dernière douche sur les misérables passagers. Enfin, une tentative opportune, coïncidant avec une émersion lui permit d'obturer l'orifice. Je repris ma place sur le perchoir auprès de mes camarades, attendant que le jour vienne mettre un terme à cette écœurante nuit.

Le jour parut et *Le Medjerdah* se rapprocha de la côte. Tangage et roulis s'atténuèrent et l'on entendit le grondement de la chaîne d'ancre annonçant le mouillage. Nous montâmes tous les trois sur le pont, bien décidés à y rester tant que durerait le voyage.

L'air était frais, le site splendide. On apercevait, à un kilomètre à peine, le village de Tabarka avec ses maisons cubiques, sa petite caserne d'où partaient les sons d'un clairon sonnant le réveil. Derrière, s'étageaient des sommets coniques habillés d'un vert intense.

En paix avec ma conscience et l'estomac maintenant tranquille, je songeais que je n'avais jamais encore rien contemplé qui fût comparable en beauté à ces horizons.

Des embarcations s'approchaient, cernaient le bateau et des fardeaux d'écorce de liège, enlevés par les mâts de charge, venaient s'enfouir dans la cale par l'ouverture carrée de l'écoutille.

Plus tard, *Le Medjerdah,* son chargement terminé, continua sa route vers Alger en longeant, à bonne distance, la côte de Kroumirie. Baousso conta ses misères :

— Jé souis malad'. Jé souis beaucoup malad' et c'est oun'fam' qué mé l'a fait. Ellé mé voulait. Moi, jé la voulais pas. Ellé m'a jété oun aigouil'. Tou sais pas cé qué c'est, quand oun fam' té jeté l'aigouil'. Ellé té la fout per la terr' où c'est qué tou vas à ton travail ou chez oun autre fam'. Toi, tou la prends avéqué ton pied, l'aigouil'. Ellé rentre dedans ton soulier et pouis dedans ton pied et tou es foutu. Ellé monté dedans ton jamb', dédans ton ventré, ellé sé promené dédans toi, ellé té fait beaucoup mal. Des fois, c'est là, pouis c'est là, continua-t-il avec l'abondance de gestes courante chez les Italiens du Sud.

Des fois c'est dédans ton cervell' qu'ellé vient et tou es maboul. Dédans ton z'yeux et tou vois plous clair, dedans ton oreill' et tou peux plous rien entendre; dedans ton langue et tou peux plous parler. Si c'est dans ton couill' tou peux plous rien faire quand cé que tou es couché avec oun autré fam' et tout té fais engueuler, commé si tou voulais plous. Si qué tout l'aimé, ç'est kif-kif. C'est tout pareil.

— Et ça dure longtemps?

— Jusqu'à cé qué tou crève. Ellé cherché ton cœur, l'aigouil' tou comprends? Quand c'est qu'ellé l'a trouvé ellé dedans et ça té fait crever tout dé suite. Moi jé la dedans le ventre, conclua-t-il en se posant la main gauche sur le côté gauche de l'abdomen, un peu au-dessus du nombril. Ellé mé fait dou mal, beaucoup dé mal pendant la nouit. Jé la sens qu'ellé marche dou côté dé mon cœur. Jé m'en fous, tou sais, de m'être engagé pour cinq ans. Jé les ferai pas. Jé serai crevé. Elle y aura passé l'aigouil' dans mon cœur.

Je compris que cette aiguille imaginaire causait à mon compagnon des tourments qui, eux, étaient parfaitement réels. J'en éprouvai une profonde pitié pour mon malheureux camarade qui, par la beauté des formes et du visage, m'avait paru si digne d'être envié.

Nous décidâmes de ne plus remettre les pieds dans la cale. L'ensemble de nos bagages réunis pouvant être contenu dans une poche de pantalon, nous étions débarrassés de l'un des soucis capitaux des voyageurs ordinaires. Trempé comme une soupe par mon immersion totale de la nuit, je me réchauffais en grelottant comme un fox à poil ras, lorsque Baousso, qui avait opéré une reconnaissance sur le pont, vint à mon aide.

— Tou va vénir avecqué moi pour té sécher. Ya oun' grill' en bas, c'est la machine. Tou séra tout de souit' séché.

En effet, l'air évacué de la chambre de chauffe s'échappait dans un couloir dont le plancher à claire-voie constituait un séchoir idéal. Je m'y installai suivi de mon compagnon qui me raconta sa vie de Napolitain sans fortune et sans métier, pour lequel, par l'effet des exemples reçus depuis son enfance, le moindre travail constituait une entreprise décourageante.

Dès l'âge de dix ans, des matrones s'étaient emparées de lui, pourvoyant à ses besoins élémentaires contre d'infâmes services, se le disputant, se le volant l'une à l'autre, comme le serait un précieux et unique objet de toilette intime dans un dortoir de prison pour femmes.

Je ne l'écoutais que distraitement lorsque je remarquai une bestiole se promenant sur le revers du veston de mon camarade. Je le désignai de l'index et Baousso s'en empara puis, avec une précision qui témoignait d'une certaine habitude, l'écrasa entre deux ongles.

— Cé oun pou! constata-t-il avec philosophie.

J'éprouvai immédiatement de sérieuses démangeaisons dans le dos, qui, réelles ou imaginaires, me donnèrent une furieuse envie de me gratter.

— Faut pas qué tout te grattes, conseilla l'Italien. Plous qué tou té gratt' plous tu es emmerdé. Faut laisser ton peau tranquille ou tou vas t'écorcher et ça té fera beaucoup plous mal.

La nourriture du bord était copieuse et nous nous remplissions le ventre comme nous n'avions eu que bien rarement l'occasion de le faire dans le passé. Dans les ports où le navire accostait nous descendions en touristes. A Bône, nous utilisâmes nos huit sous à faire des voyages en tram jusqu'à épuisement de notre fortune, indifférents à l'éloignement que nos guenilles vermineuses inspiraient aux usagers.

Mon unique chemise, après une résistance héroïque, avait capitulé et, ayant péri en mer, avait été jetée quelque part entre Collo et Djidjelli.

Baousso, lui, portait des pantalons ouverts aux genoux comme s'ils n'eussent jamais souffert d'autres fatigues que celles imposées par des pratiques de dévotion.

Arfino était le plus minable de nous trois, sans chemise, pieds nus, sa tenue réduite à deux pièces — veste et pantalon — dans un état de décrépitude qui défiait toute description.

Ce fut dans cette tenue que nous nous présentâmes à Alger, au dépôt des Isolés. Le local paraissait être exactement ce qu'il convenait qu'il fût pour héberger de tels clients : c'était une prison.

Aménagé sous les arcades bordant le quai, il était partagé en compartiments dont certains s'ouvraient librement sur un vestibule, qui, prenant jour sur le port par des ouvertures semi-circulaires fermées de barreaux de fer, occupait toute la partie antérieure. C'étaient de simples chambrées pourvues de lits militaires avec couvertures et paillasses. Dans la partie la plus proche du corps de garde, ces compartiments se transformaient en cages grillagées derrière lesquelles on voyait des captifs aux yeux caves qui allaient et venaient avec des allures de fauves attendant leur pitance.

La garde était assurée par des zouaves méprisants lorsqu'ils n'étaient pas franchement insultants. J'en fus déconcerté.

Sauf nous-mêmes qui pouvions librement circuler dans les chambrées et dans le vestibule, le dépôt n'avait pour pensionnaires que des hommes à tête de bagnard, contenus derrière leurs grilles dont une sentinelle hargneuse interdisait l'approche.

Un peu avant cinq heures, un grand soldat fit son entrée dans le local où, étendus sur nos paillasses, nous nous livrions à des méditations sans joie.

Il portait la capote bleue de l'infanterie de ligne, le pantalon de treillis et un képi manchonné de blanc. Sa taille était amincie par une large ceinture de laine bleue, de la couleur de ses yeux qui révélaient une âme sans inquiétude et un caractère peu enclin à donner à la vie un sens trop sérieux. Il inspirait confiance. Son air, fier et décidé, annonçait un homme accoutumé à se faire respecter. De longues moustaches blondes dénonçaient un âge approchant ou dépassant de peu la trentaine.

Il se présenta :

— Légionnaire Flory. Salut les gars de la Légion.

Nous nous dressâmes, intimidés.

— Vous êtes drôlement fringués, observa l'arrivant. Il était temps que vous arriviez! Encore un peu et faudrait vous présenter à poil. Vous en faites pas. Ceux qui viennent du Fort Saint-Jean sont pas mieux ficelés. Vous verrez ça au Fort Sainte-Thérèse. Eh ben, quoi, on se présente?

— Ces deux-là sont Italiens, annonçai-je. Lui, c'est Baousso. Le petit c'est Arfino. Moi, je suis luxembourgeois et je m'appelle Flutsch.

— Et ta sœur? De quel pays qu'elle est? gouailla Flory. Tu es un sacré Gaulois! T'as une gueule de Gaulois, mon fils! Mais ça ne me regarde pas. A la Légion, ceux que ça démange de donner des explications les donnent. Ceux qui veulent la fermer, on cherche pas à la leur faire ouvrir. C'est tout ce qu'il y a de mal vu. Seulement, je peux te dire que t'es un Gaulois parce que ça se voit. T'es juste luxembourgeois comme t'as une veste neuve.

La soupe que nous allâmes prendre à l'entrée était franchement mauvaise.

— Une vraie croûte de bagnards, constata Flory. Vise-moi ça? Si on dirait de la barbaque? C'est dégueulasse et compagnie, ces dépôts. Vise-moi ce cabot! Si on dirait pas qu'il est sorti de dessous les cotillons de la Vierge Marie! Si je rencontrais une gueule comme ça dans un bistrot, je ne pourrais pas m'empêcher d'y entrer dedans.

Après la soupe, je sollicitai de mon ancien quelques renseignements sur mon destin futur. Flory m'informa de bonne grâce :

— A la Légion, affirma-t-il, on est peinard. Si tu n'emmerdes pas les autres, on te foutra la paix. Y a pas des corvées rien que pour les bleus comme dans les aut' régiments. Les corvées sont commandées au rapport et ceux qui ont vingt ans de service n'y coupent pas plus que les autres. Tout le monde y passe, même les Première classe, y'a que les médailles militaires qui sont exempts mais ça ne compte pas. Y sont pas des chiées. Les gradés sont secs mais y sont pas emmerdants. S'il y en avait un qui le soit, on lui en ferait baver, on lui jouerait la pièce, on le couillonnerait. Si c'était un capitaine, il en aurait vite marre quand il aurait toute sa compagnie en taule, tous pour des trucs différents : y en aura un qui se sera passé la gueule au cirage pour venir sur les rangs, un autre qui se sauvera quand on commandera « Garde à vous! » Et t'sais, les idées manquent jamais à la Légion quand y faut faire des tours de con. Tu verras ça! C'est quand même mieux que le civil.

Pour la croûte, ça va. En été, c'est même rupin à cause des jardins qui fournissent des suppléments à l'ordinaire. En hiver, y a trop souvent du riz à mon goût, et aussi une saloperie de févettes. Pour moi, les févettes, c'est kif-kif ceinture!

Je ne voyais rien d'inquiétant dans ces déclarations.

— Tu... attaquai-je... Puis je m'arrêtai conscient de l'indiscrétion que j'allais commettre.

— Eh bien, vas-y! Décharge, quoi!

— C'est que j'allais justement te demander ce qu'il ne faut pas demander à la Légion.

— Essaye toujours, tu verras bien si je te réponds ou si je te dis : merde!

— Je voulais te demander ton métier, dans le civil.

Flory éclata de rire.

— Civil, je l'ai été huit jours, mon fils. J'ai fait que deux métiers et j'ai vingt-sept ans. J'ai toujours été bagnard ou soldat.

— Tu as été bagnard?

— J'ai commencé par là. On m'a envoyé en maison de correction à sept ans et j'en suis sorti au bout de onze ans pour m'engager aux zouaves.

— Ah! tu as été aux zouaves?

— Quarante-huit heures, puis j'ai déserté pour m'engager à la Légion.

— Tu as trouvé que c'était mieux?

— Tu parles! Aux zouaves t'as des types du pays qui sont pleins de pèze. Y s'en foutent plein la gueule sous ton nez... et toi qui n'as pas le rond, ça te fait plutôt chier. A la Légion, t'as pas à t'en faire, y a rien que des fauchés.

Quand t'arriveras au Fort Sainte-Thérèse tu verras c't'armée qui vient du Fort Saint-Jean. Tu connais pas ça? C'est le dépôt des Isolés de Marseille. A part un ou deux c'est des types comme toi que s'ils avaient quéqu'chose sur le dos qui valait dix sous, y sont allés le vendre pour boire encore une chopine avant de s'engager. C'est pas ceux-là qui recevront des mandats, va!

A part les gradés, j'en ai jamais vu un qui ait pu partir en permission. On pourrait en avoir des perms, comme dans la biffe [1], mais y faudrait un certificat d'hébergement. Y en a jamais eu un qui ait eu ce papier-là, t'sais. Nous autres, à part la caserne et les bistrots, y a pas une maison où on peut entrer et dire : « C'est moi! ». Ça se passe comme si celles qui nous ont faits nous avaient pissé contre une borne sans que personne les voie.

— Comment as-tu fait pour quitter les zouaves et venir à la Légion?

— Ça, c'est une histoire crevante.

C'était le second jour que j'étais aux zouaves. J'étais sorti, sans le rond naturellement. Ça m'a amené du côté des bordels.

— Tu as trouvé de l'argent?

— T'as vu ça, toi, qu'on trouve de l'argent? Mais ce que j'ai trouvé ça valait mon poids de graisse à godillots ou de blanc de guêtres. Dans une des boîtes, y avait un gars qui allait au pétard. C'était un légionnaire qui venait là « faire flanelle » et qui avait envie de rigoler quand même. Monsieur a voulu le sortir et y s'est fait fout' sur la gueule. Justement, l'autre était en train de le vider quand je suis tombé dessus.

Tu parles si je les ouvrais mes fenêtres! J'entendais bien sonner l'appel dans les quartiers mais tu penses que je m'en foutais.

Monsieur s'est amené avec un tas de flics. Y sont rentrés de tous les côtés, par les portes, par les fenêtres. Y z'ont fini par l'avoir, le gars, mais ça a chié, je te le dis. T'aurais cru qu'ils allaient démolir la cagne. Y l'ont ficelé avec des menottes aux mains et aux pieds et y z'ont voulu l'embarquer. Pour ça, y a un flic qui est parti chercher un fiacre et y l'ont balancé dedans. Y leur avait drôlement matriculé la gueule avant

1. L'infanterie.

qu'y z'aient pu l'avoir, je te le dis. Après ça, y sont tous rentrés pour boire le coup.

Moi, ça me foutait le cafard de voir un mec comme ça dans cette situation... Je m'amène, je parle au collignon et je lui demande des nouvelles du pays. J'avais pas l'air trop dessalé et pis, un zouave, c'est pas dangereux, s'pas? Le type s'est pas méfié. Moi, je visais le cheval. Je fais mine de le regarder de près, pis j'attaque! Qu'est-ce qu'il a ton bourrin? Y a un type qui y'en a mis un sacré coup... — Merde alors! c'est peut-être bien avec un couteau... Y descend. Moi, presto, j'y envoie une bonne poussée qui le fout su'l'cul et je saute su'l'siège. Une bonne cinglée su'l'cheval qu'avait pas envie de se presser, un coup de manche à travers la gueule du type qui s'était relevé trop vite, et nous voilà partis.

Il était temps! Tu penses que les flics n'avaient pas traîné pour venir voir c'que ça voulait dire tout ce ramdam. Y z'ont couru derrière mais le canasson était pas trop mauvais et pis je te tapais dessus comme si c'était pas le mien.

On se trouve sortis de la ville sans savoir comment. Je m'arrête et je vais voir mon type sous la capote et j'y ôte son bâillon pour qu'on puisse causer.

« T'es rudement dessalé pour un zouave, qu'y me fait. Un légionnaire aurait pas été plus dégourdi. Faudrait maintenant que tu me débarrasses de mes trucs. Y a deux chaînes, mais coupe les ficelles d'abord. »

On n'avait pas de couteau mais c'était que de la grosse ficelle. C'est facile à avoir en la cognant entre deux pierres. Y avait les menottes aux poignets et aux chevilles. Faudrait que je trouve un marteau et un burin que j'y dis.

« T'en fais pas, qu'y m'fait. Cherche une grosse pierre pour faire enclume et une autre pour aplatir le cadenas. Après, ça s'ouvre tout seul. » C'était un gars qui connaissait pas mal de trucs. Ça a été plutôt long mais on s'en est tirés. Y avait rien qui pressait.

Le légionnaire, qui avait des idées sur la propriété, tirait des plans pour vendre le bourrin. Mais on n'avait pas l'temps, à c't'heure-là, de trouver un amateur. C'était dommage, on n'aurait pas été regardants pour le prix.

On a planté là la voiture et on est partis faire une virée du côté de la Sebka. C'était plus la peine de courir pour l'appel. Pour aller coucher à la taule, on avait bien le temps.

Le copain, y me dit : « Moi, je suis bon pour la « Fosse aux Lions », y m'ont gardé mon képi, ces vaches-là. Avec ça, y z'auront pas de mal à me poisser. Toi aussi, si tu reviens aux zouaves. Y en a sûrement pas une chiée à Oran qui sont pas rentrés à l'appel. Si tu rentres, t'es bon comme la romaine. T'y tiens tant que ça à la chéchia et aux culottes bouffantes? — Moi? Je m'en fous, que j'y dis. — Ben alors, t'as qu'à les envoyer chier. Engage-toi à la Légion. Tu verras du pays et tu seras pas emmerdé. Seulement, tu peux pas t'amener au recrutement déguisé en zouave. C'est pas le Carnaval! » On a fini par trouver c'qu'y fallait. On a enfoncé la porte d'une cabane, dans un jardin. On a trouvé une veste et une culotte à peine moins dégueulasse que la tienne, et une casquette d'employé de chemin de fer. Y avait aussi des sabots et des espadrilles. On a laissé la casquette et les sabots.

— Qu'est-ce que ça t'aurait coûté si tu étais rentré en retard? On passe au Conseil de guerre pour ça, demandai-je.

— Mais non. C'est huit à trente jours de taule. Mais y avait pas que l'absence à l'appel. Y avait le fauchage du cheval et de la voiture pour mon compte. J'étais bon au moins pour cinq ans.

— Et le légionnaire?

— Lui, c'était un autre truc. On pourrait pas dire qu'il avait volé le canasson. Il en avait assez pour son compte avec la rébellion et les coups et blessures. Sur la police, c'est chérot ce truc-là, en Conseil de guerre. C'est de cinq à dix ans, peut-être plus.

La nuit d'après on a balancé la culotte de zouave, la veste et la chéchia par-dessus le mur de la caserne des chasseurs. On s'est payé des frites et des côtelettes avec les trois francs qu'on a tirés de la chemise et du caleçon et le lendemain je suis allé au recrutement. J'ai dit que j'étais Belge et que, comme je voyais que je ferais pas fortune dans le pays, j'aimais autant aller gagner ma retraite à la Légion. Y m'ont envoyé au Fort Sainte-Thérèse et voilà!

— Et s'ils t'avaient remis aux zouaves?

— Penses-tu! Y avait pas de pétard puisque la Légion a un dépôt à Oran : le Fort Sainte-Thérèse, où on couchera sûrement demain soir.

— On peut se faire une bonne retraite à la Légion? demandai-je, revenant sur un point qui m'avait particulièrement frappé.

— Et comment! mon fils! Un Deuxième classe à la Légion avec ses annuités et ses campagnes se fait une retraite plus forte qu'un adjudant de la biffe. Si je tiens le coup encore six ans, je gagnerai mes quarante ronds par jour sans en foutre une secousse. Je suis légionnaire depuis neuf ans, fiston. D'abord, quand j'étais Belge, je m'appelais Durand et ça me dégoûtait. J'aimais mieux être Flory, c'est plus gai. Quand j'ai voulu reprendre mon nom, les zouaves m'ont réclamé pour désertion et dissipation d'effets. Ça s'est discuté. La Légion voulait rien savoir, ni pour la désertion puisque j'étais soldat depuis quarante-huit heures après avoir lâché les zouaves. Y avait tout juste absence illégale. Pour la dissipation d'effets on pouvait rien dire. On m'avait pas passé en revue quand je m'étais engagé, et personne pouvait dire que j'avais bazardé ma liquette et mon caleçon. J'étais pas arrivé au recrutement à poil. J'avais bien pu les user en trois ans, avec d'autres que j'avais touchés à la Légion.

Comme j'étais bon tireur et bon marcheur, le colon, Villebois-Mareuil, celui qui s'est fait descendre au Transvaal, où qu'il était allé se battre pour les Boers parce que ça traînait de notre côté — a tenu bon; à la Légion, quand y en a un qui est en pétard avec les autres, on se serre les coudes. J'avais juste tant de jours de taule qu'il en fallait pour être un bon légionnaire. Ça s'est réglé avec trente jours.

Maintenant, on pourrait pioncer. Sûr que je vais prendre des « gaux » dans c'te boutique. Quand y z'ont affaire à un type qui met une chemise propre tous les jours, ça les dégoûte et y vont voir ailleurs. Pour les morpions, y a rien à faire, faut l'onguent gris!

Le lendemain, au lever du jour, un caporal fit irruption dans la chambrée :

— Allez, les trois pouilleux, les pégriots, debout! Prenez les pinceaux et à la corvée!

Avant que les « trois pouilleux » aient pensé à s'indigner, Flory avait rejeté sa couverture et s'était redressé en coiffant son képi. Ses yeux jetaient des éclairs.

— De quoi! C'est comme ça qu'on parle aux hommes chez les zouaves? Je vais vous apprendre le métier. Allez! Prenez la porte et dites au chef de poste d'envoyer quelqu'un qui a appris à commander.

— Mais... mais..., bredouilla le caporal qui pâlissait. Qu'est-ce qui vous prend? Je vous ai rien dit, à vous.

— Alors je vais vous apprendre votre métier. Quand des légionnaires sont détachés, ils sont sous le commandement du plus ancien qui est responsable de leur tenue et qui reçoit les ordres. C'est lui qui est foutu dedans quand y a une connerie de faite. Et maintenant, caporal de mes deux, lui souffla-t-il dans la figure d'une voix basse et rageuse, quand on insulte des légionnaires, on insulte toute la Légion avec son colonel en tête. Allez! Fuyez! Allez chercher le sergent de garde!

Quelques instants plus tard, le lieutenant en personne, escorté du sergent, suivi de tout le corps de garde, entrait dans la chambrée.

— Alors, dit l'officier d'un ton sec, c'est un refus d'obéissance?

— Non, répondit froidement Flory, figé au garde-à-vous. On n'a pas été commandés; on a été insultés, c'est tout. Le caporal a dit à des pouilleux de prendre le balai. Y a ici quatre légionnaires. Si vous en avez dans la carrée qui se sont engagés dans le régiment des pouilleux, vous avez qu'à les emboîter. Si on a des ordres à nous donner à nous autres, légionnaires, mon lieutenant je suis le plus ancien et je suis aux ordres de n'importe quel gradé du dépôt. Mais, comme y en a pas d'autres ici, c'est nous que le caporal a traité de pouilleux et de pégriots. J'sais pas si c'est l'habitude aux zouaves de traiter leurs soldats comme ça. Mais ça se fait pas à la Légion.

— C'est bon, suivez-moi, coupa le lieutenant qui supportait ce discours avec impatience.

Flory revint dix minutes plus tard.

— Ça y est! on s'est expliqués avec le lieutenant. Il a ses quat'crans le cabot et y nous fera plus chier.

Le lieutenant, il a commencé par me dire que je la ramenais un peu trop et qu'y me ferait fout' derrière les grilles.

— Allez-y, que j'y fais. Quand je ferai savoir au colonel Desorthès qu'un de ses vieux, qui a neuf ans de service, qui revient du Tonkin, s'est pas mis au garde-à-vous quand un gradé des zouaves a appelé « les pouilleux, les pégriots » et qu'on l'a foutu dedans pour ça, y l'aura sec, le vieux. Ou alors y faudra dire ce qui est pas, hein? Ça sera plutôt rigolo de voir un officier des zouaves faire ce truc-là. Ça serait tellement rigolo que je voudrais y être derrière les grilles! J'ai tiré quéquefois des trente jours pour des trucs qui valaient pas celui-là.

Tu parles s'y changeait de figure, le mec, quand y voyait que je croyais qu'y pourrait être dégueulasse. Y m'aurait foutu su' la gueule, si j'avais eu quinze ans de moins.

— Alors, qu'est-ce que vous voulez? qu'y m'fait.

— D'abord que le caporal soit foutu dedans pour avoir insulté la Légion. On s'est tenus, mon Lieutenant, vous savez? D'habitude on commence par entrer dedans, quand ça arrive, que j'y ai dit.

Et pis que le boulot soit commandé comme ça doit se faire. Quand on a neuf ans de service, on sait obéir à un ordre sans tirer au cul, mon Lieutenant.

— C'est bien, le caporal aura quatre jours de salle de police qu'y me fait. Assurez avec vos hommes la propreté des locaux, c'est tout ce qu'on vous demande.

— Mon Lieutenant, que j'y ai dit, à la Légion on fait pas nettoyer ses ordures par les autres. On n'a pas besoin de domestiques. Sans qu'on ait rien commandé, on aurait pris les balais. Voilà ce que j'y ai dit, moi, au lieutenant.

— Et maintenant, les gars, aux balais!

Tôt dans le courant de la matinée, les légionnaires touchaient leur ration de pain et neuf sous de solde et indemnité de vivres. Flory, qui était à la haute paye, touchait onze sous. Nous reçûmes une feuille de route collective pour quatre légionnaires, sous le commandement du Deuxième classe Flory, à destination d'Oran.

Un caporal nous conduisit à la gare et nous abandonna sur le quai.

— On commençait à en avoir marre des zouaves! Qu'est-ce que t'en dis, le Gaulois?

J'étais bien de cet avis.

Nous regardions passer les stations : L'Agha, Hussein-Dey, Maison-Carrée... Bouffarik, Beni-Mered... Entre ces deux stations, Flory demanda :

— T'as jamais entendu parler de ces patelins?

— Si, je connais l'histoire du sergent Bleudan. J'y pensais tout à l'heure...

— On en parlera, à la Légion. C'est trois ou quat'fois par an qu'un sergent te lira le morceau. Moi, j'ai fini par l'apprendre par cœur, mieux que j'ai jamais su mon catéchisme. Ça, Camerone, Tuyen-Buan, t'en entendras parler.

— La Légion est allée au Cameroun? C'est allemand ce pays-là?

— Qu'est-ce que tu racontes! Camerone, c'est le nom d'une ferme au Mexique. Sous Badinguet, y a une compagnie de la Légion qui a tenu pendant deux jours avec toute une division sur le dos. Y en a que trois qui s'en sont tirés. Tu penses bien que les Mexicos y pouvaient bien avoir ces trois-là qui étaient blessés. Y z'ont eu honte et y les z'ont fait sortir avec les honneurs de la guerre, « tambours battants et enseignes déployées ». Tu vois les trois mecs qui défilent devant la division en ligne qui leur présente les armes?...

Baousso et Arfino conversaient en italien, sans s'intéresser, non plus qu'ils ne s'y étaient intéressés la veille, aux récits de Flory.

Après Blida, je m'informai de ce qu'était une « maison de correction ».

— C'est un bagne, expliqua Flory. C'est comme tous les bagnes. Du boulot, de la croûte pas bonne pour les cochons et des coups tant que t'en veux. Y a des mecs qui aiment à cabosser les autres mais y z'ont la chiasse qu'on leur fout' sur la gueule, ce qui arriverait dans le civil ou n'importe où. Y vont comme gardiens dans un bagne, dans une maison de correction, dans un asile de fous. Là, y sont peinards. Y a des murs, comme aux prisons, des barreaux aux fenêtres, des cellules et des cachots.

— On t'y a mis à sept ans?

— Pardi. Seulement, y avait quand même une petite différence. On nous cognait dessus tout comme ailleurs, mais les gardiens, on les appelait « papa ».

Comme j'étais plutôt « tête de cochon » et que les coups ça me faisait rien, y z'avaient trouvé un moyen de m'avoir. C'était de me fout' au cachot et de me la faire sauter à pieds joints. Y me laissaient des deux, trois jours sans becqueter. Une fois, papa Blanchet s'amène. Y avait déjà deux jours que j'étais dedans sans rien pour m'aiguiser les dents. Y tenait une miche de trois livres.

— Alors, t'as faim, mon gars?

— Oh oui! papa Blanchet.

— Avec ce morceau-là, t'en as assez?

— Oh oui, papa Blanchet.

C'te vache-là, y faisait comme s'y voulait m'en couper une bonne moitié.

— Ben alors, pisque t'en as assez, c'est pas la peine que j'me dérange, qu'y me dit. Je reviendrai demain. Et le voilà qui fout le camp avec la miche tout entière. Tu parles d'un fumier!

T'apprends vite à pas chialer. Quand y avait des mômes qu'ils pouvaient faire chialer, ça les faisait jouir, ces vaches-là. Y z'étaient toujours dessus à leur fout' des marrons ou des coups de pied au cul. Ça rendait, tu comprends?

— Qu'est-ce que tu avais fait pour aller en correction?

— Ma mère était veuve et comme y en fallait, elle a pris un mec. Le type m'avait pas à la bonne. Y me foutait des beignes à tout propos, et moi, c'est pas dans ma nature de recevoir. J'aime mieux donner. J'étais comme ça, tout môme.

Comme j'étais pas assez fort pour y rendre, j'y faisais des vacheries. Je lui secouais son tabac. J'y en foutais des demi-paquets dans les chiottes. Je glaviotais dans sa soupe. Je brûlais le fond de ses poches avec des allumettes pour que ma mère l'engueule et qu'il lui foute des beignes. Je leur en voulais autant à l'un qu'à l'autre. C'était la guerre, quoi! C'est quand y m'a pris à piquer des aiguilles dans les manches de sa veste pour que ça y pique le lard quand il l'enfilerait que ça a tourné au vinaigre. Y m'a collé une trempe à tout casser. C'est le lendemain que je les ai eus. Pendant qu'y z'étaient sortis tous les deux, c'était un dimanche, j'ai vidé la bouteille de pétrole dans leur pucier et j'y ai foutu le feu. Je savais déjà faire ça.

La cagna a brûlé avec tout c'qu'y avait dedans et avec deux autres maisons. Moi, je trouvais ça rigolo de voir les gens qui foutaient leurs fringues par la fenêtre pendant que le toit de leur cambuse flambait. C'était un petit patelin et y avait guère d'eau, c'était l'été.

On a su tout de suite d'où venait le coup. Mais j'ai même pas reçu une calotte pour ça. On m'a foutu au violon, à la gendarmerie, et j'ai toujours dit que je recommencerais. Plus on me demandait si je recommencerais, plus je m'entêtais. A la fin , je disais que, la prochaine fois, je me démerderais pour les griller tous les deux avec la cagna. Y a un type décoré qui m'a demandé si je regrettais; j'y ai dit que je regrettais seulement de pas les avoir grillés avec la boutique.

— Et ta mère, tu ne l'as jamais revue?

— Non, et j'ai jamais eu envie de la revoir, la garce! Je sais par mon livret militaire que je suis né à Vierzon, dans le Cher. Mais c'est pas à Vierzon que j'ai foutu le feu. Ma mère avait sans doute pas trouvé de mâle à son goût dans le pays. Elle en avait pris un dans un bled que je sais même pas dans quel département. J'ai oublié le nom et mes pièces en parlent pas. J'étais trop jeune même pour avoir un casier.

— Alors, tu n'as pas eu le temps d'être civil? Tu ne sais pas ce que c'est?

— Mais si que je sais, pisque j'l'ai été huit jours. C'est pas comme l'orthographe, c'est pas long à apprendre.

Après mes premiers cinq ans, j'ai rencontré un type du 2e à Saïda qui était libérable comme moi. C'était un Breton qui s'appelait Le Coroller. Un gars solide, un vrai Gaulois et franc comme l'or. Ensemble on se fait libérer à Paris. On a touché au magasin du régiment des complets bleus qu'étaient pas mal du tout.

On s'est embauchés sur les quais de la Seine, chez Mégisson, pour charger des tombereaux de gravier, On touchait une bonne solde, six francs par jour. On voulait vivre. On avait pris une piaule pour deux ans dans une taule du côté du Jardin des Plantes. Pour dix francs par semaine on a eu quéque chose de pas trop moche.

Pour le boulot, ça allait pas trop mal. On est dur. On se laisse pas aller. On a bien pris cinq ou six ampoules dans chaque main, mais ça empêchait pas de serrer le manche. Et pis on croûtait bien et y avait du pive à volonté. Y avait qu'une chose qui allait pas : la propreté. Quand t'as l'habitude d'être dégueulasse, c'est pas gênant de l'être. Seulement quand t'as l'habitude de te coller su'l'dos, tous les matins, une liquette propre, ça t'emmerde c't'odeur de pisse que tu traînes avec toi à cause de la sueur. T'as pas le blair fait pour renifler ça à longueur de journée. Et dans un garni, y a rien à faire pour le tenir propre, ton bordel! C'est pas l'eau qui manque, mais tu sais pas où la foutre pour briquer ton truc. Et puis, ça met des jours pour sécher... C'est la chierie sur toute la ligne.

Au bout d'une semaine, on n'avait encore changé de linge que deux fois et on craignait d'attraper des gaux. On était sales comme des cochons, à te donner envie de débecqueter.

Pour se consoler, le soir de la paye, on est allés s'en jeter cinq ou six litres à nous deux. On avait bien pris des acomptes mais y nous restait pas mal de sous. On avait quand même le cafard et on parlait de repiquer au truc et de s'en mett' pour cinq ans. Quand on boit, t'sais qu'y faut pisser. Tu peux tout de même pas te noyer. Tant qu'il en rentre, tant qu'y faut en sortir. J'y vais, Le Coroller y va, trois ou quat'fois de suite. On lâchait ça, pas contre le bistrot, mais la porte à côté. Et voilà que mon Gaulois, qui était sorti pour en verser une larme, qu'y rentre plus. Je sors : pas de copain!

J'ai attendu dix minutes, un quart d'heure : y venait pas. Merde! que je dis, qu'est-ce qui peut bien foutre? Y revenait toujours pas. Où c'est que je peux aller le chercher maintenant c't'outil-là... et puis, j'ai vu où il pouvait être. Y avait eu quéqu'histoire. Il avait foutu su la gueule à quéqu'un. Sûr qu'il était au poste. J'pouvais pas le laisser là tout seul, s'pas?

Ça se fait pas entre légionnaires. Je paye, je me renseigne, je calcule mon coup et me voilà parti avec mon histoire toute prête.

Quand y faut s'expliquer, Flory a jamais la langue dans sa poche et il a toutes les bonnes idées qui peuvent servir. Je m'amène chez les flics, dans une piaule où y z'étaient cinq ou six à discuter le coup. Y z'avaient tous la gueule marquée et au moins deux qui avaient le nez qui pissait. Ça, que je me dis, ça ressemble tout à fait au travail de Le Coroller; moi, je m'aboule, sérieux, faut êt' tout c'qu'y a de sérieux quand on parle aux gradés et les flics sont tous sergents au moins. T'as vu comme je leur parle, hein? C'est comme ça qu'y faut être.

— Salut! que je leur dis. Je suis quartier-maître sur l'*Ave Maria*, un baquet tout ce qu'y a de bien où qu'on embarque demain au Havre pour l'Amérique et y faut pas qu'on soye portés déserteurs. J'ai perdu mon matelot qu'était venu avec moi en bordée. C'est un grand gars à barbe noire, qui s'appelle Le Coroller... un vrai Gaulois! C'est un bon gars. Le capitaine dit que c'est le meilleur de l'équipage. C'est même à cause de ça qu'y m'a dit que je vienne avec lui. En mer, c'est de l'or, qu'y dit le capitaine, mais à terre c'est pire qu'un gosse. Je le lâchais pas, c'est l'ordre du capitaine et moi, vous savez, l'ordre c'est l'ordre. Je l'ai juste laissé sortir pour pisser... Pas nécessaire que j'aille lui tenir l'outil, s'pas? ... Et voilà, je l'ai plus revu!

Les flics me regardaient en rigolant. J'avais bien dans l'idée qu'y me croyaient pas. Mais si je les avais à la rigolade, ça pouvait p'têt' êt'bon.

— Ça va, qu'y me dit, le brigadier. Et y va m'ouvrir une porte dans le fond. Va chercher ton matelot et débarrassez le plancher.

Ça y est, que je me dis, j'ai gagné. Je m'amène et à l'entrée je vois mon Le Coroller allongé sur le bat-flanc. J'allais y crier le mot d'ordre quand le brigadier y me fout un coup de clef derrière la boule, si raide que n'importe quel honnête homme aurait clamecé tout de suite.

Nous, quand on reçoit des coups, t'sais, on réfléchit pas. Le type qui l'a donné peut compter sur le retour. C'est comme s'il avait appuyé sur le bouton qui met en route la machine à cogner. Il avait à peine ramené son bras que j'y en foutais une paire sur la gueule et qu'y prenait des couleurs. Les autres me tombent su'l'poil et v'la mon Le Coroller qui se réveille et se fout à taper dans le tas. Eh bien, fils, il a fallu qu'y vienne du renfort pour nous avoir. Ça me fait plaisir en ce moment d'y penser. C'est la plus jolie branlée que j'ai vue de ma vie. Ça valait le jus. Les flics sont pas manchots, t'sais. Y connaissent quasi aussi bien que nous les endroits qui font mal, seulement quand c'est un type qui en a une paire et qui s'évanouit pas, quand y reçoit un marron faut six mains pour le tenir.

Pas longtemps après on a passé aux « flagrants délits ». Les preuves manquaient pas. Y avait qu'à voir les gueules!

Moi j'ai dit qu'on était des gars disciplinés et qu'on sait se tenir devant un sergent ou un flic. Si au lieu de cravater Le Coroller pas'qu'y pissait devant une devanture on y avait dit qu'y fallait qu'il aille à la boîte, y aurait pas eu besoin de le porter. C'était pas tout à fait vrai, mais faut bien se défendre, pas?

On nous a foutu trois mois mais avec sursis et, en sortant de là, on est allés au recrutement s'en foutre pour cinq piges. Mais c'te fois-là, c'était avec dix-sept sous de haute paye tous les cinq jours. Ça valait le coup!

On avait passé Orléansville et je me sentais enthousiasmé par ce gaillard si gai, si heureux de vivre et que je sentais d'un courage indomptable. « Franc comme l'or » avait-il déclaré de Le Coroller. A coup sûr, on pouvait en dire autant de Flory! Bon cœur assurément, toujours prêt à intervenir, à tout risquer pour ses compagnons. Tout concordait : ses récits, son attitude si ferme au dépôt des Isolés. On comprenait que des gaillards de cette trempe n'étaient pas de ceux qui reculent, qui fichent le camp en laissant seuls les camarades en danger. Au contact du premier légionnaire je subissais le prestige de la Légion.

— D'où est-ce que tu venais hier soir, quand tu es arrivé au dépôt? demandai-je à mon compagnon.

— De Porquerolles. C'est du côté de Toulon. Je rentrais du Tonkin et j'avais droit à une convalescence. Ça vaut le coup! T'as la soupe, le lit, le prêt et rien d'autre à faire qu'à te branler si ça t'amuse. Moi, j'y ai tiré soixante jours et j'aurais bien rempilé, mais le toubib a trouvé que j'étais pas assez décollé.

— Tu t'es battu, au Tonkin?

— J'ai reçu des balles et j'ai tiré sur de la fumée. Les pirates, c'est pas comme les Marocains, tu les vois jamais. Tu sais qu'y sont dans le coin où qu'on vient pour se faire voir. De temps en temps on te tire dessus, la colonne se déploie et trouve peau de zébie...

Ce qu'y avait de plus vache, au Tonkin, continua Flory, c'est que la Légion formait des colonnes légères : rien qu'avec le bidon, la musette et les cartouches. Pas de voiture, et s'y avait un malade ou un blessé, c'était la chierie. C'était souvent dans les coins les plus moches où si on laissait un mec quéqu'part on le retrouvait charcuté par les pirates qui étaient venus jouir un peu à le découper ou à lui enfoncer un piquet dans le trou du cul jusqu'à ce qu'y sorte par l'épaule. Alors nous, on s'en ressentait pas pour ce truc-là. Quand y en avait un qui « se laissait aller » on lui faisait boire un bon coup de tafia et pis on y disait : « et maintenant c'est le dernier coup ». On y faisait mordre le canon du fusil et on appuyait sur la gâchette. Après on pouvait partir tranquilles.

— C'était terrible de tuer un camarade comme ça, observai-je, pensant plus à l'auteur qu'à la victime.

— Ce qui serait terrible, fils, expliqua Flory, c'est que des campagnes comme ça, au lieu de les faire avec la Légion, tu les fasses avec des types qui te laissent là, avec ton mouchoir sur les yeux pour que tu crèves à ton aise et que les autres viennent te faire jouir un petit peu en t'arrachant la peau comme s'y t'ôtaient une paire de chaussettes. Nous, on va pas s'en aller en chialant : « C'est malheureux! ... le pauv'type! Qu'est-ce qui va prendre! » Nous, quand on le laisse, il est mort le copain. Y s'en fout et il les emmerde, les pirates. Y peuvent toujours venir s'amuser, va! Y le feront pas gueuler. Et j'ai jamais entendu dire qu'y en ait eu un pour se plaindre de ça. Quand t'a chié tes boyaux à cause de la dysenterie ou que t'as une patte qui pourrit, que t'as même pas de nerfs tant t'es malade, c'est une rude veine, j'te dis, d'avoir le copain qui vient te déclarer : « Allez, vieux! c'est marre! T'es libérable pour tout de bon ce coup-ci. T'as qu'à ouvrir le bec et ça s'ra fini! » Et t'sais, quand t'es flanc garde dans de sales coins, tu te dis que t'as une sacrée chance de faire ce boulot-là avec la Légion. T'as pas loin le cabot qui t'entend et s'y t'arrive quéqu'chose, y va pas foutre le camp pour « rendre compte » avec le reste de la patrouille. Tu sais qu'y te dégagera ou qu'y crèvera avec toi. Et qu'y s'en ira qu'avec toi ou qu'y te laissera sur place, raide et tranquille pour toujours.

Écoute, gars, ajouta Flory. Y en a des tas qui viennent à la Légion. Y z'ont déjà servi dans la biffe, dans les zouaves, dans la coloniale. Jamais tu leur z'y entendras dire : je suis un zouave, ou je suis un marsouin. Y s'en foutent. S'y sortent, y diront : Je suis légionnaire. Qu'on s'amuse un peu dans un bistrot, devant un ancien légionnaire, à débiner la Légion, tu le verras se dresser, le mec : « La Légion vous emmerde! » Et y peuvent être dix, vingt... tu verras qu'y z'auront tous la chiasse. Y'a que la Légion qu'on défend comme ça. Ça veut dire que ça vaut quéqu'chose? Oui?

Les yeux de Flory étincelaient comme s'il eût imaginé la salle de bistrot où une vingtaine de buveurs blaguaient la Légion. J'aurais à vérifier un peu plus tard que ce n'était point là de vaines déclarations.

Je m'imprégnais profondément de ces paroles. J'avais lu des actes d'héroïsme. Les larmes m'étaient montées aux yeux lorque, dans le livre de lecture prêté par un camarade de la laïque, j'avais lu l'inoubliable mort du capitaine Harvey. J'avais eu des oncles et des cousins qui avaient fait leur service dans l'infanterie, les dragons ou les chasseurs alpins. Les brigadiers, les caporaux et surtout les adjudants y étaient dépeints par tous mes proches comme d'insupportables poisons. Ici, à entendre Flory, le premier venu d'entre les caporaux de la Légion était un capitaine Harvey. « Il t'emmènera ou te laissera mort, tranquille pour toujours. Ou il crèvera avec toi »!...

Je ne perdais ni un mot, ni une expression, j'écoutais, je voyais avec une attention avide. Quarante ans plus tard, dans un milieu familial ou ami, je pourrais faire revivre Flory tel que je l'avais connu, avec ses formes de langage, ses tournures argotiques et ses gauloiseries. Je ferais apparaître les lignes essentielles de cet être sans culture, qui portait en lui une sorte de grandeur innée qui lui faisait une âme indomptable dont tout faisait prévoir que, si une occasion lui était donnée d'accomplir quelque sublime et immense sacrifice, il n'hésiterait pas un instant à le faire, dût-il — ce qui était plus exemplaire encore — être châtié pour cela.

Il n'avait pas trouvé de meilleur terme pour exprimer sa sympathie que le terme de « Gaulois ». Le camarade qu'il estimait était un « Gaulois ». S'il était ivre, c'est à chaque minute qu'il s'affirmait « gaulois ».

Plus tard, je saisirais tout le sens que Flory attachait à ce mot et je me sentirais flatté que l'ancien m'eût qualifié de « Gaulois » dès ses premières paroles. C'était pour Flory l'épithète la plus flatteuse, en effet, qu'il pouvait accorder à un homme.

La nuit était arrivée sans que j'aie jeté un coup d'œil sur le paysage qui, cependant, aurait dû m'intéresser. J'avais entendu appeler des stations dont les noms s'enregistraient dans ma mémoire : Les Attafs, Saint-Cyprien, Duperré, Lavarande... J'avais le sentiment puissant que ce que je voyais et entendais de Flory dépassait en importance tous les paysages du monde. Je prenais une vision claire et assez juste de cette Légion dont je faisais maintenant partie.

— Toi aussi tu viens au Fort Sainte-Thérèse? demandai-je à mon compagnon.

— Oui, mais pas pour longtemps. Demain matin je partirai pour Saïda à la 25ᵉ ou à la 26ᵉ compagnie. C'est les compagnies de dépôt.

A Sainte-Thérèse on te demandera de choisir. Si tu veux qu'on se revoie de temps en temps, t'auras qu'à t'embaucher pour le 2ᵉ. T'auras qu'à demander Flory au bureau de la 25 ou de la 26. Sans ça, t'aurais du mal à trouver. Chaque compagnie est plus forte qu'un bataillon de biffe.

— C'est rien que des engagés à la Légion?

— Rien que des engagés. Il en arrive un lot toutes les semaines à Saïda. Tu verras cette tribu au Fort Sainte-Thérèse! Y en aura qui sont encore plus miteux que toi. Des civils tout jeunes, des plus vieux qui ont fait leur temps dans la biffe, dans la flotte, dans les Joyeux. Des Alsaciens qui voudraient être Gaulois, qui marchent pas pour le casque à pique, des Russes, des Nègres et une chiée de coloniaux en tenue avec des dix et douze ans de service.

— Ils préfèrent venir à la Légion? demandai-je.

— Jamais de la vie. Y viennent à la Légion pas'qu'on les a foutus à la porte de la Coloniale. Quand y z'ont eu trop de jours de prison, y les vident avant la retraite, y veulent plus les rengager. Comme y z'ont pas d'autre endroit où aller, y viennent à la Légion.

— On peut monter en grade à la Légion?

— Comme partout, seulement c'est beaucoup plus long. Y a toujours des amateurs et pas de places. Y faut au moins trois, quatre ans avant de passer au peloton des élèves caporaux et y faut attendre une place encore pendant deux à trois ans. T'as déjà rengagé pour le second bail quand tu passes. Et y faut êt' peinard pendant tout ce temps. T'sais, à la Légion, les cabots, y gagnent leurs sardines. T'en verras à Saïda, des mecs qui ont fait le peloton et qui attendent les galons. Y sont tous plus ou moins fonctionnaires cabots, instructeurs, chefs de chambrée; y z'ont les mêmes droits que les cabots, mais y touchent pas la solde.

— Comment faut-il faire pour être bien vu? questionnai-je encore, méditant facilement des projets à longue échéance destinés à être vite abandonnés!

— D'abord, y faut être un homme. Y faut te rappeler toujours que t'en as une paire — pour ce qui est de t'en servir, à la Légion tu te l'accrocheras dans les grands prix; c'est pas avec ton sou par jour, qu'y te faut rien que pour te payer ton savon, que tu pourras te payer des odalisques. T'en seras quitte pour te « coller un rassis » quand ça te démangera trop. — Mais si on te parle pas comme on doit parler à un homme, y faut « sortir », même si le mec est quat'fois plus fort que toi, et aller se fout' su'la gueule. Ça, c'est la première chose. Si tu prends la pâtée, tu la prends comme un homme, sans capituler, t'entends. Faut te défendre tant que tu peux et pense que t'aimerais mieux crever que de dire que t'en as marre. Faut pas croire que quéqu'un te cherchera. C'est pas possible à la Légion. On est trop à avoir envie de s'y mettre, dans la danse. Si y a un mec qui te fait des massages un peu trop secs à coups de pied dans les côtes, y en a toujours un pour y tomber sur le lard. Si y en a un qui a l'air de te chercher pas'qu'il est plus costaud, t'auras pas même le temps de te déranger pour sortir. Y en aura toujours un aut' pour y dire : « Dis donc, le caïd, j'ai de la marchandise qu'est meilleure pour toi. C'est cousu main! Tu vas venir la voir d'abord. » Et au lieu de te faire casser la gueule, t'as qu'à aller voir démolir la sienne.

On peut pas sentir les caïds à la Légion. Y a des mecs qui s'amènent à Saïda et qui s'amusent des fois à ce petit jeu. Y pensent qu'avec une bonne lame et l'habitude de s'en servir y pourront toujours commander. Y tardent guère à se faire fout' un coup de baïonnette dans le ventre. Y en avait même un, comme ça, qu'y z'ont condamné à mort dans sa carrée. Y disait qu'y les saignerait l'un après l'autre quand y dormiraient. C'était un type à faire ça... Il avait ramassé dans tout le dépôt quatre ou cinq pourris pour l'escorter quand y sortait. Eh bien, le caïd a pas boulotté longtemps l'ordinaire de la Légion. Y l'ont tombé, ficelé et porté au lavoir et y z'y ont écrasé la tronche avec un pavé qui pesait bien vingt livres.

Mais quand on te parle pas comme y faut, y a pas à tortiller, faut te lever et y aller. Sans ça, tu seras pris en grippe par les gradés, par tout le monde. Tu seras pas « légionnaire ». Ta place sera pas dans une compagnie mais au pénitencier ou aux Trav's pour servir de girond à ceux qui aiment la « terre-jaune »... et sois tranquille, on fera tout c'qu'y faut pour t'y envoyer. Ça t'irait ce truc-là? D'aller servir de putain et te faire travailler la rondelle toutes les nuits?

Je rougis violemment et m'indignai :

— Après ce que tu viens de me dire, Flory, je pense que je devrais te sauter dessus et te couper le nez à coups de dents. J'aimerais mieux crever si on me forçait à ça. Je ne dormirais plus une minute jusqu'à ce que j'aie tué. Jamais. Si tu l'avais pensé, Flory, tu n'aurais pas passé toute cette journée à me faire aimer la Légion et c'est ce que j'ai compris.

— Bien sûr, s'amusa Flory. Je sais bien que t'es un Gaulois.

Seulement, t'sais, j'suis pas avocat, mon fils. C'est pas' que j'voulais voir c'que tu dirais, t'sais? Je disais ça comme on dit à un mec perché quequ'part et qui fait le zouave à trente mètres de haut : « T'as pas envie de te casser la gueule, des fois? » Ça veut pas dire qu'on pense qu'il a envie de se la casser. On parle comme on sait. Mais si, pour avoir fait le con, tu passais au Conseil et que tu te fasses envoyer à la Fosse aux Lions à Oran, t'aurais qu'à parler comme ça et je suis sûr qu'y a pas un pédé qui l'aurait dur à ta santé. On te foutrait la paix. Tu vois, mon Gaulois? On a bien fait de faire une petite répétition avec Flory?

Mais après ça, continua l'ancien, y a des aut'choses qu'y faut pour êt' bien vu. Faut jamais rester à la traîne, en marche. On n'aime pas les jambes de laine. Faut pas se laisser aller, jamais. Le type qui se plaint, on le plaint pas. Y s'est servi lui-même. Il a sa portion et on se fout de lui. Si t'as mal aux pieds ou si ça se coupe entre les cuisses, tu avances à ta place dans le rang, sans rien dire. Quand ça va trop mal, tu tombes dans les pommes et on s'occupe de toi. Un type qui cale parce qu'il a mal, c'est comme un type qui veut pas se battre, tu le méprises. Si tu tombes, quand c'est que tu te réveilles pas' qu'on te verse un bidon d'eau su' la gueule, tu te redresses le plus vite que tu peux et tu reprends ta place. Tu marches avec tes grolles pleines de sang et quand t'es arrivé, tu fais les corvées comme tout le monde et tu t'allonges en même temps que les autres. On te fera pas des compliments pour ça. Tu seras un vrai légionnaire, comme les autres. Quand on te mettra avec un autre en colonne, y faut que ç'ui-là sache qu'il est avec un homme sans qu'il aye besoin de regarder ta bille et y faut qu'y sache que tu feras le boulot. Même si tu fais dans ton froc, ça t'empêchera pas de le faire. Et ç'ui-là qu'est avec toi, c'est pareil. Tu sais qu'y fera le sien et qu'y te laissera jamais en rade ou alors c'est qu'y sera par terre et qu'y verra plus clair.

A propos de faire dans ton froc, j'ai fait l'étape Méchéria-Ain Ben Kélil (cinquant'kilomèt') avec une chiasse à tout casser. J'avais pas de fièvre mais un besoin de débourrer toutes les trois minutes et y m'aurait fallu un quart d'heure chaque fois. Eh bien, mon fils, j'ai fait mon compte et j'dis : « Je reste dans le rang et ça tombera où ça voudra. Je suis un Gaulois! » Ben, j'ai gagné. Tu le croirais pas? Au lieu de m'esquinter la rondelle à me forcer, j'ai laissé le robinet ouvert et ça tombait quand ça en avait envie, ça me tombait tranquillement su' les talons sans que j'y fasse attention. J'ai fait toute l'étape et les corvées quand on est arrivé. Eh bien, j'avais le trou du cul qui me faisait plus mal du tout! Si ç'avait été au quartier, on m'aurait foutu à l'infirmerie avec un pot de chambre et j'aurais seulement pas pu dormir tant ça m'aurait fait mal c'te saloperie-là. J'emboucanais plutôt mais on charriait pas. C'était pas ma faute. Y faisait chaud, j'ai couché tout seul su' ma toile de tente et le lendemain j'étais guéri. C'était cette saloperie de févettes qui m'avait joué ce tour-là. C'est depuis ce coup-là que je peux pus les voir!

Seulement, si y a un coup dur, tu peux y aller de pied ferme. Tu peux compter qu'on te laissera pas là, comme j'tai dit. On doit savoir ce qu'on a à faire « quand c'est comme ça ». Si t'encaisses, faut qu'on soye bien sûr que t'es mort avant de r'partir. Mais en ce moment, on a pas de chance. Ça traîne trop. On finit par se faire chier. Tous les types qu'on perd maintenant, c'est le cafard au lieu que ça soye une bonne balle.

Si des fois ça arrive, comme à El Moungar où qu'y z'ont été surpris à la 3ᵉ, on perd pas de temps, on saute sur la seringue et feu à volonté. Là, y z'ont dégusté pendant qu'y z'étaient en train de monter les tentes. Y se croyaient peinards. Y a pas eu besoin de commander, va. Y en a pas qui ont foutu le camp à crier au secours. Y tombaient comme des mouches avant d'arriver aux faisceaux, mais ceux qu'y z'étaient arrivés, y z'étaient pas longs à commencer à faire des cartons.

Y a eu pas mal de tués et de blessés, mais tout le monde a gardé ses roupètes. Si ça avait été de la biffe et des zouaves qu'est-ce qu'y z'auraient eu comme roupètes coupées. Y a rien que les Marocains aiment tant que ça : couper les roupètes.

— Ils sont bien armés, les Marocains? demandai-je, intéressé.

— Tu parles! Y z'ont des fois des Lebel. Dans le Sud on cadenasse les fusils au râtelier pour qu'y soyent pas fauchés pendant la nuit, mais y en a quand même qui passent chez eux. Y z'ont aussi des Remington, des Winchester à répétition, et ce qui est le plus mauvais, des Mauser, des fusils à chargeur qui tirent plus vite que le Lebel et qui tirent même plus juste. Et pis, t'sais, c'est des mecs qui ont pas peur d'une balle. Ceux qui les ont vus de près t'en parleront. Mais y nous craignent tout de même. Avec nous, y a rien à gagner. Si y z'avaient pu avoir la 3ᵉ à El Moungar, ça valait le coup. Y gagnaient une chiée de fusils et de cartouches. Mais quand y faut qu'y foutent le camp en laissant une centaine de mecs su'l'carreau sans pouvoir ramener chez eux pas même une paire de couilles, y a de quoi les dégoûter pour un moment, s'pas?

On approchait d'Oran.

— Tu es un bon type de me mettre si bien au courant, remerciai-je. Si tous les légionnaires te ressemblent, je ne serai pas malheureux à la Légion.

— T'as tout c'qu'y faut pour êt' pas malheureux. T'es assez costaud pour tenir le coup. T'as pas l'air d'un emmerdant et tu seras peinard. Seulement, y'a quéqu'chose qu'y faut que je t'avertisse.

A Saïda, y a des types qui s'amènent des Trav's ou du pénitencier. Y z'ont des sales habitudes. J't'en ai déjà touché deux mots. Toi, je sais bien que si ça t'arrive, tu y entreras dedans mais c'est pas comme ça que ça se passe. Y font les bons types. Y t'aident. Y te proposent de te faire ton truc et cherchent à t'emmener quéqu'part, et même si tu tiens le coup, tu peux te faire salement abîmer. Alors à Saïda, fais pas de copains. Dis que t'es assez grand garçon pour te nettoyer toi-même et si on t'cherches envoie chier et tiens-toi prêt à cogner. Dans les compagnies, ça sera pas la même chose. On se connaît, on se ressemble à peu près tous. Si y a une ordure comme ça qui s'amène par hasard, elle tarde pas à êt' renvoyée d'où qu'elle vient. Mais à Saïda c'est le dépôt et c'est là qu'un jeunot doit se tenir à carreau.

Au Fort Sainte-Thérèse nous fûmes reçus par un planton qui prit l'ordre de transport et nous conduisit dans une chambrée qu'un bat-flanc occupait d'un bout à l'autre. Son extrémité était occupée par un empilage de paillasses et de couvertures dans lequel nous n'eûmes qu'à puiser pour nous faire des couches confortables.

Je me rendais parfaitement compte de la valeur des renseignements de Flory et tenais pour une grande chance le fait de l'avoir rencontré. Je savais maintenant comment il fallait se tenir. Dans mon esprit, mon engagement à la Légion entraînait une renaissance totale : l'oubli complet du passé et l'entrée dans une nouvelle vie.

Le lendemain matin, Flory quittait le Fort et s'embarquait pour Saïda. Baousso, Arfino et moi, nous fûmes présentés à l'adjudant qui, apprenant que j'étais luxembourgeois me parla en allemand!

Je voulus expliquer ma venue en France alors que je n'étais qu'un bébé... L'adjudant coupa net d'un signe de main impératif :

— C'est bon! Je connais l'histoire. Ne perdons pas de temps!

Dans la matinée, arrivèrent de Port-Vendres quelques individus dont les guenilles s'apparentaient à celles des « Tunisiens ». Deux d'entre eux portaient des vêtements de bonne coupe. Ils étaient belges l'un et l'autre.

Le plus grand, Jacquenoud, était un garçon froid, aux traits réguliers, au visage sévère. Sa chevelure était blonde et soignée, sa tenue impeccable détonait dans ce milieu de clochards. Pendant les quelques jours que je passerais avec lui, je ne connaîtrais sa voix que par le « présent » qu'il répondrait aux appels de son nom. Son aspect laissait prévoir une très grande force physique.

L'autre, De Tilleux, était un petit homme. Pour moi, tout adulte d'une taille au-dessous de un mètre soixante-quinze était un petit homme. Il portait des vêtements élégants et sans déchirures, mais fort sales. Le gilet blanc à fleurs, sous le veston, ne faisait que souligner cette saleté. Il avait le cheveu rare, le visage grêlé, une moustache de chat et un regard sans franchise. Il constitua très vite une sorte de cercle. Le soir, dans la chambrée, j'eus à entendre tous les détails de la vie enivrante que venait de mener De Tilleux en dilapidant, en un an, un héritage de trois cent mille francs, les orgies au cours desquelles il n'employait pas moins de six filles simultanément, les étranges libations au champagne bu coulant en ruisseau, entre les cuisses d'une putain.

Écœuré, je pensais que Flory me manquait bien. Je m'amusai à vrai, avait signifié l'ancien, ne supporte pas qu'on l'emmerde. Manifestement, De Tilleux était emmerdant, mais je ne me sentais pas encore suffisamment légionnaire. Sûrement le grêlé se ferait mettre au pas avant longtemps. Le soir, avant l'extinction des feux, il fallait entendre les confessions érotiques de De Tilleux pendant deux ou trois heures. La voix criarde m'exaspérait plus que n'aurait pu le faire le Belge en se déculottant pour faire ses ordures au beau milieu de la chambrée.

Le vendredi, le Fort se remplit d'une centaine d'arrivants, passagers de *La Russie* et venant du Fort Saint-Jean où se faisait le gros rassemblement des engagés de la métropole ou des frontières. J'en profitai pour déserter le voisinage de De Tilleux et échapper ainsi à ses dégoûtantes évocations.

La vermine pullulait. Baousso, Arfino et moi, comme les arrivants du Fort Saint-Jean, nous en étions couverts et renoncions à traquer un gibier dont la multiplication rendait vaine toute tentative d'en limiter le nombre.

Il y avait là des hommes de toutes tailles. J'observai cependant que, hormis les coloniaux qui étaient petits, la plupart étaient de grands et solides gaillards dont on pouvait se demander comment ils s'y étaient pris pour sombrer dans une telle déchéance. Les regards étaient en général gouailleurs et peu francs. A part Jacquenoud, il n'en était pas un seul dont on eût voulu se faire un camarade. Il était pour moi tout à fait impensable qu'à part le grand Belge un seul d'entre eux pût devenir un soldat tel que l'était Flory.

Le lendemain, l'adjudant sépara les recrues en deux lots égaux. Il y eut plus de demandes pour le 1er à Bel-Abbès que pour le second à Saïda, et l'adjudant dut en désigner d'office. Cela n'avait rien de gênant pour moi qui, désireux de revoir Flory, avais choisi Saïda, imité en cela par Baousso. Arfino, entraîné par un groupe de ses concitoyens, avait choisi et obtenu son passage au 1er, avec De Tilleux et Jacquenoud.

Le détachement de Saïda se composait d'une centaine d'individus où figuraient des représentants de toutes les parties de l'Europe, sauf l'Angleterre, mais où les Français formaient une forte majorité. Immédiatement après se plaçaient les Alsaciens et les Allemands, suivis des Italiens. Les Russes envoyaient un contingent de colosses de près de deux mètres, que leurs vastes poitrines faisaient paraître trapus. C'étaient des déserteurs de l'escadre Rodjestvensky.

Disposé en colonnes par quatre, le groupe avec sa surcharge de vermine et de poux de la métropole échangés fraternellement avec des poux de frontières et des poux tunisiens, se mit en route pour la gare.

Autant j'avais éprouvé de sentiments confraternels à l'égard de Flory, autant je me sentais éloigné de ceux qui m'entouraient. Placé à droite, dans la colonne, j'avais Baousso à ma gauche, puis Lécrivain, un grand maçon bourguignon à large ceinture rouge dont les hardes étaient encore tachées de ciment, et un Corse bavard : Vittini.

Nous prîmes place dans un même compartiment avec quatre étrangers : trois Allemands et un Autrichien. Le veston décousu et sans boutons de ce dernier avait le revers fleuri d'un bouquet de décorations multicolores. Ce fait constituerait pour moi une énigme qui ne serait jamais résolue. Je savais que depuis Sadowa il ne s'était pas présenté d'occasion qui permît aux sujets autrichiens d'acquérir gloire et distinctions militaires.

Lécrivain et Vittini se communiquèrent leurs états de service dans la ligne. Le premier avait fait trois ans comme appelé, le second s'était engagé pour quatre ans.

— J'me faisais de bonnes payes, vieux! disait Lécrivain. J'connais mon métier. J'peux maçonner, appareiller, limousiner et tout c'que tu voudras. J'suis pas feignant, c'est vrai, vieux. Ben, j'ai jamais été foutu de m'mett' de côté assez d'argent pour me nipper. Au métro, j'me suis fait des dix francs par jour, vieux! Et fallait que j'fout' le camp de ma pension sans payer en me collant su'l'poel tout ce que j'avais de nippes. Alors, j'm'ai dit : « Merde, j'en ai marre de grouler comme ça. T'es pas foutu d'te tenir, Lécrivain, faut t'engager à la Légion, comm'ça tu marcheras « drouet ».

Vittini conta ses aventures au régiment de Besançon.

— Je m'étais engagé dans ce régiment parce qu'il y avait là le capitaine Suzini qui était de mon patelin, San Pietro di Tenda. Il devait me prendre dans sa compagnie et me ferait suivre le peloton. Je serais sûrement caporal au bout de la première année et sergent au bout de la seconde. J'avais mon certificat d'études et deux ans de cours supérieur. J'aurais pu passer plus tard à Saint-Maixent.

Ça a bien commencé : j'apprenais bien la théorie, le piston m'encourageait et le doublard et le juteux qui étaient Corses tous les deux m'avaient à la bonne. C'était couru, j'aurais mes sardines au départ de la classe. Et voilà, ça a mal tourné.

Tous les mois, la vieille m'envoyait dix balles qu'elle aurait mieux fait de garder pour elle. J'allais les dépenser avec un copain qui s'appelait Bandinelli, engagé de cinq ans, qui avait déjà tiré plus de soixante jours de taule en deux ans et qui partirait aux compagnies de discipline avant d'avoir fini ses cinq ans. On avait fait ensemble un tas de bouchons sans que ça me fasse du tort quand il m'a mené dans un bordel qui était dans une petite rue qui descendait vers le Doubs. La patronne était une grosse garce de quarante-cinq piges qui louait des chambres à des filles qui devaient, censément, travailler. Là-dedans, mon vieux, on baisait à tour de bras. C'était un vrai boxon, quoi! La vieille a fait des frais. J'avais plus le rond et je voulais partir quand elle a dit : « Non, vous n'avez pas besoin de vous sauver, je fais crédit quand les gens me plaisent. » Comme ça, on est restés et il a fallu promettre qu'on reviendrait le lendemain.

En rentrant, juste pour l'appel, Bandinelli me foutait des coups de coude : « T'as le filon, tu sais? Y en a une chiée qui cherchent à la tomber c'te pouffiasse. Toi, tu vas te l'envoyer que ça va pas traîner. Elle t'a trouvé girond et elle m'a dit que tant que je viendrai avec toi j'aurai pas besoin de regarder ce qu'il y a dans ma poche. »

Moi, je l'avais à peine regardée. Tu parles, à dix-neuf ans! Et puis, j'aime bien qu'il y ait du téton et de la fesse mais cette poule-là, elle en avait trois fois trop pour mon goût.

Bandinelli continuait de me chauffer : « Dans huit jours, tu penseras même plus à toucher ton prêt, t'auras des sous plein tes fouilles et une croûte soignée. »

Moi, je voulais rien chiquer, mais Bandinelli a recommencé le lendemain et il me disait : « Va donc, tu peux toujours essayer, tu verras bien si tu t'en ressens après. On peut jamais savoir quand on n'a pas essayé. » J'ai fini par me laisser faire.

Mon vieux, elle connaissait des tas de trucs cette vache-là. Bon Dieu, du premier coup elle m'a tenu au bon endroit et il lui en fallait! Il a fallu que je revienne tous les soirs pour remettre ça, sauf quand j'étais de service. Je mangeais plus à l'ordinaire. A midi, je bouffais à la cantine et le soir c'était la nouba.

Elle me tenait, le chameau! C'est comme ça qu'un dimanche soir je me suis endormi sur le mastic et que je suis rentré au quartier à deux heures du matin. Le sergent de garde m'a porté sur le tableau d'avancement. Le lendemain, présentation au colonel pour recevoir huit jours de taule avec ses félicitations. Les punitions, tu sais ce que c'est...

Suzini m'engueulait. Quand j'ai gagné mes trente jours, il a foutu dehors du bureau le scribe et le fourrier et il m'a collé une trempe. Puis il m'a fait envoyer à Dôle où je me suis tenu à peu près peinard.

J'ai bien encore pris une fois huit jours et une fois quinze jours. Tu comprends que j'étais visé avec un livret matriculé comme le mien. J'ai quand même fini mes quatre ans sans faire de dégâts.

Tu penses que j'ai pas écrit à ma grognasse. Elle était bien capable de venir et je savais que ça serait, ce coup-là, du soixante et Biribi. Elle valait tout de même pas ça!

Quand je suis rentré chez moi, qu'est-ce qu'il a fallu que j'entende! On savait que c'était pas la peine que je rempile dans la biffe avec mon livret à rallonge et plus de cent jours de taule.

Je connaissais un retraité qui avait fait le Dahomey, le Tonkin et

Madagascar. Il m'a emballé, mon vieux! Si je peux pas avoir des galons, j'aurai des campagnes pour faire le compte. Alors, j'aurai à faire comme les autres ensuite : vivre tranquille avec mon jardin et ma retraite, avec une femme qui sera bien contente de me tenir au chaud.

Lécrivain, plus rustique, n'avait pas d'aventures amoureuses à raconter. Bien qu'il fût fort bel homme, il était trop mal tenu, trop saoulot pour avoir une chance de séduction. Il n'avait à son actif que de vagues histoires de bordel qui ne valent pas d'être rappelées.

Nous arrivâmes à Saïda et je pensai que la vie n'avait guère été meilleure pour mes camarades que pour moi-même. Les amours de Vittini avec une bonne femme de dix ans plus vieille que ma mère, la pauvre Marie, n'avaient rien d'excitant pour moi. Celles de Lécrivain ne présentaient rien d'attrayant non plus. Celles de Flory encore moins, avant qu'il ne vînt à la Légion. Je commençais à pressentir qu'il n'y aurait guère de privilégiés autour de moi.

Devant la gare, un piquet de légionnaires, baïonnette au canon, à pantalons garance et à épaulettes vertes, à la capote ceinturée de bleu comme celle de Flory, attendait, l'arme au pied. Les cuirs bien astiqués resplendissaient...

Sur le côté, un groupe considérable de musiciens, de tambours et de clairons semblait attendre les ordres d'un géant couvert de dorures qui dépassait les plus grands d'une bonne tête, et tenait devant lui une haute canne enrubannée à pommeau doré sur laquelle il prenait appui. Un lieutenant barbu commandait le piquet. Des sous-officiers, au visage sévère, disposèrent les arrivants en colonnes par quatre et se placèrent sur le côté en serre-files. Au commandement du lieutenant, les baïonnettes se dressèrent, verticales, rigoureusement parallèles, puis, sur un second ordre, s'élevèrent en trois temps. Le tambour-major brandit sa canne. La clique et la musique se mirent en marche. Les tambours battirent. Sur un long coup de sifflet suivi d'un coup bref, le piquet se mit en mouvement. La ligne se rompit, s'articula par paquets de huit en deux rangs de quatre et emboîta le pas derrière la musique.

La colonne des recrues suivit, observant la cadence rythmée par la clique, et après trois coups de mailloche sur la grosse caisse, la musique donna. Pour la première fois je vibrai aux accents de la marche fameuse que je n'entendrais jamais plus sans émotion : « Tiens, voilà du boudin, voilà du boudin, voilà du boudin! ».

C'était un piquant spectacle que celui de cette musique composée d'hommes appartenant à la troupe la plus propre de toutes les troupes du monde fêtant l'arrivée de cent vingt clochards sales, unanimement pouilleux, vêtus de guenilles.

Dans la cour du quartier, un sergent-major fit l'appel et les arrivants furent répartis entre les 25ᵉ et 26ᵉ compagnies. Baousso, Lécrivain,

Vittini et moi passâmes à la 26e. Pris en charge par des caporaux, les deux groupes furent conduits aux magasins d'habillement où chacun devait être pourvu du paquetage réglementaire par une équipe spécialisée.

Devant moi, un légionnaire en treillis étala une toile de tente. Un expert apprécia successivement la taille, l'encolure, la pointure, donnant les chiffres correspondants qui s'accompagnaient de la chute immédiate, sur la toile de tente, de vêtements et d'objets variés : capote, pantalon, veste, treillis, brodequins, képi, souliers de repos, qui furent jetés pêle-mêle cependant qu'arrivaient d'une autre direction, gamelle, bidon, quart, fourchette et cuiller, ceinturon, bretelles et cartouchières, mouchoirs, serviettes et bretelles de fusil.

Je n'eus qu'à prendre la toile de tente aux quatre coins et à la charger sur mon dos. Devant la porte, un caporal m'indiqua du doigt : « Bâtiment A, la porte du milieu et puis à gauche, au rez-de-chaussée ».

La chambrée indiquée fut trouvée sans difficultés. Un soldat de première classe, très digne, aux yeux glacés, me demanda mon nom et le pointa sur son carnet.

— Posez vos effets sur votre lit, dit-il, avec une froide politesse.

Et il indiqua une place, près du bat-flanc, à gauche de l'entrée. Au-dessus du lit, suspendue à la planche à paquetage, une pancarte affirmait l'identité du futur occupant :

FLUTSCH Gabriel — N° Mle 16 674.

— Et maintenant, dit le Première classe, avant de vous installer, il faut vous débarrasser de vos guenilles et passer aux douches. Prenez avec vous : chemise, pantalon, bourgeron, caleçons, souliers de repos et serviette. Bien, vous avez tout? Voici votre morceau de savon. Rien d'autre que les effets réglementaires que je vous ai fait prendre ne doit revenir dans la chambrée. Allez attendre dans la cour, on vous conduira.

J'obéis sans mot dire. Ce légionnaire était un homme sympathique, d'une classe supérieure même à celle de Flory, mais sa politesse sévère décourageait d'avance tout espoir de familiarité. Le ton était celui du commandement.

Un peu plus tard, conduits par leurs chefs de chambrée respectifs, les engagés se présentaient aux douches. Dans le couloir ils rencontraient un alignement de fripiers juifs qui faisaient des offres.

Pour vingt sous j'abandonnai ma veste d'épouvantail, mon pantalon et les vestiges de mes souliers jaunes. Baousso obtint vingt-cinq sous et les effets de Lécrivain furent payés quarante sous. Les juifs remplissaient leurs sacs, les chargeaient sur des poussettes et emmenaient une marchandise tellement bourrée de vermine qu'un humoriste aurait dit « qu'elle eût pu gagner l'échoppe par ses propres moyens ».

Enfin débarrassés de leurs parasites, revêtus de linge propre et de treillis immaculés, les nouveaux légionnaires regagnèrent la chambrée.

S'aidant mutuellement, ils enroulaient autour de leur torse la large ceinture de laine de la Légion, partie caractéristique de la tenue de ville ou de campagne. Pour la plupart d'entre nous, nous procédâmes sans retard à la mise en place de nos effets. Des blocs carrés, rigoureusement verticaux, s'érigèrent sur des planches, au-dessus de l'étiquette.

Dans la chambrée du légionnaire de 1re classe Fabry, quatre groupes de six lits s'alignaient suivant quatre quartiers déterminés par l'allée centrale et par la voie transversale que devaient suivre les occupants de la chambre adjacente qui avait pour chef le Deuxième classe Darcy. De part et d'autre, entre les fenêtres, à chaque extrémité, les râteliers d'armes encore vides n'exposaient qu'un seul fusil : celui de Fabry. Deux tables de chêne accompagnées de bancs massifs complétaient l'ameublement collectif.

J'en fis le tour, lisant les noms suivis de numéros matricules rigoureusement consécutifs : Flutsch 16 674, Baousso 16 675, Legrand 16 676, Subtil, Vittini, Guizard, Ankel, Rautos, Muller, Hoffman, etc.

Après la soupe, reconnue excellente à l'unanimité des engagés, les nouveaux se mirent en tenue de sortie. Ils n'avaient pas reçu d'armement, mais à la Légion, il y avait déjà bien longtemps que le commandement avait reconnu qu'il n'était pas sans danger pour la paix publique de laisser sortir en ville des légionnaires portant baïonnette. La chose n'était admise qu'une fois par an, le jour du 14 Juillet, et il en résultait un accroissement notable du nombre normal d'entrées à l'hôpital pour plaies pénétrantes, tant de légionnaires que de civils et d'indigènes.

Je sortis en ville pour dépenser mon capital en compagnie de Legrand, Lécrivain, Vittini et Guizard. Le groupe visita quelques bistrots où chacun but à sa convenance le gros vin rouge du pays. Je pus consommer à grand-peine un quart de litre qui suffit à me donner des nausées. Les autres furent, de bonne heure, complètement saouls et commencèrent à se quereller.

Je les quittai pour employer à l'achat de figues et de dattes les quelques sous qui me restaient.

Rentré une heure avant l'appel j'observai à loisir l'arrivée des groupes exubérants où la plupart titubaient en remorquant des camarades plus gravement atteints.

Legrand marchait d'un pas mécanique à peu près assuré. Subtil et Guizard étaient occis. Fabry invitait à se mettre au lit sans délai ceux qui lui paraissaient inaptes à maintenir la position verticale pour répondre à l'appel de neuf heures. Son ton était tel qu'il était obéi sans discussion et un ordre relatif se serait établi sans les divagations de Vittini.

Ce dernier chantait, s'agitait, interpellait l'un ou l'autre et Fabry donnait des signes d'impatience lorsque l'excité s'engagea dans la chambrée de Darcy.

— Que venez-vous faire dans cette carrée? cria la voix impérative du chef. Allez! Fichez le camp.

— De quoi, de quoi, répliqua le Corse. Tu te figures que c'est un emmanché comme toi qui me fera sortir?

Je me précipitai vers la porte pour observer la suite. La riposte de Darcy fut immédiate et décisive.

Deux secondes plus tard Vittini assommé par un coup de tête en pleine figure alla s'asseoir par terre, adossé à une table. Le chef de chambrée, le prenant par les épaules et l'attirant à lui, le jetait à plat ventre, le contenait du genou et, l'empoignant aux cheveux, lui martelait le visage sur les dalles, insoucieux des cris d'égorgé poussés par sa victime. Mon âme compatissante en fut révoltée. Je regagnai ma place, écœuré.

Je vis sortir Vittini, le visage totalement masqué par le sang qui lui coulait par le nez, la bouche, le front, présenté par Darcy comme un *ecce homo*.

— Avis aux nouveaux qui ne savent pas encore comment se fait respecter un fonctionnaire caporal à la Légion. Voilà une première leçon.

Tenant le malheureux à la nuque, le sévère justicier l'accompagna dans la chambrée de Fabry, le conduisit jusqu'à son lit. Vittini s'y laissa tomber.

— Mais non, mais non, vous n'allez pas vous coucher mon garçon. C'est en prison que vous coucherez ce soir. Allez! Mettez-vous en treillis et plus vite que ça. Vous en aurez pour huit jours, vous pouvez y compter.

Vittini, définitivement dompté, passa un bourgeron qui se macula immédiatement de larges traînées sanglantes pendant le temps nécessaire pour quitter son pantalon rouge et le remplacer par un treillis. Avant qu'il eût quitté la chambrée, poussé par son bourreau, le pauvre Vittini avait de même souillé le treillis et le sang ruisselait encore, ajoutant de nouvelles marques.

Il fut traîné vers la prison, laissant derrière lui une piste dont il pourrait encore relever la trace dans le couloir, huit jours plus tard, lorsqu'il aurait purgé la punition qu'il devait à l'implacable Darcy.

Chaque jour, pendant la première semaine, en observant le passage de l'imposant peloton des punis qui évoluait dans la cour du quartier, je ne pourrais m'empêcher de méditer l'avis de Flory : « Mon gars, on est peinard à la Légion, mais faut pas emmerder les autres. » Dans le peloton, Vittini était reconnaissable de loin à son aspect de garçon boucher.

Après cette sévère exécution j'abordai Fabry qui avait observé la scène avec indifférence :

— Je pourrais vous demander quelque chose, Chef?

— Je ne suis pas « Chef ». Ce titre s'applique seulement au sergent-major. Je suis Fabry. Je n'ai pas droit à autre chose. Quant à me demander un renseignement vous le pouvez. Je suis votre instructeur et là pour vous répondre.

— Est-ce que Vittini fera de la prison?

— Il aura les huit jours que Darcy lui a promis. Et s'il n'a que huit jours, c'est parce que Darcy a dit huit et qu'il ne se dédira pas. Il ne portera pas le motif réel, mais un motif atténué. Il ne parlera pas de l'insulte, mais simplement du scandale causé dans sa chambrée. Darcy étant « dans l'exercice de ses fonctions », Vittini pouvait prendre trente jours de prison dont huit de cellule.

Un des nouveaux dans la chambrée, qui venait de la Coloniale, après avoir rendu ses galons de caporal, déclara à Fabry :

— J'avais encore jamais vu ça, une troupe dans laquelle deux soldats se battent et c'est celui qui reçoit la pâtée qui va en taule.

— Je le répète, c'est une leçon, rétorqua Fabry. Ce n'étaient pas deux simples soldats qui étaient en cause. L'un des deux était un gradé et son autorité doit s'exercer d'autant plus fermement qu'il est inférieur en grade. C'est la règle de la Légion. Un simple soldat commandant une patrouille de quatre hommes peut abattre de pied ferme un légionnaire qui lui refuse obéissance. Vittini devait se faire corriger. S'il avait fait le zouave chez moi au lieu d'aller le faire chez Darcy, c'est moi qui lui aurais immatriculé la gueule et qui l'aurais mené en prison.

Il importe maintenant de porter un jugement sur la Légion.

La Légion n'était pas un fumier, c'était un compost où figuraient toutes sortes de spécimens d'humanité, ivrognes invétérés, délinquants qui ne pouvaient se sentir libres un jour sans se mettre aussitôt en état de retourner en prison, vieux soldats qui, chassés de la Coloniale après de nombreuses punitions pour ivresse et malgré des dix et douze ans de service, venaient compléter les annuités qui leur donneraient droit à une retraite de quarante sous par jour.

Par-dessus, enfin, un certain nombre de sujets sobres et d'une valeur humaine incontestable. Ce milieu n'avait évidemment rien d'une maison d'éducation. Pour moi, il était le salut et je serais mal venu d'en médire.

A Saïda, l'unité à laquelle j'appartenais se composait pour les trois quarts de soldats ayant plus de cinq ans de service. Si bien que l'instruction militaire pour les recrues était menée rondement. C'est ainsi qu'après avoir reçu fusil, baïonnette et équipement nous fûmes formés en un détachement qui, dès les premiers jours, exécuta les exercices comprenant tout ce qui est manœuvre d'infanterie. Formation en ligne, formation en colonne, déplacement de la colonne en ligne, regroupement de la ligne en colonne, etc. Bien entendu ces mouvements n'étaient pas suivis par les novices, mais il se trouvait autour d'eux suffisamment de vieux soldats pour que l'un tirant l'autre par le bras et un autre encore le poussant par derrière, ils prennent place là où ils devaient être.

L'appel sonna et bientôt le sergent de semaine se présenta dans la chambrée.

Fabry cria :

— Silence à l'appel.

Les hommes encore debout se figèrent, immobiles au pied de leur lit. Devant chaque place, suivi du sergent, Fabry appela :

— Flutsch!

— Présent!

— Baousso!

— Présent!

— Legrand!

— Couché, constata Fabry.

— Lécrivain!

— Couché!

— Vittini!

— En prison!

...

Peu après, dans mon lit, je songeai.

J'étais soldat. Vraiment soldat. Dans un corps de troupe mal apprécié, inconnu du public, mais que je devinais de premier ordre. Ces simples instructeurs, qui n'étaient pas même caporaux, étaient des hommes remarquables. La brutale exécution de Vittini m'avait d'abord épouvanté, mais je comprenais maintenant que l'injure méritait un châtiment immédiat. Flory eût réagi de la même manière, il n'y avait pas à en douter. Si cette insulte m'avait été adressée ce soir-là, j'eusse à peine riposté par une invective du même ordre et cependant Flory avait bien précisé : « Il faut sauter dessus! » Darcy avait donc « sauté dessus ». J'avais assisté et participé à des combats singuliers. Il était d'usage que le vainqueur prît à leur issue une attitude de matamore, qu'il commentât publiquement son intrépidité, entouré d'une cour d'admirateurs.

Ici, rien de tel. Après avoir conduit Vittini en prison, Darcy n'avait pas l'air plus glorieux que s'il venait de chasser d'une chiquenaude une mouche posée sur son bourgeron. Il avait repris sa place sur son lit et s'était mis à écrire comme si rien ne se fût passé. Dans sa chambrée, aucun commentaire.

Ainsi devrais-je réagir devant l'injure. Jamais je ne pourrais le faire avec cette sauvage brutalité. Jamais je ne pourrais traiter de cette manière mon pire ennemi en étouffant ses cris par un redoublement de coups.

Le dimanche matin, Fabry décida que nul ne pourrait se mettre en tenue de sortie sans présenter son lit bien fait et un paquetage impeccablement monté.

Dès la veille, parmi les vingt-quatre occupants de la chambrée, seuls Baousso, les jeunes Allemands et moi, nous étions contentés d'un empilage grossier. Legrand, vieux colonial de huit ans de service, apprit à Baousso l'art d'un pliage exactement carré présentant, malgré les difficultés de placer les manches, une épaisseur uniforme et des surfaces planes comme s'il se fût agi d'une simple paire de draps permettant des assises rigoureusement nivelées. Lécrivain me rendit le même service.

Fabry se déclara satisfait et, d'un geste inattendu, culbuta sur les lits les paquetages des novices en disant :

— Il faut que vous appreniez à vous passer d'une nourrice.

Pendant toute la matinée, les apprentis s'exercèrent avec plus ou moins de bonheur. A l'heure de la soupe, l'apprentissage était terminé et Fabry nous libérait enfin.

Je partis aussitôt après à la recherche de Flory et mis un certain temps à découvrir sa chambrée. Il était bien à la 26ᵉ compagnie, mais il était sorti en ville et tout espoir de le rencontrer ce jour-là était perdu.

En contrepartie, j'appris qu'il y avait dans le même bâtiment une bibliothèque bien garnie. Je m'y rendis dès l'ouverture et après avoir bien hésité, je choisis *Jess*, de Ridder-Haggart, roman traduit de l'anglais.

C'était la première fois que je lisais un livre d'imagination qui posait des cas de conscience. Jusqu'ici, dans les livres, le héros était un héros et le salaud était un salaud. Il n'y avait pas à discuter le cas de l'un ou de l'autre pour moi. Je fus mis là en présence de contradictions qui me déroutèrent d'abord, me passionnèrent ensuite. Enfin, je me sentis pénétré d'un amour passionné pour Jess aux boucles noires et au regard étrange. J'achevai le livre juste avant l'appel et c'est avec des larmes dans les yeux que je me répétai le message posthume de l'infortunée :

Si je mourais ce soir,
Tu contemplerais mon calme visage
Avant qu'on m'étendît au lieu de mon repos
Et tu penserais que la mort l'a fait presque beau.

Le jour suivant, les armes furent distribuées. Je reçus fusil et baïonnette marqués F.I. 49 482, encore un nombre que je n'oublierais jamais et qui prendrait dans mon esprit l'importance de l'une de ces constantes universelles qui sont, chez les scientifiques, une base toujours présente.

Fabry enseigna que la propreté des armes et des effets était une des règles les plus sévères de la Légion. Elle s'imposait si puissamment qu'on ne la rappelait jamais que par des punitions sévères dont l'inscription sur le livret matricule avait un caractère déshonorant.

Pour le légionnaire, une telle punition devait être redoutée plus qu'une comparution au Conseil de guerre, car elle était plus infamante que le vol. En fait, elle n'était jamais appliquée qu'à des sujets dont on voulait se débarrasser parce qu'ils n'étaient pas à leur place à la Légion.

Fabry expliqua ensuite pourquoi, au lieu des mots « Honneur et Patrie » qui figuraient sur les drapeaux de l'armée française, celui de la Légion portait « Valeur et Discipline » : c'était afin de ne pas exclure de ses rangs un certain nombre d'irréguliers de la vie, d'une qualité particulière et qui, malgré leurs fautes passées restaient dignes de porter les armes.

Le soir, il emmena sa troupe du côté du camp des chasseurs, et nous apprîmes en quelques heures les rudiments du maniement d'armes et les évolutions permettant de passer de la formation en ligne à la formation en colonne.

Au retour, je voulus retrouver Flory. J'appris qu'il était au lavoir et je courus le rejoindre.

Avant toute explication, Flory me fit remarquer que ma tenue laissait à désirer.

— Vise ces marques, fit-il, en désignant les taches laissées par le cuir des bretelles de suspension. Et tes genoux encore souillés de la terre du camp des chasseurs? C'est avec ça que t'iras à l'exercice demain matin?

— J'ai un treillis propre dans mon paquetage. Je le mettrai demain matin.

— Et comme ça, demain soir, t'en auras deux de dégueulasses au lieu d'un. Et ç'ui-là, tu le mettras dans ton truc, plié sur le linge propre? Va te changer. Change ta liquette et ton caleçon, ton treillis et tout ce qui est sale. Apporte-le ici, tu le laveras, et s'y faut je te donnerai un petit coup de main. En t'habituant tout de suite, tu seras peinard quand on te versera dans une compagnie. Si on t'appelait au bureau maintenant pour qué'que chose? Tu penses pas que tu la foutrais mal?

Je m'exécutai et m'installai près de Flory. Je m'inspirai de Beugnet qui m'avait donné une première leçon à Bizerte et mon ancien approuva :

— Tu t'y prends pas si mal que ça pour un bleu mais faut économiser ton savon. Ce qu'on touche, ça fait pas bézef et y faudra qu't'y mettes tout ton prêt.

L'ancien tint compagnie à l'élève que j'étais encore, m'aidant à rincer et à tordre vigoureusement.

— Demain t'auras qu'à le mettre au séchoir, c'est gardé et y a jamais rien de fauché. A midi, tu repasses en frottant dessus avec le bord de ton quart et c'est blanco! En rentrant de l'exercice tu peux te changer et t'as juste un petit coup à donner.

— Dans la chambrée, y a personne qui fait ça.

— Bien sûr, des biffins, des Joyeux, des marsouins... Mais y faudra qu'y s'y mettent comme tout le monde. Y resteront pas longtemps dégueulasses comme ça, dégueulasses à se faire reconnaître à cent pas. On voit bien que c'est des nouveaux.

Flory m'annonça une importante nouvelle :

— On va pas moisir ici. Avant la fin de la semaine on va en renfort du 4ᵉ bataillon à Géryville. Ça te fera les pieds. Tu dois les avoir plutôt tendres, en ce moment?

— C'est à combien d'ici, Géryville?

— Six étapes, mais on en fera sept. Le premier soir, on ira coucher à Aïn-el-Hadjar, à douze kilomètres, pour vous habituer au sac. Le lendemain tu en feras vingt, jusqu'à Tafarouah, et après ça trente, jusqu'à Modzbeh et après encore quarante-deux jusqu'à Kreider. On pense qu'à partir de Modzbeh, vous serez capables de vous servir de vos jambes comme de grands garçons!

A Géryville, ça sera pas le dépôt, ça sera une vraie compagnie. Tu vas voir si y vont changer de tenue, tous ces cloches qui sont venus avec toi et si y vont changer de gueule.

— On a déjà commencé à s'instruire, racontai-je; et je narrai en détail la mésaventure de Vittini, l'avant-veille.

— Eh ben, comme ça, y saura c'que ça coûte de parler sans faire attention à c'qu'y dit. Les nouveaux ont besoin de leçons comme ça. Tu vois, les autres y commencent déjà à se méfier. Moi, c'est pas le premier jour que j'ai appris, mais le second. Seulement moi, c'était à mes frais. Je trouvais que mon chef de piaule y la ramenait un peu trop pour un soldat de 2ᵉ classe et j'y ai dit que ça lui donnait plutôt l'air con. C'était au moment de la soupe. J'avais pas fini de le dire qu'y m'arrivait une gamelle pleine de fayots en pleine gueule, fils! Et avant que j'aie pu ouvrir les yeux, y m'en mettait encore une fois plein la gueule.

Il accompagna le récit d'un geste expressif.

— Je me suis couché avec une tête grosse comme ça. Y m'a pas envoyé à la taule, seulement faut dire que Vittini est allé un peu fort. Qu'y parle comme ça à n'importe qui et il est sûr que ça y arrive. Si le gars peut pas y fout' de la prison, y s'arrangera pour y en mettre quand même assez pour que ça fasse le compte. Si j'te le dis à toi qu'es un Gaulois c'est que je pense que tu l'aurais servi, hein, le partenaire? Et « servir » quéqu'un c'est pas se faire fout' su' la gueule.

— Tu m'avais bien averti, Flory, et j'ai pensé que s'il t'avait traité comme il a traité Darcy, tu aurais fait de même. Mais tu l'aurais pas abîmé comme ça, je peux pas le croire.

— Et t'as tort, fiston. Quand on s'fout su'la gueule, à la Légion, c'est pas une affaire de gosses. Ça empêche pas d'êt' bon type, mais y faut mett'ça comme y faut. C'est la règle et tu l'apprendras. Darcy a mis sa force, comme moi, à sa place, j'y aurais mis toute la mienne et pas seulement la moitié.

Avant de me laisser, Flory me donna encore quelques conseils utiles en vue de me préparer aux étapes prochaines.

— Comme on va pas tarder à prendre la route, tu feras bien de te préparer à faire tes ballots en vitesse pour les monter su'l'sac, à rouler ton couvre-pieds dans ta toile de tente, sans ça, t'auras des emmerdements dès le départ.

J'ai dit combien l'instruction que l'on donnait à la Légion à cette époque était des plus sommaires. Ce rapide entraînement eût été jugé inadmissible dans la métropole où les troupes effectuaient des exercices progressifs durant toute une année. Un légionnaire qui, après trois ans, eût été versé dans un régiment de ligne, eût été tenu pour un piètre soldat, ne sachant ni saluer, ni mettre l'arme sur l'épaule, ni faire demi-tour, ni même marcher convenablement.

L'exercice unique de service en campagne auquel j'eus à prendre part à Saïda témoignait de ce même esprit d'éliminer de l'instruction tout ce qui tendait à faire du soldat une sorte de mécanique déclenchée par un commandement et dont la perfection ne pouvait être réalisée que par un long rodage dans la cour d'un quartier ou sur un champ de manœuvres.

Un sergent emmena les recrues mêlées d'anciens au nombre d'environ cent cinquante sur la route de Daya. A une dizaine de kilomètres de Saïda, il ordonna une pause et appela :

— Les anciens gradés, à moi!

Une dizaine d'entre eux se détachèrent, dont un adjudant et quatre sergents.

Il s'adressa à l'adjudant :

— Quelle arme?

— La Coloniale, sergent!

— Bien. Vous avez été habitué à commander une compagnie. Vous allez diriger la manœuvre. Vous avez la troupe et les cadres. Organisez quatre sections de deux escouades et vous passerez à l'exécution du thème suivant :

Vous voyez ce mamelon devant vous. Il est occupé par l'ennemi et vous avez reçu l'ordre de l'enlever. Je me tiens sur la position et j'observe vos mouvements. Nous verrons si dans ce que vous avez appris à la Coloniale il y a quelque chose de valable pour la Légion.

Sous la conduite de l'adjudant, les sections avancèrent en colonne vers l'objectif et se déployèrent en tirailleurs. Des feux purement fictifs furent commandés et avec un bel ensemble, baïonnette au canon, poussant des cris sauvages, la troupe, au pas de charge, enleva le sommet.

Puis les légionnaires, groupés en cercle autour du sergent, écoutèrent la critique.

— Je reconnais que vous avez attaqué avec un certain courage. Vous auriez pu fournir un bon modèle au peintre qui aurait voulu représenter « La prise du mamelon vert ». A la Légion, ça ne vaut rien, parce que dans une affaire réelle, vous seriez tous morts. Or rien n'est aussi inoffensif qu'un mort. Personnellement, j'aime mieux avoir affaire à cinq mille morts qu'à dix vivants bien résolus.

Vous seriez morts héroïquement, c'est vrai. « Mourir pour la Patrie, c'est le sort le plus beau » dit la chanson. Votre patrie, c'est la Légion. La Légion ne vous demande pas de mourir, encore une fois elle vous demande de vivre avec l'ardente volonté de tuer.

La règle de conduite découle de ces quelques principes.

D'abord accomplir la mission, et pour l'accomplir, survivre le plus longtemps possible, pour avancer le plus longtemps possible, pour tuer le plus longtemps possible.

Vous allez revenir sur la position de départ et me recommencer cette manœuvre, non pas comme vous l'avez fait, pour me servir une parade, mais comme troupe de véritables légionnaires dont chacun est décidé à vivre pour combattre, qui se fait des alliés de la moindre pierre, de la touffe d'herbe, d'une motte de terre, du cheminement qui lui permettra de porter des coups inattendus. Allez! Commandant de compagnie, exécution!

Pendant que le détachement exécutait l'ordre donné, j'écoutais les commentaires de Legrand.

— Ben pour un simple sergent, tu parles s'il en connaît un bout, le mec. Y pourrait donner des leçons à un capitaine que j'ai eu. Quand on se planquait parce que les pirates nous tiraient dessus, il nous faisait mettre l'arme sur l'épaule. Y fallait, qu'y disait, reprendre la troupe en main! Y disait que ça serait la panique si on laissait les gars se planquer et qu'y avait rien de tel pour nous remonter le moral que de faire deux ou trois exercices de maniement d'armes sous le feu, que si y en avait cinq ou six de démolis, y aurait quand même du bénéfice.

Bien plus tard, en 1914, redevenu Antoine Sylvère, j'apprendrai que le général commandant la 125ᵉ brigade, surpris par un tir direct et rendu furieux par le spectacle de ses combattants courant s'abriter derrière un talus, les avait placés bien en vue et leur avait commandé un mouvement de maniement d'armes, se tenant lui-même sous le feu, à titre d'exemple. Ces nobles attitudes et d'autres, telles que les admirables charges en gants blancs, auraient pour effet d'imposer à l'infanterie française des pertes deux fois plus grandes que celles qu'elle infligeait à l'ennemi à moyens égaux. De même, les calculs cyniquement exprimés à la Légion permirent à cette dernière de marquer les plus grands succès avec des pertes très inférieures.

Pour le second essai, chefs et troupe entrèrent à fond dans le jeu. Les sections s'égaillèrent sur une large étendue, rampant de touffe en touffe. Certains eurent à doubler la longueur du trajet et, lorsque l'assaut fut donné, les quatre sections, à deux cents mètres, réalisaient un encerclement complet.

— Bravo! approuva le sergent. Vous avez compris et la marche d'approche a été fort bien exécutée. Chacun doit se rappeler qu'un légionnaire n'a pas besoin de se donner en spectacle pour affirmer sa vaillance. Il doit savoir que ni son chef ni ses camarades ne penseront que c'est parce qu'il a peur mais pour mieux accomplir sa tâche.

Personne n'a peur à la Légion et si on admettait que celui de nous qui s'abrite sous le feu est un lâche, la Légion perdrait toute sa valeur. Ce qui dans la biffe serait jugé déshonorant est ici hautement honorable parce que pratique. Courant ensemble, n'hésitez pas à baisser la tête sous les balles, jettez-vous à plat ventre quand vous vous savez pris sous un tir trop précis. Ainsi vous conservez-vous vivants pour tirer à votre tour, ainsi formez-vous la Légion, la troupe la plus dangereuse du monde pour l'ennemi, qu'il soit anglais, allemand, italien ou de n'importe quelle autre nationalité. Maintenant, nous allons rentrer. Je pense que vous retiendrez les enseignements que nous avons pu recueillir aujourd'hui. Rappelez-vous. A la Légion nous ne combattons pas en chevaliers du Moyen Age. Nous nous battons en vaches, le plus possible. L'ennemi n'aime pas ça. Mais c'est l'ennemi et nous ne tenons pas particulièrement à lui être agréable.

Parmi les figures marquantes de la première chambrée — celle de Fabry — je fus impressionné par Guizard.

C'était un garçon d'âge indécis, que ses yeux exorbités, ses oreilles en feuilles de chou et son nez en patate eussent voué à la carrière de clown s'il eût grandi dans un milieu favorable au développement de ses facultés naturelles. Son humeur s'accordait parfaitement à son physique, si bien que de tous les légionnaires que je connaîtrais, Guizard serait le seul dont les paroles, même lorsqu'elles seraient nettement injurieuses, ne provoqueraient qu'un éclat de rire général. Il pourrait accuser n'importe qui de n'importe quoi — forfait ou dégradation — il n'en résulterait jamais de sanglantes conséquences, inévitables si les mêmes imputations eussent émané d'un autre.

Il avait servi trois ans au bataillon d'Afrique à Biskra, mais avait fait quatre ans et demi.

— Oui, vieux Charles, expliquait-il à son public goguenard, j'avais cent quatre-vingts jours de taule et, en plus, un an de pénitencier pour m'être endormi étant de faction au parc à fourrages. J'avais encore trouvé le moyen de me saouler la gueule ce jour-là. Un copain, qui avait une grognasse à Paris qui y envoyait des sous, avait payé à boire déjà pas mal et y m'avait foutu deux litres dans mon bidon avant que je monte de garde. Quand j'ai pris mon tour de dix à minuit, j'voyais déjà plus clair vieux Charles! J'pose ma seringue et j'm'allonge sur les bottes et allez j'te connais bien! J'ai même pas pensé à me réveiller pour voir que je dormais. C'est le pied qui m'a réveillé. Y voulait que j'y dise le mot. J'l'avais oublié, c'bon dieu d'mot. Mais y voulait à toute force que j'y dise! Vérole! C'est toujours le même truc. Quand je suis mûr, je fais n'importe quoi et j'me rappelle plus rien. Les gendarmes y venaient me chercher, moi j'étais tout con : « Vous avez fait ça ou ça » qu'y m'disaient. Et moi j'y répondais : « Probab' pisque vous l'dites ».

Jamais j'ai rien fait seul. Y avait toujours des mecs pour me mettre en route et moi, j'suivais la colonne.

Un soir de paye que j'avais pris la piquette avec deux aut'types que j'connaissais pas, y m'emmènent dévaliser mon grand-père! Tu vois ça, vieux Charles!

Le pau'vieux, quand y nous a vus, de sa paillasse, y s'est foutu à gueuler, tu penses. On y a bourré dans la gueule ses chaussettes sales qu'il avait pas changées depuis six semaines, pour qu'il la ferme. Vérole! Fallait-il qu'on soye crrrrrapules tout de même. Vieux Charles! C'est tout juste s'il en a pas crevé, le pau'vieux.

Heureusement qu'il avait la vie dure. C'est 'cor' lui qui m'a sauvé de la voltige. Il a plaidé mieux que l'avocat. Y leur a dit que j'étais trop con pour mal faire, et ci et ça, et pis que j'étais pas venu pour ça, et que les autres y z'avaient profité que j'voyais plus clair. J'aurais même été acquitté sans les condamnations qu'y avait avant.

Y m'en ont foutu pour trois ans et y m'ont oublié pour la relègue. Tu parles vieux Charles! qu'c'est pas moi qui allais l'ouvrir! J'les ai tirés en peinard, mes trois ans, à faire des chaussons à la Centrale.

Vérole! c'que j'l'ai tirée la langue, vieux Charles! Toutes les nuits je rêvais de pinard. Je rêvais que j'avais des sous et que je m'en foutais plein la gueule, à pleins siaux, que j'me lavais les pieds dedans, que j'me foutais à poil à mariner dans le pive.

— Ça manquait un peu de femmes? observa Doche.

— T'en fais pas pour ça, vieux Charles. Les femmes m'ont jamais manqué. J'avais juste douze ans quand je m'suis marié avec la Veuve Poignet. J'l'ai tellement trouvée à mon goût qu'on s'est jamais quittés depuis, nous deux. Tu parles d'une mariée qui est bath! vieux Charles. On s'est pas seulement disputés une fois depuis qu'on est ensemble et pour la mettre en chantier, allez, pas d'histoires! Vas-y Léon... Cinq japonais contre un russe. Et j'te connais bien! Et y a pas de pet qu'elle m'envoie à l'infirmerie, va, vieux Charles!

Vieux Charles était évidemment un témoin fictif mais fidèle de Guizard qui ne pouvait prononcer vingt mots sans faire appel à lui. Les airs, les attitudes tour à tour découragées, enthousiastes, réjouies, navrées qu'il adoptait pour accompagner la moindre de ses paroles obtenaient un effet comique irrésistible.

Un soir Legrand, l'ancien colonial, prit très mal une plaisanterie. Il s'avança au milieu de la chambre :

— Tu commences à me courir, viens un peu par ici, faut que je te fout' sur la gueule!

— Bon, dit Guizard avec un sérieux imperturbable, attends que j'prenne mon bonnet d'coton. Prends le tien si tu veux. J't'empêch' pas d'prendr' le tien, je suis loyal.

— T'as besoin de ton bonnet pour t'fout' sur la gueule?

— Vieux Charles! Je me bats plus qu'à coups de casque à mèche. J'l'ai juré à ma vieille mère, t'sais?

La chambrée s'en donnait à cœur joie, mais la gaieté générale s'éleva de plusieurs tons devant l'air étonné de Guizard.

— Vous rigolez vous aut'? Mais y'a rien de plus mauvais qu'un coup de bonnet de nuit. Je connais un type qui en avait reçu rien qu'un coup, et après, il en a eu pour un mois d'hôpital. J'veux qu'on me les coupe si c'est pas vrai.

Le chef de chambrée daigna s'intéresser :

— C'était un fameux bonnet de coton?

— Pensez-vous! Comme le vôtre, comme le mien, vieux Charles! Un bonnet de nuit de bat'd'Af. matriculé, réglementaire, tout pareil aux autres.

Puis il ajouta comme s'il s'agissait d'un détail sans importance :

Seulement, dedans, y avait un caillou de trois livres. Le type qui a reçu le coup de bonnet derrière l'oreille est allé su'l'cul du premier coup! Vérole! C'était un sacré coup de bonnet.

... Heureusement que j'suis là pour vous apprendre des trucs!

Le jour du prêt, le sang coula dans les deux chambrées. Ce phénomène se reproduisait chaque fois qu'une rentrée de numéraire donnait la possibilité d'acquérir la quantité de vin suffisante pour libérer les instincts de ces natures combatives.

Pour étonnant que puisse paraître le fait de s'offrir une cuite totale lorsque l'on ne dispose que de cinq sous, de larges possibilités s'offraient aux légionnaires. A Saïda, le vin à emporter, noir, épais, titrant 12°, se vendait trois sous le bidon de deux litres et quart, dont chacun, sur l'initiative des bataillonnaires, s'était empressé de porter la contenance à plus de deux litres et demi, en tassant, à l'aide d'un mandrin, du gravier à l'intérieur. Sans avoir à faire la preuve d'une habileté spéciale, tout légionnaire arrivait, contre cinq sous, à se payer en alcool la valeur d'une forte bouteille d'eau-de-vie ce qui, on le conçoit, suffisait à procurer au buveur le plus entraîné une ivresse incontestable.

L'entrée du vin à la caserne était interdite et régulièrement punie de quinze jours de prison dont huit de cellule, mais si les punitions étaient rares, les entrées qui se produisaient se chiffraient par mètres cubes.

Sauf le chef de chambrée, Fabry — dont les libations modérées ne se manifestaient que par une rougeur de teint anormale qui n'enlevait rien à sa dignité — sauf moi dont l'estomac était incapable de supporter plus d'un verre de vin, l'ivresse était générale.

Lorsque le sergent de semaine fit l'appel, s'il eût adressé la parole à l'un quelconque de ces gaillards au garde-à-vous, les yeux fixes, ou s'il eût imposé un déplacement quelconque, il eût certainement provoqué une catastrophe en détruisant un équilibre précaire qui n'avait été obtenu qu'au prix d'efforts héroïques et ne pouvait être maintenu que pendant un temps très court.

Mais le sergent était un homme averti, connaissant son métier.

Après l'appel, la tension qui s'était manifestée entre Baousso et Legrand devint inquiétante.

— Et puis, j'en ai marre, t'entends? cria Legrand à son voisin. J'vas t'fout' su'la gueule. Allez, viens dehors, ça sera mieux.

Baousso ne daigna pas répondre. Tranquillement, il défit son lit, étala le drap, puis borda soigneusement.

— Tu sors, oui ou merde? Ou si j'te fous dans la cagna c'te pâtée, c'est dans ton lit que tu veux que je te la fout'?

— Si té m'emmerdes, répondit froidement Baousso en dégainant, je vé té fout' un coup de baïonnette. Et il fit face résolument, les yeux brillants.

— Si c'est avec ça qu'tu crois me faire peur, peau de saucisse, tu vas voir! Quand on m'sort une lame, moi je tue. Et il dégaina à son tour.

Fabry bondit vers les combattants :

— Bas les armes, hurla-t-il. Je ne répète pas.

Baousso, obéissant, jeta son arme sur le lit, le chef de chambrée s'en empara en la saisissant à mi-lame.

On ne sait ce qu'aurait fait Legrand et s'il avait l'intention de se soumettre. Il eut, en tout cas, un instant d'indécision regrettable. Fabry lui assena sur le sommet du crâne un coup de pommeau qui l'affaissa entre les lits.

— J'ai averti que je ne répéterais pas, déclara Fabry pour toute excuse. Flutsch, prenez la cruche et lavez-le un peu avec sa serviette. Déshabillez-le et couchez-le. Collez-lui ses treillis sous la tête pour qu'il ne tache pas sa literie. C'est pas grave, acheva-t-il sans même regarder sa victime.

Je déshabillai l'ancien colonial, étanchai le sang qui coulait en filet mince mais continu. Je fis un pansement sommaire avec la serviette pliée en bandeau et nouée sous le menton. J'ouvris le lit, j'étendis le blessé, je le bordai et je m'aperçus alors que Legrand, qui avait ouvert les yeux, me regardait avec une affectueuse reconnaissance :

— Toi, t'es un copain, un frère!

L'ambiance d'une chambrée de la Légion, telle que je devais la connaître quelques jours plus tard, était bien différente de celle de la chambrée de Fabry. Dans cette dernière, c'étaient des interpellations d'un lit à l'autre, des exhibitions, des bavardages à haute voix à n'en plus finir, des vantardises, des prises à témoin.

La chambrée ordinaire de la Légion était étrangement silencieuse. En général, chacun des sujets témoignait d'une susceptibilité très grande, comme s'il avait craint d'offenser qui que ce soit. Cette susceptibilité s'exerçait contre tout homme qui ne l'avait pas respectée. Par exemple, lorsqu'il y avait un jour de prêt abus de l'usage du vin, à ce moment-là les susceptibilités étaient bien les mêmes mais les intempérances de langage étaient plus fréquentes d'où des rixes souvent graves. Cela pouvait aller jusqu'à mort d'homme.

Fabry n'intervenait jamais dans les conflits. S'il s'échangeait des coups, il ne semblait pas s'y intéresser le moins du monde. L'avant-veille du départ pour Géryville, pendant que je repassais avec mon quart de fer blanc le treillis lavé la veille et encore humide, il daigna approuver :

— Vous prenez une très bonne habitude. Il faudra vous y tenir et dans trois ou quatre ans vous pourrez passer au peloton et vous faire une bonne carrière. Vous ne buvez pas : vous ne risquez donc pas de faire trop de bêtises. Si vous vous faisiez retraiter comme adjudant à trente-cinq ans, vous auriez un beau revenu qui dépasserait le traitement d'un facteur. Si vous pouviez y ajouter les cent francs de la médaille militaire et les trois cents de la Légion d'honneur, vous seriez riche, Flutsch. Ça en vaut la peine.

— C'est loin, répondis-je, pensant très sincèrement qu'à trente ans je serais un vieillard.

— Vous trouvez? Si vous vivez jusqu'à soixante-dix ans, cela vous fait trente-cinq ans de bonne vie, avec le souvenir des années très dures que vous aurez vécues. C'est tout ce qu'il faut pour apprécier l'existence. Il faudra que vous ayez de l'autorité. Observez le comportement de vos gradés et notez avec soin comment ils exercent le commandement.

— J'ai déjà pris quelques leçons avec vous, avouai-je. Je ne crois pas que je pourrai jamais assommer un homme comme vous avez assommé Legrand l'autre soir.

— Si je ne l'avais pas fait, je n'aurais pas été digne de prétendre à un grade. Tant que les hommes de la chambrée qui m'est confiée se tamponnent avec leurs armes naturelles, ça n'est pas grave. Ils se tirent pas mal de sang, mais ce sont des saignées sans gravité. Sur cent peignées je parie qu'il n'y en a pas une seule qui laisse des traces durables. Il faut les laisser se soulager parce qu'ils ont besoin de ces saignées. Mais quand on dégaine, c'est une autre affaire entre types saouls. Il peut y avoir mort d'homme. Première raison d'intervenir. L'autre raison est plus impérieuse encore : l'usage des armes est affaire de commandement pour l'exécution d'un ordre ou l'obéissance à une consigne. C'est l'affaire du chef responsable qui rendra compte de l'usage et des conséquences s'il y a lieu.

— Et si vous aviez tué Legrand?

— D'abord, j'ai donné un coup suffisant pour l'assommer, mais insuffisant pour lui fêler le crâne. La première qualité du gradé, c'est le sang-froid. Je savais absolument ce que je faisais. Si je l'avais trop gravement blessé, j'aurais été justement puni pour avoir manqué de sang-froid. J'ai frappé avec le pommeau et non avec la douille ou le croisillon qui auraient pu faire brèche. J'ai agi sans délai et sans répéter l'ordre pour que tout le monde sache qu'il n'y avait pas à espérer que je pourrais tolérer le moindre retard dans l'exécution. Réfléchissez et vous comprendrez que j'ai réglé la question sans dégâts. Le lendemain matin, Legrand avait à peine mal à la tête. Il n'a même pas été puni... Que se serait-il passé si je m'y étais pris autrement? Il y aurait peut-être deux hommes à l'hôpital, peut-être un mort. Peut-être un à l'hôpital et l'autre en prévention de Conseil de guerre et Fabry en prison comme responsable.

— Et s'ils s'étaient jetés sur vous ensemble?

— J'aurais joué mon rôle de chef. Vous auriez obéi à l'ordre : « Flutsch, baïonnette au canon! » et nous les aurions tenus en respect jusqu'à l'arrivée de la garde. Cette fois-là c'était le Conseil de guerre pour rébellion en armes.

— Et si j'en avais tué un?

— C'eût été un accident. Vous auriez obéi au commandement : « Baïonnette au canon. » Vous étiez en service commandé et sous peine de passer au Conseil pour lâcheté, vous ne deviez ni reculer ni vous laisser désarmer. Vous êtes absolument couvert par l'article du code militaire qui prévoit la peine de mort pour abandon de poste en présence de l'ennemi ou de rebelles armés. Des hommes qui se dressent, baïonnette à la main, contre leur chef sont des rebelles armés, je pense...?

Il me laissa à mon repassage...

A la Légion, il y avait un tel souci de propreté que lorsque le temps était favorable il fallait changer de linge chaque jour. Flory que je rencontrais fréquemment au lavoir me saluait toujours d'un « Bonjour, Gaulois » qui devait me valoir d'être toujours appelé ainsi. Avait-on deviné mon origine auvergnate?!...

On apprit enfin que la 26ᵉ compagnie allait diriger sur Géryville un renfort de cent soixante hommes pour le 4ᵉ bataillon. Les chambrées de Fabry et Darcy partaient au grand complet, sauf les instructeurs qui prendraient en charge, aussitôt après, une nouvelle fournée de recrues. Les cinquante nouveaux s'amalgameraient à des éléments anciens, des « retour du Tonkin ». Des corvées furent désignées pour aller chercher au magasin vivres de réserve et matériel de campement que les instructeurs se chargèrent de répartir.

Le lendemain, un lieutenant basané à barbe noire, dont les yeux louchaient, rassembla les partants, les forma en quatre sections et quatre escouades dont il désigna les chefs qui aussitôt reconnurent leurs hommes et établirent les listes de contrôle mentionnant le campement affecté à chacun d'eux.

A l'époque, la Légion était assez avare de cadres. Pour tout potage, le détachement de cent soixante hommes recevait un lieutenant, deux sergents et deux caporaux, tous faisant fonction de chefs de section.

J'appartins à la 7ᵉ escouade commandée par un vieux légionnaire de

1re classe à barbe grise et médaillé militaire. Il se nommait Kramer et parlait avec un accent alsacien très prononcé.

Le départ aurait lieu dans l'après-midi, aussitôt après la revue que passerait, en personne, le colonel Desorthès, commandant le régiment.

Fabry nous adressa un dernier avertissement :

— Quand vous serez dans une compagnie régulière, vous ferez bien de ne pas raconter toutes vos histoires, parce qu'à la Légion on n'aime pas les bavards et comme chacun de vous se trouvera entouré de vieux légionnaires il y a bien des chances pour que vous vous fassiez dire par l'un d'eux : « Allez, viens dehors, on va causer autrement, ça te distraira davantage. »

Je m'émerveillais encore de ce que l'on pouvait emmagasiner tant à l'extérieur qu'à l'intérieur d'un sac de légionnaire. Avec les effets de drap — veste et pantalon — il fallait emporter deux complets treillis, linge de rechange, sac à brosses, godillots, vingt-quatre biscuits et quatre sachets de « petits vivres » auxquels venaient s'ajouter une boîte de « singe » de un kilo, une hachette de campagne et un moulin à café étonnamment lourd.

Quand mon sac fut enfin monté, avec l'aide de Legrand, présentant les trois ballots serrés par les courroies, sous le fer à cheval formé par le boudin de la toile de tente enveloppant le couvre-pieds, je fus, je l'avoue, effrayé à la pensée que j'aurais à porter cette lourde charge tout au long d'une étape de quarante kilomètres! Sûrement, me souvenant des conseils de Flory, je ne consentirais pas à rester à la traîne! je tomberais!...

Dans la cour, le détachement se rassembla en colonne de compagnie. Les quatre sections se formèrent en ligne sur deux rangs et les chefs commandèrent :

— A droite alignement... Fixe... Repos... Fixe...

— Comptez-vous quatre. Repos.

L'officier commanda à son tour :

— L'arme sur l'épaule... Ouste!

— Reposez armes!

— Repos, formez les faisceaux et sac à terre.

Je tentai vainement d'engager le quillon de mon fusil en plaçant convenablement le canon dans la fourche que me présentait mon voisin de gauche.

— T'es salement bleusaille, remarqua ce dernier qui, impatienté, édifia seul le trépied sur lequel l'homme placé derrière doit se tenir.

Peysson, le voisin de gauche, était un fort garçon au teint rubicond et celui de droite un barbu vénérable dont la plus grande partie du visage était enfouie sous les poils. Il était marseillais et répondait au nom de Chave.

— Combien y a-t-il de temps que t'es à la Légion? demanda Peysson.

— Il y a douze jours que je suis à Saïda.

— Et avant? Faut pas te demander si t'as servi ailleurs que dans les chemises rondes. Quel âge qu't'as?

— Dix-neuf ans et demi. Et toi?

— Vingt-six. Et sept ans de service. Quatre au 2ᵉ Tirailleurs et trois à la Légion. De quel coin qu't'es?

— Je suis engagé comme Luxembourgeois mais je suis auvergnat. Et toi?

— Ton voisin! J'suis de l'Allier. T'as une vraie gueule d'Auvergnat. J'aurais parié ma haute paye contre un sou que t'étais bien de la France bossue.

Le lieutenant commanda :

— Sac au dos!... Rompez les faisceaux.

— A droite. Alignement... Fixe! crièrent les chefs de section.

— A mon commandement! ordonna l'officier... Baïonnette au canon... Arme sur l'épaule... Ate!...

Le colonel à cheval salua, passa devant le front de chaque section puis vint se poster à trente pas devant le milieu de la première.

— Légionnaires! prononça-t-il, d'une voix forte, vous allez renforcer le 4ᵉ bataillon de Géryville. La plupart d'entre vous sont des vétérans. Plus de la moitié sont de vieux légionnaires. Il n'y a pas d'officier de notre armée qui ne serait heureux de vous mener au combat. Je sais, moi, tout ce que vos chefs peuvent attendre de votre endurance et de votre valeur.

Malheureusement, il est une très vieille coutume à la Légion, coutume trop solidement établie pour qu'on puisse espérer l'abolir. C'est celle d'obliger son colonel à approuver les punitions de prison en telle quantité que j'ai vu le total dépasser la valeur d'un quart de siècle en un seul jour. Si je puis me féliciter de vos qualités combatives, vous devez penser que je suis beaucoup moins fier de penser que, dans mon seul régiment, il y a plus d'hommes sous clef que n'en pourraient fournir les cent soixante-trois régiments de ligne de l'armée métropolitaine. Je n'espère pas que les choses pourraient changer. Il en était ainsi avant moi. Ainsi en sera-t-il après moi. Je n'attends pas que mes légionnaires se transforment en lignards craintifs et cessent d'alimenter les locaux disciplinaires dans une proportion notablement inférieure à vingt pour cent de l'effectif. Mais s'il vous plaisait, légionnaires, de marquer par un acte que vous avez le sentiment de mon affection pour vous tous, officiers, sous-officiers, caporaux, fonctionnaires gradés et soldats, vous feriez un effort pour qu'il n'y ait pas, ou fort peu, de punitions de prison pendant ces jours d'étape.

Sachez que j'en serais heureux, très heureux, légionnaires. J'apprécierais hautement l'effort que vous auriez ainsi accompli pour faire plaisir à votre vieux colonel!

J'avais la larme à l'œil et Peysson se contenait visiblement.

— Vieux con! ronchonna ce dernier, pour se venger de cet attendrissement inadmissible chez un légionnaire.

Musique en tête, aux accents de la marche de la Légion, le détachement prit la route du Sud. Au pas cadencé, l'arme sur l'épaule, il s'engagea dans la montée du Crèvecœur.

Après un kilomètre de conduite, les musiciens regagnèrent le casernement et la colonne fut mise au pas de route. Et je ne tardai pas à sentir le poids de ma misère. En moins d'un quart d'heure de marche, j'étais à bout. Les courroies du sac me sciaient l'épaule, m'étouffaient. Le poids du fusil rendait la charge asymétrique et j'en vins à le changer d'épaule tous les cinquante pas.

— Alors, demanda Peysson, t'es pas encore arrivé à trouver quelle épaule qu'est la meilleure? Tu penses que ça te repose de faire du maniement d'armes, comme ça, sans arrêt?

— Je crois que je n'arriverai jamais à suivre, bredouillai-je, désespéré.

— On dit ça! Si tu t'écoutais pas tant, tu laisserais ton fusil tranquille, d'abord. Ça te fait mal aux épaules? Et après? Tu t'habitueras à ce que ça fasse mal et à le supporter. T'es taillé pour ça. Ça fait mal à tout le monde quand on part.

Au prix d'un effort que j'estimai surhumain, j'endurai jusqu'à la première pause. Je me fis encore une fois secouer par Peysson lorsqu'il fallut former les faisceaux. Je posai mon sac à terre et m'allongeai sur le talus.

Dix minutes plus tard, j'avais repris mon sac et avançais d'un pas mécanique entre Peysson et Chave, rompu certes comme auparavant, mais pas davantage. De toute façon, pensais-je, il n'y a pas de remède. Il faut marcher jusqu'à ce que l'on tombe. Flory m'a prévenu. Est-il possible que les autres souffrent autant que moi?

— Alors, ça va mieux? demanda Peysson.

— Je suis tout engourdi, mais je marcherai jusqu'à ce que je perde connaissance.

— Tu perdras pas connaissance, j't'le dis. C'est pas une chose qu'on fait quand on veut, c't'affaire-là. Si on pouvait tomber dans les pommes à volonté quand on a envie de tirer au cul, c'est souvent qu'on le ferait. Et pis, tu feras bien de pas te coucher à chaque pause. Ça vaut rien, ce truc-là. Tu t'sens engourdi? Eh ben, faudra rester debout et te faire circuler le sang.

Enfin, vers le douzième kilomètre, la colonne arrivait à Aïn-el-Hadjar. Dans une rue, je remarquai un groupe d'hommes en vareuse sombre à col et parements bleu clair, coiffés de bonnets de police. Ils ne portaient rien des marques — boutons de métal brillant, passepoils — qui caractérisaient à cette époque la tenue militaire.

— Qu'est-ce que c'est, ce régiment-là?

— C'est pas des soldats, expliqua Peysson. C'est des exclus. Des gars qui ont été condamnés à la réclusion avant d'avoir fait tout leur temps de service. On leur fait pas cadeau de ce temps-là. Y faut qu'y le fassent tout de même, sans être soldat. C'est avec la pelle et la pioche qu'y servent c'te vieille patrie. Je crois qu'y peuvent sortir qu'une fois par semaine, l'après-midi du dimanche. C'est quasiment un pénitencier, quoi! Par exemple, pour qu'y perdent pas tout et qu'y soye tout de même un peu soldats, y z'ont le droit de passer au Conseil de guerre quand y font des conneries, et parce que c'est eux, on y va un peu plus fort.

Je me demandai alors, non sans inquiétude, si mon état civil étant reconnu, ce ne serait pas « aux exclus » que j'irais terminer mes cinq ans après avoir préalablement subi une longue peine. Je me rassurai vite toutefois : à la Légion je n'avais encore jamais rien vu qui pût me faire craindre une curiosité gênante.

Un très faible pourcentage de l'effectif seulement avait un passé militaire d'une durée inférieure à trois ans. Ceux-là même qui n'avaient servi que quelques jours n'apportaient aucun désordre au cours du passage de la formation en ligne à la formation en colonne et inversement.

Ainsi au départ, tiré à droite par Chave, poussé à gauche par Peysson et au derrière par Van Lancker, je ne pouvais faire autrement que d'être bien placé dans le rang, après le commandement : « En avant, par quatre, marche! »

Cependant, j'avais sérieusement scandalisé mes voisins par un démarrage intempestif en obéissant au commandement de « Marche! » de l'officier. Peysson m'avait vivement empoigné par le bras et ramené en arrière.

— Attends donc, hé, bleusaille! C'est le chef de section qui te commande. Attends que ça soye lui qui dise : « Marche! »

A l'arrivée, je pris le parti d'attendre les impulsions, en me maintenant le plus possible dans l'alignement des deux anciens qui m'encadraient. Le résultat fut des plus satisfaisants.

Le détachement s'installa sur un terrain vague, à quelque distance du bourg. Les quatre sections se disposèrent en carré, mirent sac à terre derrière les faisceaux et l'on procéda au montage des tentes.

Les pans de toile s'assemblèrent après un boutonnage laborieux. Boutons et boutonnières n'avaient pas été placés selon les règles d'une stricte normalisation et, malgré tous les essais de présentation, refusaient toute concordance. Ici et là, quelques trous pratiqués à coups de baïonnette vinrent y porter remède.

Sur l'avis de Peysson, la toile de Doche et la mienne, compte tenu que nous n'avions l'un et l'autre jamais campé, furent placées en rideau à chaque extrémité et servirent de portes, afin de donner aux deux novices que nous étions une légère avance, lors du démontage du lendemain.

Au départ, les légionnaires avaient touché un repas froid et trois jours de prêt, ce qui procurait le double avantage de n'avoir ni à faire la soupe, ni à l'attendre et de pouvoir s'offrir une confortable saoulographie.

A Aïn-el-Hadjar, le vin se vendait encore trois sous le bidon et de telles conditions ne se représenteraient pas de sitôt. Le bourg touchait à la zone des vignobles mais, là, commençaient les hauts plateaux et le vin allait renchérir avec l'éloignement des lieux de production. Lorsque serait versé le prêt suivant, la même ivresse coûterait six sous le litre, c'est-à-dire quatre fois plus cher.

Les six hommes de ma tente décidèrent de faire des adieux solennels au pays du vin. Sur sa serviette étendue, Chave déposa sa solde : douze sous. Peysson et Van Lancker : dix. Doche et Le Meutec, dont les années de service antérieur n'étaient pas encore homologuées, ne purent, comme leur cadet, que verser trois sous chacun, qui se joignirent à la masse.

Peysson, invoquant son passé de cabot-fourrier, proposa l'achat de vingt-quatre litres dont douze seraient mis en réserve, dans des bidons, pour la consommation du lendemain. Le reste, dans un seau en toile et dans une marmite de campement, serait consommé sans délai.

Van Lancker proposa un amendement immédiatement appuyé par Chave. La soif, seule, déciderait de l'utilisation de la réserve.

Et il fut décidé à l'unanimité que l'on boirait à volonté jusqu'à extinction totale de toute soif chez n'importe lequel des participants. Le reliquat des fonds disponibles serait consacré à l'achat de deux bougies.

Sous ma tente, sur la terre durcie, se déroula une orgie tranquille.

Peysson et Van Lancker témoignaient d'une intense joie de vivre en évoquant les jours d'affreuse sécheresse qu'ils avaient connus aux tirailleurs où ils avaient servi l'un et l'autre dans les postes perdus du Sud-Oranais. Chave et Le Meutec buvaient avec une gravité sereine, dans un état de contentement recueilli.

Doche restait visiblement insatisfait. Il avait à faire des révélations sur les précieux talents érotiques d'une « radeuse » avec laquelle, à Bordeaux, il avait cohabité pendant deux ans. N'étant pas écouté, il se tut, et vida coup sur coup plusieurs quarts sans que disparaissent de son visage les traces bien nettes de ce refoulement.

Des chœurs s'élevant dans les tentes voisines déclenchèrent l'instinct d'imitation de Peysson qui proposa de chanter la marche des zouaves, et aussitôt entonna :

Sous le soleil brûlant de l'Algérie
Notre étendard flottait calme et vainqueur
. . . .

Au refrain, toute la tente reprenait en chœur :

Pan! Pan l'Arbi, les chacals sont par ici!...

Après cela, Doche chanta une romance d'une voix fausse et aigrelette. Quant à moi, qui n'avais pas bu la valeur d'un demi-quart de vin et qui avais déjà la nausée, je partis à la recherche de Flory qui faisait partie de la 4e section.

J'aperçus ce dernier à l'entrée de sa tente. Ses moustaches poissées et tombantes, son teint écarlate, affirmaient un état d'ivresse avancé.

Il avait formé une chorale qu'il dirigeait avec une gravité comique, en battant la mesure. Il chantait d'une voix chaude et très juste :

C'est à la pointe Saint-Mathieu
Que...

Le chœur répétait docilement.
Flory poursuivait :

Voyant une frégate anglaise
Fondit sur elle comme un...

Puis, sur un ton malicieux, il débitait très vite :

C'était pour li dire bonjour

Et le chœur reprenait avec une lenteur solennelle :

C'é-tait... pour li dire bon-jour!

Plus loin, roulant sur le sol, hors du carré des tentes de la quatrième section, deux légionnaires se cognaient, entourés d'un cercle de curieux. C'étaient des inconnus et, dans l'obscurité, on ne pouvait guère juger de la qualité des coups et de la valeur des combattants.
Je m'en désintéressai.

Je voulus alors sortir du camp et fus rappelé par l'homme de garde :

— La consigne est de ne laisser sortir personne. Si t'as envie d'aller à la cave, fais comme les autres. Démerde-toi pour ne pas te faire voir.

Je dédaignai d'user de la tolérance impliquée par le « fais comme les autres » de la sentinelle. Je me promenai de long en large pendant quelques instants puis regagnai ma tente. Peysson m'entreprit aussitôt afin de m'encourager à boire :

— T'as tort de ne pas y téter un bon coup, p'tit gars! Le vrai pinard c'est la vie du légionnaire. Ça peut pas êt'mauvais. Si t'as été au catéchisme, tu dois savoir que c'est Jésus-Christ lui-même qui l'a dit à ses douze larrons, le jour de ses noces à Cana : « Buvez du pinard, nom de Dieu de nom de Dieu, c'est mon sang! »

— Si que tu bois pas de pinard, compléta le vieux Chave, tu peux pas avoir de forces. Au Tonkin, ceux qui se saoulent pas toutes les fois qu'y peuvent, y z'y crèvent. On a toujours tort de manquer l'occasion de se saouler quand c'est qu'on le peut.

Doche manquait. Je demandai ce qu'il était devenu.

— Y tient pas même ses trois litres, répondit Peysson avec une moue de mépris. Sûrement qu'il est en train de dégueuler quéque part. C'est pas encore un légionnaire ç'ui-là non plus!

Le seau de toile et la marmite vides gisaient aux pieds de Van Lancker. Deux bidons qui les avaient rejoints témoignaient que la réserve était entamée.

Le Meutec, qui avait le vin triste, pleurait dans les bras de Chave qui lui témoignait une sollicitude affectueuse. Le vieux légionnaire barbu faisait penser à un père capucin apportant à un malheureux condamné à mort les dernières consolations.

Van Lancker était maintenant grave et silencieux. Il s'en tenait au rôle d'échanson et remplissait, sans oublier le sien, les quarts qui se tendaient vers lui.

Tout a une fin. Chave, Le Meutec et Doche — qui avait repris sa place et s'était remis à boire — sombrèrent dans une totale inconscience alors que le dernier bidon était à peine entamé.

— Y sont raides, bredouilla Peysson. Mais y sont tombés en braves. Alors, vieux, nous deux on se bat jusqu'à la mort, oui?

— Jusqu'à la mort, approuva Van Lancker avec une sombre résolution.

Ils achevèrent le dernier bidon pour s'affaler à leur tour.

Je voulus alors abandonner la station assise que j'avais conservée dignement jusque-là pour m'allonger et dormir. Ce n'était pas chose facile!

Les autres ronflaient où ils étaient tombés, les corps occupant des positions divergentes. Je ne pus me placer qu'en posant ma tête sur le bras étendu de Peysson et mes jambes sur le ventre de Le Meutec, dont les membres inférieurs, passant sous la toile de tente, disparaissaient au-dehors. La face très pâle et la position de ce dernier le faisaient ressembler à un mort après une terrible mutilation.

J'éteignis les restes de bougies.

Au bout de quelques instants je me sentis frissonner. Peu après, je grelottai. Mon dos se frigorifiait au contact du sol ferme comme l'aire d'une grange.

Les toiles des côtés avaient été simplement accrochées sans qu'on perdît en boutonnages laborieux le temps qu'on pouvait employer à boire. Un fort courant d'air, puisé dans une atmosphère de brouillard, réalisait assez bien les conditions d'une nuit de novembre passée sous un pont de Paris.

La température n'était plus celle d'un climat méditerranéen. On était au mois de décembre et à plus de mille mètres d'altitude. J'ignorais ce détail mais je n'en avais pas plus chaud pour cela.

Vingt fois je sortis pour battre la semelle et rétablir une circulation figée.

J'avais sommeil! Je réussissais parfois à m'endormir pour me réveiller, entièrement gelé, avec l'impression qu'il s'était déroulé des heures. Mais c'était toujours le même noir brumeux qui régnait sur le plateau. Rien n'indiquait l'approche du jour.

Enfin, je vis un feu s'allumer et j'y courus.

L'ordonnance du lieutenant préparait le café. Cette interminable nuit s'achevait.

Aussitôt après s'allumèrent les feux d'escouade et mon moulin fut mis en service. Un grand quart de liquide fumant, modérément sucré, me rendit quelque chaleur et des pensées plus riantes.

Sur un coup de sifflet du lieutenant, les tentes s'abattirent, s'enroulèrent autour des couvre-pieds, se montèrent sur les sacs, entourant les ballots.

J'en étais encore à la recherche de mon équipement que je n'arrivais pas à retrouver dans l'obscurité, lorsqu'un nouveau coup de sifflet donna le signal du rassemblement. La colonne de compagnie se forma, les sections alignées sur deux rangs.

Affolé, j'enfournai dans ma musette les souliers de repos, passai le manche de ma hachette dans le ceinturon et serrai en tas sur le sac les deux rouleaux de vêtements, pêle-mêle avec les supports brisés et la corde à tirage. Dès que j'eus mis sac au dos, il me fallut résoudre d'autres difficultés. Fiévreusement, je glissai dans la poche du pan de ma capote les trois piquets de tente, mis sous mon bras gauche la gamelle surmontée du moulin à café, jetai sur mon épaule toile et couvre-pieds qui, en se déroulant, m'enveloppèrent comme un burnous. A grand-peine je pus engager la bretelle de mon fusil derrière le rouleau de la patte d'épaule, tout en courant vers ma place dans les rangs de la 2ᵉ section. Je n'étais pas le dernier. Le lieutenant s'impatientait, harcelant deux ou trois de mes malheureux émules qui arrivaient au rassemblement sous un aspect général qui les faisait ressembler bien plus à des Arabes allant présenter leur stock aux terrasses des cafés qu'à des soldats en tenue de campagne.

Les anciens, pensant vraisemblablement à certaines levées de camp de naguère, ne riaient pas. Je pensai qu'ils devaient me comprendre et m'excuser.

— Ce que je dois avoir l'air con!

— T'as pas besoin de t'en faire. Y en a d'autres. Personne se foutra de ta gueule. T'es pas dans la biffe, ici. Au commencement, y'a que ceux qui ont servi en Afrique avant de venir qui peuvent s'en tirer. Et encore!... Aux tirailleurs et aux Bat'd'Af y z'ont jamais été si pressés.

Commandée au sifflet, la troupe se forma en colonne puis se mit au pas de route. Très vite, je me sentis rompu, épuisé. Je souffrais, mais pas autrement que la veille. J'en conclus avec raison que l'habitude ne pourrait supprimer cette douleur, qu'elle la rendrait seulement supportable par l'accoutumance, comme les vieux supportaient des rhumatismes qui les tourmentaient jour et nuit.

A la première pause, Peysson m'aida à monter mon sac et la marche reprit. En tête de la première section, des fifres sifflèrent *Les Deux Grenadiers* que certains chantèrent en allemand, alors que d'autres reprenaient en français.

La sensation d'étouffement, la douleur continue aux épaules m'étaient devenues phénomène normal. Je souffrais, mais rien n'annonçait la moindre menace de perdre connaissance. Peysson prodigua d'utiles conseils :

— Vise comment qu'on marche à la Légion. Toi, tu sautes, et c'est tes épaules qui prennent.

J'observai la marche de Vanverbecke qui me précédait. Ce dernier avançait d'un pas glissant, à longues enjambées, et le sac maintenu à hauteur constante.

— On n'est pas aux chasseurs, ici, p'tit gars. Tu te crèves à marcher comme une demoiselle. Profite que t'as de grandes quilles pour faire des pas plus longs. Quand y te faudra faire quarante kilomètres en plein soleil, tu vas te limer la peau dans tous les coins.

La colonne serpentait sur une piste entre des monticules tantôt rocheux, rougeâtres et dénudés, tantôt recouverts de touffes d'alfa. Le lieutenant se fit apporter un fusil de chasse à deux coups par son ordonnance, et passant le commandement à un sergent, il disparut derrière un mamelon.

Derrière la 4ᵉ section, un araba à deux roues, traîné par un mulet, portait les vivres, les bagages du lieutenant et les cartouches; à cette époque, la Légion se déplaçait à peu de frais.

A Tafarouah, on forma le camp.

C'était alors une gare minuscule. Dans son voisinage, deux ou trois petits cubes de terre grise abritaient une population peu exigeante.

Les choses se passèrent tout autrement que la veille. Les cuisiniers d'escouade allumèrent les feux et chacun s'empressa de les servir. Les inoccupés se chargèrent du confort. Armés de pelles-bêches, de pioches, de hachettes, ils coupaient les touffes d'alfa, les ramenaient par grosses brassées dans leurs couvre-pieds, étalaient sous les tentes d'épaisses litières. Rien de l'insouciance que j'avais déplorée à Aïn-el-Hadjar. Ici, mes compagnons n'étaient plus indifférents à la dureté du sol et à la froidure de la nuit. J'appris que la capote devait être retirée et superposée au couvre-pieds pour en doubler l'efficacité, que les pantalons de drap devaient, avec la veste boutonnée par-dessus, envelopper les extrémités inférieures.

Dans la tente hermétiquement close, cette fois, je ne fis qu'un somme jusqu'au coup de sifflet du réveil. Je reposai au chaud, comme dans un lit.

L'étape suivante, Modzbeh, se fit sans incident. Elle ne devait me laisser aucun souvenir. Il n'en fut pas de même de celle qui lui succéda.

Celle-ci dépassait quarante kilomètres. Elle fut éreintante. Sur un plateau parsemé de touffes d'alfa qui s'étendait au loin vers le sud, la colonne avançait le long de la ligne de chemin de fer sans un seul détail pour marquer sa progression.

Au loin s'apercevaient de hautes falaises qui surplombaient une étendue miroitante comme une mer. Un peu à gauche, s'élevait une tour ronde que Peysson affirma être le poste optique de Kreider, à plus de trente kilomètres. Le soir, on camperait un peu au-delà.

Pendant des heures et des heures je me traînai, écrasé par ma charge, les yeux fixés sur cette tour vers laquelle on marchait sans qu'on parût s'en approcher. La température s'éleva avec le soleil, des ampoules signalèrent leur présence aux talons, sous la semelle, entre les orteils. La peau se déchira entre les cuisses. Le simple frottement du bidon provoquait des érosions. Après chaque pause, je ne pouvais repartir qu'en sautillant, comme si j'eusse marché sur une plaque de fer surchauffée. Je me demandais avec angoisse si j'atteindrais la suivante.

— J'en ai marre! s'écria Doche. Merde, à la fin! Je suis pas venu à la Légion pour y crever!

Et il quitta le rang.

Kramer, le chef d'escouade, l'empoigna par la courroie de charge du sac et le poussa en avant.

— A ta place... et fite! ou che t'y ramène à coups de pompe tetans le cul! Te quoi? T'es pas fenu à la Léchion pour y crever? Pourquoi que c'est foutre, alors? C'est pour afoir des gonzesses, p't'êt'? On fient à la Léchion que pour y crefer. Ch'aurai pas de champes de laine tans mon escouate, t'entends? A ta place, tans le rang! ou che te fous une ponne pâtée. Après ça, che te ferai arrifer au Kreiter avant la colonne, à coups de potte tetans le cul! Faudrait pas te porter, non?

Vaincu par les arguments du vieux médaillé, Doche regagna sa place.

Peysson m'expliqua :

— Faut pas prendre l'habitude de se laisser aller. C'est pas qu'y a du pétard par ici, et même que Doche il arriverait une heure après, ça chierait pas. Mais en colonne, s'il avait un mou comme ça dans son escouade, tu sais c'qu'y ferait Kramer? Y prendrait le fusil et les cartouches du mec pour que les bicots ou les pirates les ramassent pas et y le laisserait se démerder tout seul.

— Il ne le tuerait pas?

— Non, les autres s'arrangeraient avec lui. Y prendraient le temps de le faire jouir un peu. Quand c'est un cossard on le laisse aller. Si c'est un copain trop blessé ou trop malade... ou qu'il a une patte cassée, on lui fout une balle dans la tête pour qu'y souffre pas, comme on t'a déjà dit.

Ces renseignements exerçaient sur moi un effet d'encouragement certain. La danse du départ après la pause, la souffrance causée par les ampoules et les excoriations devenaient habitude, supportable comme toute souffrance contre laquelle il n'y a pas de remède. La vision de mon corps, éventuellement empalé, vomissant excréments et sang par la bouche, m'infligeait par anticipation un supplice éventuel devant lequel s'effaçaient toutes mes misères.

On installa le camp sur le champ de manœuvre. Soucieux de ne pas me « laisser aller », je participai avec un zèle méritoire à toutes les corvées. Aussitôt après la soupe, je me trouvai satisfait de ma nouvelle vie. J'avais tenu le coup et je n'avais pas dix-huit ans. Je n'avais plus à penser à la vie que j'avais abandonnée et que je jugeais honteuse et méprisable. Je pouvais m'endormir sans souci.

Le lendemain était jour de repos. Bien que je dusse encore souffrir de lésions superficielles, je me sentis plus solide et prêt à affronter les étapes suivantes. Je musardai jusqu'à la soupe en mûrissant une idée franchement perverse.

Je m'étonnais de n'avoir pas perdu une partie de mon paquetage lors des départs de Aïn-el-Hadjar et de Tafarouah. J'en déduisis que cette anomalie pouvait être aisément corrigée et, acte de bon sens ou sottise, je ne m'accordai pas de délai entre le projet et l'exécution.

Au début de l'après-midi, j'enfouis mes souliers de repos dans les pans de ma capote; sur ma poitrine, la chemise et le caleçon de rechange, puis je gagnai la ville. Du tout, un juif me donna trois francs.

Muni de ce capital, je bourrai mes poches de figues et de dattes moyennant une faible dépense, puis je rentrai pour me mettre à la recherche de Flory,

Je le trouvai couché sous sa tente dont une face était relevée en auvent sur un rang de supports.

— Eh bien, Gaulois! me cria l'ancien. On s'y fait à c'te vieille Légion?

— Écoute Flory, j'ai un peu d'argent. Je peux te payer un coup si tu veux sortir avec moi.

— T'as de l'argent? T'as trouvé quelqu'un à dévaliser au Kreider? Ça m'épaterait qu'avec le bataillon des Joyeux qui est en garnison y ait quéqu'chose à voler dans ce patelin!

Je souris sans répondre.

— T'as fait du commerce, p'tit malin? C'est ça, hein?

— J'ai pensé que, comme il faut toujours que je démarre avant que mon sac soit fait, je pourrais bien perdre quelque chose. Ça ne serait pas étonnant!

— Et comme t'es pas mal dégourdi, t'a pensé à te faire quéqu'sous avec. Qu'est-ce que t'as perdu?

— Ma chemise et mon caleçon de rechange avec mes souliers de repos. J'en ai tiré trois francs et j'ai dépensé dix sous de figues et de dattes. Il me reste encore cinquante sous.

— C'est rigolo! On perd toujours ce qui se vend le mieux! Si tu crois que le double va te croire à Géryville? Mais ça ira pas bien loin quand même. T'auras qu'à faire un peu le con et tu t'en tireras avec huit jours de taule. Si je me payais ça, moi, j'irais faire un tour à Oran et je prendrais deux à cinq ans pour « dissipation d'effets ». C'est beau d'êt'jeune! Eh ben, pisque t'as des sous, profitons-en.

— Tu veux croquer quelques dattes?

— Pour me fout' soif? Si tu te figures que j'ai besoin de ça, fils, tu te trompes!

Nous gagnâmes un café et nous demandâmes un litre de vin que Flory but à peu près seul pendant que je broutais alternativement figues et dattes. Plus loin, nous prîmes des anisettes et je trouvai pour la première fois buvable cette boisson fortement sucrée.

Dans un coin, quatre Joyeux à écussons et passepoils jaunes jouaient aux cartes devant un litre vide. Quatre légionnaires fort poilus vinrent s'installer près de l'entrée et demandèrent du vin, puis ils s'entretinrent à voix haute rappelant des souvenirs de la Coloniale d'où ils étaient sortis depuis peu.

Je connaissais le nom de deux d'entre eux qui appartenaient à ma section : Tisné, un grand maigre à moustaches d'une vingtaine de centimètres et Gaugirand, barbu comme le vieux Chave.

— Pauv' mère, se lamentait Tisné, où qu't'a laissé tomber ton gars? Après la Coloniale, quand faut qu'tu t'foutes su l'dos c'te tenue de biffin, ça la fout mal.

— La vareuse, c'est tout d'même plus pratique, approuva l'un des deux inconnus. Avec ces pans qui m'battent les jambes sur les côtés, ça m'fait comme si j'avais des jupes.

Je me tournai vers Flory qui donnait des signes de malaise. L'ancien souffla entre ses dents :

— J'ai idée que ça va chier avant que ça soye longtemps.

— Et pis, t'as vu c'te bande de cloches, reprit Tisné, sur un cent y en avait pas trois à prendre avec des pincettes, tant y z'étaient dégueulasses. On s'est foutus dans une drôle d'armée!

Il n'y eut pas d'autre commentaire. Flory se dressait devant les coloniaux, l'index pointé vers la porte.

— Dehors! cria-t-il d'une voix tonnante.

On ne saura jamais si les quatre gaillards avaient, ou non, l'intention d'obéir. Le vieux légionnaire ne leur en laissa pas le temps.

La table renversée sur le groupe en culbuta deux et Tisné qui s'était dressé recevait un coup de tête en pleine figure qui l'expédiait dans la rue par la porte restée ouverte. J'intervins contre le quatrième qui se déroba, fauché par un coup de pied à mi-jambe envoyé par Flory.

Gaugirand et son compagnon en étaient encore à se débarrasser de la table et des bancs où ils s'étaient emmêlés, qu'ils encaissaient des coups de soulier en pleine figure. Tout saignants, ils rejoignirent leurs camarades dont l'un, Tisné, éternuait dans son mouchoir, pendant que l'autre, assis par terre, se frictionnait le tibia.

Enfin réunis, ils esquissèrent un retour offensif qui fut accueilli à coups de bouteille. Après cette tentative qui leur valut de nouvelles blessures en laissant leur agresseur indemne, les marsouins abandonnèrent le champ de bataille.

Les Joyeux s'amusaient, paraissant considérer la scène avec un intérêt passionné. Mais Flory se déchaîna contre eux.

— Allez la pègre. Dehors!

Le légionnaire, une bouteille à la main, n'avait rien de rassurant. Tremblant, je l'avoue, je l'avais rejoint et m'étais pareillement armé. Avec une combativité réduite par la taille et la carrure, je représentais quand même un appoint.

— Ça va, dit l'un des Joyeux. Vous excitez pas, on s'tire!

Flory fut clément. Seul le dernier, qui lambinait un peu, reçut une poussée dans le dos qui l'expédia à quatre pattes au milieu de la rue où un rassemblement se forma, mêlant légionnaires et Joyeux. Le tenancier avait disparu dès le commencement de la bagarre.

Flory barricada les issues et entassa sur une table tout ce qu'il trouva de bouteilles vides. Comme je lui apportais des bouteilles pleines, il opposa un net refus.

— Pas de ça, matelot, faut respecter la boisson. Maintenant, il faut faire voir qu'on est des Gaulois. Un bon soldat capitule quand on l'y force à coups de crosse qu'on dit dans la biffe. Pas à la Légion.

Quelques instants plus tard, une patrouille de Joyeux, baïonnette au canon, s'alignait devant la porte. Un sous-off, à galons d'argent, interpellait derrière la vitre brisée de la porte d'entrée :

— Allons, ouvrez et suivez-moi.

— Tiens! riposta Flory, où avez-vous vu que les légionnaires se rendent à des pégriots, quand y z'ont leur détachement dans le patelin? Rien à faire, sergent! On a des chefs. On se rendra qu'à eux. Si vous attaquez, nous nous défendrons.

L'arrivée du lieutenant de la Légion, commandant le détachement, évita de justesse de graves conséquences. La police du Kreider dépendait du chef de bataillon qui commandait le 1er Chasseurs, le sergent avait donc tous les droits et pouvoirs nécessaires pour s'emparer des légionnaires et les emprisonner, mais il n'avait pas l'autorité qu'aurait eue, à sa place, un gradé de la Légion, ce dernier n'eût-il été que soldat de première classe comme Fabry. Il s'effaça devant le lieutenant qui lui dit avec une froide fermeté :

— Ça va! Quand je suis là, c'est moi qui commande ma troupe. Emmenez vos hommes et rendez compte si vous le jugez utile. Vous deux, ajouta-t-il, en s'adressant aux assiégés, sortez et suivez-moi. Remettez les choses en place, d'abord.

Flory reçut l'ordre avec la dignité d'un commandant de place capitulant avec les honneurs de la guerre.

— Nous nous rendons, mon lieutenant.

En présence du cabaretier, le lieutenant constata les dégâts : une vitre cassée et quelques bouteilles vides plus un verre.

— Ça vaut quarante sous.

Et il les déposa sur le comptoir.

— Et les litres de vin qui n'ont pas été payés?

C'était de la pure canaillerie. Le lieutenant le savait. Dans les garnisons de la Légion et du Bat'd'Af, il était contraire à tous les usages de servir une boisson avant d'en avoir encaissé le montant.

— Pas étonnant, remarqua l'officier, qu'il y ait des bagarres chez vous si vous essayez de faire payer deux fois le prix de votre poison.

Il nous emmena et dès l'arrivée au camp fit enfermer Flory dans une cabane maçonnée qui occupait un coin du champ de manœuvre. Une sentinelle en armes fut placée à la porte.

— Vous, dit le lieutenant en s'adressant à moi, suivez-moi.

Dans sa tente, il m'interrogea :

— Que s'est-il passé? Racontez.

Je narrai, avec difficulté, les péripéties de l'aventure. Je n'avais pas l'élocution aisée. Flory n'était pas ivre. Ensemble, nous n'avions bu qu'un litre de vin. L'ancien était très calme lorsque les marsouins avaient mal parlé de la Légion. Flory ne pouvait pas supporter ça. Déjà, il avait dit plus de quinze jours avant qu'un légionnaire attaquait tout de suite n'importe qui parlait mal de son régiment. Il avait sorti les marsouins.

— Et toi? Tu l'as aidé?

— Je n'ai pas eu le temps. Je l'aurais aidé s'il avait eu besoin de moi.

— Qu'est-ce que tu en penses?

— Je... Je crois que c'est très bien, mon Lieutenant.

— Tu es consigné. Regagne ta tente et tiens-toi tranquille!

Je craignais d'avoir à fournir à Tisné de dangereuses explications. Il n'en fut rien. Le colonial aux longues moustaches était provisoirement dégoûté des conflits. Il ne se montrerait pas agressif avant trois jours.

Avec le reliquat de mon argent et par l'intermédiaire de Peysson, je me procurai trois bidons de vin dont deux pour la tente et le troisième pour Flory. La dose n'était sans doute pas suffisante pour endormir ce dernier car il y eut violente discussion au cours de la nuit entre le captif et la sentinelle qui le gardait : c'était Baousso.

— Mé fais pas chier ou je té fous un coup dé ma baïonnette.

Flory répondait en lui donnant d'utiles conseils sur la manière de tenir son arme.

Le lendemain, la colonne reprit la route pour une étape de quarante-quatre kilomètres, la plus longue du trajet.

Bien avant le jour, le détachement leva le camp et s'engagea le long de la ligne de chemin de fer du Sud. Il traversa une étendue vaseuse, givrée de plaques salines qui craquaient sous la semelle. Avant la troisième pause, il passait près de la gare de Bou-Ktoub, puis, quittant la voie ferrée, il prit la piste bordée de poteaux télégraphiques à travers la plaine d'alfa.

Au lever du jour, je pus considérer l'étendue qui, à quelques centaines de mètres, paraissait verdoyante et qui, à mes pieds, n'était qu'une terre craquelée et infertile sur laquelle, à intervalles réguliers, surgissaient les touffes d'alfa que l'on eût dit agonisantes, avec de maigres faisceaux d'un vert pâle enfouis dans un fouillis d'herbes desséchées.

La colonne avançait vers ce qui paraissait être une prairie opulente qui s'enfuyait toujours plus loin dès qu'on s'en approchait, ne laissant à sa place que des touffes fanées, éparpillées sur un sol brûlé.

Bien que mon sac eût été allégé de quelques livres par la négociation de la veille, les courroies n'étaient pas moins étouffantes. Les souffrances physiques n'étaient pas diminuées. Aux pieds, les ampoules nettoyées d'une peau superflue laissaient des traces douloureuses. Après chaque départ, c'était la même protestation de l'organisme contre les dures contraintes qui lui étaient imposées.

Jusqu'à ce jour, je n'avais pu me former une idée exacte de la capacité de l'homme devant la douleur. Mon enfance avait été rude et mon adolescence plus rude encore. J'avais souffert et vu souffrir. Le monde d'où j'étais issu était un monde d'où s'élevait une plainte, où chacun semblait trouver une consolation en exprimant sa peine.

Ici, je voyais à ma droite le vieux Chave marcher la tête haute, le visage impassible, les yeux fixés droit devant lui. Il souffrait moins que moi, certainement. Je ne pouvais dire si Peysson souffrait, si Van Lancker souffrait.

Ils n'en laissaient rien voir.

Je m'imaginais alors que mes camarades avaient des épaules insensibles, des jambes infatigables et des pieds endurcis. Ainsi, quelques années plus tard, lorsque je serai dans un régiment de ligne, je me rendrai compte que le légionnaire peut, avec le sourire, ajouter à sa charge le sac et le fusil d'un camarade défaillant pendant les cinq dernières heures d'une marche de quarante kilomètres, et que la chair reste douloureuse sous l'effort, malgré l'accoutumance. Je souffrirai alors à peu près autant qu'au cours de cette étape, mais j'aurai cette même attitude que j'observais pour l'heure chez Peysson et Chave, cette froide impassibilité exigée par une volonté impitoyable.

Vers le soir, la colonne abordait une zone montagneuse et, après un parcours à flanc de coteau, s'engageait dans un défilé.

La piste, qui était auparavant marquée par des ornières s'étendant sur une largeur de plus de cent mètres, s'était rétrécie à la largeur d'une route et les voitures qui passaient par-là devaient s'y engloutir jusqu'aux essieux. Une caillasse friable, jetée dans les trous les plus profonds, signalait un effort d'entretien.

Plus haut, des travailleurs en bourgerons blancs cassaient des cailloux, nivelaient approximativement la plate-forme en comblant les ornières par des apports à la brouette. Ils se rangèrent au bord de la piste pour laisser passer la colonne. Aux galons blancs des sous-officiers, aux passepoils jaunes, on reconnaissait des Joyeux.

Sous les képis à la visière cassée en accent circonflexe, c'étaient des faces abruties qui prétendaient faire étalage d'une astuce réelle ou affectée. Les regards s'efforçaient de prendre un air canaille et les yeux caves et gonflés d'un certain nombre témoignaient d'une pratique exagérée d'exercices érotiques. Ce milieu m'apparut répugnant : l'antithèse absolue de ce qui me plaisait à la Légion. Ici, un effort constant de dignité, de bonne tenue, là des apparences contraires.

Non loin de la route, on voyait le camp des Joyeux, formé d'une quinzaine de tentes coniques installées sur la pente. A quelques dizaines de mètres de la face sud se trouvaient alignés des abris formés d'un seul carré de toile de tente et qui avaient à peu près la dimension d'un cercueil. Près d'eux, une sentinelle, baïonnette au canon, faisait les cent pas.

— Qu'est-ce que c'est? demandai-je.

— C'est les « tombeaux », expliqua Peysson. En campagne, les punis sont placés hors du camp et font « tente » isolément avec leur toile. Avec le soleil qu'on a eu aujourd'hui, tu parles s'y z'ont transpiré les gars qui sont là-dessous. Cette nuit, y vont salement geler. Y faudra qu'y se rappellent qu'y z'ont eu trop chaud pendant le jour. Ça les réchauffera un peu.

— Alors, s'il y a des punis chez nous, on les fera camper comme ça?

— Penses-tu, à la Légion, on s'en sert pas de ce règlement-là. Les punis restent avec les autres. Y touchent pas le prêt. C'est la seule différence. Quand on forme une compagnie de marche pour un coup dur, on prend toujours les trois quarts de ceux qui sont en prison. C'est ceux-là que les officiers préfèrent pour ça. Du moment qu'y a pas de pinard, y savent que ça ira tout droit. Alors tu vois c't'armée? Sur une compagnie de deux cent cinquante hommes, y en aurait la moitié à fout' sous le tombeau à l'arrivée à l'étape!

— Aux Joyeux on ne les fait pas travailler, les punis?

— Mais ce qu'on cherche c'est de leur z'y en faire baver! Y z'en bavent plus à griller là-dessous en plein soleil qu'à tirer au cul sur la route à faire semblant de travailler. Et tu penses qu'y doivent plutôt se faire chier.

Le soir tombait lorsque le détachement franchit le col. Devant lui s'étirait une nouvelle plaine d'alfa et de thym. Vers le sud, s'étendait une chaîne de montagnes où se remarquait une crête horizontale coiffée en son milieu d'une tour qui paraissait assez proche : une étape de plus.

— Tu vois, annonça Peysson, c'te tour c'est le poste optique de Géryville. Le patelin se trouve à dix kilomètres devant. Encore un p'tit cent de kilomètres et on est chez nous!

Le détachement fit halte à deux cents mètres d'une construction carrée, sorte de forteresse, aux murs percés d'étroites meurtrières, qui s'ouvrait sur le bled par une porte unique. Sur le mur blanchi à la chaux, parallèle à la piste, on lisait, écrit en capitales bleues :

ALFAVILLE

Malgré ce nom prétentieux, la ville se réduisait à ce carré de vingt pas de côté et à une fontaine proche qui débitait, dans un trou caillouteux, un mince filet de la grosseur d'une paille. La colonne se rompit et les sections, après s'être rangées en carré, se mirent en faisceaux, sac à terre.

— Un moment de repos avant de monter les tentes, ordonna le lieutenant.

Assis sur mon sac, je me perdis dans la contemplation de ce paysage dont je trouvais le spectacle d'une douceur reposante. Sur le ciel d'un bleu assombri par l'approche du crépuscule se détachaient des sommets d'un vert sombre aux formes très pures qui formaient un demi-cercle s'étendant de l'est à l'ouest. Vers le sud se développait, jusqu'aux montagnes de Géryville, la plaine d'alfa. Le silence profond que gardait cette troupe créait une atmosphère de recueillement d'une qualité sublime. Je me sentis empoigné.

Tout à coup, dans cette paix, se succédèrent les sons émouvants et inattendus d'un chant d'amour. Van den Dungen, lauréat du Conservatoire d'Anvers, récemment chassé de la musique de Saïda où il était piston solo, donnait une sérénade.

Plus tard, je connaîtrais les paroles de cette cavatine du *Barbier de Séville* que j'ignorais absolument alors. Mes grandes filles me le chanteraient, sur ces mêmes notes... « Rien ne peut changer mon âme — Pour toujours je suis à toi... ».

Je les entendrais sur scène, à la radio, mais aussi longtemps que je vivrais ce serait pour abandonner le sujet et me reporter aussitôt vers ce site d'Alfaville, ses montagnes vertes et sa plaine d'alfa et pour me rappeler l'étrange transformation de mes camarades. Les yeux durs s'étaient attendris comme s'ils contemplaient la vision d'un idéal toujours rêvé, dont ils ne parlaient jamais, comme s'ils craignaient de le souiller. Peut-être, à part Van den Dungen, n'y avait-il pas un seul auditeur qui sût donner un nom à ce chant fameux, mais chacun savait quelles paroles une femme inconnue et qui resterait toujours inconnue chantait pour lui seul, sur cet air-là, ce soir-là.

Mon émotion se doublait d'un sentiment de fraternité intense qui me donnait une âme commune avec mes rudes compagnons. Il s'y mêlait une reconnaissance d'élève à des maîtres sévères, à la seule pensée que de profonds changements se dessinaient en moi. Je prenais la mesure des précieuses acquisitions de qualités qui m'avaient manqué jusqu'alors. Rien de précis n'avait encore eu le temps de mûrir, mais j'en sentais l'active germination.

Après un temps de repos, le lieutenant ordonna :

— Les nouveaux engagés qui n'ont jamais servi avant de venir à la Légion, sortez des rangs! Pour eux seulement : Rassemblement!

Une douzaine d'entre nous vinrent devant l'officier et s'alignèrent sur deux rangs.

— Vous vous êtes bien tenus et le détachement n'a pas eu de traînards. Je suis content de vous. Ce soir vous allez me conforter dans l'opinion que j'ai de vous : vous avez l'étoffe de bons légionnaires. Vous allez reprendre le sac et le soldat de 1re classe Kramer va vous conduire à douze kilomètres d'ici pour couper l'étape de demain. Là, vous camperez et vous ferez la soupe. Vous ne trouverez pas d'eau. En conséquence, remplissez vos bidons et quelques marmites pour ne pas en manquer. Kramer, je compte sur vous pour conserver une allure normale en route. Allez! Exécution!

Il avait suffi de peu de temps pour que les guenilleux adolescents du Fort Sainte-Thérèse s'intègrent à l'ambiance de la Légion. Le mélange des nationalités mettait en jeu un goût d'émulation qui opposait les jeunes Allemands aux autres. Nul ne voulait admettre son infériorité.

Sous le commandement de Kramer, le petit groupe reprit la route. Les Allemands qui n'entendaient que de rares mots de français formaient une nette majorité. Un Belge et trois Alsaciens étaient les seuls avec lesquels je pouvais engager une conversation.

A elle seule, la petite colonne faisait plus de bruit que les cent-soixante légionnaires du détachement au grand complet. Elle avançait à bonne allure dans l'obscurité, non sans de nombreux trébuchements dans les ornières ou sur quelque touffe d'alfa. Parfois, un Allemand s'étalait avec un bruit de ferraille en poussant un « godferdom ». Parfois, c'était un jeune de langue française qui faisait la culbute en criant : « merde! ».

Les « jeunes », après s'être confectionné un riz insuffisamment cuit et avoir consommé à peu près crue une viande qui n'était pas destinée à cette fin, s'étendirent sous leur tente, complètement épuisés, mais satisfaits. Que le lieutenant les ait estimés capables d'ajouter une rallonge de douze kilomètres à une étape de quarante-quatre leur donnait une haute idée de leur valeur. Tous, comme moi-même, voyaient sans doute là une marque de considération. C'était vraisemblablement ce qui leur avait manqué le plus depuis leur naissance et dont la privation, par des voies diverses, les avait jetés à la Légion.

Le lendemain, levés avant le jour, nous eûmes le temps de monter convenablement nos sacs en attendant le gros de la colonne. Très gaillards et fiers de nous, nous reprîmes notre place dans le rang pour faire une courte étape de seize kilomètres.

Je m'appliquai à porter la tête haute, comme Chave. C'était, à mon sens, l'attitude qui convenait à un homme fort, qui avait fait ses preuves.

Peu après midi, le détachement campait tout près du bordj de Kef-el-Amar qui ressemblait si exactement à celui d'Alfaville que l'on eût pu croire que c'était le même sans l'inscription sur les murs : Kef-el-Amar. De plus, il n'y avait pas de fontaine. Le ravitaillement en eau se faisait au puits, dans la cour du bordj.

C'est précisément en allant à la corvée d'eau que je reçus le coup de foudre. J'aperçus Marie, la fille du tenancier et jurai tout bas que ce serait là l'amour de ma vie!

Marie pouvait avoir quinze ou seize ans. Elle était blonde et, comme les Algériennes, précocement formée. Si j'eus des émules, je ne le sus jamais. Les sentiments qui purent éclore chez mes camarades restèrent, comme les miens, enfouis dans les profondeurs des âmes. Personne dans le camp ne prononça le nom de Marie. Nul ne tenta une approche. S'il y eut de nombreux élans vers cette jeune fille, il ne se produisit nulle échappée dans ces cœurs fermés comme des tombeaux. Pas de tentatives pour aller à la corvée d'eau autrement qu'à son tour. Cette Marie à peine entrevue, dont la silhouette revint tant de soirs, obsédante, dans mes pensées, me ramenait également au pays de mon enfance, à toutes ces Marie de village, à commencer par La Marinou pour énumérer toutes les autres Marie, celles de l'école mixte des Grabières : entre autres Marie de chez le Mathieu et ma chère Marie d'En-bas... Ah! la Marie d'En-Bas, sa longue tresse odorante, nos jeux de colin-maillard qui me permettaient de la serrer innocemment de près, si consentante... [1] Et la Marie, mère du Pantomin, dont tout le monde connaissait l'histoire qu'il se plaisait lui-même à évoquer et qui avait dû être une adolescente si accorte et si délurée à l'âge même de la Marie de Kef-el-Amar!... C'était au temps où, en France, l'empereur Badinguet pensait à faire la guerre à l'Italie...

1. Voir *Toinou* — Antoine Sylvère, collection Terre Humaine, Plon.

Le cirque Franco-Suisse vint camper sur la place de l'Église, à Ambert, « pour trois jours seulement ».

On pouvait lire, écrit à la craie sur un tableau noir, ces lignes dont ceux qui savaient lire prenaient connaissance pour leur compte et pour les communiquer aux autres :

Ce soir, magnifique spectacle
Terminé par une grande pantomime
Deux sous seulement
Un sou pour les enfants.

Telle quelle, la troupe restreinte ne pouvant répondre aux exigences de la mise en scène, la fille du Mautialle, la Marie, fut engagée pour la durée du séjour, au tarif exorbitant de quarante sous par séance. Accorte, délurée, pas bête du tout, la petite s'en tira bien et, dit-on, sut bien faire rire le monde. Elle gagna en tout six francs et un surnom. Elle fut désormais et à tout jamais : La Pantomine [1].

Peu après elle épousa le Glaude Marcland, de Saint-Gâchon, un cousin germain d'un autre Marcland qui deviendrait célèbre dans le pays en voulant faire croire qu'il avait « fait » un étron de dix livres.

Vaillant au travail et « chaud de la pince », le Glaude, qui était devenu par alliance le Pantomin, avait engendré toute une escouade de petits pantomins et pantomines qui avaient, l'un appelant l'autre, quitté le pays pour s'installer par là-bas, du côté de Lyon. Ils n'avaient laissé que le Jean, le petit dernier, pour tenir compagnie à la mère qui avait tant de misères dans le ventre qu'elle pouvait tout juste faire sa soupe. Encore fallait-il que le petit allât lui chercher de l'eau.

Un peu refroidi par l'âge, ayant convenablement assuré sa descendance, le Glaude voulut faire une campagne de scieur de long en Normandie, dans la forêt de Brotonne. On payait bien et il avait l'espoir d'envoyer une pièce de soixante francs par mois. Avec ça, le Jean pourrait mener au médecin ou à la rebouteuse cette « sacrée vieille gore » qu'il était plus que temps de faire déboucher si on ne voulait pas la perdre.

Tout semblait bien aller et le Glaude avait déjà fait envoyer un premier mandat de soixante francs lorsque, un beau soir, alors qu'il tirait sur le manche, sur le chevalet chargé d'une bille de trois mètres de tour, la chaîne d'attache se rompit et la pièce de cinquante quintaux, entraînant scie et monture, lui tomba dessus et l'écrasa sans rémission.

Comme on sait, en ce temps-là, une mort violente d'ouvrier tué au cours du travail ne causait pas grand dommage. Les patrons n'avaient pas, comme aujourd'hui, des tas d'argent à gaspiller pour payer des

1. Voir *Toinou* — Antoine Sylvère, collection Terre Humaine, Plon.

assurances et, à moins qu'il ne fût positivement coupable d'assassinat, le patron n'était pas responsable.

Cet état de choses, il faut bien le reconnaître, favorisait considérablement la libre entreprise. Quelques billets de cent francs suffisaient à un homme dégourdi comme l'était le patron du Glaude pour embaucher des compagnons et les faire travailler pour son compte. Il n'avait à faire l'avance que des billets d'aller. Les hommes avaient la charge d'emporter « leur manger ».

Le Jean, à seize ans, restait seul avec la vieille qu'il lui faudrait nourrir avec son salaire de vingt sous par jour. Tout espoir de se « faire déboucher » était définitivement perdu pour la pauvre femme. Elle languit pendant quelque temps et souffrit beaucoup en vivant ses derniers jours — faisant, disait-on, « ses besoins par la bouche, la pauvre ».

Jean, le dernier Pantomin et seul connu recueillit l'héritage et resta au pays. Depuis longtemps déjà il n'avait plus de nouvelles de ses frères et sœurs. On ignore s'il en reçut jamais par la suite, et si d'autres petites Marie perpétuèrent les dons et la vocation artistique tronquée de Marie, la fille du Mautialle...

Les deux étapes suivantes, Zouireg et Géryville me procurèrent quelques sensations nouvelles. Le camp fut levé sous une pluie battante qui persista jusqu'à l'arrivée.

J'appris alors qu'à toutes les misères devenues familières pouvaient s'en ajouter de nouvelles, capables d'aggraver considérablement les anciennes. Je connus l'effet exaspérant du gravier qui remplit la chaussure lorsqu'on met le pied dans une flaque d'eau bourbeuse et les lancinantes douleurs causées par des dizaines de piqûres qui mordent la chair sur les chevilles et entre les orteils, les incrustations dans la plante du pied sensibilisé à l'extrême par les étendues de peau mal régénérée, séquelle des ampoules incomplètement guéries.

A tout cela, s'ajoutait pour moi une inquiétude proche de l'angoisse. Géryville ne m'apparaissait plus comme le terme d'une épreuve pénible. Dès l'arrivée, il me faudrait rendre compte des effets manquants. Perspective tellement redoutable que j'eusse préféré l'éviter, même au prix de marches pendant des semaines ou des mois!

Toujours sous la pluie, le détachement aborda une zone cultivée. On put apercevoir une ferme entourée de terres fraîchement labourées. Puis ce fut une route encaissée entre des roches nues et, à l'issue du défilé, une plaine coupée de vallonnements que dominaient des constructions militaires.

Le lieutenant fit rectifier la tenue et rappela que le détachement n'ayant pas eu de punis pendant tout le voyage avait compris comme un ordre formel la demande du colonel. Il remerciait soldats et gradés pour cette bonne volonté collective et obtiendrait du commandant du

4e bataillon que le temps de prison qui restait à accomplir pour quelques-uns soit amnistié.

L'entrée dans la cour du casernement fut brillante. La colonne défila devant le poste de police rendant les honneurs. Les évolutions et la présentation au commandant furent des plus correctes, non parce que les nouveaux étaient rompus à la manœuvre, mais parce qu'ils occupaient la même place dans le rang depuis huit jours.

Les fourriers des compagnies appelèrent les hommes qui leur avaient été attribués. Peysson, Flory, Chave, Doche, Van Lancker ainsi que Baousso et moi-même appartiendrions à la 15e. Les arrivants de cette compagnie furent immédiatement prévenus qu'ils seraient cantonnés dans deux baraquements de cent vingt hommes qui iraient installer un camp de travail sur la route du Kreider, entre Kef-el-Amar et Alfaville, au kilomètre 64. Le départ aurait lieu le surlendemain.

En prenant possession de la paillasse qui m'était attribuée dans une chambrée dépourvue de toute autre literie, je trouvai que la situation n'avait rien de déplaisant. Le fait que je ne possédais pas de linge de rechange était un inconvénient mineur comparé à celui d'avoir à en expliquer la disparition. Pour être plus sûr d'échapper à cette éventualité, j'eusse accepté de repartir le jour même.

Cet apaisement fut malheureusement de courte durée. Dans l'après-midi, le caporal Diétrich annonça que chacun devait se préparer à une revue de détail qui serait passée le lendemain matin par le sergent-magasinier. Mon angoisse redoubla et je vécus la soirée et une partie de la nuit dans un état de panique dont ne purent me délivrer ni la distribution du prêt ni les scènes de violence qui se déroulèrent dans la chambrée.

Le casernement de Géryville était constitué par un grand nombre de baraquements logeant chacun vingt-quatre hommes. Une seule compagnie, la 16e, occupait un bâtiment à étage et véranda de style mauresque. En se promenant, on pouvait voir, sans paraître indiscret, ce qui se passait dans les chambrées toujours largement ouvertes sur les rues longitudinales et offrant aux passants la vue complète de leurs vingt-quatre lits.

Dans deux d'entre elles, dix minutes avant l'appel, je vis se dérouler des combats singuliers. Bien que mon esprit fût peu dressé à l'analyse, je pressentis que la quantité de sang répandu à la Légion en pleine paix serait vraiment impressionnante si une statistique en était publiée et justifierait le plus parfaitement du monde le refrain fameux : « Tiens voilà du boudin! ».

Je regagnai mon cantonnement pour voir entrer l'ancien bat'd'Af, Thomas, qui remorquait Le Meutec, répétant :

— J'vois pus clair! ... J'vois pus clair!...

Paternel, le caporal Diétrich conseilla :

— Eh bien, couchez-vous! Pas besoin de voir clair pour dormir!

Le Breton préféra attendre. Il rôda, titubant, culbutant sur des paillasses et se relevant à grand-peine. Il retrouva un semblant d'équilibre au pied de son lit lorsque Diétrich cria :

— Silence à l'appel!

Le sergent de semaine fit le tour, constata les présents et les couchés, négligea d'observer Le Meutec qui ne se tenait debout que grâce à un mouvement pendulaire régulier, mais non réglementaire dans la position du garde-à-vous.

Après son départ, l'ivrogne reprit sa course dans la chambrée, cherchant à inspirer quelque intérêt à un public indifférent.

Enfin, il réussit à émouvoir Thomas qui se leva, enfila un pantalon de treillis et chaussa ses souliers de repos. Il prit la tête de Le Meutec sous son bras gauche, lui écrasa le nez à coups de poing sans rencontrer ni tentative de défense ni même un geste élémentaire de protection. Le sang coula, maculant le dallage. Thomas continuait, infatigable. Il meurtrissait de bourrades appliquées à toute volée les orbites, la bouche, les pommettes de sa victime, comme s'il eût à cœur de mener à son terme une tâche bien remplie. Le Meutec encaissait sans mot dire.

Thomas découvrit alors un jeu plein d'intérêt.

Maintenant sa victime debout devant lui, il s'amusa à redresser à violents coups de poing sous le menton la tête que son lamentable souffre-douleur s'obstinait à baisser après le choc.

Le caporal Diétrich, dans son coin, se désintéressait totalement de l'affaire. Je souffrais de ce massacre. Il me venait une envie de vomir.

Ayant sans doute mal aux poings, Thomas, décidé à réaliser une destruction totale du pauvre Le Meutec, l'entreprit alors à coups de pied dans le ventre. Plus mal placé, sans doute, l'un d'eux fit hurler le Breton comme un enfant torturé.

C'est alors que les choses changèrent de face.

Lancé de l'autre bout de la chambrée, le brodequin de Van Lancker heurtait Thomas en pleine figure. Avant que ce dernier eût compris ce qui lui arrivait, le Dunkerquois, courant sur lui, le jetait d'un furieux coup de tête sur la paillasse où s'était laissé tomber Le Meutec.

La figure abîmée par ces deux coups successifs, le bat'd'Af se releva et fit face avec la prestesse d'un chat, mais il avait affaire à un adversaire qui le surclassait et disposait d'une technique véritablement supérieure.

Van Lancker employait ses quatre membres et sa tête avec une rapidité qui tenait du prodige. Je pensai qu'il était vraiment heureux pour Thomas que son adversaire eût engagé le combat à pieds déchaux. Les coups de ce dernier arrivaient toujours imprévus et touchaient juste alors que ceux du bat'd'Af manquaient le but.

Soudainement, Van Lancker se baissa, puis se releva, entraînant les chevilles de son adversaire qu'il avait empoignées à deux mains. Sautant alors sur Thomas tombé à la renverse, le Dunkerquois entreprit, à grands coups de son talon nu, un nivelage soigné de toutes les proéminences faciales. Il vérifia de la même manière la solidité de la cage thoracique et l'élasticité du ventre.

Lorsqu'il jugea la correction suffisante, il regagna sa paillasse en terminant par une exhibition digne d'un artiste achevant son numéro. Il jeta les mains à terre, fit une culbute suivie d'un véritable saut de carpe qui le replaça debout sur la litière.

— Faut jamais cherrer, m'expliqua-t-il. Qu'on foute une pâtée à qué'qu'un qui vous emmerde, ça va. Moi, il était moins une que je foute Le Meutec sur sa paillasse avec une douzaine de marrons su'l'coin d'la gueule. Mais faire le costaud avec un type qui répond même pas, moi c'est pas long à me courir ces trucs-là!

Dans tout cela, je trouvais beaucoup à penser. Depuis mon arrivée à la Légion, je n'avais jamais été le témoin d'une seule injustice. Je jugeais les sanctions trop sévères pour mon goût, mais ces sanctions étaient motivées par des manquements à des règles bien établies, que nul ne pouvait ignorer. Enfin, cette justice n'admettait pas de favoritisme. Ici, la définition de la liberté individuelle correspondait à une exacte réalité : faire ce que l'on voulait à condition de ne pas gêner la liberté d'autrui. Chacun apportait sa contribution aux tâches communes et il n'y avait pas de privilégiés.

En fait, l'intervention des gradés était à peu près nulle. Les officiers étaient invisibles et les sous-officiers n'apparaissaient que pour donner des ordres collectifs sans faire d'observations individuelles à moins que ce ne fût dans un cas très grave, pour limiter le dommage entraînant perte d'homme ou de biens militaires.

La sévère discipline de la Légion n'avait rien à voir avec les règlements militaires qui subissaient là des violations qui eussent été inadmissibles partout ailleurs. Elle était un fait collectif et seuls étaient redoutables les jugements de la communauté. Les officiers eux-mêmes ne pouvaient y échapper sous peine d'être déclarés « non légionnaires ». Cette dégradation rendait absolument impossible l'exercice du commandement. Un capitaine déclaré « non légionnaire » — il faut bien dire que le fait ne se produisit jamais à ma connaissance — devait renoncer à se présenter à la tête de sa troupe que, tout entière et pour des motifs différents, il eût fallu diriger, homme par homme, sur les locaux disciplinaires.

Tout cela m'apparaissait sous une forme encore très obscure que j'eusse été bien incapable d'extérioriser. J'en avais toutefois une assez juste compréhension. Ce milieu était le premier rencontré où l'on m'eût reconnu un droit à cette dignité personnelle auparavant contestée.

Sur ma paillasse, attendant un sommeil long à venir, je ne pouvais m'empêcher de trembler en pensant à la redoutable échéance du lendemain : la présentation de mon paquetage étalé sur la couverture pour la revue de détail. Les paroles rassurantes de Flory ne m'étaient, elles-mêmes, que d'un faible secours.

Le lendemain, j'étais de chambrée et après le café il me fallut effacer les traces où le sang de Thomas se mêlait à celui de Le Meutec. Les combattants de la veille, maintenant apaisés, vinrent m'aider dans cette tâche dont je ne serais pas venu à bout à temps pour la revue.

Dès neuf heures, les paquetages étaient réglementairement installés sur les toiles de tentes étalées sur les paillasses. Les fusils démontés présentaient leurs pièces polies, les trousses, l'assortiment de boutons et la bobine. Brosses, souliers de repos, linge, tout avait une place et cette place ne pouvait être occupée par rien d'autre. Sur ma toile, les effets manquants correspondaient à des vides impressionnants.

Le caporal Diétrich passa une première inspection. Les livrets militaires étaient exposés en bonne place. Le chef de chambrée ouvrit le mien et souligna de l'ongle l'article du code militaire : « Dissipation d'effets : deux ans de prison ».

Le sergent Cuénin passa rapidement devant les paillasses et s'arrêta devant la mienne :

— Tiens! Il ne vous manque que ça?

— Sergent ... aux premières étapes je n'avais jamais le temps de monter mon sac. Je faisais aussi vite que je le pouvais avec la moitié de mes affaires passées dans mon ceinturon ou dans ma musette... C'est comme ça que j'ai dû en perdre. Je ne l'ai pas fait exprès.

A son tour, Cuénin ouvrit le livret et présenta l'article « Dissipation d'effets ».

— Vous voyez ce que ça vaut, cette petite histoire?

— Je l'ai vu, sergent... Je ne l'ai pas fait exprès.

— Quel jour êtes-vous arrivé à Saïda?

— Le 20 novembre.

— Bon, vous viendrez au magasin après la revue et je vous donnerai ce qui vous manque. Vous ne serez pas puni pour cette fois, mais tâchez de ne pas oublier ce que je vais vous dire : je ne crois pas à votre récit. Je ne peux que faire semblant d'y croire, vous m'entendez? Vos chefs peuvent fermer les yeux sur bien des fautes mais lorsqu'il s'agit d'effets ou d'armement cela mène toujours au Conseil de guerre. Les compagnies doivent rendre des comptes au magasin du Corps des effets qu'elles reçoivent, rendre ceux qui sont hors de service et toute absence doit être expliquée. Cela rend la mise en prévention absolument automatique dans le cas de perte ou de dissipation. Tâchez de comprendre, espèce d'imbécile!

Ces quelques semaines m'avaient complètement transformé. Je n'étais plus « La Gronle », j'étais un légionnaire. J'étais arrivé plutôt malpropre et cette tendance à la malpropreté avait disparu par la force des choses.

On parle beaucoup de respecter la dignité humaine. Eh bien je regrette d'avoir à dire que c'est à la Légion étrangère que j'ai rencontré le plus grand respect pour la dignité humaine.

En montant mon sac pour le départ du lendemain, je pensai à Marie que j'allais bientôt revoir. Elle serait inabordable, mais je la verrais.

En 1905, à la Légion, le rêve, et peut-être chez certains le souvenir, était la seule ressource offerte aux élans de l'amour.

Il n'y avait alors pas de radio pour faire connaître, jusqu'au fond des campagnes les plus reculées, l'allure martiale d'un détachement de Légion défilant sur les Champs-Élysées à Paris et faire entendre de même la chanson d'une grande vedette exaltant les charmes de *Mon légionnaire*. Dès qu'il avait pris l'uniforme pour cinq ans au moins, le légionnaire ne connaîtrait plus du monde civil que des visages indifférents et des portes fermées. Le garçon qui s'engageait à dix-huit ans était plus sûrement protégé contre les aventures amoureuses qu'il ne l'eût été au cours d'un séjour équivalent dans un séminaire.

Tant que durerait mon séjour à la Légion, non seulement je ne connaîtrais pas une seule dérogation à cette règle, mais je n'entendrais jamais dire que l'un quelconque de ces beaux hommes y eût dérogé dans le passé.

La question posée par un légionnaire à une femme ne recevait jamais de réponse, quelle que fût la question. L'interpellée prenait un air offensé comme si elle se demandait ce qui, dans son attitude ou sa tenue, pouvait autoriser cet homme à lui adresser la parole, fût-ce simplement pour lui demander l'heure.

Ainsi Marie, pour inabordable qu'elle fût, ne l'était pas plus que n'importe quelle souillon de Saïda ou de Géryville. Les unes comme les autres ne pouvaient être atteintes qu'en rêve. Autant valait s'accorder la plus belle!

Le détachement dirigé sur le kilomètre 64 comprenait cent vingt hommes en deux sections. Il était commandé par le lieutenant Leclerc, assisté des sergents Bonnet et Siegel et de quatre caporaux. Les quarante hommes venant de Saïda en faisaient partie.

Le parcours qui s'effectua en trois courtes étapes ne fut marqué par aucun fait saillant. A Kef-el-Amar je pus toutefois apercevoir Marie et renforcer puissamment l'image que j'en conservais dans mon esprit.

Les légionnaires du camp 64 furent logés sous des « marabouts », tentes coniques sous lesquelles dix paillasses pouvaient être contenues en éventail autour d'un mât central aménagé en râtelier d'armes circulaire. L'effectif se répartit en douze tentes numérotées. A la tente n° 13 fut attribué le rôle de prison, local indispensable à tout stationnement de troupes d'Afrique. En fait, les punis de prison et de cellule ne vinrent jamais l'occuper et restèrent avec leurs camarades sous leurs tentes respectives. Elle fut exclusivement réservée aux hommes en prévention de Conseil de guerre.

Je m'installai à l'entrée de la 11e tente et eus Peysson pour camarade de lit. En face était installé Messer, un colosse alsacien de douze ans de Légion dont une large barbe rousse en éventail cachait le haut de la poitrine.

A côté se plaçait Lerate, autre barbu, ancien cocher parisien qui avait été caporal au 2e bataillon d'Afrique. Il portait, sur un teint pâle, avec des yeux d'un bleu intense, un poil abondant et frisé, d'un noir de jais.

Le Breton Gourvais et Jacob, le chef de tente, qui avait dix-neuf ans de service, portaient également la barbe, le premier très brun et l'autre déjà grisonnant.

Venaient enfin Doche le Bordelais, Thomas l'ancien bataillonnaire, Vanverbecke qui avait été docker à Anvers. De haute taille, avec ses épaules puissantes, il contrastait avec Weinstein, petit Juif parisien de moins de vingt ans.

Les hommes se répartirent en chantiers à leur convenance, chacun prenant l'outil qu'il voulait : pelle, pioche, massette ou brouette. Depuis Bizerte j'exécrais la brouette. Je pris une pioche et Lerate se joignit à moi avec une pelle.

La durée du travail était de huit heures mais le repos n'était pas marchandé. De dix en dix minutes, en quelques coups de pioche, j'éboulais la valeur d'une brouettée de terre que Lerate reprenait sans hâte à la pelle pour la jeter sur l'accotement.

Non loin de notre chantier, Flory s'était institué chef d'une équipe de six casseurs qui semblaient s'être donné pour tâche de produire le moins possible. Confortablement assis sur leurs capotes, ils chantaient des chœurs, maniant en mesure leurs massettes en frappant sur un bloc de tuf que chacun gardait sur ses genoux en prenant bien soin de ne pas le casser. Selon le choix du morceau, la cadence était plus ou moins vive mais, que ce fût la *Marche des zouaves* ou *Les Montagnards*, le rendement ne s'en trouvait pas modifié pour autant.

Lécrivain s'émerveillait de voir cent vingt hommes arriver à faire, en huit heures, si peu de travail.

— Six compagnons en feraient plus que nous tous, avec ce boulot aux pièces. Vieux, pour le prix qu'y doivent coûter à la République, y z'auraient vite gagné de quoi se saouler la gueule jusqu'à leur mort. Y mettraient pas plus de six moués pour le gagner, vieux!

Guizard ne pouvait s'empêcher de produire, à lui seul, plus que dix équipes de six. La fragilité du tuf qui se clivait aisément en plaquettes faisait sa joie. Armé d'une véritable massette de cantonnier, à manche long et souple, il abattait six mètres cubes par jour. Debout, il prenait un bloc sous la semelle de sa chaussure; en quelques coups, dont jamais un seul n'était perdu, il le convertissait en plaquettes d'égale épaisseur dont chacune était fractionnée d'un seul coup.

— Ah! vieux Charles, soupirait-il, si j'avais eu c'te pierre-là à vingt sous du mètre quand c'est que j'étais bijoutier à l'anneau de six, qu'est-ce que je me serais payé comme muffées! Mais c'était du grès, un grès mou comme du plomb, vieux Charles. Ça répondait pas, vérole! C'qu'y fallait se faire chier pour sortir un mètre à quarante sous!

Tout en travaillant assez mollement, Lerate et moi nous engagions de longues conversations dans lesquelles la vérité, quant à ma propre personne, était totalement absente. Avec une entière mauvaise foi, je m'étais construit un passé tel que je l'avais rêvé : celui de fils d'un gros paysan, heureux propriétaire d'un bien de douze vaches, promis à une vie d'abondance et d'étude. Comme il me fallait bien justifier ma fuite, je n'hésitais pas à faire mourir mon père et à remarier ma mère à un homme absolument insupportable. La seule vérité qui terminait l'histoire était l'affirmation que je me trouvais très bien à la Légion et n'avais pas le moindre désir de la quitter. J'apprenais là beaucoup de choses.

— Si c'est pour apprendre à fout' su'la gueule à ton beau-père que t'es venu à la Légion, tu pouvais pas mieux tomber, approuvait Lerate. Je sais pas si tu pourras y apprendre autre chose mais ça, pour sûr, tu le sauras.

A son tour, Lerate racontait sa vie :

— J'avais un bon truc. J'étais cocher à Paris et, avec les pourboires, j'gagnais des ronds. J'ai été appelé dans l'Est, à Toul, pour faire mes trois ans dans la biffe. J'étais un gars peinard; j'ai fait le peloton et, au bout d'un an, j'étais cabot. Eh bien, mon vieux, j'avais pas un jour de punition comme soldat de 2e classe. Quand j'ai été cabot ça a commencé à tomber.

Un jour, voilà qu'on demande au rapport des gradés volontaires pour les Bataillons d'Afrique. Les Joyeux peuvent pas être gradés. Les simples cabots sont pris dans les autres régiments. Moi, j'avais personne qui me retenait à Toul, pas même à Paris. J'ai répondu : Présent! et on m'a envoyé au 2e à Laghouat. Je pensais que je passerais vite sergent et que je pourrais, avec un rengagement, avoir un bon emploi civil. Seulement, on n'a pas idée de ce que c'est les Joyeux! Y a pas plus vache que les michetons qu'on envoie là-dedans. Et en fait de vaches, les sergents, c'est la crème des vaches. Je me suis trouvé pris entre les deux, tu vois ça d'ici? En deux ans de biffe pas un jour de taule, et trente-huit en un an, aux Joyeux. Trente-huit! sans compter la salle de police.

Quand j'ai été libéré des Joyeux, je me suis embauché à la gare de Vaugirard à Paris, pour décharger les wagons. J'ai pris une poule qui m'a tellement emmerdé en deux mois qu'elle m'a dégoûté des femmes pour deux ans. Au bout de ce temps-là, voilà que j'en reprends une autre. Celle-là, mon vieux, elle a collé pendant deux ans. Deux ans à me faire chier avec des histoires à dormir debout, à me jouer des pièces sur tous les airs. Je faisais ce qu'il fallait faire. Je faisais toujours c'qu'y fallait pas. Que je parle ou que je parle pas, ça faisait des histoires. Elle s'arrêtait de m'engueuler que pour chialer. Quand j'en avais marre, je lui foutais une trempe et ça la calmait un moment. Pas longtemps. Tu parles d'une sacrée bon Dieu de vie!

Tout de même, j'ai liquidé. Écoute, j'ai fini par lui dire : « Toi, en deux ans, tu m'as dégoûté des femmes pour toujours. J'en prends pour cinq ans à la Légion. » Et je l'ai fait.

Elle m'a suivi jusqu'au recrutement en chialant pour me faire changer d'idée. Elle m'a foutu la paix que quand j'ai eu signé et qu'elle a été sûre qu'il y avait plus rien à faire, quand je lui ai dit : « Maintenant, ma vieille, c'est fini. Je suis peinard. Tu peux faire tout ce que tu voudras. Si je suis assez con pour me laisser faire, j'ai pas besoin de me biler, les flics ont mon adresse et ils viendront bien me chercher. »

Ce fut vers la fin de la semaine de mon séjour au camp du kilomètre 64 que je reçus une raclée mémorable et qui a fait époque dans ma vie.

L'affaire s'amorça vers les quatre heures de l'après-midi à l'occasion d'une distribution de thé léger, libéralité quotidienne à l'ordinaire. L'homme de corvée arrivait avec ses seaux lorsque l'Allemand Walch, un imposant gaillard de vingt-cinq à trente ans, annonça :

— Au chus!

Très inconsidérément, je me laissai aller et répétai :

— Au chus!

A peine avais-je lancé l'exclamation que je fus épouvanté de mon imprudence. La réaction de Walch fut immédiate.

— Che grois que mon français te confient pas. Sors te là et fiens un peu à gôté, che fais te parler quéque chose que tu gombrendras mieux.

Il n'y avait pas de fuite possible. Pas d'illusions à se faire non plus quant aux résultats d'un combat qui mettait aux prises un garçon de moins de vingt ans, vigoureux certes, mais de peu d'expérience et un homme d'une taille supérieure, entraîné au combat.

J'attaquai le premier, sans conviction. Je portai un coup de poing qui toucha l'épaule de l'adversaire en même temps que je reçus sur la tempe un coup qui me jeta au sol. Avant que j'aie pu réagir, j'avais les deux poignets serrés dans la vaste main de Walch comme dans un étau et mon ventre s'écrasait sous la pression de deux genoux. J'étais face au ciel, sans forces. Je fermai les yeux.

Un premier coup de poing m'écrasa le visage et il me sembla que mon crâne éclatait. Un second suivit et je perdis aussitôt conscience un instant. Une vive douleur me ranima. Je me sentis étouffé par le sang qui m'inondait la gorge. Le bourreau ne s'arrêtait pas. Je pensai alors que je n'en sortirais pas vivant.

Enfin Walch m'abandonna. Je me relevai, meurtri, saignant. Le nez, coulant avec abondance, déversait un flot continu qui maculait mon treillis du col aux chaussures. Je passai, honteux, sous les regards de Peysson, de Flory, l'âme brisée autant que le corps.

J'avais envie de mourir.

Lerate me consola :

— Y t'a soigné mais t'as bien tenu le coup. Tu sais prendre une trempe sans l'ouvrir. Ça c'est bien, seulement gars, écoute ce que j'ai à te dire.

A moi, ça me faisait pas plaisir de te voir sur le dos. Seulement, si j'avais dit qué'que chose, je t'aurais fait passer pour une tante. Valait mieux te laisser prendre une bonne pâtée. Ça se guérit plus vite. Seulement, y perd rien pour attendre, le Prussien! Demain, c'est lui qui la prend, la pâtée. Si toi t'as touché la solde, je lui promets la haute paye.

— Il est fort, terriblement fort articulai-je en m'efforçant de purger mes narines des caillots qui l'encombraient.

— T'en fais pas, si demain t'es pas d'accord que je lui serve la haute paye, je te lâche la mienne de dix-sept sous contre tes cinq ronds.

Le détachement constitué en douze groupes avait eu pour effet de créer douze petites unités qui s'isolaient volontairement les unes des autres et ne conservaient pas de relations entre elles. Ainsi, des légionnaires qui étaient auparavant camarades de chambrée semblaient se reconnaître à peine depuis qu'ils appartenaient à des tentes différentes. Moi-même, au bout de plusieurs mois, je n'aurais pu désigner par leur nom plus de la moitié des hommes de ma section. En contrepartie régnait entre les occupants d'une même tente un esprit de corps qui, malgré les apparences d'une froide indifférence, les unissait étroitement.

Mon retour, qu'un nez aubergine, des lèvres gonflées et des yeux pochés avaient amené au dernier degré de l'humiliation, fut accueilli avec l'impassibilité de rigueur. Comme d'habitude, de rares paroles furent prononcées sur des sujets sans importance.

Ce fut en se glissant sous sa couverture que Messer montra quelle part il prenait à mon humiliation et par contrecoup à l'atteinte portée à l'honneur de la 11ᵉ tente.

— Tis donc Lerate, annonça-t-il de sa voix rauque, ch'irai te foir temain, à ton chantier. Y commence à me courir, ce sale Prussien. Ch'irai lui fout' su'la gueule.

— Te dérange pas, signifia Lerate, je suis le premier inscrit. C'est pour demain soir, à l'heure du thé. Alors ne viens pas me l'abîmer. C'est moi qui l'étrenne.

— Alors c'est pon. Che croyais que c'était moi qui aurais le poulot pisque ch'ai le n° 1 pour les corvées, mais pisque t'es folontaire, che te le laisse.

La journée se passa jusqu'à l'heure du thé, sans que rien pût avertir Walch des intentions agressives qui s'alimentaient contre lui. Ce fut seulement un peu avant quatre heures que Lerate, prenant un air goguenard, durcit le regard de ses yeux bleus et me prévint :

— C'est le moment.

D'un geste délibéré il jeta une pelletée de terre sur les talons de Walch. Celui-ci se retourna, irrité, puis se remit au travail comme s'il croyait à un simple accident. Une seconde pelletée le fit bondir :

— Pien! dit-il à Lerate. Ch'ai compris. Tu peux fenir. Ch'ai ce qu'y te faut!

— Tiens! riposta le Parisien, t'es pas bête toi, on le dirait pas à voir ton air con!

— C'est afec la langue qu'on s'explique ou si c'est autrement? Tu fiens? Ou s'y faut que ch'aille te chercher?

Lerate posa sa pelle, sans hâte, en affectant un air dégoûté, et quitta le chantier d'un pas lent.

— T'en fais pas! On arrivera bien sans courir!

Excellent appréciateur de la force de Walch je me sentis inquiet pour mon compagnon qui avait entrepris de venger l'honneur de la 11e tente.

Ce fut un corps à corps, les deux adversaires se tenant étroitement embrassés, puis la double chute sur le sol. Je tremblai pour mon compagnon qui était dessous et je me demandai si je ne devrais pas également attaquer l'Allemand à coups de pelle.

Pendant quelques instants, les antagonistes enlacés se déplacèrent à la manière d'un rouleau sans qu'il y eût un seul coup donné. Puis l'on vit se dresser le buste de Lerate, la main gauche à la gorge de Walch, le poing droit levé qui aussitôt s'abattit. L'Allemand frétillait, maintenu entre les genoux qui le pressaient, donnant des coups de poing dans les flancs du Parisien qui, bien résolu à ne pas se laisser distraire, levait et abaissait le poing, maintenant rouge sang, avec des « han » de bûcheron.

Walch cessa de lutter, comme moi la veille. A son tour, il s'abandonna, subissant ce terrible martelage comme s'il y était insensible. Malgré les picotements qui me brûlaient encore les narines et les douloureuses coupures de mes lèvres tuméfiées, ma rancune était tombée pour faire place à un sentiment de fraternelle pitié.

Enfin Lerate se leva, retourna son adversaire sur le ventre, essuya ses mains tachées de sang sans se presser sur le bourgeron du vaincu, qu'il entreprit ensuite à grands coups de pied dans le flanc droit. Il fit le tour du corps qui paraissait inanimé pour agir de même dans le flanc gauche, puis vint tranquillement reprendre sa place avec tous les signes de contentement que peut donner le sentiment de la tâche bien accomplie.

— Eh bien, me demanda-t-il, je l'ai t'y gagné mon pari? Crois-tu qu'il l'a touchée la haute paye, ou s'y 'faut que je te donne la mienne?

Walch se releva et regagna son chantier, se traînant plus qu'il ne marchait, saignant abondamment. Le sergent Siegel qui, de loin, avait assisté au combat, s'approcha de lui et l'interpella en allemand. Après une courte conversation, le vaincu chargea sa pelle sur son dos et, en boitant, regagna le camp, visiblement dispensé de travail pour ce soir-là.

L'homme de corvée arrivait avec ses seaux en criant :

— Au jus!

— J'ai eu bien peur qu'il ne soit plus fort que toi, confiai-je à mon compagnon. Je n'étais pas tranquille quand je t'ai vu dessous.

— Ça, c'est mon truc. Pas de marrons à distance, tu peux te faire démolir les chicots et les miens sont pas des plus solides. Moi, je colle à mon type, et quand on est par terre, il est vert. Pas moyen de me tenir dessous. Y en a de bien plus forts qui en ont fait l'expérience. J'étais sûr de lui fout' la pâtée au Prussien. Sans ça, y'avait qu'à laisser faire le rouquin. Y l'aurait soigné!

Chaque jour, un attelage de mules amenait au camp mille litres d'eau venant du bordj de Kef-el-Amar et, sur cette quantité, quatre litres par homme étaient accordés pour les soins de propreté. Ils s'utilisaient en général individuellement mais pour la 11ᵉ tente, ce fut en communauté.

Le vieux Jacob, le chef de tente, avait fait prévaloir un programme accepté immédiatement à l'unanimité : la 11ᵉ toucherait quatre-vingts litres tous les deux jours et la lessive se ferait en commun.

Dès le lendemain de l'installation, deux trous circulaires de soixante centimètres chacun de diamètre sur quarante de profondeur furent creusés dans le sol sableux, à dix mètres du marabout. Sur chacun d'eux une toile de tente fut étalée, épousant les formes de la cavité et ménageant une plage où chacun, devant le premier trou, à genoux, pourrait savonner et battre convenablement treillis et linge. Le second servirait au rinçage.

Le lavage se ferait par équipes de cinq. Celle qui passerait la première laisserait un liquide souillé mais savonneux. Il n'y avait pas lieu de discuter de la position la plus avantageuse car, alternativement, chacune des équipes prendrait la tête.

Pour le rinçage, toutes les pièces, soigneusement tordues au préalable, seraient traitées dans le second trou.

Ainsi, les légionnaires de la onzième, un jour sur deux, pourraient se présenter en tenue irréprochable au rassemblement. Le temps ne permettait pas un séchage rapide. On ne pouvait pas faire mieux!

Survinrent des chutes de neige à la fonte rapide. Les trous furent multipliés et l'on put disposer de réserves abondantes grâce auxquelles linge, treillis et effets de drap furent rendus suffisamment nets pour être jugés dignes de subir sans observation une inspection avec la garde, punition plus redoutable pour un légionnaire qu'une comparution devant le Conseil de guerre et qu'un caporal pouvait prononcer contre un de ses hommes coupable de négligence.

Le mauvais temps créait des loisirs que l'on consacrait à l'entretien des effets. Chacun s'occupait en silence et les conversations coutumières entre les individus d'un groupe vivant en communauté se réduisaient, ici, à de rares questions directes et brèves auxquelles il était répondu sans développement. Nulle controverse n'était possible et il se passait très souvent plus d'une heure sans qu'une parole vînt troubler le silence.

Sous l'influence du milieu, Doche, qui était naturellement bavard, dut se plier à la règle. Au début, il parlait pour lui-même, personne ne daignant poser une question ou faire des commentaires. Ce fut lorsqu'il entreprit de narrer à Weinstein une aventure galante que les choses se gâtèrent.

Après le récit d'une savante mise en condition, il arrivait à la finale : « ce soir-là je l'ai baisée »... Messer posa son travail de couture sur sa paillasse et se leva :

— Fiens un peu dehors. Tu gommences à me gourir. Sors afec moi. Y faut que je te fasse baiser quèqu'chos' que t'as pas encore baisé.

Les deux hommes sortirent et le Bordelais reçut une correction modérée que l'Alsacien lui donna sans acharnement, dédaignant de lui pocher les yeux et arrêtant l'affaire au saignement de nez qui fut d'ailleurs copieux et spectaculaire.

Le règlement du prêt, tous les cinq jours, apportait dans le camp un motif d'animation périodique.

Bien que le vin fût vendu à dix sous le litre par le caporal d'ordinaire Carish, faisant fonction de cantinier, l'addition des prêts simples à cinq sous et des hautes payes à dix-sept et vingt et un sous suffisait à procurer à chaque tente une dose d'alcool propre à créer des situations dramatiques.

En temps normal, le vin faisant défaut, les légionnaires se montraient paisibles.

Mais après l'absorption de deux litres de vin consommés en moins d'une demi-heure, les réserves étaient abandonnées alors que les susceptibilités marquaient, au contraire, une tendance à resurgir. De là des conflits sanglants, des combats acharnés, n'obéissant à aucune règle sportive mais d'une extrême brutalité et qui, d'autre part, ne laissaient jamais, après l'ivresse, la moindre séquelle de rancune et d'esprit de vengeance.

Ainsi Lerate n'eût jamais déclaré avant d'avoir absorbé ses vingt-quatre degrés d'alcool :

— C'est parce que j'étais trop emmerdé comme cabot dans la biffe que je suis allé me foutre chez ces pourris de Laghouat pour attraper les sardines de sergent.

Thomas, ancien Joyeux, se rebiffa :

— Les pourris de Laghouat t'emmerdent à leur tour, cabot de mes deux. Sors un peu et viens-y causer cinq minutes à un pourri de Laghouat.

Les deux hommes sortirent et se firent face à cinquante mètres de la tente. L'ex-Joyeux prit l'offensive et marqua les premiers points. Jouant des quatre membres, il toucha plusieurs fois sans être atteint. Lerate encaissa quelques coups de poing et deux ou trois coups de soulier l'atteignirent dans les parties molles.

Tout à coup, abandonnant la garde, le Parisien fonça et les deux hommes roulèrent ensemble parmi les touffes d'alfa. Le poids lourd dominait maintenant son adversaire, le giflait à main plate, comme il l'eût fait d'un écolier.

— Profites-en, vache! Mais je t'aurai! Je t'ouvrirai le ventre!

En réponse de quelques coups bien appliqués, Lerate tamponnait la face de l'ex-Joyeux et obtenait ainsi une hémorragie satisfaisante. En trois coups, il timbra successivement les orbites et la bouche, effacée par le sang qui coulait des narines, puis se releva et abandonna le vaincu sans adjoindre les coups de soulier qui, selon ses affirmations, devaient achever toute victoire pour la rendre définitive.

Lerate avait à peine regagné sa place, sous la tente, que Thomas sanglant et barbouillé rentrait à son tour; plus furieux que jamais, il courut à son ceinturon et dégaina. Comme il passait devant Jacob, ce dernier pensa qu'en sa qualité de chef de tente il devait faire acte d'autorité. Il prit l'excité à bras le corps, bloquant le bras armé de la baïonnette nue, criant :

— Peysson, Messer à moi! Gourvais, amenez votre corde à tirage!

L'abandon du tutoiement signifiait aux interpellés que la discipline de la Légion les prenait en main, qu'ils devaient obéir sans hésitation ni murmure à leur ancien, fût-ce contre leur meilleur ami.

Immobilisé et désarmé, Thomas subit une première tentative de ficelage qui n'aboutit pas d'une manière convenable. Les cordes à tirage manquaient de souplesse et n'arrivaient pas à immobiliser les mains. On fit appel aux cravates.

L'ex-Joyeux s'affirmait indomptable; il vociférait :

— Salauds! Feignants! Je vous saignerai tous comme des cochons, bande de fumiers! Vous y passerez tous, les uns après les autres.

— Faut y boucher la gueule, conseilla Messer. On fa pas pouvoir roupiller. Y fa nous emmerter jusqu'au réfeil!

Une serviette bâillonna l'irréductible dont la tête fut ensuite enveloppée dans sa propre couverture, elle-même serrée à la ceinture par une corde à tirage.

— Vous allez l'étouffer, observai-je.

— Penses-tu! dit Messer. Si on crefait à cause te ça, y en a pien cinq ou six tans la cagna qui seraient enterrés tepuis longtemps! C'est pas loin t'ici, tiens, à Keneg-Assir, qu'on m'a ficelé comme ça parce que ch'étais mûr et que che foulais témolir tous les Brussiens de la compagnie.

Les exécutants prirent Thomas ligoté et silencieux et le placèrent sur sa paillasse avec des soins minutieux d'infirmiers maniant un malade.

— Comme ça, y nous emmertera plus, conclut Messer.

Dans la nuit, Thomas, qui avait réussi à se débarrasser de son bâillon, cria sous sa couverture :

— Hé! Jacob! J'ai envie de pisser. Viens me détacher.

L'interpellé alluma la bougie et libéra son voisin dégrisé qui sortit, et revint se coucher le plus paisiblement du monde.

Vers la Noël, des chutes de neige alternant avec de fortes gelées transformèrent le paysage. Un tapis blanc de trente centimètres régulièrement bosselé par les touffes d'alfa recouvrit le plateau.

Dès le premier jour s'organisèrent des chasses à courre possibles grâce aux traces du gibier rendues apparentes. Il se révéla que si un légionnaire ne peut battre un lièvre dans une course de vitesse, il est parfaitement capable de le forcer dans une course de fond.

Des groupes organisaient des relais mais la plupart, plus sportifs, préféraient courir seuls leur chance et suivre la piste qui, après dix heures de marche les amènerait jusqu'à la malheureuse bête, épuisée de fatigue, incapable de faire un bond.

Il y eut deux succès à la douzième tente. A la onzième, Lerate seul put obtenir un résultat après une poursuite soutenue de l'aube au crépuscule. Il ramena un lièvre de bonne taille qui fut dépecé sans retard et consommé le lendemain.

Sous la présidence de Jacob, le festin prit des allures de banquet familial. Le caporal d'ordinaire avait consenti à faire l'avance de dix litres de vin dont le montant serait retenu, trois jours plus tard, lors du versement du prêt.

Ce supplément de dix livres de viande, ajouté aux gamelles fournies par les cuisines, rendait ce repas suffisamment copieux pour qu'il valût la peine de ne s'y présenter qu'en tenue soignée, boutons astiqués, comme pour une revue. Il parut décent de le faire durer un temps convenable et de ménager le vin de manière à en conserver deux litres pour le toast final.

La réserve habituelle ne fut pas observée. Une atmosphère de franche gaieté régna de dix heures du matin à trois heures du soir. Tour à tour, Jacob, Messer, Gourvais, Le Meutec firent le récit de leurs aventures coloniales. Ma documentation sur le Tonkin et Madagascar en fut enrichie d'autant.

Le lieutenant Leclerc tua un chacal.

Avant de consommer ce gibier dont la chair est incomparablement plus coriace que celle d'un chien domestique, l'officier décida de l'exposer pendant une huitaine de jours à la gelée, suspendu à une potence devant sa tente. Il n'eut pas à apprécier la saveur de cet animal qui, dès le lendemain matin, avait disparu. Six hommes de la quatrième tente manquaient à l'appel.

Trouvant monotone le séjour au camp 64, ils avaient décidé de revenir à Géryville et emporté le chacal comme réserve de vivres. Ils revinrent quelques jours plus tard avec une punition de trente jours de prison dont huit de cellule. Punition purement platonique, d'ailleurs. La tente-prison resta inoccupée et les voyageurs réintégrèrent simplement leur place sous la quatrième. Il est vrai que leurs soldes et hautes payes furent versées à l'ordinaire de la Compagnie pendant un mois ce qui valut à la quatrième une pénurie de vin et une tenue parfaite durant cette période.

Ce fut alors que Guizard, Doche, Lécrivain et quelques autres furent admis à la haute paye, leur temps de service antérieur étant établi par des pièces comptables bien en règle. Un rappel de six à huit francs leur fut payé et Guizard réalisa un rêve longtemps poursuivi : prendre un bain de pieds dans un plat de campement rempli de pinard à 12°. Ce liquide ne fut cependant pas sacrifié car la cérémonie avait été précédée d'une purification extrêmement poussée des parties immergées, telle que, à l'unanimité, il fut décidé buvable.

La nuit tombée, Doche et Lécrivain furent pris du désir de manger des frites. Au camp 64, ce désir n'était ni plus ni moins réalisable que celui de s'offrir un plat d'ortolans. L'ivresse très avancée des compagnons, qui avaient rempli tous leurs devoirs de camaraderie en saoulant confortablement tous leurs amis et acolytes de la tente, fit du besoin de frites une obsession, si bien que, entraînant Guizard, Lerate et quelques autres, ils quittèrent le camp pour Géryville où, après une marche de soixante kilomètres dans la neige, ils purent satisfaire leur convoitise.

Ils partirent après l'appel pour revenir huit jours plus tard avec les « trente dont huit » réglementaires. Les détails les plus complets de l'odyssée et les aspects les plus colorés de l'aventure furent donnés par le récit de Guizard :

— On avait pris Blanchet avec nous. C'est un gars qui a passé son brevet, même qu'il a pas été reçu. Un gars qu'a étudié jusqu'à dix-sept ans, vieux Charles! Comme on voyait pas devant nous, on y a passé le commandement pour qu'y nous dirige où qu'y fallait.

— Les étoiles sont fixes, qu'y nous dit. Elles bougent pas, que ça veut dire. Y a qu'à prendre celle-là qu'on sait que c'est le côté de Géryville et marcher toujours dans c'te direction; demain matin, on sera loin. Et vieux Charles! on l'a suivie c'te sacrée vérole d'étoile. Et nous voilà partis dans la neige. On a marché, marché... marché. Y avait bien quéqu'chose qu'allait pas. L'étoile s'est foutue à descendre, descendre. Lerate crossait, y disait que c'était rigolo de la voir tomber c't'étoile qui bougeait pas. Quand c'est qu'il a vu qu'elle foutait le camp, c'te bordel d'étoile, Blanchet en a fait prendre une autre, juste dessus, mais tout à fait en haut. C'te saleté-là se fout à dégringoler comme l'autre et quand le jour se lève... qu'est-ce qu'on voit?... Le camp, vieux Charles! Et on rentrait au camp comme des cons qu'on était.

Lerate y a foutu une trempe à Blanchet et on l'a cassé de son grade pour prendre Lerate. Pis on a fait demi-tour.

Vers midi, on commençait à la sauter drôlement. On a battu le rappel des vivres. Y avait treize patates crues et les bidons étaient vides depuis longtemps... C'est vrai qu'y avait pas de pétard pour ce qui étai qu'd'avoir soif. On pouvait sucer de la neige à volonté, vieux Charles!

On a fait cuire les patates dans une touffe d'alfa et on a fait huit parts qu'on a tirées à la courte paille.

Pis v'là que la neige commence à fondre. Tous les dix mètres, y fallait secouer ses godasses. On prenait des bottes à chaque pas. C'est qu'à la nuit que ça a commencé à geler et que le Bou-Derga était quasi aussi loin que quand on est partis. On a pu marcher et il le fallait pour se réchauffer. Vérole! C'était pas le moment de chercher à se présenter quéqu'part.

Lerate a donné les ordres. C'est un type qu'est pas con, tiens! Il a laissé les étoiles tranquilles. Quand c'est qu'on allait plus voir le Bou-Derga, il a mis tout le monde en file indienne et y s'est foutu à la queue. Quand ceux d'en tête sortaient de l'alignement, y gueulait : droite! gauche!... Vieux Charles, y se rappelait qu'il avait été cabot, tiens! On s'est pas écartés d'un chouïa. Quand c'est que le jour est venu, on voyait le Bou-Derga devant nous, et derrière, la piste était si droite que si l'agent-voyer l'avait jalonnée. On avait passé Zouireg mais, vérole! c'qu'on la sautait! C'était la crève en plein. Alors, y a Doche qu'a trouvé un moineau crevé. Tu parles d'un gueuleton pour huit, vieux Charles! On l'a coupé en deux et on a tiré chaque morceau à la courte paille. Y a eu Lécrivain qui a eu le premier et devine qui c'est qu'a eu l'autre? C'est cette vérole de conasse de Blanchet. Tu parles d'un veinard, c't'outil-là! Et dire que si on l'avait laissé au camp on aurait pu être à Géryville, à la taule, bien au chaud avec les frites et un bon coup de pinard dans le bide!

On est arrivés à Géryville à la tombée de la nuit. Là, vieux Charles, ça a été la bonne vie. On s'est fait servir, à l'hôtel de Bordeaux, un saladier de vin chaud de huit litres avec des tas de trucs dedans, comme pour les officiers. Y avait tout ce qu'y faut pour que ça soye bon. Pis on s'est envoyé les frites. Tu parles si on voulait vivre, vieux Charles!

Après ça, y avait pu qu'à aller s'faire emboîter au quartier après s'être saoulés un bon coup. Vérole! Après deux jours et deux nuits dans la neige, tu parles si on s'trouvait bien su'l'bat-flanc.

Ce vin, ces saouleries répétées de légionnaires faisaient souvent surgir dans ma mémoire le souvenir du Sauvadou et de la Gusta de mon pays qui avaient échangé quatre-vingt-cinq francs contre une pièce de vin de deux cent vingt et un litres, c'est-à-dire contre le cours même de leur pauvre destinée.

Le Sauvadou était propriétaire d'un petit bien de deux vaches. Ce n'était pas l'abondance pour une maisonnée de cinq personnes. Mais enfin on pouvait aussi compter sur le seigle, les pommes de terre et sur un cochon de deux à trois cents livres tous les ans. Certes, il pouvait bien se faire aussi que le cochon fût ladre, mais cela ne présentait d'inconvénient que pour la vente, car pour la consommation familiale, il en valait bien un autre.

Le Sauvadou était un petit homme timide que rien, en apparence, ne destinait à la célébrité. Tous les dimanches, après la messe, on le voyait aller d'un groupe à l'autre, ne prenant la parole que si on le questionnait. C'était le type très affirmé de ceux dont on dit qu'ils ne feraient pas de mal à une mouche et dont la faiblesse de caractère pouvait être présentée comme un modèle du genre.

Sa femme, la Gusta, n'était pas moins effacée. Elle avait seulement la réputation d'être « un peu lambine ». Elle était de petit format, ni mieux ni plus mal que les autres femmes des modestes paysans d'alentour. Comme les autres, elle avait perdu la plupart de ses dents et avait accepté avec une philosophie identique un vieillissement précoce de toute sa maigre personne.

Ses enfants étaient nippés, comme leurs semblables, avec des vêtements faits de pièces et de morceaux tirés des hardes hors d'usage de leurs parents. Lorsqu'une culotte du père ou une jupe de la mère ne pouvait plus supporter le rapiéçage, le vêtement était étudié sur toutes les coutures et le moindre chiffon récupérable était rangé dans un grand placard du rez-de-chaussée réservé à cet usage. Il servirait plus tard pour quelque autre rapetassage.

Ce fut un voyageur du Midi qui, sans nulle malice, simplement pour s'assurer une commission de quelques francs, achemina le Sauvadou vers son destin. Rien n'est possible, assure le catéchisme, sans l'ordre ou la permission de la Divine Providence. Ce voyageur fut l'agent de la Divine Providence, tout comme il était celui de la société vinicole dont il plaçait les produits en faisant du porte-à-porte.

Le vin qu'il proposait, échantillon à l'appui de ses dires, s'offrait au prix vraiment in-cro-ya-ble de quatre-vingt-cinq francs la pièce de deux cent vingt et un litres, rendue franco en gare d'Ambert.

Le Sauvadou et la Gusta n'étaient pas acheteurs. Comme tous les gens de leur catégorie sociale ils achetaient le litre qu'ils consommeraient le dimanche après le marché du jeudi. D'autre part, avec un bien de deux vaches, il n'y avait jamais une somme de cette importance disponible à la maison. Pour l'avoir, il aurait fallu être fameusement dégourdi. Tels n'étaient point le Sauvadou et la Gusta.

Mais le représentant faisait valoir qu'en achetant leur vin à la pièce ils économiseraient au moins deux sous par litre, sans être pour autant obligés d'en consommer plus qu'ils n'en avaient l'habitude. Ils avaient bien un cochon dans le saloir et ils ne se croyaient pas obligés de le consommer en un mois — ce qu'ils eussent certainement fait s'ils s'étaient « écoutés ». Pour le vin, ce serait la même chose, voilà tout. Peut-être en boiraient-ils un peu plus pour la même dépense, mais en vérité, je vous le demande, où serait le mal?

Pour le paiement on s'arrangerait bien toujours. Le Sauvadou paierait après la récolte. On lui ferait une traite à trois mois qu'on renouvellerait jusqu'à ce que soient élevés les veaux qui allaient naître et jusqu'à ce qu'ait été transporté à la Fécule l'excédent de récolte de pommes de terre?

Donner une signature et recevoir en échange une pièce de deux cent vingt et un litres de vin à deux sous de moins qu'on ne le paie au détail paraissait assez extraordinaire au Sauvadou, et puis le voyageur était bon homme. Enfin, les discussions n'étaient pas le fort du Sauvadou. Il signa, et quinze jours plus tard, la pièce de vin entrait triomphalement au village, dans la barcelle que tiraient les deux vaches. Dans le pays, on commença à répéter que le Sauvadou était en train de manger son bien.

La pièce fut placée sous le couadou et après un litre prélevé pour la dégustation, on arrêta de très sages et très fermes résolutions. Le vin était excellent. L'imagination aidant, on put en toute bonne foi affirmer que c'était du vrai vin. Celui qu'on payait au détail, et plus cher, n'était que du vin « fabriqué », n'est-ce pas, avec du sang de bœuf et de l'eau-de-vie?

Par exemple, ce que les Sauvadou ignoraient, c'est qu'un diable, d'une malfaisance particulière, se tient en permanence dans le voisinage d'une pièce de vin, chez de pauvres gens qui ont l'habitude d'en boire habituellement un litre par semaine. Ce diable ne porte pas de nom connu, les casuistes sont muets sur ce point : c'est une très grave lacune qu'il convient de signaler aux spécialistes de la Compagnie de Jésus qui sont de remarquables exorcistes. Car ce diable existe bel et bien.

Le Sauvadou sentait sa fatigue croître au point qu'il avait besoin d'un stimulant lorsqu'il avait peiné toute la journée derrière la charrue pour un dégrossissage ou derrière l'araire pour une finition.

La nécessité d'une visite au couadou pour remplacer un aiguillon défaillant, le besoin d'une raclette ou d'un clou, l'amenaient irrésistiblement dans les parages de la barrique et vite, dans la boîte de « petits pois moyens » qui lui servait de boîte à clous, il se versait une rasade.

De même pour la Gusta, le démon rôdant par là avait provoqué des malaises du côté de la matrice. Ces malaises n'étaient pas aigus mais ils étaient obsédants. Ils persécutaient si bien l'infortunée qu'après s'être assurée qu'il n'y aurait pas à craindre une arrivée intempestive de son homme, elle allait boire un petit coup, et se trouvait, après cela, apaisée pour quelque temps.

Les choses allèrent si bien que le veau n'était pas encore élevé et les pommes de terre arrachées, que la barrique se trouva vide. Pour parvenir à ce résultat, le Sauvadou aurait dû boire au moins ses deux litres par jour. Honnêtement, il se sentait bien loin de compte. La boîte de fer blanc, placée au-dessous du robinet, était d'une si parfaite étanchéité qu'on ne pouvait accuser des fuites. Il y eut confession mutuelle et les époux décidèrent de renoncer au vin.

Le diable du tonneau ne l'entendait pas de cette oreille. Le voyageur en fut d'ailleurs avisé par une de ces intuitions subconscientes dont seuls les philosophes patentés pourraient détecter l'origine. Il revint donc sous le prétexte qu'il était plus que temps de renouveler la signature. Il se montra si accommodant qu'on ne put faire moins que de lui commander une autre pièce dont le vin, ayant vieilli en d'excellentes conditions, serait sûrement meilleur que le précédent.

La récolte des Sauvadou ne fut pas mauvaise et il y eut deux veaux et un cochon qui se vendirent un bon prix. On put payer sans difficulté les deux pièces de vin et faire les frais de la Première Communion de l'aîné des fils. On eut même la chance de tuer à temps, pour la Saint-Ferréol, une poule qui allait mourir de pépie. Une bête malade, chacun le sait, est toujours consommable, si on prend le soin de la tuer avant qu'elle n'ait rendu le dernier soupir.

Après avoir bu quatre cent quarante-deux litres de vin, les Sauvadou ne s'en portaient, financièrement parlant, pas plus mal et c'était là un bel encouragement pour demander une troisième pièce. La consommation régulière de vin leur était devenue indispensable et pour éviter des allées et venues du champ au couadou en cours de travail, et de regrettables pertes de temps, l'homme décida d'emporter sa chopine. La Gusta, qui était sur place, continuerait à trouver au fût même les doses qui lui étaient nécessaires.

Le voisinage tenait un compte exact de la consommation du ménage et il se confirmait dans l'opinion publique que les Sauvadou avançaient « au pas accéléré » sur les sentiers de la perdition. L'année avait été exceptionnellement bonne pour les paysans de l'endroit et ils savaient bien que le surplus de cette période privilégiée ne manquerait pas de leur « faire faute » pour la saison suivante.

Les Sauvadou étaient bien loin d'apprécier aussi lucidement la situation. En mettant les choses au pire ils arriveraient bien toujours à tenir jusqu'à ce que l'aîné puisse être loué à un gros cultivateur : ce n'était plus qu'une affaire de deux ans, et puis les autres gamins suivaient derrière, à un rythme régulier. Le moment le plus difficile était passé.

C'est ainsi que le destin rend aveugles ceux dont il a résolu la perte. Le destin ou le diable.

L'année suivante, la soif du ménage était devenue chronique. L'effet stimulant ou calmant qui était obtenu par la consommation d'un litre en exigeait maintenant deux. Il n'y avait plus d'espérance de veau à échéance rapprochée et prise d'une sorte de folie une truie avait dévoré sa portée après l'avoir mise au monde. Au début de l'été, ce fut une inquiétante sécheresse. Il y avait trois traites en cours, pas d'argent à rentrer et plus de vin dans la pièce.

Or sans vin la vie n'était plus supportable pour les Sauvadou. Nul dérivatif possible dans la chaumière. Rien que la souffrance d'une double privation, plus douloureuse que celle du lard. Dans un an, le Pierre, l'aîné des gamins, pourrait gagner sa vie. Il vaudrait six francs par mois avec une nourriture strictement mesurée. Deux ans après ce serait le tour du second.

Les traites furent donc renouvelées et les pièces de vin se succédèrent à une cadence redoublée. Maintenant, la Gusta titubait souvent en servant à son monde les écuellées de soupe qu'il lui arrivait d'oublier de saler. Bonhomme, le Sauvadou se montrait tolérant et compréhensif, et puisait de nouvelles espérances dans la pièce de vin en cours.

Mais il était écrit quelque part que le couple ne bénéficierait jamais de l'apport escompté grâce au placement de l'aîné des fils. La fièvre aphteuse se mit de la partie et, mal soignées faute d'argent pour payer le vétérinaire, les deux vaches crevèrent. On en tira juste le prix de la peau.

C'est alors que le Sauvadou résolut la mort du père Taupe, de Revet, qui, disait-on, avait plus de cent cinquante pistoles dans son armoire.

Le père Taupe était célibataire. Par timidité ou pour toute autre raison, bien qu'il n'eût été dans son jeune temps pas « plus mal torché » qu'un autre, il avait vécu solitaire sur son petit bien établi sur trois vaches et on le soupçonnait d'être assez riche d'économies.

A qui voulait l'entendre et en toute occasion il affirmait sa défiance envers l'argent papier. En quelque sorte le Taupe était un précurseur.

Vivant de peu et devenu vieux, il avait placé en viager la nue-propriété de sa maison et l'ensemble de ses prés et de ses terres, se réservant le droit de pâture pour ses deux chèvres et sa provision de foin, de seigle et de pommes de terre. Ainsi menait-il une paisible vie de rentier, assurée jusqu'à la fin de ses jours.

De l'avis de tous, le père Taupe n'avait jamais dépensé ses revenus. Il le prouvait en avançant volontiers quelques pièces de cent sous à tout voisin qui en avait un besoin momentané. Il ne se montrait jamais pressant pour les remboursements et ne réclamait jamais d'intérêts.

Après l'assassinat du pauvre père Taupe, l'acquéreur de ses biens avoua, contre son profit, qu'entre tous ceux à qui l'on supposait quelque argent, celui-là était bien le dernier à tuer dans le pays!

C'était cependant lui qui devait mourir! Il était condamné à mort, comme le Sauvadou lui-même était condamné à choisir parmi les victimes éventuelles celle qui méritait plus que toute autre la sympathie de tous.

Le Sauvadou connaissait depuis longtemps la maison du Taupe. Il avait été placé à Revet durant son adolescence. Il avait mangé la soupe chez lui en récompense de menus services.

Plus que tout autre fait divers l'assassinat du père Taupe me convainquit que l'histoire porte à l'imagination un constant défi. Tout paraissait invraisemblable et cruellement injuste en ce drame.

Ce soir-là, le Sauvadou quitta sa maison sur le coup de neuf heures et se dirigea du côté de Revet. Tout le monde était couché depuis longtemps, sauf la Catinchoux de Revet et son galant qui s'étaient donné rendez-vous derrière une haie, à l'entrée du village, sur le chemin de la Buge. Ce n'était pas vraiment un temps à faire l'amour au grand air, car le sol était couvert de neige et il gelait dur. Mais tous ceux qui ont eu vingt ans savent que tout obstacle supplémentaire est facteur d'enthousiasme accru.

La Catinchoux était enceinte et le mariage aurait lieu incessamment : les bans étaient publiés pour la deuxième fois. Les amoureux n'avaient donc pas de temps à perdre et portaient en eux toute la chaleur nécessaire pour surmonter les inconvénients d'une terre gelée.

Portant sous sa blouse une hache à émonder, le Sauvadou allait son chemin, laissant les traces de ses sabots cloutés dans la neige, comme s'il eût craint de ne pas retrouver son chemin. Il passa à deux mètres de la Catinchoux et de son amant; ceux-ci se gardèrent bien de révéler leur présence! Les amoureux regagnèrent bientôt le domicile de la Catinchoux pour de simples embrassements d'action de grâces qui pouvaient s'échanger sans offenser quiconque. Ils parlèrent sans mystère de la venue du Sauvadou dans le bourg et l'on s'interrogea sur l'affaire qui pouvait bien motiver son passage.

On en eut l'explication le lendemain.

Le Vergniaud, qui était le voisin du Père Taupe et qui lui avait acheté le domaine en viager, s'étonna de voir la maison fermée à dix heures du matin alors que le vieux avait coutume de se lever avec le soleil. Il vint constater que la porte était simplement fermée au loquet et releva sur la neige des marques de sabots ensanglantées. Il entra et trouva le père Taupe accoudé sur la table, la tête fendue par un coup de hache, suffisant — commenta-t-il par la suite — pour faire sauter d'un seul coup la corne d'un bœuf. La tête de la victime était ouverte jusqu'aux narines et le « salaud » qui avait fait ça y était allé de bon cœur. Pendant que les deux jeunes allaient prévenir les gendarmes, l'enquête se faisait d'elle-même. On avait appris la venue du Sauvadou dans le village à une heure insolite et sur le chemin de la Buge on suivait les traces laissées par les sabots du Sauvadou, d'abord plus ou moins rougies, puis diluées dans la neige, mais facilement reconnaissables à la disposition des clous. Il n'y aurait qu'à continuer jusque chez le Sauvadou dès que la maréchaussée serait arrivée.

Le Gerle, qui venait de rentrer du régiment, prit son fusil et emmena deux garçons pour surveiller la maison du Sauvadou, afin de l'empêcher de « s'ensauver », le cas échéant.

Dans la maison du père Taupe, toujours accoudé à sa table, la Marinou du Liaude, qui était savante, récitait le *De Profondis* qu'un cercle de femmes à genoux écoutait pieusement. Dans un coin de la cheminée, le Badinguet, le vieux chien que le père Taupe voulait laisser mourir de vieillesse, gémissait doucement. Il était si près de sa fin qu'il ne pouvait pas même hurler à la mort.

Le Vergniaud, gros profiteur de l'affaire puisqu'il n'aurait plus de rente à payer, pleurait cependant avec passion, les bras autour du corps du Badinguet, jurant qu'il soignerait le chien comme un prince, jusqu'à son heure dernière.

A la même heure, chez le Sauvadou, la Gusta pleurait tant qu'elle pouvait. La veille, elle avait bu un peu plus que d'habitude et s'était couchée de bonne heure, juste après les enfants, et s'était endormie aussitôt. Elle reconnaissait franchement qu'elle devait être « un peu saoule ».

Elle ne pouvait dire à quelle heure son homme était venu la rejoindre dans le lit conjugal. Elle se rappelait qu'il était venu se serrer contre elle, tout tremblant.

A la proposition d'infusion qu'elle lui avait faite, dans un demi-sommeil, il avait répondu qu'il voulait seulement qu'elle « lui foute la paix ».

Et le Sauvadou, qui n'avait pas fermé l'œil de la nuit, s'était levé et habillé avant le jour.

La Gusta l'avait entendu « fourgonner » du côté de la grange et du couadou, puis, avant qu'elle se fût décidée à sortir du lit pour allumer son feu, tout mouvement avait cessé dans la maison. Elle en avait conclu que l'homme était allé faire des fagots. Après s'être habillée, elle avait réchauffé et trempé la soupe et fait manger les enfants. Elle avait longtemps attendu son mari avant de se résoudre à faire les lits.

Le cabinet qui servait de chambre à coucher à toute la famille était un lieu fort étroit, éclairé par une simple lucarne que fermait une vitre maintenue par des clous. Cependant, ce qu'elle put voir dans la pénombre lui fit perdre connaissance. Il y avait du sang sur le traversin. Il y en avait sur les draps et l'on eût dit que quelqu'un était venu s'essuyer les mains sitôt après avoir tué le cochon.

Après avoir repris connaissance, elle avait eu le premier geste qu'a tout malheureux cachant sa misère, avant même de songer à y porter remède. Elle avait arraché les draps et les avait cachés sous l'épaisse litière qui, formant paillasse, garnissait la caisse du lit.

C'est en venant chercher une paire de draps de remplacement dans la grande armoire qu'elle avait découvert l'argent. Il y avait deux rouleaux de louis d'or et au moins deux livres d'écus de cinq francs, le tout dans un sac de jute serré par un lacet de cuir.

Le sac était taché de sang et ce fut bien la seule fois de sa vie où la pauvre Gusta se sentit profondément malheureuse à la vue d'une somme d'argent sous une pile de draps.

Elle comprenait tout, maintenant. Son homme avait tué quelqu'un pour voler. Il n'était pas allé faire ses fagots. Il s'était ensauvé et les gendarmes ne tarderaient pas à venir voir ce qu'il était devenu. Elle n'avait plus d'homme. Elle le savait. Bon Jésus! Il ne restait que le Pierre pour l'aider à nourrir les petits. On avait beaucoup de dettes et il n'y avait plus qu'une chèvre à l'étable. Ce qui était dans l'armoire c'était pire que rien. C'était du malheur, le plus terrible des malheurs pour la Gusta et les siens.

Elle avait appelé le Pierre et les deux petits et ensemble ils avaient pleuré de plus belle. Par monosyllabes, la mère avait dit aux enfants que maintenant ils n'avaient plus de père et n'avaient plus de maison. Ils s'en iraient tous. Elle ne savait pas où.

Lorsque la Gusta entendit le trot des chevaux sur le chemin, elle comprit. Il y avait des années et des années que l'on n'avait entendu résonner dans le village le trot des chevaux de gendarmes venant faire une enquête sur quelque garçon se déclarant soutien de famille. De loin en loin il y avait bien le passage du médecin ou du vétérinaire, mais l'un et l'autre se déplaçaient en voiture et le bruit des roues accompagnait celui des bêtes de trait. Bien avant de les avoir aperçus, la pauvre femme s'était mise à trembler comme une coupable. Les gendarmes venaient chercher le Sauvadou. Il ne pourrait pas aller bien loin. A la vue de la femme aux yeux gonflés ils se regardèrent d'un air entendu et le brigadier demanda, sévère :

— Où est-il?

La Gusta haussa les épaules, incapable de dire un mot et de sa main tendue indiqua la porte.

— A-t-il laissé de l'argent, questionna le brigadier.

La femme alla prendre le sac de toile marqué de sang, le tendit et s'affaissa aux pieds des gendarmes.

Ceux-ci portèrent la Gusta sur son lit et le gradé envoya le Pierre chercher une voisine pour donner des soins à sa mère. Quant à eux, ils avaient autre chose à faire.

Ils entreprirent de visiter la maison mais n'eurent pas grand mal à trouver ce qu'ils étaient venus chercher. Dans la grange, ils se heurtèrent au cadavre du Sauvadou qui se balançait au bout d'une « jugle » de cuir amarrée à une poutre. Le corps était déjà froid. Ils le décrochèrent et le firent charger sur une barcelle pour le transporter à l'hospice.

Ils avaient pleinement rempli leur mission. Ils ramenaient l'argent volé et la dépouille du coupable, dont les vêtements et les sabots étaient encore maculés du sang de la victime. Cela avait été une affaire rondement menée, mais le Sauvadou n'avait réellement rien épargné pour assurer ce brillant résultat.

Il fallait connaître la mentalité du Sauvadou pour expliquer ce drame stupide. Endetté, sans bétail, démuni, le Sauvadou devait connaître l'état le plus déshonorant pour un paysan. En pleine force, avec une femme en bonne santé, et un gamin prêt à mettre en louage, il avait mangé le bien reçu de ses parents. Pour tous il ne serait plus qu'un *feignant* et un *goulant*. Lorsqu'à la sortie de la messe il viendrait se mêler aux groupes pour écouter les conversations, il se ferait dire par des gaillards méprisants :

— Toi, je te conseille d'aller là-bas, sur le Pont des Feignants [1]. Tu viendras me dire si j'y suis.

L'idée du crime avait insidieusement fait des progrès en lui et quelques verres de vin supplémentaires l'avaient rendu audacieux. En ce malheureux soir, la situation lamentable du Sauvadou l'avait conduit à boire suffisamment pour modifier sa nature pusillanime. La Gusta et les enfants dormaient. Il avait pris sa hachette à émonder et s'était dirigé sur Revet. Il y avait chez le vieux Taupe plus d'argent qu'il n'en avait lui-même besoin. Il avait fait son coup et pris l'argent. Mais en rentrant à la maison, au fur et à mesure que se dissipait l'ivresse, il avait senti se dégrader en lui ce personnage de criminel déterminé qui l'avait habité, le temps d'un bref cauchemar. Il ne restait plus que le pauvre homme craintif, celui-là même qu'il avait toujours été. Près de la Gusta il avait tremblé toute la nuit. Bien qu'il fût trop simple pour comprendre qu'il serait arrêté dès le lendemain, il sentait qu'il ne pourrait plus comparaître devant les hommes, même étrangers au village. Maintenant, il suffirait qu'on le regarde pour lui faire perdre contenance. Si on venait à parler du crime, il savait qu'il ne saurait plus « où se mettre ». Il se leva donc, décidé à en finir. Il choisit la meilleure de ses jugles, évalua sa résistance et fit un nœud coulant.

L'action judiciaire était éteinte. Mais non point les conséquences pour la Gusta et ses enfants.

Après le départ des gendarmes, la Gusta fit quatre paquets de hardes, un pour elle, un pour chacun de ses trois enfants. Il restait dans la maison une tourte de pain de sept ou huit livres, elle la traversa d'un bâton afin qu'on puisse la porter à deux.

Elle ne savait pas où elle irait, mais elle allait partir avec ses petits.

1. Voir *Toinou* — Antoine Sylvère, collection Terre Humaine, Plon.

Ils prirent la route après la soupe de midi. Dans l'esprit de la Gusta, ils n'étaient plus chez eux. Ceux qui avaient des droits sur le bien n'avaient qu'à venir et s'occuper de ce qui leur appartenait. Il ne serait jamais dit que la Gusta et ses petits avaient tenté de conserver ce qui n'était pas à eux; ils prirent la traverse qui, par le chemin le plus court, mène vers la route départementale. De là, ils gagneraient le chef-lieu et y chercheraient du travail. Peut-être même iraient-ils beaucoup plus loin, dans des pays où l'on n'aurait jamais entendu parler du Sauvadou?

Le soir, ils étaient près de Gratadour et la Gusta se demanda si elle trouverait une ferme avant la nuit pour s'y mettre à l'abri et obtenir qu'on les laisse coucher dans le foin.

Les enfants avaient des ampoules aux pieds et se plaignaient discrètement comme font les faibles dans les situations où ils sentent que pleurer ne servirait à rien. Ils étaient tous les quatre en sueur malgré la gelée.

C'est alors que vint à passer le père Ficelle, de Moranges. Il rentrait d'Ambert où il était allé livrer sa cueillette de chiffons, de plumes et de peaux de lapin au chiffonnier en gros. Il arrêta sa voiture attelée d'un âne. Il était au courant de l'affaire.

— Mais, dit-il, où c'est que te voilà partie, ma pauvre Gusta, avec tes trois *salés*?

Elle haussa les épaules plusieurs fois sans répondre.

— T'vas tout d'même pas coucher dehors avec tes petits? Ma pauv'fille! T'm'a l'air d'êt' si peu dégourdie que j'ai ben peur que si j'te laisse là on va vous trouver raides tous les quatre, sur la route, demain matin. Allez! Monte les gosses dans la voiture et couvre-les avec la peau. Mets les sacs vides par-dessus pour qu'y z'ayent pas froid. Le Pierre peut marcher avec nous, c'est un grand garçon. Pose tes paquets et la tourte sur le carrosse, et si qu't'es fatiguée t'as qu'à monter aussi. Le Martin peut porter plus lourd que ça.

Ils passèrent Gratadour où les gens du village manifestèrent de l'étonnement de voir le père Ficelle en si nombreuse compagnie. Le vieux répondait aux regards interrogateurs en mettant un doigt sur ses lèvres et avant que celui qui allait poser une question ait pu ouvrir la bouche, il faisait « chttt » et criait : Hi! Martin.

Après avoir passé le village, la Gusta demanda :

— Où c'est que tu vas nous laisser?

— Ma fille, riposta le vieux, je t'amène à la maison. Tu me feras une bonne soupe avec une paire d'oreilles de cochon que j'ai à met' dedans. Y a de la place pour tout l'monde, dans ma baraque. Si tu la trouves assez bonne pour toi, t'auras qu'à y rester avec tes petits et y z'auront mon héritage, j'm'en occuperai.

La Gusta se mit à sangloter.

Le vieux la serra affectueusement contre lui :

— Pleure pas, grosse bête. Tu veux t'y croire que j'te veux du mal?

J'pourrais quasiment êt' ton grand-père et j'suis garçon. Qui c'est qui ramassera mes quat'sous quand j'crèverai? J'ai pas d'famille. Quand je rent' le soir la maison est si tellement froide que si y reste pas de la vieille soupe j'me sens trop feignant pour en faire de la fraîche. C'est toi qui me la serviras chaude, quand je reviendrai de ma tournée. L'école est pas loin et tes deux jeunes pourront y aller.

Le père Ficelle donc, était chiffonnier. Dans tous les villages d'alentour il s'annonçait en criant :

— Au patèèèèèèère eeeee...

Les voyelles longues étaient poussées sur un ton aigu alors que la première syllabe était lancée sur une note moyenne. En achetant chiffons et peaux de lapins, il tenait à la disposition des femmes de l'endroit tous les objets de mercerie usuelle dont les paysannes pouvaient avoir besoin. Il se vantait même de fournir de larges rubans moirés à des conditions meilleures que celles accordées par les marchands de la ville.

Connu de tout le pays, le père Ficelle faisait de bonnes affaires et prenait gratis ses repas de midi, dans quelque village que ce fût. Il n'avait que l'embarras du choix pour opter pour telle ou telle table. Même les ménagères qui n'avaient rien à acheter et rien à vendre l'invitaient généreusement. Et lui-même gagnait le cœur des enfants par la distribution de quelques bonbons ou de quelques colifichets qu'il achetait au poids. Ça ne lui coûtait pas grand-chose et il faisait le bonheur de toutes les petites écolières de la région.

Ainsi réalisait-il environ un écu par jour. Ne faisant aucune dépense, il ne manquait pas d'argent et l'on disait qu'il y avait bien des malignes, même toutes jeunes, que n'aurait pas rebutées un mariage avec le Ficelle qui approchait des soixante. Mais le chiffonnier savait trop ce que serait devenue sa vie s'il s'était laissé piéger.

La Gusta et ses enfants installés chez lui, il prit l'habitude d'emmener le Pierre pour lui faire connaître la clientèle et les tournées et le rendre capable d'assurer les remplacements lorsqu'il voudrait prendre un peu de repos ou s'occuper du jardin qu'il venait d'acquérir.

Le maire de la commune entreprit de le marier avec la Gusta lorsque cette dernière eût fini son deuil. Mais lui s'inquiétait de ce que penserait la Gusta, et la Gusta de ce que penserait le Ficelle. Le maire comprit que l'accord ne serait pas difficile à négocier. Les bans furent publiés.

On plaisanta fort le Ficelle et on lui demanda si les gars du pays ne viendraient pas lui faire un beau charivari le soir de ses noces.

— Mais j'y compte bien, répondit en riant le vieux finaud. Faut bien que tout le monde s'amuse. Je sortirai toute la ferblanterie de ma boutique pour ceux qui auront pas ce qu'y faut chez eux. Quand y z'auront assez gueulé, viendront boire un sacré coup de cidre. J'en ai justement acheté pour ça.

Il répétait à qui voulait l'entendre qu'il comptait bien qu'on ne lui ferait pas l'affront de manquer la fête. Il faudrait qu'on vienne nombreux ce soir-là. Il s'attendait au plus beau chahut qu'on ait jamais entendu dans le département.

D'autres lui soufflaient que la Gusta était jeune encore et que lui, tout de même, avait quasiment fait son temps. Le Lèbre alla jusqu'à lui demander s'il « pourrait s'en sortir ».

— Baste! avait répondu le Ficelle, on s'en tirera ben toujours. Et puis, pour sortir j'aurai pas grand mal. Ça pourrait être que pour rentrer qu'y pourrait se faire que ça marche de moins en moins. J'y ai dit tout ça, à la Gusta. C'est une bien bonne fille : elle a dit que j'aurai qu'à prendre mon temps.

Pendant l'absence de Lerate, je pris comme compagnon de travail un jeune Russe de petite taille, au teint jaune et aux yeux bridés. Il répondait au nom de Pachoud et pouvait converser en n'importe quelle langue parlée dans le camp. En français, il était bien plus avancé que moi, et il pouvait me réciter des scènes entières de Corneille et de Racine, auteurs dont je savais alors tout juste le nom.

Pachoud se déclarait fils d'un colonel russe. Sa mère, devenue veuve, s'était remariée à un violoniste qui gagnait énormément d'argent mais qui prenait un plaisir exagéré à fouetter son beau-fils avec une sorte de nerf de bœuf appelé « nagaïka ».

Il ne manqua pas de me raconter ses aventures amoureuses. Il y en avait un très grand nombre : russes, polonaises, allemandes, dont Elsa était la plus remarquable. Je notai à part moi la particularité la plus habituelle des Allemandes qui pleurent à chaudes larmes quand on les baise.

Je fus littéralement ébloui par le savoir de mon nouveau compagnon. Les heures de travail en commun ne furent pas suffisantes pour entendre toutes les choses que l'on pouvait apprendre de Pachoud. Je restais avec lui jusqu'à l'heure de l'appel et revenais plus tard pour entendre ses discours.

Si j'étais avide de m'instruire, Pachoud n'était pas moins tourmenté par le besoin de discourir et de développer tout ce qu'il possédait d'une science plutôt sommaire — linguistique mise à part — mais que je jugeais extraordinaire. Il abusait de termes scientifiques et leur donnait généralement un contenu assez différent de celui qu'on leur accordait dans les grandes écoles, mais cela, je ne devais le savoir que deux ans plus tard.

— Je ne suis pas venu à la Légion pour m'abrutir me confia certain soir mon nouvel ami. Je me suis engagé pour exécuter un projet que je creuse depuis longtemps. Pour réussir, il me faut des hommes et des armes. Il n'y a qu'à la Légion que je peux trouver les hommes ayant la qualité nécessaire. De plus, la Légion peut me fournir les armes et les munitions. Il me faut également un second et tu pourrais faire mon affaire. Je vais donc te mettre dans le secret.

D'abord, il s'agit de trouver une soixantaine d'hommes prêts à tout, capables de s'engager dans une entreprise qui les mènera à la richesse ou à la mort. C'est l'alternative. Il n'y a pas de moyen terme à espérer.

— Explique-moi ce que tu veux faire, demandai-je. Moi, je n'ai rien à perdre. Je veux bien te suivre.

— Voilà, expliqua le Russe. Il faut qu'avant deux mois nous ayons recruté soixante hommes solides, endurants, bons combattants, capables d'avancer à raison de soixante kilomètres par jour. Par une nuit favorable, nous quittons le camp en emmenant la mule, l'araba, les cartouches et tout l'armement que nous pouvons. On tâchera de ne laisser ici ni cartouches, ni vivres de réserve. Nous sommes à cent kilomètres de la frontière. En vingt-quatre heures, nous pouvons être chez les Doni-Menia. Là, on ne pourra plus nous donner la chasse avec des cavaliers et avant qu'une expédition soit organisée, nous serons loin.

La frontière franchie, nous avançons vers l'ouest, par le Sud-Atlas. Par les armes, nous nous procurons des vivres et des femmes. Nous avons ainsi mille cinq cents kilomètres à faire pour atteindre Agadir. Là, je pense pouvoir m'emparer d'un vapeur et gagner l'océan. Mon intention est d'atteindre la Malaisie. J'ai repéré des coins où nous pourrons nous abriter et nous reposer. Il y a un moyen de s'assurer une sécurité totale. C'est une dure nécessité mais il n'y a pas moyen de faire autrement. Le pirate, après une prise, ne doit pas laisser de survivants. Le bâtiment capturé doit figurer sur la liste des navires perdus corps et biens. Sur les registres de la marine, on en inscrira quelques-uns de plus, voilà tout.

J'étais beaucoup moins qu'emballé par cette perspective de pillages et de massacres. Je savais d'avance que jamais je ne pourrais participer à une entreprise pareille. J'eus honte de cette faiblesse et ne fis pas de commentaires.

— J'en parlerai à Lerate et aussi à Van Lancker. C'est un ancien marin.

Lerate se montra fort réticent :

— Je dis pas que ça m'amuserait pas de faire un beau tour de con avant de crever. Tirer des coups de fusil sur des types qui répondent, ça va. Faucher des moutons aux bicots pour becqueter, je dis pas. Mais butter des gens pour qu'y vous dénoncent pas, c'est pas mon genre. Et pis, écoute, quand je fais un tour de con, j'aime autant qu'on sache que c'est moi qui le fais. Si tu veux en parler à Van Lancker, allons le voir. P't'êt' qu'on pourrait faire une virée au Maroc. On se fait plutôt chier, par ici!

Van Lancker écouta la proposition jusqu'au bout sans que j'eusse pu dire si l'ancien matelot était favorable ou hostile.

— Ben, dit-il, tant que la mère des cons sera pas morte, ç'ui-là qu'a rêvé cette combine, y sera pas orphelin. Alors, y croit comme ça qu'y a qu'à s'amener chez les Beni M'Guil ou les Doni-Menia avec soixante fusils pour qu'y s'aboulent avec leurs moutons et leurs moukhères? Y s'imagine qu'y z'ont la chiasse devant un fusil Lebel, ces gars-là? Mais y z'aiment ça, les Marocains! Quand y savent qu'y a des fusils à gagner, il en vient de tous les côtés, de deux cents kilomètres autour avec des Mauser et des Winchester. Tu ferais pas seulement dix kilomètres, avec soixante hommes, et au bout de deux heures t'aurais plus de cartouches même si t'en as deux cents par homme en partant. Et après...

Écoute, à El Morra, y a l'équipe à Scholtzé, Tiedke, Geittenrisch, Agostini et un autre. Y z'y sont allés, au Maroc. C'était facile, on était sur la frontière. Y sont partis avec cinq mules chargées de vivres et de cartouches. Y sont pas allés loin, je t'le dis. On les a trouvés trois jours après à quinze kilomètres. Et t'sais comment qu'on les a trouvés? On les a trouvés à poil, couchés su'l'dos avec leur tête su'l'ventre. Les bicots leur z'y avaient coupé le nœud et y le leur avaient foutu dans la gueule. Y z'avaient l'air dégourdi les mecs avec leur bitte qu'y serraient entre les dents et les roupettes sur leur barbe. Mais avant de les finir, y s'étaient un peu amusés à les faire jouir. Avec des torches d'herbes y leur z'y avaient fait des papouilles un peu partout. Y z'étaient rôtis comme des cochons. Et dégueulasses, y z'étaient, qu'on les a enterrés comme ça, avec leur outil dans la gueule.

Moi je l'ai pas dur pour finir comme ça, surtout quand c'est couru d'avance. C'est plutôt cul, je trouve. Moi, j'te dis pas que j'irai pas à la butte, un jour. Ça arrive à tout le monde de faire le con. Mais si on m'enterre sans que j'aie mes burettes au bas du ventre, ça sera pas parce que je l'aurai demandé. Ça non.

Et pis d'abord, y a rien à faire avec un con pareil qui se fout commandant. Tu parles d'un commandant! Il aurait pas fait seulement trois pauses avec ses soixante mecs, s'il les trouvait, qu'y serait déjà accroché. Y z'auraient déjà une douzaine de goumiers au cul avec des carabines Lebel. Alors y faudrait qu'y se laissent tirer comme des lapins, ou qu'y s'arrêtent pour se fusiller à mille mètres pendant des heures jusqu'à ce qu'il en vienne des centaines et pis les spahis et les chass' d'Af... Salut!

Après cette conversation, Pachoud avait perdu tout son prestige à mes yeux, alors que celui de Van Lancker était devenu considérable. La conclusion la plus claire était que Pachoud discourait merveilleusement sur des questions dont il ignorait tout.

Lorsque le Russe s'enquit des résultats obtenus, je répondis froidement :

— Tu parles de choses dont tu ne sais rien. Voilà tout ce que j'ai à te dire. J'ai passé pour un imbécile à cause de toi. Va-t'en raconter tes histoires ailleurs et fous-moi la paix. Si ça ne te plaît pas... quand tu voudras!

J'eusse souhaité un prétexte pour me battre avec ce garçon que j'avais tenu en si vibrante estime. Mais il s'éloigna simplement, sans mot dire.

J'éprouvai le besoin de m'excuser auprès de Van Lancker lorsque celui-ci m'interpella le dimanche suivant alors que nous tentions l'un et l'autre de gagner quelques sous en « faisant du bois ».

« Faire du bois » au camp 64 était un labeur. Il fallait se rendre à une dizaine de kilomètres du camp, dans une ravine où croissaient des arbustes dont les branches ne dépassaient pas la grosseur du pouce mais dont la racine atteignait une dizaine de centimètres de diamètre. Il s'agissait de déblayer tout autour à coups de pioche et d'en retirer un tronçon de quatre ou cinq kilos. Extraire les racines était une rude tâche, mais faire dix kilomètres en portant sur le dos une charge de quarante à cinquante kilos était bien autre chose. Parti à onze heures du matin, on ne rentrait jamais avant la nuit tombée. Au prix d'un effort éreintant on arrivait à gagner quatre ou cinq sous.

Alors que, suant à grosses gouttes, je peinais comme un forçat à dégager une racine de bonne taille, je fus surpris de m'entendre interpeller :

— Alors le pirate! Quand c'est qu'on démarre?

— Tu as dû me trouver bête, hein? J'ai eu tellement honte d'avoir écouté des bêtises pareilles que j'avais envie de lui taper dessus quand il est venu me retrouver après.

— T'es môme! Quand t'auras quelques mois de plus, tu auras pris l'habitude de la contenter c't'envie quand elle te prend. T'es assez costaud pour pas te priver.

Van Lancker entreprit une touffe voisine et commença le dégagement. Je pris la décision de faire coïncider ses pauses avec les miennes.

— Je me suis instruit à t'écouter l'autre jour, tu sais! Moi, il y a seulement six mois, je ne m'étais encore jamais écarté de seulement vingt kilomètres du petit patelin où je suis né. Toi, tu as navigué. Tu as vu des tas de choses. Ça me ferait plaisir que tu m'en parles.

— Qu'est-ce que tu veux que je te dise?

— Tu as été dans beaucoup de pays. Dans lequel tu aurais voulu demeurer?

— Ben, y sont tous pareils. Dans tous les pays tu la sautes quand t'as pas le rond. Et pis t'sais, moi j'ai vu que les ports. Y en a où y fait chaud, d'autres où y fait froid. Partout y a la police pour te foutre en taule et pour te faire passer au Conseil maritime si t'as déserté le bord. Partout y a des bistrots où y faut payer ce qu'on boit. Y a des bobinards avec des gonzesses blanches, noires ou jaunes où que tu peux te faire véroler tant que tu veux. A Marseille, y a tout ça, comme à Dunkerque, à Valparaiso ou à Yokohama.

— Tu as navigué longtemps?

— Dix ans. J'ai embarqué à huit ans sur le *Foe deris Arca*. On allait à Valparaiso avec de la fonte. On est revenus avec du nitrate.

— Tu étais bien dans le bateau?

— Si tu me fais blaguer comme ça, jamais j'aurai fait ma charge avant la nuit et je voudrais bien me faire de quoi boire un p'tit coup.

— Je te donnerai le mien, si je te fais perdre du temps. Je comptais m'acheter quelques sous de dattes mais j'aime encore mieux que tu me parles de ce que tu as vu. Je t'aiderai même à porter, au retour.

— Alors, ça va! Quand on les aura, les six ronds pour boire un litre, on arrête le boulot. Et après, on livre la marchandise et on boit le litre ensemble.

J'avais un peu d'avance et en quelques heures les soixante kilos étaient largement dépassés.

— C'que t'apprends d'abord, quand t'es mousse, expliqua Van Lancker, c'est à te garer des coups. Quand on a quéqu'chose à dire au mousse, on commence par chercher quéqu'chose pour y taper dessus. Si y a un matelot qui passe à côté de toi, y manque pas de te foutre une beigne ou un coup de pied au cul si tu t'es pas garé à temps. Ça, c'est pour te dégourdir, pour que tu apprennes à te grouiller. A ce jeu-là, tu deviens leste et c'est c'qu'y faut pour être un bon matelot. Quand t'as oublié de faire quéqu'chose que c'est ton travail, on t'envoie quéqu'chose qui traîne à travers la gueule. Ça t'assouplit drôlement. Tiens, tu peux m'envoyer une godasse en pleine tête, quand t'es à dix mètres et que je tourne le dos. Tu m'auras pas. Je l'entends siffler et avant qu'elle arrive je suis à quatre pattes. Y avait des vaches qui visaient bas, alors j'étais vert et je prenais le coup dans le cul, mais là, ça fait pas trop mal. Par devant, y a pas moyen de me toucher à dix mètres.

— Tu étais bien nourri?

— Riz, nouilles, fayots, légumes secs avec du lard en pagaille. Les premiers jours ça allait encore mais le lard dev'nait rance et les asticots se foutaient partout : dans les biscuits, dans le lard. On finissait par plus y faire attention et on avalait tout venant... Bon! Et maintenant on pourrait p't'êt' rentrer? Ça donne soif de blaguer. On pourra toujours continuer en buvant le coup.

Avant la soupe du soir, Van Lancker et moi avions échangé nos soixante kilos de bois contre un litre de vin. Comme il faisait beau, sans un souffle de vent, nous prîmes nos gamelles et nous nous installâmes sur deux touffes d'alfa à dix mètres de la bordure du camp. L'ancien voulut remplir mon quart. Je m'y opposai.

— Pas la peine, tu seras quand même obligé de le boire. Le vin me fait mal.

— Ben t'es un collègue avantageux, toi. Quéque tu fais des deux quarts par jour de l'ordinaire?

— Je le laisse aux camarades de la tente. Chacun à son tour.

— Y sont drôlement veinards. Je voudrais bien qu'y en ait un comme ça sous ma tente. Tu voulais que je te parle des pays que j'ai vus en naviguant? C'est vite dit. Quand on passe près des côtes on voit des rochers, des arbres, de la verdure, comme partout, pis des ports avec des quais, des maisons et des bistrots. Y a des maisons qu'ont des toits plats, des z'aut' qu'ont des toits en pente. Dans les pays où que j'ai été, y a peut'êt' bien des lions, des tigres, des singes, des crocodiles, mais c'est pas dans les ports, ou alors y sont dans des ménageries. Comme dans ton patelin, tout pareil!

— Tu n'as pas voulu rester dans la marine?

— Non, j'en avais marre de la flotte. J'en avais « frigousse ». Pour changer, j'ai voulu me mettre au sec. A dix-huit ans, je me suis engagé aux tirailleurs algériens pour quatre ans.

— Tu connais bien le Sud?

— Tu parles! Les dix-neuf étapes d'Alger à Laghouat et les dix-neuf de Laghouat à El Goléa, y en pas une où j'ai pas pissé. A Boghari, Ben-Ghezoul, Aïn-Oussera, à Seb-Seb, El Gaa, El Abiod, El Hadadra, Zirasa, tu parles si je les connais! Pis, après ça, j'ai fait deux ans au Saharien. Alors j'ai eu l'occasion de pisser à In-Salah, Adrar, Timmimmoun, Kersaz. L'endroit où j'ai été le plus loin c'est Aoulef.

— C'était intéressant?

— Plutôt moins qu'à la Légion. Quand on s'foutait su'la gueule, c'était pas comme ici, ça faisait des tas d'histoires. C'est à la Légion que t'es le moins emmerdé et pis mon tour colonial approche, alors j'irai au Tonkin. J'ai bien vu Haïphong, mais c'coup-là je monterai dans le pays, jusqu'à Lao-Kaÿ.

— Tu étais souvent puni aux Tirailleurs?

— Une soixantaine de jours de taule en quatre ans. Tu vois que j'étais peinard quand j'étais jeune homme! Mais c'est aux Tirailleurs que j'ai passé au Conseil de guerre et que j'ai été condamné à mort.

— A mort!

— A mort, sans blague! J'avais même cousu un cœur que j'avais coupé dans le pan de ma liquette et que je m'étais collé pour qu'on tire au bon endroit quand je monterais à la butte et qu'on me rate pas.

— Tu as été gracié?

— Non, y paraît que c'était pas moi qui avais fait le coup. Seulement, j'avais pas pu me défendre. On s'était saoulés à l'absinthe ce soir-là et j'savais pus rien de c'qu'y avait eu.

A Aïn-Sefra j'avais fait la connaissance d'un Joyeux qui m'avait à la bonne. Un gars qu'avait des ronds pas' qu'il avait à Paris une paire de grognasses qui y en envoyaient.

Au Bat' d'Af, y a des types qui ont fait les macs dans le civil. Y se sont fait pingler pour des poules qu'y z'ont envoyées au tapin. Ça les fait expédier aux Joyeux... Y m'a fait boire une chiée d'absinthe chez la « Môme qui pue » et on a continué à boire ailleurs, j'sais pus où, à rouler, saouls comme des cochons. Moi, y paraît que j'suis rentré au quartier avec la gueule abîmée, sans chéchia et sans baïonnette. On m'a foutu en taule et c'est le lendemain qu'on m'a descendu en silo, en prévention de Conseil de guerre. Y avait déjà un bicot dans le silo qui s'est dépêché de me proposer la botte, c'cochon-là. J'y ai foutu une bonne trempe et y s'est tenu tranquille.

On avait trouvé ma baïonnette et ma chéchia dans un puits. Le Joyeux était avec et il avait ma baïonnette dans le ventre. Moi, je me rappelais rien de c't'histoire. L'officier rapporteur voulait que j'y dise ce que j'avais fait des sous. Y m'a emmerdé pendant des heures pour savoir où que je les avais planqués. Y paraît qu'y avait plus de deux cents balles en louis d'or. Moi, j'savais qu'y dire. A la fin, j'y ai dit que tout c'que j'avais à y dire maintenant c'était « merde », qu'y m'avait assez fait chier comme ça. Au Conseil de guerre y z'ont recommencé à me courir avec c'tt'affaire de pognon, comme si moi je pouvais dire où qu'il était passé.

Y m'ont condamné à la butte et j'étais même content que ça finisse et que j'attende mon tour sans qu'pus personne vienne m'emmerder. Tu penses bien que j'étais sûr de mon coup. C'était pas le lieutenant qui m'avait défendu qui allait dépenser sa solde pour venir trouver le président de la République, non? J'avais pus qu'à attendre... pas trop longtemps si possib'.

Pis, comme j'attendais, v'là que je suis rappelé à l'interrogatoire. Tu parles si je l'avais sec!

— Ben quoi, que j'y dis à l'officier. C'est pas encore fini c'truc-là?

— Y aut'chos' qu'y m'dit. Vous vous êtes battu avec des indigènes, ce soir-là?

— Et après? que j'y fais. Ben, fusillez-moi deux fois ou foutez-moi vingt-quat' balles au lieu de douze si vous voulez. Pisque je vous répète que je me rappelle pas, c'est marre, oui?

— Vous serez pas fusillé, qu'y m'fait. On tient le type qu'a fait l'coup. C'est pas vous. On a trouvé l'argent. Dites seulement ce qui s'est passé.

Comme témoin, c'était vite fait, pisque j'savais rien!

Mais voilà ce qui s'était passé. C'con-là, sa galette était dans une bourse avec des mailles qu'on voyait tout au travers. Quand y payait y faisait voir les louis et tu parles si on le zyeutait. C'est comme ça qu'y a des bicots qui ont suivi quand on a été bien mûrs et qui nous z'ont tombé su'l'poil.

Moi, j'ai encaissé un coup de matraque dans la gueule mais j'ai pas été long à dégainer et à piquer dans l'tas. Seulement, y m'ont eu et y m'ont pris ma baïonnette. Y z'ont piqué le Joyeux, z'y ont pris ses sous et l'ont balancé dans le puits qu'était à côté et où y avait à peine dix centimètres de flotte.

Seulement, y en avait un de ceux que j'avais touchés qui en avait pris un coup qui lui avait percé la cuisse. Et ça voulait pas guérir. Il a voulu voir le major pour pas se laisser crever. Seulement, un coup de baïonnette, faut que ça s'explique, s'pas? Et aussi pourquoi qu'il avait attendu si longtemps avant de venir à la visite.

Le bureau arabe s'est mis dessus et c'est des gens qui savent y faire pour faire causer. Comme ça, j'suis revenu au corps avec quinze jours de prison pour ivresse. Naturellement, y avait longtemps que je les avais faits, les quinze jours!

Un matin, au rassemblement, le caporal Carish annonça :
— Blachon! Il y a une lettre chargée pour vous.
Et il montra un pli portant cinq cachets.
Un légionnaire aux traits fins, à la barbe noire, répondit :
— Je n'ai autorisé personne à m'écrire, Caporal. Je refuse.
— C'est votre droit.
En allant au travail, Lerate commenta :
— Il a des parents qui sont aux sous. Dans c't'enveloppe, tu peux êt'sûr qu'il y avait de quoi saouler tout le détachement quat'jours de suite. Il a fait le même coup à Saïda. Cinq cents balles qu'il a refusés.
— Y a te trôles de types à la Léchion, observa Messer. Y en a t'autres afec moi, dans le tétachement, que nous afons connus. Par exemple le prince Heinrich. C'était le nefeu de l'empereur Guillaume. Il est mort à Chéryfille, où qu'est maintenant la 15ᵉ compagnie. Les Prussiens ont enfoyé un croiseur à Oran pour fenir le chercher. C'était un trôle de mec. Il afait de l'archent, beaucoup d'archent. Y afait toujours quatre ou cinq types pour faire son truc. Lui, y foutait rien, pas une secousse. Y poufait même pas faire son plumard. Tu penses qu'y s'emmertait comme ça, à rien foutre. C'est te ça qu'il a crefé. Il a crefé t'emmertement.
A la compagnie, on faisait attention, tu penses. On safait très bien que c'était un Prussien de la haute et qu'on poufait afoir des emmertements avec Guillaume!

Vers la mi-janvier, un événement extraordinaire alerta les gradés. Un dimanche soir, le caporal Carish vendit plus de trois cents litres de vin. Ce fait révélait une inflation monétaire inquiétante : le cantinier, qui était en même temps trésorier, connaissait à un sou près la quantité de numéraire existant dans le camp. Tous les cinq jours, une part importante était mise en circulation et rentrait le soir même, échangée contre du vin et quelques morceaux de savon. Or le prêt ne serait payé que deux jours plus tard. La solde précédente avait réintégré sa caisse, comme d'habitude.

Il semblait qu'une pluie de pièces de cent sous se fût abattue sur le camp, car de presque chaque tente arrivait un homme chargé de bidons à remplir, qui réglait avec une pièce de cinq francs. La sixième tente, privilégiée, avait liquidé trois pièces.

Un conseil de guerre réunit les gradés sous la tente du lieutenant et un accord se fit sur les seules causes capables de faire apparaître une telle quantité d'argent frais.

Le lendemain, à l'appel, le sergent Siegel annonça qu'il n'y aurait pas de travail, ce matin-là.

— Rentrez dans vos tentes et installez vos effets pour une revue de détail que je passerai à neuf heures.

Van den Driesch, le chef de la sixième, sortit des rangs, fit deux pas en avant, salua et, au garde-à-vous, déclara :

— Sergent, il manque dix couvertures sous ma tente. Hier, nous en avons soldé chacun une, à dix francs pièce. Les amateurs n'ont pas manqué.

— C'est bon! dit Siegel. Nous verrons ça en passant la revue.

— C'est pas nécessaire.

— On ne vous demande pas votre avis, coupa le sergent, taisez-vous et rentrez dans le rang. Allez installer vos effets. C'est tout!

Avant la soupe, un corps de garde fut commandé. Les hommes de la sixième, en instance de Conseil de guerre, allèrent se loger sous la tente-prison gardée par une sentinelle, baïonnette au canon. Leurs armes, qu'ils n'auraient plus à entretenir pendant un certain nombre d'années, furent versées au magasin pour être expédiées à Géryville par le premier convoi.

Quelques jours plus tard, dix remplaçants de la 15e compagnie vinrent se loger sous la sixième tente et, peu après, les coupables, sous escorte de Bat' d'Af, partaient pour le Kreider et de là à Oran, vers un destin qui n'était pas douteux. Ce serait dix ans pour Van den Driesch et de cinq à huit ans pour ses compagnons. Le jeune Ankel, qui était arrivé à Saïda le même jour que moi, serait condamné au minimum.

Je tremblai rétrospectivement à l'idée que j'aurais pu être appelé à payer de ce prix l'acte généreux d'offrir une cuite supplémentaire à l'ensemble du détachement. Incapable de rompre la solidarité du groupe par une dissidence, j'eusse certainement suivi le mouvement.

La pensée de Marie m'obsédait, me procurait des nuits sans repos. Elle était proche. A douze kilomètres. Et il m'apparaissait qu'elle était ma seule raison de vivre! Mais impossible de la revoir sans argent.

C'était plus qu'il n'en fallait pour détruire un équilibre aussi précaire que le mien à cette époque.

Un dimanche, je pris ma chemise et mon caleçon de rechange que je savais pouvoir solder au bordj de Zouireg tenu par un Espagnol qui avait la réputation d'être accommodant.

C'était un trajet aller et retour de soixante kilomètres et deux ans de pénitencier au moins à tirer pour dissipation d'effets. Mais au retour je pourrais voir Marie et lui parler longuement. Je lui dirais combien allait me coûter cher le plaisir de la voir et de lui parler. Peut-être en serait-elle touchée et m'embrasserait-elle?...

L'amour que j'éprouvais en cet instant me semblait immense et le châtiment que j'aurais à subir en devenait honorable à mes yeux. Celui qui aime véritablement ne regarde pas au prix qu'il faudra payer, pensais-je.

Avant midi, je sortais du bordj de Zouireg, démuni de mon linge de rechange mais avec trente sous dans ma poche. Ainsi étais-je en état de faire une entrée des plus dignes à Kef-el-Amar.

C'est alors que je rencontrai Siegel qui, un fusil de chasse à deux coups à la bretelle, giboyait dans les parages. Le sergent fronça les sourcils en me rendant mon salut mais ne fit pas d'observation. Pourvu qu'il n'y ait pas d'absence aux appels, nulle limite n'était fixée aux divagations des campeurs du kilomètre 64!

Au bordj de Kef-el-Amar, j'aperçus Marie qui s'affairait dans une dépendance et ne daigna pas même détourner la tête à mon arrivée. Dans la salle de débit, le père m'accueillit.

— Qu'est-ce que tu veux?

— Une anisette, s'il vous plaît.

— Alors, paie. C'est trois sous.

Plus tard, espérant contre toute espérance, j'eus l'héroïsme de boire, à petits coups, un demi-litre de vin blanc qui me donnait l'impression de m'empoisonner. Je commandai des figues et des dattes qui me furent comptées un prix exorbitant.

Enfin, Marie fit une courte apparition, traversa la salle sans un coup d'œil pour l'amoureux transi dont le visage s'empourpra pour passer presque aussitôt à une pâleur cadavérique. La jeune fille poussa une porte qu'elle referma sur elle.

Il fallait partir. L'idylle était terminée. Je n'avais plus qu'à payer.

Il ne me restait plus qu'à vivre autant que je le pourrais dans un état d'insouciance qui durerait jusqu'à la prochaine revue : huit jours... quinze peut-être, et puis ce serait la tente hors du camp, sous la garde d'une sentinelle. Et puis Oran, La Fosse aux Lions, le combat à mort pour rester un homme.

Et Marie ne saurait jamais quel amoureux exceptionnel elle perdait, quel immense sacrifice j'avais accompli en espérant... si peu, — bien plus cependant que je n'avais obtenu.

La nuit fut douloureuse. J'avais le cerveau martelé par ce que m'avait dit le sergent Cuénin sur l'impossibilité d'éviter le Conseil de guerre dans le cas de dissipation d'effets. Il n'y avait plus rien à espérer.

La sonnerie de clairon du réveil me fut agréable : le travail avec Lerate me serait une diversion.

Au rassemblement, avant le départ au travail, Siegel appela le n° matricule 16 674.

Automatiquement je répondis :

— Présent! Sergent.

— Restez avec moi, j'ai besoin de vous. Les autres, au travail!

Je compris que ce matin même je serais désarmé et logé sous la tente des prévenus.

Siegel m'entraîna vers la 11e :

— Vous allez me présenter votre linge de rechange. Allez!

Tremblant, livide, j'ouvris mon sac, esquissai un simulacre de recherche puis bredouillai piteusement :

— Je ne les ai pas. Quelqu'un a dû me les prendre.

Siegel tira de sa capote une chemise et un caleçon qu'il jeta sur la couverture après avoir montré le numéro matricule :

— Sale crapaud!... Sale petit crapaud. Tu as une sacrée veine que Siegel ait de bonnes jambes et surtout qu'il soit allé chasser du côté de Zouireg. Tu n'y coupais pas, petit salaud. Tu allais le faire, le tour à Oran!

Pour trente sous, bougre d'imbécile! On t'en collait pour deux ans au moins à mener la vie de forçat, prenant des coups de nerf de bœuf pour t'encourager au travail, gardé par des bicots, baïonnette au canon! Qu'est-ce que tu avais donc dans la tête pour faire une connerie pareille! Allez! Sors un peu, on va régler ça!

A cinquante mètres, Siegel quitta sa tunique et retira son képi. Le tout fut déposé avec soin sur une touffe d'alfa.

— Mon devoir était de te mettre en prévention, dit-il. Je ne l'ai pas fait. J'ai manqué à mon devoir, par ta faute! Tu vas me payer ça! Fais voir au moins que tu es capable de te battre, petit salaud! Allez! Vas-y! Attaque comme un homme!

Le sergent me dépassait d'une bonne tête et il n'y avait rien de plus à espérer pour moi que de faire preuve de courage.

Je m'engageai à fond par un coup de tête qui aboutit sur le poing fermé de Siegel qui, d'un coup de l'autre poing, me jeta au sol. La figure en sang, je réitérai les assauts sans jamais éviter les poings du sergent qui m'abattaient à chaque coup. Je tentai un coup de pied bas qui tomba dans le vide alors que mon propre tibia me donna l'impression de se fracasser sur la semelle du sergent. Je fis un saut en arrière et me mis à danser sur le pied gauche en grimaçant de douleur.

Je me sentais plein de reconnaissance pour cet homme que je devais cependant attaquer, que je n'arrivais pas à faire déplacer d'un pas, qui se contentait de me saisir au vol à chaque coup que je voulais donner. Cela n'était rien comparé aux nuits d'angoisse qui m'étaient évitées. Il fallait poursuivre, se jeter éperdument sur ces poings durs pour que Siegel puisse, au moins, penser que je n'étais pas un lâche.

En nage, trempé des pieds à la tête, essoufflé, je poursuivais le combat inégal, chargeant en désespéré, la bouche, les oreilles, les yeux, le nez tuméfiés. Le sergent commanda :

— Cessez! Maintenant mouche-toi, gamin!

J'en avais grand besoin. Mon nez coulait comme une fontaine.

— Je vous remercie sergent, bégayai-je. Je vous serai toujours reconnaissant... de ce que vous avez fait pour moi. Si nous faisons campagne ensemble, vous pouvez compter sur moi.

— Pardi! Tu ne feras que ton devoir. Il n'y a pas que moi qui peux, comme tu dis, compter sur toi. C'est tout le monde, depuis les gradés jusqu'au dernier de tes camarades. Au moins, tu ne manques pas de courage, c'est déjà ça!

Maintenant... Rompez! File au travail.

Sur le chantier, Lerate s'intéressa à l'aspect que présentait mon visage bouffi de coups.

— Tu viens de te faire fout' su'la gueule, toi? C'est pourtant pas un jour de prêt. Avec qui que t'a mis ça?

— Avec le sergent Siegel.

— Merde, alors! Rien que ça! Tu t'y mets pas souvent, mais y a pas à dire, quand tu t'accroches, c'est avec des costauds! Surtout Siegel! C'est le plus gros morceau du détachement. Tu l'as même pas marqué, je parie?

— Il m'a fait attaquer au moins cinquante fois. Lui, il ne voulait pas bouger et cela n'empêche pas qu'il me foutait par terre à chaque coup, avouai-je piteusement.

— Si tu peux me dire ce que tu lui as fait, à Siegel?...

— J'avais vendu mon linge de rechange et il l'a su. Il a mieux aimé me rosser que m'envoyer à Oran.

— Mais dis-donc! S'y a des fringues qui te manquent, tu iras à Oran, c'est couru! Ça pardonne pas c'truc-là! C'est pas Siegel qui peut l'empêcher. C'est juste un acompte qu'il t'a donné.

— Je les ai maintenant. C'est lui qui me les a rapportées.

— Et où est-ce qu'il les a pris?

— Chez l'Espagnol de Zouireg. Il m'a vu sortir et il a probablement deviné.

— Pardi... Tu as rendu les sous?

— Je les ai dépensés.

— Alors l'Espagnol a donné des ronds et il lui reste juste les coups que Siegel lui a foutus su'la gueule. Tu peux être sûr qu'y a foutu une pâtée, pasque lui aussi, il devait aller à Oran, l'Espagnol! Le recel, c'est aussi le Conseil de guerre. Y a pas de correctionnelle par ici.

Comme d'habitude, les anciens de la 11e tente se montrèrent discrets et ne daubèrent point sur ma figure abîmée. Seul, pendant la soupe, Weinstein risqua :

— Tu as le chic pour te faire fiche des pâtées, toi. Quand on n'est pas plus malin que ça, on se tient peinard. On la ferme!

Je posai ma gamelle.

— Oui, et je crois bien que toi aussi tu aurais raison de la fermer. Si tu te crois de la taille de Walch ou de Siegel, tu te trompes, mon petit. Tu vas sortir avec moi.

Weinstein obéit et à quelques pas de la tente, nous, les deux « jeunes », nous nous retrouvâmes face à face, prêts à la lutte. Lerate, Messer et Peysson s'alignèrent en observateurs.

J'étais pleinement rassuré, cette fois. Le petit tailleur avait une taille inférieure à la mienne d'au moins quinze centimètres et pesait bien trente livres de moins que moi. En quelques secondes, j'eus la tête de Weinstein fermement contenue dans le pli de mon bras gauche. A coups de poing, appliqués avec retenue, je fis saigner le nez, je meurtris légèrement les pommettes et les arcades sourcilières, et je soufflai à l'adversaire vaincu :

— Je ne veux pas te faire de mal. Je n'ai pas donné toute ma force. Si tu me fais recommencer, je serai méchant.

Et je lui répétai l'avis que, quelques heures auparavant, m'avait donné Siegel :

— Et maintenant, mouche ton nez!

Après l'action, Lerate fit la critique :

— Tu t'es battu comme un gosse. Quand on se cogne, faut y aller de toutes ses forces. T'avais une bonne prise que tu réussiras pas souvent, c'est moi qui te le dis. Fallait l'abrutir avec une bonne douzaine de coups sur le blair donnés à toute force. Ça l'aurait pas tué. Et puis tu le finis à coups de pompe. Toi, t'as la gueule marquée pour huit jours et lui, demain matin, ça se verra seulement pas qu'il a pris la pâtée. Et pis si tu fais pas mal quand t'as l'avantage, tous les jeunots du camp voudront t'essayer. Et tu peux êt'sûr qu'on te manquera pas.

Messer, lui, penchait pour la modération.

— C'était pas la peine. Le petit afait la chiasse afant que te commencer. Ça se foyait à sa gueule qu'il en afait marre afant de sortir. Quand c'est comme ça, moi, che fous une paire de calottes. Che fais chuste saigner le nez et che troufe que ça fait le compte. Mais che troufe quand même que Flutsch poufait taper un peu plus fort.

Lerate tenait à son idée.

— Je dis que c'est une sale habitude de pas donner sa force. Si Flutsch avait une glace et qu'y voye sa gueule en ce moment, y verrait comment qu'on l'arrange, lui, quand il a affaire à plus fort que lui. S'y retient ses coups, y sera toujours vert. Il achètera toujours cher et y vendra bon marché, voilà ce que je dis, moi. Moi, s'y m'est arrivé de prendre une fois ou deux, j'suis pas perdant. Y'a personne qui me foutra autant de marques sur la gueule que j'en ai foutu sur la gueule des autres. Ça, c'est du bon commerce.

Je dormis peu cette nuit-là. Siegel m'avait durement rossé. Il n'y avait pas le moindre quartier de ma tête qui ne me fît mal. Je profitai de l'insomnie pour faire de sages réflexions.

Le fait d'avoir échappé au Conseil de guerre me faisait toujours l'effet d'un miracle et comme un dernier avertissement du destin. J'eus conscience que j'évitais de justesse la chute dans un abîme d'où je ne serais jamais sorti. Si je continuais de la sorte, la chance qui m'avait servi jusque-là se fatiguerait de moi. Je ne pouvais en douter!

Avant d'agir, désormais, il faudrait prévoir! Se placer par l'imagination devant l'acte réalisé et considérer le problème en partant de là.

Je fis une révision des fautes passées.

La tentation de parler à Marie était un échec. Marie serait un rêve. Elle n'avait jamais cessé d'être un rêve. Cette nuit-là je ne souffris pas des coups donnés par Siegel; plus vives étaient mon angoisse et ma terreur. Même pas le souvenir d'un baiser de Marie! Même pas l'espoir d'un de ses regards! Et il me paraissait évident que je souffrais là contre toute raison!...

Les lendemains de prêt, on relevait sur maints visages les traces des combats de la veille mais, lorsqu'il y avait enneigement, les taches laissées sur la blancheur par les hémorragies nasales donnaient l'impression qu'ici s'étaient livrés des engagements meurtriers.

Parfois, la toile d'une tente abondamment maculée aurait pu faire croire à un visiteur non averti que là un égorgé était venu s'adosser pour rendre le dernier soupir.

Vers la fin janvier, le sergent Bonnet annonça que le soir même serait distribuée une prime d'encouragement au travail. Son montant varierait de vingt-cinq sous à trois francs selon l'ardeur constatée. En conséquence, le travail prendrait fin à quatre heures.

La nuit tombait quand la beuverie commença. Après avoir payé les primes, le caporal Carish en avait réencaissé le montant par la vente de sept cents litres de vin. Tous les récipients disponibles dans chaque tente avaient été mobilisés : bidons, marmites, seaux en toile. L'odeur de cette vinasse m'écœurait et je dus aller chercher hors du camp une zone d'air débarrassée de tous ces miasmes.

Ce fut alors que je rencontrai Baudry. Un grand gaillard aux traits fins et aux yeux clairs.

— Alors, interrogea-t-il, tu n'es pas de la fête?

— Non. Je n'aime pas le vin. Je préfère croquer des dattes!

— Tu as bien fait de sortir. Avant une demi-heure tout le monde sera fou à lier dans le camp. Tu as combien de service?

— Trois mois et demi.

— Tu te plais à la Légion?

— Beaucoup. Je ne sais pas dire pourquoi.

— C'est sans doute parce que tes camarades ont tout à la fois la spontanéité des gosses qui te permet de les comprendre et une certaine droiture qui les mène. Ici, il n'y a pas d'intrigues comme partout ailleurs. S'ils n'avaient jamais de vin, ils seraient toujours de bien plaisante compagnie. Heureusement, les cuites ne sont pas quotidiennes. Entre deux cuites générales, nous avons de larges répits.

— Et toi, me risquai-je, tu ne bois pas?

— Non. Je n'ai jamais rien perdu de ma raison par le fait de la boisson. Il m'est arrivé d'en boire trois litres sans autre résultat que des maux de tête et d'estomac. L'alcool n'altère en rien mon jugement. Il ne m'apporte aucune facilité momentanée d'action mais ne m'anéantit pas non plus. Il ne peut me donner qu'une certaine souffrance physique sans aucune compensation. Ceux qui peuvent se saouler réalisent une sorte de libération que j'imagine assez bien par leur comportement. Tous, nous sommes des désespérés. Tout changement est un bien, quel que soit ce changement, qu'il s'opère dans notre intellect ou dans notre vie extérieure. Or, on ne saurait nier que pour la presque totalité d'entre nous l'ivresse cause une transformation profonde. C'est donc un bien!

— J'ai été désespéré avant de venir à la Légion. Maintenant je ne le suis plus.

— En es-tu bien sûr? As-tu une idée bien claire de ce que signifie le mot désespoir? Voyons : as-tu le sentiment de te préparer à un avenir dont tu te formes des visions anticipées? As-tu une place qui t'attend dans le monde? As-tu en vue des tâches futures que tu t'es fixées? Ou penses-tu simplement à te laisser vivre pour te retrouver dans dix ans semblable à ceux que tu vois vivre autour de toi? Dans ce cas ce n'est pas là un espoir, c'est un renoncement. C'est cela « désespérer ».

— Il n'y a pas de place pour moi ailleurs qu'à la Légion.

— C'est à voir. Quel âge as-tu?

— J'aurai dix-huit ans dans quatre mois.

— Alors, tu ne sais rien. Tu es un être en formation, inachevé. Il est prématuré d'affirmer que nulle place ne peut te convenir dans la société. Si tu es désespéré, ce n'est qu'à titre provisoire, jusqu'à ce que se lève une espérance.

Pour la plupart de ceux qui sont ici, c'est autre chose. Il n'y a pas de place pour eux ailleurs qu'à la Légion. Oui, pour eux, c'est vrai. Ils ont une expérience. Un grand nombre d'entre eux savent que, s'ils ont de l'argent en poche, ils iront au cabaret jusqu'à ce qu'ils n'en aient plus. Ensuite ce sera la cloche ou la prison. Ici, ils trouvent une satisfaction car la règle est dictée par l'ambiance. Pour ceux qui ne peuvent s'y plier, il n'y a qu'une issue : le pénitencier ou le bagne d'où l'on ne s'évade que par la mort.

On entre ici comme on entrerait au couvent si l'on avait la foi. Le premier noviciat est de cinq ans. Au bout de ce temps, on s'aperçoit que l'on n'est plus de ce monde et que l'on ne peut y vivre. Il se passe exactement ce qui se passerait pour un pochard que l'on renverrait parmi les siens au bout de cinq ans. En général, il n'aspirerait qu'à revenir à la servitude au sein de la communauté qui l'a formé, qui l'a libéré de toute règle.

Voilà mon garçon. Est-ce vraiment cette voie-là que tu as choisie?

— Je n'ai rien choisi. Je ne peux même pas m'expliquer tout ce qui m'est arrivé.

J'ai compris il y a seulement quelques jours que je devais maintenant agir comme lorsqu'on a un problème d'arithmétique qu'on ne parvient pas à résoudre : supposer le problème résolu et souvent ça fait trouver la solution.

— Tu ne philosophes pas trop mal, car tu n'as guère fait d'études, je suppose?

— J'ai quitté l'École des Frères à treize ans.

— C'est bien ce que je devinais. Ce que tu viens de dire tu l'aurais, sans cela, dit autrement. J'aurais relevé des emprunts. Tu aurais plus ou moins assimilé une référence littéraire. J'aurais probablement saisi une réminiscence au passage dans ce que tu aurais cru tiré de ton propre fonds. Qu'est-ce qui t'a amené à faire ainsi cet examen de toi-même?

— Je viens de faire une grave bêtise : j'ai vendu mon linge à Zouireg pour trente sous.

— Tu appelles ça une bêtise ? Mais c'est une catastrophe, mon garçon! Comment espères-tu t'en tirer?

— C'est fait : Siegel a fait rendre les effets et m'a rossé pour me punir. J'en porte encore les marques, mais il m'a sauvé du Conseil de guerre. On ne croirait pas, à le voir si dur, qu'il peut faire des choses comme celles-là!

— Cela ne m'étonne pas. Quant tu auras vécu plus longtemps, tu verras que c'est courant chez les hommes d'une grande force physique, cette apparente dureté alliée à des instincts de terre-neuve. Comment a-t-il été mis au courant?

— Il m'a rencontré sortant du bordj et il a compris ce que j'étais venu y faire.

— Tu vois, j'avais dit : terre-neuve! Il a flairé qu'il y avait quelque chose à sauver et aussitôt il s'est jeté dans le courant. Il n'a pas hésité à commettre un abus de pouvoir qui le menait tout droit lui-même au Conseil de guerre s'il avait eu affaire à une crapule plus énergique. Sacré Siegel! Que l'on trouve de tels hommes à la Légion, cela suffirait à la rendre attachante!

J'étais bien de cet avis, mais je pensais en outre à tout ce qu'avait de remarquable l'homme qui était devant moi.

Et j'approuvai :

— Oui, même si je vis encore... soixante ans, je n'oublierai jamais Siegel. Depuis que j'ai quitté mon pays, il y a plusieurs personnes que je ne pourrai jamais oublier. Il y a Maffei...

Et je narrai ma fuite à bord de *L'Italia*.

— Ce n'est que depuis deux jours que j'ai compris que ma chance finirait peut-être par se fatiguer. Depuis un an, je me dirige comme un saoulot. Si ça devait continuer comme ça, il vaudrait mieux que je me foute une balle dans la tête.

— Bien sûr, s'il n'y avait pas de remède. Mais admettrais-tu que cet état tient à ton âge, tout simplement? Tu n'as que dix-huit ans et tu viens seulement de t'apercevoir des changements qui se produisent en toi et qui annoncent la maturité, la fin de ces contradictions mouvantes qui font de toi, à un instant donné, l'antithèse de ce que tu étais quelques instants plus tôt. Mais il suffit de les constater pour en guérir.

— Oui... Tiens, par exemple, je crois que si je pouvais te parler de temps en temps, cela me rendrait service. Je pense que tu es un peu comme Siegel. A sa place, tu aurais fait comme lui?

— Pas sûr, mon garçon! Il m'aurait manqué cet instinct de Siegel. Comprends bien ta chance. On peut être homme de bonne volonté et regretter plus tard d'avoir manqué l'occasion d'agir en telle ou telle circonstance. Maint sous-officier, porté à la même bienveillance à ton égard, aurait pu te voir sortir du bordj et n'aurait pas acquis du même coup la certitude qui a réglé la conduite de Siegel. Songe qu'il est intervenu comme s'il avait obtenu ton aveu. Je ne suis pas capable de cela. J'ai bien dit. Il a agi comme un terre-neuve. Cela n'est pas donné à tout le monde. Il n'a pas raisonné, notre brave Siegel. Et voilà ce qui t'a sorti de là, mon petit. Il n'a pas même réfléchi à ce qui arriverait dans le cas où son hypothèse aurait été mal fondée.

Il n'a même pas pensé, ce qui était moins risqué, à te fouiller pour vérifier que tu avais de l'argent dans ta poche. Sa force le lui permettait cependant. S'il avait marqué la moindre incertitude, crois-tu que l'Espagnol aurait rendu les effets?

— Je ne sais jamais dire ce que je voudrais dire. Je ne me sens pas... d'aplomb, tu comprends? Je ne tiens pas véritablement debout. Ça, j'en suis sûr à présent. Je suis sûr que si je parlais un peu avec toi je finirais bien par marcher tout seul sans me foutre par terre chaque fois que j'en ai l'occasion... Tu comprends?

— Ça, je le comprends. Tu as besoin de quelques années de plus et tu supposes que quelques conversations avec un vieux comme moi te mûriraient, n'est-ce pas? Eh bien, tu m'intéresses. Viens me trouver quand tu voudras. Si tu m'ennuies, je te le dirai. Et maintenant, rentrons.

L'action de Baudry sur ma formation humaine devait être prépondérante.

Après m'être séparé de Baudry, je fis le tour du camp. En passant devant la quatrième tente, je vis la toile se fendre de haut en bas par une main armée d'un couteau. Par la brèche un homme essaya de s'enfuir mais, tiré par les jambes, il fut ramené à l'intérieur où trois autres entreprirent de l'assommer à coups de crosse. Cette scène me révolta.

Ma tente, la onzième était plus paisible. La voix avinée de Thomas chantait une romance :

Oui, je le sais. Vous êtes toujours belle
Mais que me font, à moi, vos adorables traits?
Je vous aimais. Vous fûtes infidèle...

Je m'étendis sur ma paillasse, à l'entrée. Peysson avait vomi tout à côté. Je me sentis sur le point d'en faire autant. Je me relevai pour sortir et je me heurtai à Baousso qui tenait à la main sa baïonnette nue :

— C'est toi, Flutsch? dit l'Italien. Dis à Jacob qué loui vienne, qué jé veux loui parler. Dis loui qu'y vienne avé son baïonnett'.

Je n'eus pas à transmettre le message. Messer avait bondi avec une agilité surprenante pour un homme de cette corpulence. A peine Baousso s'était-il tu qu'il recevait, en pleine figure, un terrible coup de tête qui l'envoyait s'effondrer à la renverse sur les piquets de la douzième.

Jacob se déclara offensé :

— Dis-donc, Messer? Tu me prends pour un môme? C'est-y que tu crois que je suis trop jeune pour me défendre?

— Oh! t'sais Chacob, y a rien de pertu. Si tu penses que che t'ai fait tu tort, tu peux touchours sortir afec moi. Che faux bien Paousso et chai pas besoin t'une baïonnett'.

Lécrivain, de la douzième, qui se présentait à l'entrée en brandissant un manche de pioche, mit fin à la discussion.

— Sortez donc un peu, bande d'enfoirés. Je m'en vais vous chatouiller, moué, avec l'éventail à bourriques.

La onzième expulsa ses occupants qui se heurtèrent à l'effectif complet de la douzième en ordre de bataille. Tous étaient armés de pelles, de massettes ou de manches de pioche. Les vingt hommes se confondirent en une mêlée confuse. Des outils de la douzième, gagnés de haute lutte, passèrent entre les mains de Messer et de Vanverbecke. Guizard dut céder à Lerate sa fameuse massette dont il ne put conserver que le manche. Aussitôt projeté le bloc d'acier manqua l'objectif mais un coup de pied dans le ventre obtint le résultat cherché. Guizard tomba en jurant :

— Vérole!

Je m'en pris à Muller qui était un adversaire à ma taille mais je ne pus complètement esquiver un coup de manche de pioche qui m'atteignit à l'épaule droite. Je tombai, littéralement paralysé. La contre-attaque de la onzième éloigna la mêlée. Je ne pus discerner que les injures échangées entre combattants et le bruit des outils entrechoqués.

Le combat prit fin par la déroute de la douzième. Messer me ramassa et me déposa sur ma paillasse comme il l'eût fait d'un enfant de douze ans.

— Où que c'est que t'a pris?

— Je dois avoir une épaule cassée.

L'un après l'autre les hommes de la onzième regagnaient leurs places. Tous étaient plus ou moins ensanglantés. Sur les visages, des filets partant du cuir chevelu formaient des deltas.

Après quelques vacillements, la bougie s'éteignit.

Gourvais demanda :

— Où est Jacob? Où est le vieux?

La question n'obtint pas de réponse.

Le lendemain, un homme de garde réveillait la onzième, devançant la sonnerie du clairon.

— Hé! dites-donc, la onzième, vous avez un macchab!

Je tentai de me redresser. Une vive douleur me rejeta sur ma paillasse. Me retournant sur le côté gauche je parvins cependant à me mettre debout.

Derrière la tente, je retrouvai mes camarades rangés en demi-cercle, silencieux, au garde-à-vous devant le corps de Jacob.

Le vieux était mort, on n'en pouvait douter. Le coup qui l'avait tué se devinait à une plaque coagulée sur les cheveux gris. Il s'était senti mourir et n'avait poussé ni un cri ni un appel. Il s'était allongé, les talons joints, et avait croisé les bras puis fermé les yeux.

Ainsi, il ne connaîtrait pas la vie tranquille du rentier à quarante sous par jour dans laquelle il aurait pu s'installer avant la fin de l'année! Cette Terre promise à ses dix-neuf ans de services et à ses campagnes plus nombreuses encore, il ne l'atteindrait jamais!

J'observais ce visage d'une émouvante beauté, visage serein d'un vieillard de trente-huit ans, façonné par les soleils et les vents d'Afrique et d'Asie qui semblait encore rappeler à ses camarades : « Faut jamais se laisser aller, pas même devant la mort. »

La douzième tente vint se joindre à la onzième dans un même recueillement.

Personne n'avait voulu cette mort et celui qui avait porté le coup pas plus que les autres. Dans cette mêlée aveugle d'inconscients engagés en pleine obscurité, combien de coups, destinés à l'adversaire, avaient frappé un ami?

Le lieutenant, accouru avec l'infirmier, constata la mort et fit transporter le cadavre dans la tente-prison qui était la seule vacante. Un piquet fut désigné qui fournirait deux plantons en armes pour le garder jusqu'au soir. Il serait alors chargé sur l'araba attelé de sa mule et un détachement de quatre hommes et un caporal le conduirait à Géryville où il arriverait le lendemain matin après avoir passé la nuit à Zouireg.

Dans l'après-midi, le détachement fut rassemblé en armes, en ligne déployée devant la tente du lieutenant.

L'officier en grande tenue dégaina et commanda :

— Garde à vous!

Baïonnette au canon!

Armes sur l'épaule droite!

Ouvrez le ban!

Les commandements exécutés, tambour et clairon obéirent et l'araba, garni d'une épaisse couche d'alfa sur laquelle le corps de Jacob s'allongeait sur une couverture, s'avança lentement précédé du piquet dont le caporal portait un drapeau fiché dans le canon de son fusil.

L'équipage s'arrêta devant le milieu de la ligne.

— Légionnaires, dit le lieutenant après avoir salué de l'épée, nous allons faire une escorte à notre camarade. Le règlement ordonne que la troupe qui accompagne un mort doit porter l'arme au bras, le canon dirigé vers le sol. Mais vous le savez comme moi, ce n'est pas cela que voudrait notre compagnon s'il pouvait donner son avis. Nous lui accorderons, malgré les règlements, ce que nous voudrions pour nous, si nous étions à sa place. Nous le suivrons l'arme haute, baïonnette au canon.

Fermez le ban! Avancez conducteur... Pour tout le détachement, colonne par quatre... Marche!

Au bout de quatre kilomètres, le détachement rendit une dernière fois les honneurs et rentra au pas de route.

On ne parlerait plus de Jacob. A la compagnie, on irait chercher sur le livret militaire le nom, inscrit dix-neuf ans plus tôt, de la « personne à prévenir en cas de décès »... d'une personne peut-être enterrée elle-même depuis longtemps ou, de toute façon, à qui il importait bien peu que Jacob fût mort ou vivant.

Quelques semaines s'écoulèrent, animées seulement par les incidents consécutifs au versement du prêt tous les cinq jours.

En ces soirées d'ivresse collective, le relâchement de la discipline était tel que l'officier lui-même se trouvait mis en cause au cours des scènes qui, dans n'importe quel autre corps de troupe, eussent imposé une mise en prévention immédiate de Conseil de guerre. Ces jours-là, il n'était pas rare qu'un légionnaire, particulièrement excité, vint « jouer la pièce » au lieutenant.

Cette pièce était jouée selon des règles invariables.

L'homme, indiscutablement saoul, devait se constituer un stock aussi étendu que possible d'imputations vraies ou fausses qu'il irait clamer devant la tente de son chef avec un accent de profonde conviction et d'une voix à grande portée.

Comme pour toute pièce qui se respecte, l'acteur principal prenait grand soin de rassembler un public par des moyens appropriés. Ne disposant pas d'une presse sympathisante ou rétribuée, il y suppléait par des vociférations préalables. Quelques accessoires, tel un morceau de bouilli particulièrement riche en fibres nerveuses ou un trognon de chou présentés sur un couvercle de gamelle, facilitaient le prologue :

— Tiens! Sale juif! viens voir ce que tu nous fais bouffer. Eh! salaud! Tu nous estampes jusqu'à la gauche et c'est avec ce que tu nous as volé que tu te saoules en suisse, à notre santé! Vise-moi c'te barbaque, si c'est pour des hommes ou pour des cochons.

Tout le monde savait que le lieutenant n'avait rien à voir dans la qualité des vivres, d'ailleurs normaux, que la 15e compagnie lui adressait de Géryville sans lui demander son avis. Toute prévarication de sa part était une impossibilité manifeste. En outre, l'appellation de juif et le qualificatif de sale qui l'accompagnait n'avaient pas plus de sens.

— On la crève dans ton détachement, reprenait l'artiste. Tu nous la fais sauter jusqu'à la gauche. Oui, fumier! jusqu'à la gauche.

Le lieutenant, impassible, écoutait, bras croisés sur la poitrine, jambes écartées, fumant une énorme pipe. Il jetait entre deux bouffées :

— Et après? C'est tout ce que tu trouves de drôle? Tu aurais mieux fait de rester sur ta paillasse. Tu n'es guère amusant, tu sais?

Habituellement, l'orateur poursuivait en décrivant des orgies fictives qui se seraient tenues en d'autres temps, chez d'hypothétiques Espagnols. Là se seraient déroulées des scènes répugnantes, d'infâmes copulations. L'officier aurait apporté sa coopération en tenant une place dans laquelle ses possibilités viriles ne jouaient qu'un rôle absolument superflu. Selon la qualité du discours, le lieutenant abrégeait la séance ou la laissait se prolonger jusqu'à l'énumération de sanctions futures dont la plus impérieuse était une émasculation totale.

— Eh va donc, eh vérole! lui criait Guizard. Oui, t'es vérolé. Tu l'es jusqu'aux os. Fais-les voir un peu, tes cuisses. T'ose pas, eh fumier! c'est pas parce que t'as des « poulains », pasque t'as les burettes pourries que tu veux pas les faire voir.

L'idée de faire vérifier par Guizard l'intégrité de ses parties génitales semblait amuser au plus haut point l'officier qui crevait de rire.

— Et après, quand tu les auras vues, mes burettes?

— On te les coupera... et le battant de cloche avec. On te les fera cuire dans une gamelle et on te les fera bouffer. Oui, vieux Charles! On te les fera bouffer. Tu mangeras de la barbaque pourrie comme celle qu'on croûte nous autres!

Lorsque le lieutenant jugeait que le numéro avait assez duré il désignait, suivant la taille et la force présumée de l'acteur, deux, trois ou quatre spectateurs.

— Allez! Couchez-le par terre, foutez-le à la crapaudine.

Le caporal Carish apportait un lot de cordelettes et les exécuteurs de service liaient consciencieusement les pieds de l'orateur, repliaient les jambes dans le dos pour les rattacher aux mains préalablement ficelées, coiffaient le sujet d'un sac à pommes de terre et l'abandonnaient sur le ventre jusqu'à ce que l'officier, jugeant que la période d'excitation était passée, faisait détacher l'homme qui regagnait sa tente, bien sûr que l'affaire était close et qu'on n'en parlerait plus.

Il est certain qu'un observateur superficiel, ignorant des choses de la Légion, eût estimé bien faible l'autorité du lieutenant Leclerc. Un inspecteur militaire, formé dans la métropole, eût sans délai constaté par un rapport en termes vigoureux l'indignité d'un tel officier. Mais Leclerc, comme beaucoup d'autres officiers légionnaires, savait que l'autorité réelle n'était pas en cause dans ces scènes burlesques. C'était pour lui séances intimes, à l'intérieur d'un groupe d'initiés dont il était le chef absolu, obéi sans discussion lorsqu'il formulait un ordre. Il savait que nul n'interjetterait appel d'une de ses mesures à l'autorité supérieure. Il savait que, tous ses hommes, il pourrait les engager dans les entreprises les plus risquées et les épreuves les plus dures.

Connaissant bien son pouvoir, Leclerc semblait l'exercer à la manière dont les chrétiens convaincus imaginent l'exercice de la puissance divine, toute-puissante et omniprésente, qui supporte ce qu'il lui plaît de supporter mais qui peut y mettre un terme à son gré.

Mes relations avec Baudry s'étaient établies sur la base que j'avais implicitement arrêtée : celle d'un disciple attentif en présence d'un maître vénéré.

L'ancien paraissait avoir tout au plus une trentaine d'années. Son visage régulier était sans rides, d'une sévérité froide et sereine. Les yeux bleus de Baudry, quand ils se fixaient sur moi, semblaient si compréhensifs que j'eusse avoué sans hésiter ce que je tenais le plus à cacher.

— Tu me fais voir des tas de choses que je ne pouvais voir tout seul, expliquais-je. Je pense qu'il y en a beaucoup d'autres encore que tu pourrais me révéler et qui m'aideraient à me redresser plus vite.

— Je crois que ce que tu dois bien comprendre avant tout c'est que tu es venu à la Légion comme on se jette vers un abri lorsque la pluie vous surprend. Mais pour toi ce ne doit être qu'un abri provisoire. Pas un gîte définitif. Je ne te donne pas un an pour que tu ne trouves plus ton compte à vivre dans un monde muet que viennent périodiquement animer les saouleries générales. Il est heureux que tu te sois engagé avant dix-huit ans. Il te suffira de donner ta véritable identité et de demander une rectification d'état civil. On te proposera de signer un nouvel engagement. Tu n'auras qu'à refuser et tu seras libre.

— Mais voilà, c'est que, justement, je ne peux pas la donner mon identité! J'ai fait un coup avant de venir à la Légion et il n'y avait pas un Siegel pour me repêcher.

— Oui, je comprends. Nous parlerons de ça quand tu en éprouveras le besoin. Quand tu penseras qu'il est temps d'aborder le problème de ta vie et d'en étudier les diverses solutions.

— Tu as parlé des besoins de mon intelligence. Avec mon pauvre grand-père j'avais pris la maladie d'apprendre et quand j'étais à l'école j'aurais pu être le premier si je n'avais pas été dégoûté. Aux examens, je me sentais plus fort que n'importe lequel. Si je me crois intelligent, à quoi ça peut-il me servir? Si je suis comme un bœuf chez un paysan, à quoi cela pourrait-il l'avancer, le bœuf, de penser à des tas de choses? Qu'est-ce qu'il ferait de l'intelligence? Il pourrait tout juste, comme je l'ai déjà fait, casser la clôture et ficher le camp jusqu'à ce qu'un autre le ramasse. Si son intelligence était un peu plus développée, il penserait peut-être, comme je l'ai pensé, qu'il y a des champs qui ne sont à personne et il irait vers ces champs-là... Et il constaterait, toujours comme moi, que les prés sans clôtures sont trop loin, qu'il ne pourra jamais y arriver sans être repris pour être remis devant une charrue ou pour être envoyé à l'abattoir s'il ne veut pas se tenir tranquille et avancer sous les coups d'aiguillon.

— Tu n'es pas bête, en vérité, mon garçon! Tu raisonnes remarquablement avec peu de moyens. Mais poussons notre étude. Tu supposes un bœuf intelligent et dont l'intelligence exigerait l'évasion. Évidemment, si cette intelligence est encore informe, elle se laissera dominer par l'idée fixe de rompre la clôture, mais supposons qu'après la première sortie le bœuf soit repris et roué de coups. Notre hypothèse permet de supposer que, dorénavant, il envisagera la situation d'une manière différente. Comme tu l'as fait, il l'examinera comme un problème et trouvera de meilleures issues. Dans la pâture où on l'enferme après le travail, peut-être verra-t-il — après avoir éliminé les solutions inacceptables telles la fuite ou l'éventration du maître — que de nombreux aliments s'offrent à son intelligence, ne serait-ce que l'observation des plantes. Il a tout ce qu'il faut dans sa pâture. Il peut y observer bien d'autres choses et, pour sa satisfaction propre, se livrer à la construction de systèmes du monde autant qu'il en faudra pour combler son esprit exigeant. En évitant les coups de trique et grâce à ses dons d'analyse, il peut même étudier à loisir tout ce qui pourrait lui arriver s'il utilisait la brèche qu'il connaît bien dans la clôture et entrer dans le monde. C'est encore un bon exercice, une excellente nourriture pour cette intelligence.

— Avant de venir ici je crois bien que c'est ce que j'ai fait. J'ai lu tous les livres que j'ai eus entre les mains, tous ceux que j'ai pu me faire prêter. Quelquefois, je faisais vingt kilomètres, le dimanche, pour aller lire sur place un livre ou passer la soirée sur un atlas qu'on ne voulait pas me laisser emporter. A treize ans on m'a sorti de l'école et je ne m'en suis jamais consolé. Et pourtant le Pantomin, mon ami, concluait souvent : « Toinou, avec les idées qu't'as, je crois pas que tu soyes jamais un maître ben emmerdant, si tu viens à êt' maître. Alors t'as qu'à te dépêcher de réussir... »

— Mais tu serais allé seulement à la ville la plus proche — un chef-lieu de ton département — pour cent sous tu aurais trouvé chez un bouquiniste de quoi t'occuper pendant deux ans. A dix sous le volume, tu en aurais eu une brassée.

— Je ne le savais pas. C'est toi qui me l'apprends. Je te dis, je vivais comme un bœuf avec d'autres bœufs. Ceux qui étaient avec moi n'avaient pas envie d'apprendre. Ils allaient danser, jouer au billard ou aux cartes. Moi, tout cela ne faisait que m'ennuyer. Alors je me suis sauvé avec de l'argent volé. Juste ce qu'il fallait pour aller en Corse et me trouver sans argent trois jours après. Ce qu'il y avait de plus bête à faire, je l'ai fait... Et le soir où je suis parti, j'ai parlé avec un ingénieur dans le train. Il m'aurait pris pour travailler avec lui...

— Et tu n'as pas accepté?

— Je ne pouvais pas. Je savais que dans une semaine, au plus, j'aurais les gendarmes au derrière.

— Pardon! J'oubliais ce détail! Après tout, c'est une chance que tu aies abouti à la Légion. Quand tu auras passé ici une année ou deux, tu seras habitué à te priver d'un tas de choses qui sont essentielles pour des garçons de ton âge. Tu seras endurci aux fatigues et aux privations. Si toutefois tu peux échapper à cette malheureuse tendance de vendre une partie de ton paquetage tous les deux ou trois mois, tu dois partir d'ici capable de trouver ta voie. Maintenant, j'ai quelques questions à te poser. Avais-tu des ennemis chez toi?

— Non. Quand on me faisait des misères, je ne pouvais garder rancune. Ça m'ennuyait d'y penser. J'avais deux bons camarades qui sont morts tous les deux avant d'avoir seize ans.

— Ils étaient plus riches que toi?

— Plus malheureux. A peu près les plus malheureux du pays. Jamais ils n'ont eu un sou en poche avant d'être embauchés pour travailler. C'étaient Pudorgne et le Puissant [1].

— Que ressens-tu, ici, quand tu vois un de tes camarades prendre une bonne raclée?

— Ça me fait souffrir, un peu comme si je la recevais. Quand Walch m'a rossé, j'ai souhaité le voir rossé à son tour mais quand Lerate lui a foutu sur la gueule, j'aurais voulu pouvoir l'arrêter au plus vite.

— C'est bien ce que j'avais cru déceler de ta nature. Mais quand tu sortiras d'ici, seras-tu capable de jouer des coudes et de te tailler une bonne place dans la vie? Je ne dis pas capable par les connaissances, mais par le caractère.

— Je ne comprends pas bien.

— Par exemple : tu occupes un poste de subordonné, ton chef est affaibli par l'âge ou la maladie. Tu peux, à ton gré, le consolider ou le démolir. Que feras-tu?

— Je ne sais pas.

— Prends ton temps. Réfléchis. C'est un problème que je te pose. Cherche la solution.

1. Voir *Toinou* — Antoine Sylvère, collection Terre Humaine, Plon.

Je me demandai quelle réponse conviendrait le mieux à Baudry. Ne trouvant rien de satisfaisant, je me décidai à traiter la question pour mon compte.

— Je crois, répondis-je enfin, que je ferais le travail pour lequel on m'a embauché. Si mon chef m'a pris pour l'aider, il faudra que je l'aide contre tous les autres. Il ne m'a pas mis là pour que je lui joue des tours. S'il gêne pour faire le travail qu'on me paye et qu'il me le fait mal faire... je peux pas dire. En tout cas, je ne pourrais pas chercher des trucs en dessous. Qu'est-ce que tu crois qu'il faudrait faire?

— Cela n'a pas d'importance. Si l'occasion se présente, tu obéiras à ta raison et à tes sentiments. J'avais besoin de vérifier que tu valais la peine que je m'occupe de toi. Et tu en vaux la peine.

Si tu n'avais pas révélé une nature capable de m'intéresser je t'aurais invité à me laisser en paix. Il ne s'est jamais passé six mois, depuis que je suis à la Légion, sans qu'un sous-officier vienne m'offrir la moitié de sa solde pour que je le prépare à un emploi de bureaucrate ou de commissaire de police pour étoffer sa retraite. Je les envoie tous promener car il m'est indifférent que ces postes leurs soient accordés ou refusés. Il m'est indifférent que Bonnet, qui aurait besoin d'être initié à l'algèbre pour se présenter à Saint-Maixent, devienne officier. En toi, je trouve quelque chose de plus haut. Peut-être est-ce simplement parce que tu es plus jeune? Pour l'instant, je ne te vois pas d'autre ambition que celle de comprendre, de savoir. Cela établit une confraternité entre nous, mon garçon, car je n'ai vécu que pour savoir et pour comprendre. Sache bien que je me fiche complètement de tes fonctions futures et des avantages financiers ou autres qu'elles pourraient te procurer. Que plus tard tu sois nourri de poulardes et de langoustes ou du rata de la Légion m'est absolument égal. Que tu cherches à te former une conscience forte, sûre, suffisamment éclairée, cela ne peut m'être indifférent. As-tu matière à réflexion après cet entretien?

— Oui, je te remercie, affirmai-je, tout en comprenant que c'était là un congé. Alors, je pourrai revenir te parler?...

— Autant qu'il te plaira!

Dès cette époque je menai une existence en partie double. D'une part j'acceptais sans effort, mais non sans satisfactions, les règles de vie du légionnaire, tant que je me trouvais en compagnie de mes camarades de la onzième. Lorsque j'étais avec Baudry, d'autre part, je voyais s'ouvrir devant moi un avenir d'études et de découvertes qui bannissait totalement la Légion!

J'acquis, dès les premiers jours, une réputation d'intellectuel, évidemment usurpée : Baudry jouissait dans le camp d'une très haute considération dont bénéficiait l'humble disciple que j'étais.

Le printemps revint de bonne heure et les journées torrides alternèrent avec des nuits glaciales. On vit des mirages étendre sur le plateau des lacs factices, séparant les collines de leurs bases pour en faire des îles. Des pluies de peu de durée, mais abondantes, remplirent les creux des oueds. Après une dernière averse, des baignades s'organisèrent dans des eaux si froides qu'en s'y jetant on se sentait paralysé.

Bien que Baudry m'eût invité le plus cordialement du monde à venir le retrouver aussi souvent que je voudrais je n'avais garde d'en abuser. J'avais toujours quelque problème à résoudre que mon éducateur m'avait proposé et pour chacun, c'était plusieurs soirées de recherches avant d'arriver à des résultats satisfaisants. Or je mettais mon amour-propre à me présenter devant le « maître » seulement avec succès.

Baudry restait encourageant :

— Ce qui importe, c'est que tu développes ta capacité de recherche. C'est très bien de t'entêter comme tu le fais. Mais dis-moi, quel plaisir trouves-tu à faire cet effort?

— Cela m'amuse.

— Tu ne t'ennuies jamais à chercher?

— Au contraire. Si j'avais de la lumière, j'y passerais la nuit sans m'en apercevoir. Je crois même que j'y pense en dormant.

— Eh bien, tu vois, mon garçon, quand tu auras quitté la Légion, tu pourras te distraire à peu de frais! Il faudra que tu te débrouilles tout seul et que tu persévères en cherchant le maillon qui te manque, jusqu'à ce que tu l'aies trouvé. Ce n'est donc pas de leçons que tu as besoin mais d'exercices tels que ceux que tu fais maintenant, l'entraînement à la pratique de l'effort intellectuel. D'ici un mois nous rentrons à Géryville. Tu trouveras à la bibliothèque du bataillon tout ce qu'il faut pour t'occuper pendant une année et faire un bon démarrage. En vérité, tu m'intéresses beaucoup plus que tu ne peux le croire : il y a en toi l'étoffe d'un vrai mathématicien.

Les promenades hors du camp avec Baudry devaient m'amener à me battre avec Knibühler, un jeune Alsacien de la dixième. Ce dernier m'observait souvent d'un œil goguenard, et donnait à son visage une expression chargée de sous-entendus quand je rentrais au camp. Je pensai qu'il ne fallait point trop tarder avant d'en venir aux coups.

L'affaire se décida un soir après la soupe. Knibühler était accroupi devant sa tente avec Rautos. A mon passage il fit un commentaire en allemand qui fut suivi d'un rire soutenu. Le commentaire était pour moi inintelligible mais les regards dirigés vers moi en disaient beaucoup plus que je n'en pouvais supporter.

— Allons, Knib, viens par ici, j'ai besoin de toi.

— Si tu veux une pâtée, je suis ton homme.

— Tu n'es pas bête, c'est justement ce que je veux. Je ne pourrais pas dormir sans ça, cette nuit.

Nous étions de la même taille. J'avais sans doute deux ans de moins que mon adversaire, mais j'étais plus large que lui.

L'affaire fut des plus chaudes. Knibühler se révéla dangereux combattant, donnant au début bien plus de coups qu'il n'en recevait. Le sang coulait de part et d'autre lorsque je crus trouver meilleure chance en empoignant mon partenaire à bras le corps.

Ce fut là un désastre! Je ne réussis qu'à me faire marteler la face à coups de tête par l'Alsacien qui me tenait à la nuque. Un instant, je désespérai.

Enfin, Knibühler fit un mouvement en arrière et voulut achever à coups de poing un combat dans lequel il se voyait victorieux.

Ce fut là sa perte. Il encaissa un coup de pied dans le bas-ventre qui le bloqua net, puis un second qui le culbuta sur une touffe d'alfa. Sous l'œil approbateur de Messer et de Lerate qui étaient sortis pour jouir du spectacle, je ne perdis pas de temps pour assurer mon avantage. J'administrai à mon adversaire une série de coups de pied dans les côtes, suffisante pour lui chasser de l'esprit tout désir de reprendre la lutte avant quelque temps, puis, le vaincu ayant cessé toute résistance, je donnai, de toutes mes forces, un dernier coup sur le nez afin de tirer une quantité de sang au moins égale à celle que je perdais moi-même.

Lerate alla sous la tente chercher un bidon d'eau qu'il me présenta :

— Allez, dit-il, baisse le crâne. T'as le droit de te laver la gueule. On fera quelque chose de toi!

Débarbouillé, rafraîchi, j'étais content de moi.

Lorsque je rejoignis Baudry je présentais une face marbrée de façon significative.

— Tu t'es battu?

— Knibühler se fichait de moi depuis quelques jours. J'en ai eu marre et je lui ai foutu sur la gueule.

— C'est là ce qu'on appelle un langage châtié, mon garçon! Mais encore, si nous acceptons l'argot, nous devons néanmoins employer, autant que possible, des formes grammaticales capables de traduire la vérité. Il me semble que le pluriel et la forme pronominale seraient plus heureux? « Nous nous sommes foutus sur la gueule ». Ce que tu me montres sur ton visage m'établit ta qualité de complément et ta déclaration m'affirme que tu es sujet.

— Oh! il s'est bien battu! J'ai reçu des coups mais je l'ai eu quand même. Je l'ai laissé par terre et je l'ai fini à coups de pied dans les côtes.

— Je ne te connaissais pas sous ce jour-là. Ça t'amuse beaucoup ces jeux-là? Tu es très fier de toi?

— Certes non! Seulement, il fallait bien. Il prenait de drôles d'airs en me voyant sortir avec toi.

— Dans ce cas, je ne peux que t'approuver. Nous sommes à la Légion. Observons les usages de la Légion. Ce garçon tenait, en somme, à se mesurer avec toi, ce qui ne peut se refuser dans notre milieu. Il n'a guère plus de deux ans de service, mais il ne pouvait ignorer à quoi son attitude allait le mener.

En mars, une nouvelle distribution de primes, de même importance que la première, permit de remplir de vin tous les récipients capables d'en contenir. Après avoir acheté quelque sous de dattes, je versai le solde dans la caisse commune et je quittai la tente pour rejoindre Baudry.

— Je t'attendais, dit ce dernier. Ce que nous pourrions observer ici est trop familier pour être intéressant. Quant à moi, l'odeur me suffit. Allons bavarder hors du camp.

Tu vois comme il est facile de trouver la paix? Il te suffit de t'écarter d'une centaine de mètres. Si tu étais dans une ville il n'en serait pas de même. La Légion est un peu comme le cloître. C'est le monastère des incroyants. En fait, les règles de silence et de chasteté sont assez observées.

— Tu n'es pas croyant, risquai-je.

— Non. Ce n'est d'ailleurs pas pour des commodités matérielles. C'est par l'effet d'un refus formel de mon esprit. Tout ce que je peux m'accorder en ce qui concerne la religion c'est de ne point la combattre, quelle qu'elle soit. Et toi? Tu es sans doute croyant?

— Oui, avouai-je.

— Alors, si tu le veux bien, nous laisserons cette question de côté. Continue de croire tant que tu n'as pas de raison impérieuse de ne pas croire. Méfie-toi seulement de ne pas vouloir une explication à tout prix de faits inexplicables! Ce n'est point parce que le suffrage universel désignera le chef d'un grand pays que ce chef sera une puissance intellectuelle. Ce n'est point parce qu'il y a des centaines de milliers de musulmans que tu es obligé de croire à l'essence divine des inspirations de Mahomet.

J'écoutais avec une attention passionnée, non toutefois sans tenir en veilleuse une pensée qui me hantait depuis ma première conversation avec Baudry : « Comment se fait-il que cet homme si savant, qui sûrement pourrait gagner beaucoup d'argent, soit à la Légion? »

J'osai pourtant un jour :

— Je ne comprends pas comment tu as pu venir à la Légion!

— Ah! voilà une chose qui te tracasse, n'est-ce pas? Ce n'est pas pour les mêmes raisons que toi. Tu m'as parlé de contraintes qui t'ont fait une telle violence qu'elles t'ont obligé à fuir ton milieu. Ces contraintes, moi, je ne les ai pas connues mais d'autres que tu ignores m'ont rendu la vie aussi peu supportable que le fut la tienne. Ces contraintes, je présume que tu les connaîtras plus tard et tu les accepteras ou non. Tu trouveras peut-être quelque moyen de t'y soustraire et qui sera meilleur que celui que j'ai choisi.

— Et à la Légion, tu te trouves mieux?

— Mais oui. Mon univers ne s'est pas rétréci. Je suis débarrassé d'un tas de gens qui se trouvaient tellement encombrés de leur vie qu'ils venaient sans cesse me la jeter dans les bras. Ici, on me fiche la paix. Je n'ai pas à faire des efforts pour plaire afin de m'éviter une réprobation visible. Nul ne ressent le besoin de me prouver qu'il a raison de pratiquer tel ou tel vice. On n'apprécie pas mes pensées d'après mon allure. Je n'ai aucun de ces ennemis sournois qui exerçaient contre moi une activité dont les effets me déprimaient, usaient ma pensée. Ici, pas d'embûches. Si je déplais, on me dit : « Sors un peu! » et en quelques minutes l'affaire est réglée. Ici, pas de ces échéances sentimentales où, malgré soi, on peut se découvrir insolvable. Tout se règle au comptant et on a toujours le moyen de payer sans avoir à y ajouter une rançon supplémentaire d'épuisants scrupules.

Je ne te dis pas cela pour t'engager à rester à la Légion. Mon avis est, bien au contraire, que tu devras la quitter quand tu auras tiré du milieu tout ce que son influence peut avoir d'heureux pour toi.

Je ne veux pas dire que c'est un milieu recommandable pour tous les jeunes qui ont besoin de se préparer à la vie. Mais il l'est certainement pour toi, dans ton état actuel. Ce stage ici te fera grand bien.

— A ton avis, qu'est-ce que j'aurai gagné?

— D'abord l'accoutumance aux maux physiques. Tu sauras les supporter sans chercher des apitoiements consolateurs. Tu ne craindras pas les déboires en te souvenant que tu n'étais pas malheureux assis sur ta litière d'alfa avec ta soupe devant toi. Tu te souviendras des longues marches de cinquante kilomètres alors que tu te sentais épuisé avant la fin du premier. En outre, tu seras plus vaillant devant ton destin, quel qu'il soit. Tu prends à la Légion tout ce qu'elle a de bon et ce qui est sans prix : l'habitude de t'ennuyer tout seul. S'il t'arrive de t'ennuyer, tu sauras le faire sans avoir besoin d'ennuyer les autres. Par une grâce particulière, tu n'aimes pas le vin et cela t'évite de prendre en même temps ce qu'il y a de mauvais, ici.

C'est alors que Siegel vint nous trouver :

— Baudry, Flutsch, allez vous mettre en tenue de service. Les hommes du corps de garde sont ivres morts. Vous serez chargés, aussi longtemps qu'il le faudra, de la police du camp.

Nous courûmes à notre tente. J'endossai à toute allure ma capote et mon équipement et pris mon fusil au râtelier.

Devant la tente du lieutenant, Flory « jouait la pièce ».

— Nous sommes des Gaulois, hurlait-il, entends-tu sale juif? De vrais Gaulois! Tiens, regarde, poursuivait-il en ouvrant son pantalon. On n'est pas coupés, nous! On est coiffés! Fais-en voir autant, si t'es un Gaulois. Allez, sors-le un peu ton nœud, sale youpin!

L'officier restait silencieux.

Baudry intervint :

— Allons, dit-il avec fermeté en jetant à terre un paquet de cordelettes et de piquets de tente qu'il venait de prendre au magasin. Couche-toi comme un grand garçon. Ne m'oblige pas à te tomber.

— Toi? Me tomber? Vas-y, espèce d'enfoiré!

De son fusil, tenu par le bout du canon. Baudry faucha les jarrets de Flory qui tomba à la renverse.

— Colle à ses jambes, me commanda-t-il pendant qu'il ligaturait les mains, laissant un brin libre qu'il enroula autour d'un piquet de la tente voisine.

Cela fait, je ressentis un grand soulagement, cramponné que j'étais aux jambes de Flory, subissant un furieux rabotage par l'effet d'un mouvement irrégulier mais puissant d'une paire de chaussures cloutées. Baudry vint à mon secours. Il enfonça à coups de masse un piquet de grande taille sur lequel vint se nouer le brin libre de la cordelette ficelant les chevilles de Flory et sur lequel fut exercée une forte traction assurant une extension parfaite.

— C'est moins humiliant que la crapaudine, mon lieutenant, commenta ensuite Baudry. Je trouve peu digne d'un homme de le présenter tordu comme un pantin à se gratter les pieds avec ses mains dans le dos. Comme cela, il a tout de même meilleure façon.

— Youpin! Sale youpin! continuait Flory. Je pisserai sur ta tombe quand tu seras mort.

— Imbécile, répondait le lieutenant, quand je serai mort tu te feras trouer la peau pour venir chercher mon cadavre et me faire enterrer proprement.

Cette réponse eut un effet calmant sur Flory.

— T'as raison, enfant de putain! On est des Gaulois nous et... t'as raison quoi! mais ça empêche pas que je t'emmerde.

— A ton aise. Baudry, Flutsch, venez avec moi et laissez-le cuver son vin. Faites une ronde. Arrangez-vous pour qu'il n'y ait pas mort d'homme dans le camp. J'espère qu'ils seront bientôt complètement raides et que nous pourrons avoir la paix. Quand tout sera tranquille, vous viendrez me rendre compte.

L'une après l'autre, les lumières s'éteignirent sous les tentes. La plupart des légionnaires sombraient dans le lourd sommeil consécutif à l'ivresse poussée jusqu'à totale saturation alcoolique.

Enfin régna l'obscurité complète que perçaient seulement les lumières diffuses des tentes des gradés et de l'officier. Baudry et moi-même, nous nous présentâmes à l'entrée de celle-ci :

— Rien à signaler, mon lieutenant, tout est calme.

— C'est bien. Entrez tous les deux.

La tente était meublée d'un lit, d'une table et de deux chaises, le tout pliant, extrêmement léger. Dans un coin, sur la cantine, un empilage de livres sur un paquetage de troupe.

— Asseyez-vous, dit le lieutenant, qui s'installa sur son lit. Nous avons pris de telles libertés avec le règlement qu'une de plus ne peut avoir d'importance. Je me demande s'il y en a dix dans le camp qui auraient évité le Conseil de guerre si on les avait seulement un peu encouragés. Tu n'es pas de ceux-là, Flutsch. N'est-ce pas, petite crapule?

Interdit, je ne sus que dire.

— Si Siegel n'avait pas deviné ce que tu avais été faire à Zouïreg, tu étais cuit, mon garçon! C'eût été dommage, peut-être, mais tu étais cuit. Tu feras bien de ne pas compter sur de telles chances à l'avenir. Tu n'as pas l'air d'un idiot, pourtant! As-tu un peu réfléchi depuis que Siegel t'a donné une leçon?

— Oui, mon lieutenant. Depuis ce moment-là, j'ai bien changé.

— Alors ça va!

L'officier prit une bouteille de champagne et trois verres, à la tête de son lit.

— Baudry, nous allons boire à notre vieille Légion. J'ai besoin d'une détente après les crispations que m'ont imposées ces démons déchaînés. Quand l'ordre m'arrive de leur distribuer une prime, j'ai envie de permuter pour la biffe. Ils doivent dire, à Géryville, quand l'ordre est signé : « Leclerc aura du plaisir demain soir! »

— C'est un dur métier, parfois, que celui d'officier à la Légion. Mais vous avez un poste de choix, ironisa Baudry. Que de demandes pour un commandement à la Légion! Et si peu d'élus! Vous êtes un privilégié, mon lieutenant!

— C'est vrai, et tous ceux qui en partent en parlent de telle sorte qu'ils inspirent à ceux qui les écoutent une irrésistible envie d'y venir.

— C'est aussi vrai pour la troupe, observa Baudry. N'importe quel échappé de chez nous se fait enragé recruteur pour la Légion. A entendre un de nos anciens, vous jugeriez qu'il n'y a qu'un seul endroit au monde où la vie est « buvable ». A la Légion!

— J'aime le mot « buvable »! Je crois qu'il n'y a pas d'endroit au monde où un si petit nombre d'hommes a bu, ce soir, une si grande quantité de vin. Plus de sept cents litres! pour un effectif de cent vingt hommes! C'est à se demander dans quelle partie du corps ils peuvent loger tout ça en un temps si court!

Vous, Baudry, pensez-vous que les officiers de la Légion sont des privilégiés? Il y a bientôt quatre mois que je suis ici et nous n'avons vu aucune silhouette féminine!

— Mais par contre, quels avantages, mon lieutenant! Dirait-on que vous avez des supérieurs à trois, quatre ou cinq galons qui vous commandent? Depuis que nous sommes ici, nous n'avons aperçu qu'un seul officier, notre lieutenant. A mon avis, la présence de supérieurs autour de soi tempère énormément le plaisir de commander. Ici, vous exercez des pouvoirs vraiment souverains, avec une telle richesse de moyens que vous pouvez gaspiller sans compter les actes d'autorité. Dans un régiment de ligne, comment pourriez-vous la manifester cette autorité? Par la distribution de quelques misérables jours de salle de police? Très rarement, par une demande de punitions de prison, et encore, les sous-officiers sont bien trop à l'affût de ces possibilités pour vous en laisser le bénéfice. Ce n'est que de la menue monnaie. Peut-on se montrer généreux avec de si pauvres moyens? Vous, mon lieutenant, vous nagez dans l'abondance. Il ne se passe pas de semaine sans qu'on vous offre l'occasion d'expédier au bagne pour des années, et même, si vous voulez bien vous y employer, quelque exécution capitale... Mais, après tout, peut-être pensez-vous que la fortune ne dure qu'autant qu'on ne la dépense pas? Il y a moins d'une heure, Flory voulait faire un voyage à Oran. « Voies de fait envers un supérieur à l'occasion du service et avec effusion de sang. » Ça valait le poteau, cette affaire-là. C'était absolument à la portée de la main. Il n'y avait qu'à cueillir. Et quand nous sortirons d'ici, en vertu de vos ordres, nous détacherons Flory pour l'envoyer se coucher comme un enfant bien sage. Ce droit de grâce que vous exercez, mais c'est un droit de chef d'État, ni plus ni moins.

— Sacré Baudry! s'exclama Leclerc. J'aurais dû vous demander de nous préparer quelque conférence, quand nous sommes arrivés au camp. Nous aurions fait installer une tribune et une fois par mois, par exemple, vous auriez traité devant tout l'effectif rassemblé un sujet de votre choix.

— Non, mon lieutenant, j'aurais refusé.

— Et pourquoi donc?

— C'est une affaire en quoi je suis souverain et je peux donc employer la formule de François Ier : « Car tel est mon bon plaisir ».

— Dommage, Baudry. Il est inconcevable qu'après six ans de Légion un homme de votre qualité ne soit pas encore gradé. Le regret est d'ailleurs partagé par tous les officiers du bataillon.

— Tant pis pour les officiers du bataillon! Sur cette question-là comme sur la précédente, mon lieutenant, je ne reçois d'ordres que de moi-même. Excusez-moi, mon lieutenant!

— Oui, j'excuse ce qui me laisse entendre que le milieu des officiers vous était familier, jadis. Croyez-vous que je n'ai pas la certitude que les galons de lieutenant, vous les avez portés avant moi? Nous savons, Baudry, que si cela devenait nécessaire, vous sauriez prendre dans le combat la place qui vous serait assignée pour le salut de vos camarades et l'honneur de la Légion. Ce serait votre devoir. Vous n'y manqueriez pas! Sur ce, vidons cette fiole. A la Légion!

Baudry négligea de répondre aux commentaires du lieutenant. Il se détourna vers les quelques livres brochés empilés sur le paquetage.

— Vous permettez, mon lieutenant?

— Faites. Si vous désirez en emporter quelques-uns, vous le pouvez.

— C'est du Paul Bourget. Vous aimez ça, mon lieutenant? Pour moi, je n'ai rien à glaner là-dedans. Je crois que je préférerais subir une punition de trente jours de prison plutôt que d'être condamné à lire du Paul Bourget!

— Et pourquoi? C'est bien écrit?

— C'est le cuistre le plus fatigant que je connaisse! Il suffit que je sache l'âge et la situation sociale des personnages pour connaître toute l'histoire. ... La nécessité d'avoir au moins derrière soi quatre générations d'ancêtres cossus pour user convenablement de la fortune. Les conséquences redoutables d'un effort de réflexion chez qui n'a pas les rentes nécessaires pour se permettre de réfléchir... Mon lieutenant, ne me demandez pas de lire du Bourget! Je n'ai rien fait pour mériter cela!

— Je n'ai rien d'autre à vous offrir. Je regrette.

— Vous comprenez, mon lieutenant. J'ai vu d'assez près ce monde d'emmerdés et d'emmerdeurs pour que la Légion m'apparaisse reposante. Bourget est l'admirateur et le porte-parole de ce monde. Il aime tout ce que je hais. Il méprise tout ce qui évolue, lutte, vit, tout ce qui m'inspire de l'intérêt. J'ai mieux à faire qu'à m'intéresser à ses copulations conformistes.

— Je regrette plus que jamais que vous ne soyez pas des nôtres, Baudry. Nous aurions des soirées amusantes, au bataillon, quand vous vous accrocheriez avec d'Ablaincourt.

Maintenant, je crois que vous pouvez aller détacher Flory. Passez voir Siegel et dites-lui qu'il remette debout ceux des hommes de garde qui auront retrouvé un peu de lucidité. Je vous remercie!

Flory fut détaché, complètement calmé.

— Tiens! me dit-il, c'est toi, jeune Gaulois? A moi Auvergne!... Brrr!... J'ai pas chaud. Fous-moi une dégelée de coups de poing dans le dos. Vas-y! N'aie pas peur... Salut, Baudry! Comment que t'as fait pour me fout' su'l'cul. T'étais devant moi et j'ai reçu le coup par-derrière. T'es copain avec Flutsch à présent? T'apprendras à parler auvergnat. Allez! Bonne nuit!

Fin mars on annonça la relève. Le détachement de la 15e compagnie serait remplacé par la 16e dont un caporal vint prendre en charge le campement.

La troupe du lieutenant Leclerc céda les lieux au petit jour pour l'étape de trente kilomètres qui l'amenait à Zouireg. J'espérai que Marie ne pourrait faire autrement que de se mettre en observation à la porte du bordj à l'occasion d'un passage de troupe. C'était le seul événement, d'ailleurs assez rare, qui troublait de temps à autre la solitude du Kef-el-Amar. Ce fut une vaine espérance. Marie ne se montra point.

Le lendemain, la colonne leva le camp sous une pluie battante. Cette étape accomplie dans les mêmes conditions qu'elle l'avait été quatre mois auparavant ne fut pas moins pénible. Je pestais contre les graviers qui pénétraient dans les brodequins et la surcharge liquide qui imprégnait tous les vêtements et imposait un écrasant surplus. Mais cette fois je me présenterais à la compagnie avec un paquetage au complet!...

A Géryville, la réception fut cordiale. Au lieu d'être parqués comme nous l'avions été lors de notre première arrivée où nous avions été reçus comme des étrangers, nous fûmes partagés entre les chambrées de la 15e. Nous trouvâmes nos lits faits sur lesquels, avec une parfaite camaraderie, nos voisins avaient disposé treillis et linge secs pris dans leurs propres paquetages.

Je m'installai entre un jeune Flamand aux cheveux filasse et un ancien de quatorze ans de service, Obert, corpulent Alsacien à moustaches sombres, au visage marqué par la petite vérole.

— Ce qui est sur ton lit, c'est pour que tu le mettes, précisa le Flamand Van den Broucke. Change-toi en vitesse et passe ton sac. Aujourd'hui, c'est nous qu'on travaille, j'irai te laver ton truc et je te monterai ton paquetage. T'as vu assez de flotte cette journée, sans aller encore faire trempette au lavoir. On sait ce que c'est de faire une étape comme ça, avec les pompes pleines de caillasse. Fous-toi sur ton pieu et attends la soupe quand tu seras au sec.

Après la soupe, je prétendis ne pas abandonner mon travail à l'obligeant Van den Broucke. Je l'accompagnai au lavoir et trouvai plus d'intérêt à recueillir des renseignements qu'à flemmarder sur mon lit.

La 15ᵉ était une bonne compagnie. Son effectif dépassait deux cent soixante hommes et le capitaine, les lieutenants et tous les gradés étaient de vrais légionnaires.

Il y avait une bibliothèque dans le bâtiment du fond, mais Van den Broucke ne s'intéressait pas aux livres et se déclarait incapable d'en apprécier la richesse. Il m'indiqua seulement qu'elle était ouverte de la soupe du soir à l'appel et qu'il y avait beaucoup de livres. Je savais que j'allais trouver là de quoi me contenter. On donnait même du papier à ceux qui voulaient écrire.

Van den Broucke pouvait bien s'en moquer. Je lui rendais la monnaie de sa pièce.

— Tu me fais penser au Nane de mon village qui avait acquis la réputation de savoir cuber une truie sans jamais être passé par les écoles.

Le Nane avait toujours eu des idées, il en convenait sans modestie.

— J'en ai tant que je sais pas où les mettre, disait-il souvent. Faut que je garde tout dans ma tête, faute d'occasions. Des fois, je la sens grossir comme si elle voulait se faire grosse autant que celle d'une ouaille.

Sa femme, la Catin, essentiellement pratique, ménageait fort l'admiration qu'elle eût pu témoigner à son homme. Elle lui donnait une affection simple et solide. On le vit bien lorsque le Nane se cassa « le fil des reins » en tombant du grand noyer. La Catin ne lui survécut pas plus de sept jours.

Lorsque le travail les séparait, chacun ne tardait guère à souffrir de l'absence de l'autre. Tantôt c'était la Catin qui désirait donner libre cours à quelque ressentiment fraîchement éclos. Elle s'élançait alors dans la cour en dispersant les volailles, franchissait le « pourtou » et réveillait les échos d'alentours en clamant dans ses mains réunies en cornet :

— O Nane!... O pas fin... O trop bête par ta faute!...

L'interpellé, délaissant la binette ou l'araire, s'empressait, toujours enchanté d'une conversation qui s'engageait à longue portée.

Tantôt, si elle tardait trop, le Nane se sentait tout dérangé, ou bien il prenait soif. Alors sa voix se faisait entendre, montant du pré d'En-Bas, ou descendant de la terre d'En-Haut :

— O Catin! criait-il... O sacrée garce!

La bonne femme, à tout hasard, courait vers le pichet de terre cuite, le remplissait d'eau fraîche qu'elle acidulait d'un invisible filet de vinaigre.

— Là… là… je viens!

Dans le hameau, on n'ignorait rien des moindres détails de la vie du couple. On savait le compte exact de l'argent placé à la Caisse d'épargne, les espérances d'une maternité justifiée par des symptômes précis et cependant toujours déçue… et mille choses rendues publiques par le moyen de dialogues où l'on donnait à pleine voix, défiant les distances, ce que tout un chacun eût dû ignorer.

Je fus longtemps fier d'avoir collaboré à la réalisation pratique d'une idée du Nane. J'avais alors huit ans et un immense besoin de considération.

Ce fut une mémorable journée.

Le matin, j'avais joué au médecin, avec le Louis d'En-Bas, l'Henri de Chez-le-Bon-Dieu et la Marinou.

Pour corser le jeu, la Marinou avait dérobé une demi-douzaine de suppositoires dans le placard maternel. Nous avions pratiqué la médecine avec un réalisme des plus satisfaisants, chacun étant tour à tour malade, médecin ou « parent désolé ». Après épuisement des suppositoires, l'Henri de Chez-le-Bon-Dieu s'était offert pour en tailler d'autres dans une baguette de noisetier convenablement calibrée, mais la proposition ne fut pas retenue. Venant après un exercice réel, le simulacre n'était plus digne de nous.

Un peu plus tard, j'étais parti vers le cerisier du Nane, et confortablement calé sur la plus haute fourche, j'en avais bien avalé une bonne livre, quand j'aperçus la Catin qui sortait les vaches.

— O Catin, hélai-je, que fait le Nane?

— Il est dans la cour, le pauvre simple, avec la truie qu'on veut amener au marché jeudi prochain. Il a entrepris de la peser sans bascule. Tu pourrais p't'êt' bien l'aider, toi qui vas à l'école en ville. Tu es devenu pas mal écrivain depuis le temps. Si seulement j'avais pu apprendre à lire, je pourrais chanter les vêpres avec les autres… que c'est si beau!

A huit ans, on ne sait pas refuser un concours; quand il s'agit d'une collaboration avec un homme comme le Nane on l'accorde même avec enthousiasme. D'ailleurs, les griottes ne m'intéressaient plus.

— O Nane! criai-je dès mon entrée dans la cour, où es-tu? La Catin est venue m'appeler pour que je te donne le coup de main.

Devant la soue, l'homme contemplait sa truie, gisant et grognant, les pattes sévèrement liées.

Simplement, le Nane m'exposa le problème :

— Voilà, dit-il le front plissé, j'ai entrepris de cuber ma truie. Pour calculer le poids qu'elle peut bien faire… On va prendre les mesures et on ira les porter à M. l'instituteur de Masselèbre. Comme ça, il aura plus qu'à faire le compte.

— Je peux bien mesurer, fit-il encore, j'ai un bon mètre tout neuf, mais je sais pas commencer.

Je suggérai avec une belle décision :

— Si on commençait par la queue?

— Eh oui, tiens, que j'suis bête, constata le Nane, je vais te donner une feuille de papier à lettres et tu écriras pendant que je mesurerai. En prenant au millimètre, on va pas se tromper beaucoup. Je parie bien que sur le compte, ça fera pas seulement une livre d'erreur.

Ce fut un rude travail. Il était plus de midi lorsque ma Grande vint m'avertir que la soupe était trempée. L'opération n'était pas encore terminée.

— Pourquoi prenez-vous ses mesures à cette bête? questionna la Grande. C'est-y pour lui faire un paletot?

— Nous sommes en train de la cuber, expliqua le Nane, et ton petit m'a rudement aidé. Je le garde et nous irons ensemble chez l'instituteur. Comme ça ton gamin verra comment on fait le compte.

...Je me revois, plus tard dans l'après-midi, trottinant en portant la feuille, à travers les pâturages, plus loin sous les sapins noirs du bois de la Garde... Rien ne manquait, tout avait été sérieusement mesuré : les pattes, les oreilles et les douze tétines!

— Trois quarts d'heure pour y aller, une heure pour faire le compte, une demi-heure pour revenir, avait prévu le bonhomme. On sera pas trop tard à la soupe!

A Masselèbre, sur le pas de sa porte, en gilet et bras croisés sur la poitrine, le maître d'école semblait nous attendre.

— Eh bonjour, Nane, quoi de neuf?

— C'est pour que vous me fassiez un petit compte, M'sieu l'instituteur. Voyez là, sur le papier, c'est toutes les mesures de ma truie. Comme j'ai besoin de savoir ce qu'elle fait au poids, j'ai mesuré tant qu'on peut mesurer. C'est tout là, vous vous tromperez pas même d'une livre, que j'ai dit.

L'instituteur restait confondu.

— Dommage, mon pauvre Nane. Je ne mérite pas ta confiance. Il te faudra chercher quelqu'un de plus calé que moi pour faire ce travail-là!

Il appela sa fille, la Perrine, qui était justement chez ses parents en attendant un poste :

— Hé! Perrine! le Nane vient de me poser un beau problème. Je parie que tu n'as pas appris ça à l'École normale. Il s'agit de faire le cube d'une truie!

— Le cube d'une truie?...

D'abord interloquée, la demoiselle s'enfuit en crevant de rire...

Mais ni le Nane ni moi-même n'étions d'humeur à partager cette gaieté de mauvais goût. L'estime que nous avions toujours eue pour les hautes connaissances de l'instituteur en resta définitivement altérée.

— Ces instituteurs, constatait mélancoliquement le Nane, ça fait une mare du diable et veux-tu que je te dise, y z'en savent pas plus long que nous.

Cependant, après cette tentative, la notoriété du Nane, jusque-là très étendue dans le canton, devint générale et l'ironie paysanne s'exerça bien souvent à l'endroit des fils pensionnaires du chef-lieu :

— Bah, tu seras jamais si fort que le Nane de Blanveau, tu seras jamais capable comme lui de cuber une truie.

Tel était Van den Broucke, le Nane de la 15ᵉ.

La chambrée de vingt-quatre lits était commandée par Dupont, un très vieux caporal qui serait retraité, après dix-huit ans de service et vingt-six campagnes, avant la fin de l'année.

Deux géants, l'un et l'autre soldats de 1ʳᵉ classe, occupaient les lits près des râteliers d'armes. Semblables par la taille, voisine de deux mètres, ils différaient par la carrure : Garrigou était normand et donnait une impression de maigreur, le teint pourtant vivement coloré et la rude tignasse brune et bouclée. Geyer était prussien, carrure épaisse et poil blond. Il fallait le voir à côté de Garrigou pour s'apercevoir que les deux hommes étaient de même taille, leurs énormes moustaches à même hauteur!

Dans la chambrée, je retrouvai Klémentz, qui avait succédé à Jacob comme chef de la onzième tente. Messer, Lerate et Van Lancker comptaient pour d'anciens occupants. Sauf Van den Broucke et moi il n'y avait là que des rengagés ayant tous accompli plus de cinq ans de service.

Le prêt fut distribué le soir même. La plus franche cordialité ne cessa de régner dans la chambrée et nulle altercation ne s'éleva. Nous faisions un réel effort pour nous connaître.

Ancien Joyeux du 3ᵉ bataillon, Nief se déclarait d'accord avec Lerate quant aux remarquables qualités des gradés de ce corps de troupe.

— Ah oui, alors, appuyait Péploche. Comment qu'y nous menaient. Y z'avaient des tas de trucs pour te faire la peau quand y t'avaient dans l'nez. C'est comme ça que j'ai vu crever un copain : Chédel. On faisait convoi sur Souk-el-Arba, avec le sergent Lamouleyre, une peau de vache, tout ce qu'y a de pire. La neige tombait et on est arrivés à l'étape sur les genoux. Chédel avait la fièvre et y savait plus c'qu'y disait. Il a voulu se faire porter raide, mais l'aut' vache a commencé à l'emmerder et y se sont engueulés. Si bien que mon Chédel qui en avait marre lui envoie un « glaviot » en pleine gueule. Le pied le fait tout de suite fout' sous le tombeau, en prévention pour outrage à un supérieur dans le service.

On a collé le pauv' mec sous le truc à courants d'air. Comme y groulait, on l'a collé par terre avec des piquets de tente aux abattis. V'là qu'y s'est mis à geler et on a compris qu'on tarderait pas à être de piquet d'enterrement.

Après la soupe v'là mon Chédel qui se fout à déconner et pis à gueuler : Maman! Maman! Ma...man!

Le lieutenant fait appeler Lamouleyre et y dit que ça pouvait pas durer comme ça et qu'y fallait la lui fermer, l'empêcher de faire tout c'train-là! Que le sergent se démerde pour qu'y fout' la paix à tout l'monde. C'était son boulot!

L'aut'vache qui demandait que ça y fait mettre un bâillon avec une serviette. Mais ça tenait pas plus de cinq minutes. Ça foutait le camp et le gars y recommençait à l'ouvrir. « A boire! à boire! » qu'y gueulait et pis d'aut'fois : « Maman! on me tue! »

Le lieutenant râlait et disait que des gradés comme Lamouleyre ça ferait mieux de rendre les galons et de demander une place de cantonnier. Alors, t'sais comment qu'y s'est démerdé, le pied?

Il a cherché un caillou, juste gros comme y fallait et il l'y a bourré dans la gueule à Chédel et mis le bâillon par-dessus et pis roulé la tête dans son couvre-pieds.

Le lendemain, bien sûr, le pauvre Chédel était complètement raide et il a fallu le met' sur l'araba pour aller l'enterrer à Souk-el-Arba. On y a bien enlevé les ficelles et le bâillon et y avait plus moyen d'y sortir le caillou qu'il avait dans la gueule. Le toubib est allé au pétard. Y marchait pas pour croire que le type s'était amusé tout seul à bouffer un os comme ça. Les médecins sont vaches aux Joyeux, mais y sont quand même médecins, s'pas? C'ui-là a fait un rapport et demandé une enquête.

Comme y voyait que ça allait chier, le lieutenant, pour se tenir à carreau, a fait mettre le sergent en prévention et l'a fait emboîter. Y tenait le bon bout, pas? Il avait donné l'ordre de la lui fermer, à Chédel... pas de l'étouffer avec un caillou dans la gueule...

Lamouleyre a été acquitté avec trente jours et la cassation. J'ai entendu dire qu'il s'était fait envoyer aux « Cocos » à Madagascar et qu'il avait repris ses sardines.

— Qu'est-ce que les « Cocos » demandai-je, intéressé.

— T'es jeune! Les « cocos » c'est la discipline des disciplines. Ça se tient à Diégo Suarez. On dit aussi les « peaux de lapins » pas' qu'y z'ont des capotes grises avec des cols et des parements blancs, comme les dragons. Les « incorrigibles » que ça s'appelle officiellement. Là, c'est pas comme dans les sections ou dans les compagnies de discipline. On s'amuse pas à te faire refuser pour te faire passer au conseil. On te butte et on t'enterre sans cérémonie. Quand on est pour y aller, y vaut mieux chercher le bagne.

Le voisin de Nief était un grand Parisien blond répondant au nom de Hecq. Sur son avant-bras gauche, se lisait tatoué en capitales bleues le mot KEBILI. Je pensai qu'il s'agissait d'une faute d'orthographe.

— Je croyais que ça s'écrivait KABYLIE, observai-je.

— Tu te gourres. C'est pas en Kabylie que j'ai été. C'est à Kébili, un bled dans le Sud-Tunisien où il y a un détachement de la 4ᵉ compagnie de discipline.

— Pourquoi envoie-t-on aux compagnies de discipline?

— T'en fais pas. T'iras pas! C'est pour les biffins et les autres troupes. Quand ils ont trop de punitions, on les envoie prendre la capote grise. Les légionnaires ont leur section à eux à Colomb-Béchar. Tu gardes la tenue mais au lieu du numéro sur le képi et sur la capote, t'as une étoile rouge. Ça fait moins moche que le gris. Si t'as envie d'y aller faire un tour, t'as qu'à prendre, coup sur coup, quelque trente et soixante dont huit et tu passes au conseil de discipline. C'est un examen comme le certificat d'études, mais on a plus de chances d'être reçu.

— On y reste longtemps?

— Aux compagnies?... Ça dépend. Des fois, six mois. Des fois, un an, dix-huit mois. On décharge les compagnies par les deux bouts pour faire de la place à ceux qui viennent d'être reçus et il faut que les anciens partent d'un côté ou de l'autre. Il y en a qui sont renvoyés à leurs corps, d'autres aux « Cocos », d'autres au Conseil de guerre qui les expédie au pénitencier ou aux Trav's.

— Qu'est-ce que c'est exactement les Trav's?

— C'est le bagne. C'est même plus cher que le bagne. Ils sont habillés en soldats avec des capotes grises et des képis avec une grande viscope carrée. Ils sont gardés par des tirailleurs et les « chaouss » sont plus mauvais, on dit, que les gardiens au « dur ». Mais ils sont soldats et on peut les armer si on a besoin d'eux. Il y a un « atelier » à Orléansville et un autre à Bougie. Ils ne sont pas dégradés mais ils sont complètement rasés. A l'atelier de Bougie, je crois qu'on leur laisse la moustache parce qu'ils ont eu à prendre les armes dans un coup de chien et qu'ils ont sauvé la situation dans le temps.

— Et le pénitencier?

— Le pénitencier, c'est la même chose, kif-kif. Seulement les peines sont pas si longues. On t'envoie là pour avoir fauché ou pour avoir bazardé ton paquetage. Moi, j'aimerais mieux aller aux Trav's qu'au pénitencier. C'est pas la même chose quand même. On va jamais aux Travaux publics pour avoir fauché. Mais les Trav's c'est toujours pour cinq ans au moins.

— ... Quand y a pas de rallonge, commenta Nief. Au pénitencier ou aux Trav's tu peux « virer » et c'est toujours le gros paquet qu'y te foutent au Conseil quand tu t'amènes avec la capote grise.

Obert intervint :

— Quand le président de la République il est fenu pour passer la grande revue au Kreider, y afait au premier rang tu teuxième pataillon te la Léchion un fieux type afec une parpe qui y tescendait jusqu'au fentre, une grante parpe planche.

« Combien c'est que fous afez de serfice, mon prave? qu'y temante le président.

— Trente-sept ans, qu'y dit, l'autre, Monsieur le Président.

— Y fautra me présenter cet homme pour la Léchion d'honneur, qu'y dit le président. » Mais tu parles d'une affaire! Il afait pas dit, le fieux, que pour ses trente-sept ans de serfice il en afait fait trente-quatre aux Trafaux publics.
« Oui, Monsieur le Président, qu'y fait, le capitaine. Che fous ferai communiquer ses états de serfice et vous chucherez. » Tu parles, quand c'est qu'y les a fus, il a plus parlé de lui fout' la Léchion d'honneur!

La bibliothèque du bataillon me parut d'une richesse fantastique. Sur les rayons s'alignaient des centaines et des centaines de volumes. Je pris la décision de la fréquenter assidûment. Je crus aborder la haute science en lisant *De la Terre à la Lune* de Jules Verne. Je réclamai du papier et commençai à prendre des notes.

Baudry vint me surprendre dans ce travail.

— C'est tout ce que tu as trouvé de mieux?

— C'est pas bien?

— Si tu veux te distraire, tu peux lire Jules Verne. Je suis même d'avis qu'il faut l'avoir lu. Mais je crois que tu n'es pas encore capable de bien discerner, dans ce qui est imprimé, ce qui est science, c'est-à-dire connaissance, et ce qui est imagination. Ici, tu es en pleine fantaisie.

— Je croyais m'instruire, plaidai-je. Ça paraît tout à fait raisonnable de faire un grand canon...

— Hé oui! Il suffit que ça paraisse raisonnable pour que ça amuse. Tu as dit le mot juste et si tu veux « paraître savoir » tu peux bien continuer à prendre des notes. Tu trouveras assez de gens à épater en leur prouvant, à la manière de Jules Verne, que tu es capable, toi-même, d'envoyer des hommes dans la Lune. Mais il ne me semble pas que c'est le but que tu te proposes?

— Il y a aussi un livre d'algèbre, dis-je alors, soucieux de remonter dans l'estime de mon camarade. Si je faisais les problèmes, voudrais-tu me les corriger?

— Non, car ce serait te rendre un mauvais service. Dans les conditions qui sont les tiennes, je te répète que tu dois te tirer d'affaire par tes propres moyens. Tu dois vérifier toi-même, lorsque tu as trouvé une solution, si cette solution répond aux données. Tous ceux qui développent leurs connaissances doivent en venir là, un jour ou l'autre. Si tu ne sais pas vérifier, il faut reprendre l'étude car tu ne sais rien. La vérification est d'ailleurs toujours plus facile que le problème.

N'attends pas de moi que je joue au maître d'école. Il ne dépend pas de moi que tu restes ignorant ou que tu deviennes un homme instruit. Tu comprendras que tant que l'on se réfère à une autorité, on ne sait rien.

Cependant, je te vois partir à la recherche du savoir à la manière d'un chasseur à la poursuite d'un gibier de choix. C'est pourquoi je ne regretterai pas le temps que je passe à te faire des discours.

... J'étais emballé par les perspectives que m'ouvrait mon camarade. Je voyais s'ouvrir devant moi une existence de recherches sans fin. Je ne serais jamais qu'un petit braconnier dans la chasse du savoir, mais je ne manquerais jamais de gibier!

La vie de caserne à Géryville me fut très agréable. Les exercices étaient peu fatigants et de courte durée. Ils consistaient essentiellement en jeux, séances de tir, corvée de salade — à la recherche de pissenlit dans le bled —, services en campagne qui n'étaient que de simples promenades, corvée de jardin qui était une récréation.

Les loisirs étaient abondants et la nourriture excellente, grâce aux apports que faisait à l'ordinaire le jardin du bataillon. La bibliothèque aidant, n'étant tourmenté ni par l'envie ni par l'ambition, je me trouvais, en somme, parfaitement heureux.

Je m'étais attaqué avec passion à un problème proposé par Baudry et je me trouvais stimulé autant par la nécessité de m'instruire que par le désir de faire plaisir à Baudry. De plus, j'échappais ainsi au cafard que la vie de caserne développait dans le milieu légionnaire comme une maladie contagieuse.

Mon esprit ne quittait pas la question. J'y pensais à l'exercice, au lavoir... J'y pensais dans mon lit après l'appel... Je croyais avoir trouvé et attendais avec impatience le lendemain afin d'appliquer fébrilement une méthode... qui me ramenait à mon point de départ!

Enfin, après la soupe du matin, le quatrième jour, je triomphai des difficultés. J'attendis le soir pour vérifier mes résultats. Pas d'erreur possible : la solution satisfaisait aux données.

Je courus vers Baudry.

— Mais tu rayonnes, mon garçon ! Tu en es donc venu à bout?

— Oui, j'ai trouvé.

— Fais voir ça... Mais c'est fameux, mon cher! Évidemment, ce n'est pas complet car il y a deux solutions et tu n'en donnes qu'une.

Mais ton travail est remarquable. Tu as simplement réinventé la méthode des coefficients indéterminés. Mes compliments! Ça t'a donné beaucoup de mal?

— Je n'ai pensé qu'à ça jour et nuit, pendant trois jours. Alors tu es sûr que je peux m'instruire à présent?

— Rien ne peut t'en empêcher. Maintenant prends le cours. Tu n'as pas à craindre de rencontrer des difficultés comparables à celles que tu viens de surmonter. Mais ne t'abrutis pas à ne faire que de l'algèbre. Il convient que tu lises et que tu enrichisses ton vocabulaire. Lis n'importe quoi, mais juge!

La vie de caserne n'admettait pas les tolérances qui étaient d'usage au camp 64. C'est ainsi que dès le premier mois, bon nombre de mes camarades firent connaissance avec la prison de Géryville.

Un soir de cuite, Lerate, Van Lancker et Guizard avaient décidé, après l'appel, d'aller faire un tour au gymnase pour y vider une paire de bidons. Ils ne se décidèrent à rentrer que bien après l'extinction des feux et, par malheur, le ciel était couvert et sans lune. De plus, ils étaient complètement saouls.

Se trompant de baraquement, ils entrèrent dans une chambre de la 14ᵉ compagnie et tentèrent, dans l'obscurité, de trouver leurs places respectives.

Le caporal fut réveillé par des cris et des bruits de bagarre.

— Qui c'est le fumier qui s'est foutu dans mon pieu, hurlait Lerate en empoignant au col un intrus présumé qui ripostait sans délai par un coup de poing en pleine figure.

— Vérole! Y a aussi un mec dans le mien, avait constaté Guizard qui entreprenait de chasser un gigantesque Lithuanien qui l'avait aussitôt empoigné, couché sur son lit pour l'assommer tranquillement.

Plus prudent, Van Lancker avait hésité. Ne se fiant pas au dénombrement qu'il avait fait en passant devant chaque lit, il ne savait plus s'il en avait passé six ou sept. Le sien était le huitième, de cela il était sûr, mais ne s'en trouvait guère plus avancé. Il voulut, en tâtant le sac à brosses, reconnaître à la présence d'un morceau de savon de quatre sous qu'il avait acheté le soir même qu'il était bien chez lui. Se sachant plus capable de raisonnement que Lerate, et surtout que Guizard, il ne s'étonnait pas que ses compagnons, avançant sans précaution dans la chambrée obscure, se fussent trompés de lit. Il dut s'apercevoir qu'il s'était trompé de même lorsqu'il se sentit empoigné et renversé cependant qu'une voix furieuse lui criait dans la figure :

— Godferdom! je te tiens, salaud de voleur!

La lumière faite, les trois camarades reconnurent leur erreur mais ne se trouvèrent pas quittes pour autant. Le caporal les fit emboîter séance tenante et le lendemain, le sergent-major de la 15ᵉ annonçait au rapport :

— Lerate, Guizard, Van Lancker, demande de trente jours de prison dont huit de cellule. Étant en état complet d'ivresse sont allés, après l'extinction des feux, causer du scandale dans une chambrée de la 14ᵉ compagnie.

En temps normal, chaque compagnie entretenait en prison une partie importante de son effectif. Bien que vastes, les locaux disciplinaires étaient surpeuplés et les arrivants n'avaient accès au bat-flanc qu'après avoir couché une ou deux, quelquefois trois semaines, sur les dalles. Les derniers arrivants prenaient les places les moins recherchées, sur le sol, dans le voisinage immédiat de la tinette.

La corvée des punis était la plus dure de toutes. Il s'agissait, pour les deux hommes commandés pour ce service, de transporter dès le matin une quarantaine de sacs de vingt kilos qu'il fallait, le soir, réintégrer au magasin. Lors de la soupe, c'était quarante gamelles pleines à transporter des cuisines aux locaux et à ramener ensuite à la cuisine.

Le peloton des punis constituait un important détachement de cent cinquante à cent soixante hommes dont chacun, chargé d'un sac bourré de sable, ne faisait guère moins de quarante kilomètres par jour, en manœuvre à rangs serrés, où le pas cadencé alternait avec le pas gymnastique.

L'entraînement des punis de prison était réellement intensif.

La manœuvre en section de cette troupe imposait le pas de course à tout changement de front que le sous-officier ordonnait avec une fréquence que je jugeais épuisante pour ces hommes.

Très souvent, le sergent fractionnait son détachement en quatre sections et passait à la manœuvre de compagnie. Anciens gradés de la « biffe » ou de la coloniale, que l'on trouvait en abondance parmi les punis, ils constituaient tous autant de gradés provisoires qu'il en fallait pour répondre aux besoins.

Très vite, je fus le seul de la compagnie qui n'eût pas de séjour en prison à son actif. Si j'eusse été enclin à m'enorgueillir de cette particularité, les propos d'Obert m'auraient fixé sur la valeur qu'elle me conférait en tant que légionnaire :

— Si t'as pas fait de taule, quand c'est qu'on formera une colonne, tu te mettras une pelle ceinture pour partir afec les autres. On te laissera à la traîne. Quand on a pesoin de mecs, les officiers y z'aiment mieux prendre ceux qui ont fait de la poîte. Faut pas tes mignards pour faire les coups turs. Y faut tes mecs qu'y z'ont pas peur de tire merte!

Quelques jours plus tard, à l'occasion d'une revue de détail passée par le capitaine, Obert ajoutait une punition de quinze jours dont huit à un casier qui lui assurait cependant tous les droits à être choisi en vue d'un départ en colonne.

Geyer, le Prussien de deux mètres, avait reçu ce jour-là le mandat de dix francs que lui envoyait mensuellement une artiste lyrique dont il avait fait la connaissance dans des circonstances dramatiques.

Le courrier d'Indochine qui ramenait Geyer après trois ans de Tonkin et l'artiste après une tournée dans le même quartier avait fait naufrage sur la côte des Somalis, à une centaine de kilomètres de tout secours. Ces conditions avaient entraîné un déplacement complet des valeurs masculines parmi les naufragés. La petite actrice avait compris sans retard l'intérêt que présentait ce colosse devant la nécessité de choisir entre l'attente dans ce désert, sans vivres et sans eau, et une marche de plus de cent kilomètres avec des chaussures de soirée sur un terrain rocailleux. Sans perdre de temps, elle avait annexé Geyer.

Ce dernier l'avait simplement chargée à califourchon sur ses épaules et l'avait portée à Djibouti où il était arrivé un des premiers, après une marche de trente-six heures.

Depuis lors, le Prussien était le grand richard de la compagnie par le fait du fameux mandat qui triplait sa haute paye. Or Geyer ayant entraîné Obert à la cantine où ils avaient ensemble bu assez de vin pour que l'ivresse soit évidente, les deux compagnons avaient toutefois pris soin d'installer leurs effets pour la revue avant de se mettre à boire.

Vieux soldat modèle, Obert présentait un étalage impeccable. Son linge et ses treillis étaient immaculés, les doublures de ses vêtements de drap d'une blancheur sans défaut. Les pièces de son fusil étincelaient et ses cuirs brillaient comme des miroirs.

J'avais admiré cette présentation qui ne devait cependant procurer aucune satisfaction au capitaine lorsqu'il aurait passé la revue.

Dès sa rentrée de la cantine, incapable de se tenir debout, le vieux soldat s'allongea sur son installation et s'endormit. Les sollicitations du sergent de section après celles du caporal furent vaines. Il fut impossible de le faire bouger.

Au commandement de « fixe! », annonçant l'arrivée de l'officier, les hommes s'étaient mis au garde-à-vous au pied des lits et Geyer lui-même avait obéi. Seul le vague de ses yeux bleus indiquait une certaine saturation alcoolique. Le capitaine, passant devant lui, ne daigna pas en faire la remarque. Quant à Obert, il avait son compte et pour un temps serait rebelle à tout commandement. Nulle puissance au monde n'eût été capable de le faire tenir debout.

— Portez-lui huit jours avec demande de quinze dont huit, ordonna le capitaine au sergent-major et vous, caporal, emboîtez-le sans retard.

Il ne fallut pas moins de quatre hommes pour transporter le vétéran aux locaux disciplinaires. Pesant dans les quatre-vingt-dix kilos, il offrait au transport un corps abandonné, inerte, absolument inconsistant.

Quelques jours plus tard, une colonne de deux cent cinquante hommes était formée pour détruire une importante colonie de criquets signalée au sud de Brézina. Je ne pus obtenir d'en faire partie. Les hommes étaient désignés au choix par le chef chargé du commandement. Obert, Lerate et Van Lancker sortirent de prison pour se préparer au départ.

J'assistai, dévoré d'envie, à la distribution des casques de liège, des cartouches, du campement et des vivres de réserve. Totalement ulcéré, j'accompagnai les partants jusqu'à la porte du quartier. Je me sentais disqualifié et pensai aux moyens qui étaient à ma disposition pour mériter les jours de prison sans lesquels je ne saurais être considéré.

Après le départ de la colonne partie à la chasse aux sauterelles, une épidémie de cafard s'abattit sur nous tous et intensifia ses ravages. Individuellement ou par groupes de deux ou trois, un certain nombre d'entre nous quittaient le casernement. Munis d'une ration de pain et d'un bidon d'eau, nous partions vers l'une des garnisons situées dans un rayon de cent trente à cent cinquante kilomètres autour de Géryville. Dans le langage particulier de la Légion, ces expéditions étaient appelées « départ en bombe » bien qu'il manquât aux voyageurs le plus indispensable des moyens pour « faire la bombe ».

C'était, en fait, une très rude marche d'épreuve sans manger et non sans souffrir de la soif, au bout de laquelle se trouvait une cellule pour vous accueillir et une punition de quinze, trente ou soixante jours, suivant le nombre et la proximité des récidives.

L'absence constatée à l'appel, le légionnaire disposait de six jours francs avant d'être porté déserteur. S'il se présentait à un poste quelconque avant que ce délai fût écoulé, il échappait au Conseil de guerre et s'en tirait avec une simple punition de prison.

Dans la semaine qui suivit le départ des chasseurs de criquets, trois de mes camarades partirent illégalement de Géryville et, n'eurent plus à figurer sur les « situations » du 2e bataillon.

Le premier, l'Italien Baousso avait senti s'accélérer vers son cœur la marche de « l'aigouill' ». Devenu complètement fou, il avait été interné à l'hôpital d'où il s'était échappé sans linge, ni vêtements, ni chaussures. Drapé dans une couverture, sans eau ni vivres, il était parti et l'on ne devait plus entendre parler de lui.

— Vous faites pas de bile pour lui, expliqua le grand Garrigou, y peut aller sans se biler d'un douar à l'autre, depuis le Maroc jusqu'à la Tunisie. Y parle arabe. Il est maboul! On le recevra partout comme s'il était Mahomet. Tout c'qu'y pourra déconner on l'écoutera à quatre pattes et y manquera jamais de couscous et de mouton grillé.

Quelques jours après, Weinstein manqua à l'appel du matin. Ce fut encore Garrigou qui expliqua son départ.

— Celui-là non plus, on le reverra pas. Il est juif et il a avec lui tous les juifs d'Algérie et du Maroc qui l'aideront à se barrer.

Ce fut ensuite le départ de l'Allemand Rautos qui avait fait partie de la chambrée de Fabry à Saïda. Il fut porté manquant avec Knibühler qui avait été l'adversaire malheureux de mon propre combat, au camp 64.

Huit jours après, le rapport donnait de leurs nouvelles en ces termes :

« Les corps des légionnaires Rautos et Knibühler de la 15ᵉ compagnie, en absence illégale depuis le 20 avril, ont été retrouvés inanimés entre l'oued Krerba et l'oued Kérima. Ils sont morts de soif. Leurs cadavres ont été ramenés à Géryville par les indigènes qui les ont découverts. Leur section fournira le piquet et les hommes de la compagnie qui désirent assister à l'enterrement sont invités à se faire inscrire au bureau, après le rapport. »

Réduite d'un quart par la formation de la colonne, la chambrée était grignotée en outre par l'envoi en prison d'une partie de son effectif restant.

Peysson avait été ramassé, après l'appel du soir, par une patrouille qui l'avait relevé, ivre mort, derrière le mur de la citadelle. Il avait pris un « quinze dont huit ».

Rentrés saouls, Garrigou et Geyer, les deux colosses, se défièrent en une lutte à main plate qui dégénéra vite en combat furieux. La moitié des lits et un certain nombre de paquetages en furent bouleversés, un râtelier d'armes culbuté et un bat-flanc sérieusement endommagé. Le caporal Dupont les fit bloquer par tous les disponibles à qui il avait fait mettre baïonnette au canon. Il fallut cependant mobiliser le corps de garde pour réduire les combattants et conduire Garrigou en prison. Geyer qui s'était jeté sur la pointe d'une baïonnette avait l'épaule traversée et dut être porté à l'infirmerie. Ils furent punis de « trente dont huit » et perdirent leur galon de soldats de 1ʳᵉ classe.

Avant le retour de la colonne, la chambrée du caporal Dupont n'avait plus, outre son chef, que quatre hommes à l'appel.

J'occupais mes nombreux loisirs à résoudre des problèmes variés. De six heures à neuf heures du soir je faisais de la lecture et je n'avais avec Baudry que des entretiens assez rares. Je craignais plus que tout d'être importun, bien que l'ancien m'accueillît toujours avec la plus aimable cordialité.

En somme, j'aurais été parfaitement heureux si je n'avais été tenaillé par la conviction que je serais prochainement frappé de discrédit si je ne trouvais un motif raisonnable de faire un séjour en prison.

Le retour des chasseurs de criquets et la rentrée de quelques punis qui avaient terminé leur peine remplirent partiellement la chambrée. La distribution que je faisais, à chacun de mes camarades à tour de rôle, de mon quart de vin me valait une réelle considération. Je préméditai donc un acte d'indépendance capable de m'attribuer de nouveaux droits à l'estime de mon entourage. Je confiai mon projet à Van Lancker :

— J'ai le cafard, dis-je. J'en ai marre du casernement. Je vais partir faire un tour.

— Quand c'est que tu pars?

— Demain matin. Il y a réveil à quatre heures pour la marche du bataillon. Je fiche le camp après l'appel et je garde ma demi-boule pour le voyage.

— Entendu! Mets ton pain de côté. Je te donnerai la moitié du mien pour te faire bouffer ce soir. Y a du riz. Je t'aurai une gamelle de rabiot à la cuistance. Tu seras bien content de l'avoir demain quand t'auras cinquante kilomètres dans les bâtons. Tu prends ton fusil?

— Je n'ai pas de cartouches.

— Je vais t'en donner trois. Prends ton fusil. Y a rien de tel pour se faire respecter quand on voyage dans le bled. Où c'est que tu vas?

— Au Kreider. Si j'avais une carte, j'aimerais mieux aller vers Laghouat mais je ne veux pas prendre le risque de crever de soif comme Rautos et Knibühler. De ce côté-là je sais où trouver de l'eau.

Je n'ajoutais pas que ce choix était surtout imposé par le désir toujours ardent de voir Marie.

— T'as pas tort. Au moins tu sais où tu pourras remplir ton bidon. Y a pourtant un endroit que tu sais pas, où qu'y a de la flotte. C'est une citerne à mi-chemin entre le Kreider et Alfaville. Elle est sur la droite en partant d'ici. On la voit près de la piste et y faudra que tu marches à cent mètres à droite de la ligne télégraphique pour tomber dessus. Comme ça, tu vas rentrer avec quinze jours de taule puisque c'est ta première bombe?

Je crois que tu exagères un peu. Y en a pas un de nous qui aurait vendu ses fringues deux fois sans aller à Oran et en prendre au moins pour sept ans en deux coups de cuiller à pot, continua Van Lancker. Si t'es pas encore dépucelé c'est pas parce que tu y as pas droit.

— N'empêche, y avait que moi qui n'avais pas encore fait ma petite tête de cochon.

— Bon! ... Allez, prends les cartouches et tâche de les ramener si tu t'en sers pas. T'auras qu'à les planquer avant de te rendre. Tu les reprendras en remontant avec le convoi. Tu feras bien d'économiser ta ration de viande. T'auras rien de trop, demain.

Le lendemain, avant le lever du jour, j'escaladais la grille qui clôturait la caserne derrière les lavoirs et prenais le bled. Sur mon dos, je portais le sac surmonté d'une gamelle pleine de riz cuit de la veille, au sein duquel était enfouie une ration de viande. A l'intérieur du sac, j'avais logé ma toile de tente et ma ration de pain. J'avançais à bonne allure et, l'arme à la bretelle, je gagnai la piste menant vers l'ouest, avant l'entrée dans les gorges.

Au lever du soleil, j'avais fait une douzaine de kilomètres et la chaleur se manifestait, croissante.

Avant neuf heures, j'avais absorbé le contenu de mon bidon de deux litres, mais j'étais proche de Zouireg où je pourrais me désaltérer et faire le plein.

Après dix heures, alors que j'avançais vers Kef-el-Amar, je me sentis écrasé par un soleil vertical. Je crus pouvoir prendre un instant de repos en me couchant sur le sol et en me couvrant de ma toile de tente. Pris entre le tissu et le sol à cinquante degrés au moins, je dus me relever bien vite et repartir, suant tout ce qui pouvait encore rester en moi des cinq ou six litres d'eau que j'avais bus depuis mon départ. Mon bidon était vide encore une fois.

J'avançais d'un pas mécanique, éperdu, sans pensées, rôti par un soleil de plomb, trébuchant sur les touffes d'alfa. Enfin, un peu avant midi, mourant de soif, j'atteignais Kef-el-Amar.

J'entrai dans le bordj où Marie m'accueillit sans bonne grâce. Elle était vêtue d'une robe de toile blanche, si légère qu'elle paraissait à peu près nue. Sa beauté n'y perdait rien.

— Que veux-tu? demanda-t-elle, méprisante.

— Ce qu'on ne refuse jamais : un peu d'eau.

— Le seau est dans le coin. Tu as ton quart?

— Oui. Vous permettez que je remplisse mon bidon?

— Oui.

Un spahi indigène, en bottes souples et burnous garance, entra dans la salle et m'interpella :

— Où c'est qu'ti vas?

— A Saïda, en mission.

— Fais voir ton ordre di mouvement, demanda le gendarme du bled.

En apercevant le spahi, j'avais d'abord pensé que mon voyage pourrait bien s'arrêter là. Puis je songeai au parti que je pourrais tirer d'un papier officiel, inutile depuis plusieurs semaines et que j'avais conservé dans la coiffe de mon képi.

Je le tirai avec précaution et le présentai au cavalier qui l'étudia avec la gravité d'un expert.

Le papier déclarait :

« Le légionnaire Flutsch est autorisé à sortir en ville en guêtres et souliers de repos, ses brodequins étant en réparation. »

Au bas, la signature savante du sergent-major au-dessous du timbre P.O. Le Commandant de la compagnie. Une République au chef orné de rayons conférait à ce document un aspect officiel de bon aloi.

— C'est bon! conclut enfin le spahi. Ti peux faire ton voyage.

Ayant rempli mon bidon, je remerciai Marie qui ne daigna même pas répondre et je quittai le bordj. Un peu plus loin, dans le lit de l'oued complètement à sec, je trouvai abri contre le soleil.

J'avais grand faim et jugeai le moment venu d'entamer ma gamelle de riz et la portion de viande économisée de la veille.

Je défis ma courroie de charge et libérai le récipient dont le couvercle sauta comme le bouchon d'une bouteille de champagne. Une odeur putride s'échappa de la masse qui foisonnait comme un moût alcoolique en pleine fermentation. Il n'y avait plus qu'à jeter cette précieuse nourriture et se contenter d'une trempette de pain dans un quart d'eau.

Il ne me restait, après ce repas sommaire, que trois cents grammes de pain environ et j'avais à parcourir soixante-douze kilomètres. Enfin, lorsque j'arriverais au Kreider, je ne serais pris en subsistance que le surlendemain de mon arrivée, d'où un jeûne supplémentaire d'au moins trente-six heures. Il convenait de presser le mouvement. D'ailleurs, je me sentais reposé et en pleine forme pour accomplir encore une longue marche.

A douze kilomètres de Kef-el-Amar se trouvait, sur mon chemin, le camp 64 où travaillaient les légionnaires de la 16ᵉ compagnie. Je m'en écartai par un détour de quelques kilomètres.

Vers le soir, je fus abordé par un indigène. L'homme était minable. C'était un pauvre hère, pieds nus, tête nue, d'une maigreur effrayante. Une crasse épaisse recouvrait toutes les parties visibles de ce misérable corps. Pour tout vêtement, il portait un sac déchiré dont il utilisait trois brèches : l'une dans le fond pour passer la tête et deux autres latérales pour les bras. A la partie inférieure, qui arrivait à mi-cuisse, un boudin de cuir formait une bordure solide. Sur le sac on lisait en capitales imprimées : POSTES-FRANCE.

— Où ti vas? me demanda ce clochard du bled.

— Si on te le demande tu diras que tu n'en sais rien.

— Ti vas donner ton soulier ou moi ji vais dire au chef toi parti en bombe. Ti siras attaché sur li cheval et emmené à Chiréfil.

— Tu es un voleur, grondai-je en tâchant de tirer de ma voix et de mon regard toute la férocité que je pouvais exprimer. Et décrochant mon fusil je pris dans ma poche une cartouche que je glissai dans le canon.

Tu vas me suivre au Kreider et je te ferai mettre en prison. Tu as voulu voler des effets militaires et pour ça tu passeras au Conseil de guerre. Allez! Marche devant moi! Si tu essaies de te sauver, je te fous une balle dans la peau. Tu sais que mon fusil est chargé.

Pour me donner une allure plus martiale, je mis baïonnette au canon.

Le pauvre diable, assurément rompu à toutes les servitudes, se soumit sans discuter. J'étais bien tenté de lui botter modérément les fesses mais je me contins et pensai que ce serait une inavouable lâcheté. L'homme qui, peut-être, n'avait pas encore vingt ans, affirmait une telle misère chronique, une telle déficience générale que tout sévice contre ce pauvre être était impensable. A coup sûr, il ne devait pas peser plus de cinquante livres!

Mais il ne convenait pas de trop s'attendrir. Ce déchet humain pouvait être dangereux. Je compris que si je le laissais échapper je pourrais bien avoir avant peu un groupe de cavaliers à mes trousses, avides de gagner la prime de quinze francs que leur accordait le bureau arabe lorsqu'ils ramenaient un légionnaire en bombe.

La nuit tombait lorsque, poussant mon captif devant moi, j'atteignis Alfaville ayant parcouru plus de quatre-vingts kilomètres. Je pus boire à la fontaine en avalant le reste de mon pain et je remplis mon bidon. Je me sentais encore vaillant et décidai de ne pas m'accorder de repos avant d'avoir atteint, quelque vingt kilomètres plus loin, la citerne signalée par Van Lancker. Là, je pourrais libérer mon prisonnier qui ne rejoindrait son douar qu'après une marche supplémentaire de quarante kilomètres. La poursuite des goumiers éventuels ne serait plus à craindre.

J'avançais d'un pas allongé, accélérant de temps à autre, d'une poussée, l'allure du pauvre diable qui marchait devant moi.

Je m'étonnais de ne pas souffrir davantage de la fatigue de cette journée. Je me sentais las, c'est vrai, et je savais qu'il me suffirait de m'étendre sur le sol pour m'endormir aussitôt, mais j'éprouvais une ardeur joyeuse à constater la vigueur qui restait en moi après cette longue course.

Je regrettai d'avoir pris cette route. Marie ne comptait plus pour moi depuis mon dernier passage. Si j'avais pris la peine de réfléchir et mieux connu mes forces avant d'entreprendre ce voyage, j'aurais économisé une quantité suffisante de croûtes de pain et emprunté le bidon de Van Lancker. Avec la plus grande facilité, j'aurais accompli un raid de trois cents kilomètres.

Maintenant que nous nous rapprochions de la citerne, j'avais fait plus de cent kilomètres et j'avais grand faim. Mais le sentiment qu'il n'y avait guère plus d'une heure que j'étais porté manquant à Géryville me réconfortait.

Plusieurs fois, depuis Alfaville, mon captif s'était laissé tomber, criant sa fatigue et sa faim, déclarant qu'il ne pouvait plus aller plus loin et qu'il préférait être tué tout de suite. Cependant, la piqûre de la baïonnette le remettait debout. Sachant que la citerne était proche, je lui rendis sa liberté.

— Maintenant, lui dis-je, tu peux aller à ton chef et lui signifier qu'il n'a pas besoin de se déranger. Il ne touchera pas sa prime de quinze francs. Toi, tu sais ce que tu y as gagné. Je ne suis pas méchant. Je pourrais t'attacher si j'avais envie de me reposer et te garder avec moi jusqu'à ce qu'on arrive au Kreider où je te ferais mettre en prison. Allez! fous-le camp! répétai-je, éprouvant le besoin d'un satisfecit. J'avais tout de même quelques doutes sur la valeur de ma générosité...

Le libéré disparut dans la nuit et je me sentis à bout de résistance, non parce que mes muscles étaient trop fatigués pour continuer mais parce que le besoin de dormir était devenu insurmontable.

Je parvins à la citerne, mais le niveau de l'eau me parut lointain et difficile à atteindre dans l'obscurité. Je m'écartai d'une centaine de mètres, je me laissai tomber sur le sol, j'appuyai ma tête sur mon sac et je m'endormis.

Des souffles à mon oreille me réveillèrent. C'était encore la nuit totale. Je repris conscience et je me sentis flairé de toutes parts. Je compris qu'une troupe de chacals m'entourait. Au premier mouvement que je fis, la bande de charognards s'enfuit dans un tel bruit de pattes que je pensai qu'ils étaient bien plusieurs dizaines.

Il n'y avait pas de quoi s'effrayer. Je savais que ces animaux, perpétuellement affamés, étaient trop craintifs pour attaquer un homme vivant, fût-il endormi. Malgré la puissance de leurs mâchoires, jamais ils ne risqueraient un coup de dents, même regroupés en troupeau, avant que la mort ne soit effective et bien constatée.

Sur ces réflexions rassurantes, je me rendormis.

Peu avant l'aube, je m'éveillai et j'eus faim. Je regagnai la citerne, vaste bassin carré d'une dizaine de pas de côté, aux murs de glaise bien lisses, qui descendaient en talus à une profondeur d'environ quatre mètres. Dans le fond croupissait une eau de couleur brune.

Je déroulai ma ceinture que je nouai par l'une de ses extrémités à la courroie de mon bidon. Je pus ainsi atteindre le niveau de l'eau. Le remplissage fut laborieux mais, en fin de compte, satisfaisant.

Au loin, à une vingtaine de kilomètres, la tour du poste optique signalait le Kreider. Je serais bientôt rendu et, dès mon arrivée, mis en cellule. Je n'aurais à manger que le surlendemain. J'étais averti!

Désaltéré, je pensai, avant de me remettre en route, que je ferais bien de cacher les trois cartouches que Van Lancker m'avait prêtées. J'avisai un poteau télégraphique dans l'alignement d'un côté de la citerne et, à mi-distance, remarquai un bloc de tuf sous lequel j'enfouis mes munitions pour les reprendre lorsque je serais ramené à Géryville par le convoi.

Vers midi, je me présentai au corps de garde du 1er bataillon d'Afrique. Débarrassé de mes armes et de mon sac, je fus logé dans une cellule des locaux disciplinaires dont l'entrée s'ouvrait à l'intérieur du poste. Je n'étais pas fatigué et je me sentais de force à faire une très longue étape à condition d'être alimenté : je souffrais déjà de la faim! J'allais apprendre, ce que j'ignorais encore, que la faim est un mal dont on peut souffrir longtemps. Je comptai le nombre d'heures pendant lequel je devrais jeûner : de midi à midi et de midi au surlendemain dix heures... Quarante-six heures avant de me mettre quelque chose sous la dent! Ce serait diablement long!... Mon logement était une cellule du type réglementaire, telle que celles qui existaient dans les locaux disciplinaires de n'importe quel corps de troupe de l'armée française. Trois pas de long sur un pas de large avec, sur un bat-flanc incliné de soixante à soixante-dix centimètres de large, une planche formant « oreiller » à l'extrémité la plus haute. Les murs étaient maculés de milliers de virgules brunes dont le noyau était une empreinte digitale dont on pouvait dire, avec certitude, qu'il en existait un exemplaire dans les dossiers de la police.

J'avais, sur ce point, toutes les explications nécessaires.

Pour tuer le temps, mes prédécesseurs en ce lieu s'étaient amusés à faire la chasse aux punaises sur un territoire extrêmement giboyeux, si l'on en jugeait par le nombre des mises à mort en un temps assez court. Le lait de chaux ne devait pas être absolument inconnu au bataillon d'Afrique et ç'eût été calomnier ce corps de troupe que de supposer que, de temps à autre, une corvée de punis ne recevait pas l'ordre d'opérer un blanchiment sommaire et rapide.

Afin d'être fixé sur cette importante question, écaillant l'enduit à coups d'ongle, je pus constater qu'effectivement le mur avait reçu de nombreuses couches mais que chacune d'elles présentait les indices relevés sur la couche supérieure. A la Légion j'avais souvent porté la gamelle à des punis mais je n'avais jamais vu de traces semblables. Les punaises du bataillon d'Afrique devaient être d'une extraordinaire fécondité.

Après ces observations, je pensai que l'immobilité complète économiserait mes forces pendant les quarante heures d'abstinence totale qui me restaient à vivre. Je m'allongeai sur le bat-flanc et tentai de m'assoupir.

Aussitôt, je me sentis envahi par une nuée de bestioles piquantes et malodorantes. Il en sortait, se précipitant à la curée, de milliers de trous, de toutes les fentes du bat-flanc. Du plafond, il en tombait en pluie. Jusque-là j'avais toujours supposé que ces insectes étaient essentiellement nocturnes. Je dus convenir que c'était encore là une opinion à réviser, à moins que les punaises du 1er bataillon d'Afrique ne fussent d'une espèce particulièrement vorace.

Il fallut renoncer à dormir. D'ailleurs, autour de moi, s'établissaient d'une cellule à l'autre des entretiens dont il était impossible de perdre un seul mot.

Des informations s'échangeaient entre anciens pensionnaires de maisons centrales. Des discussions s'ouvraient sur les avantages respectifs de Melun, Loos ou Riom.

Le voisin de droite avait reçu, au cours d'un très long stage à la maison de correction d'Aniane, de solides connaissances qu'il avait appliquées dès sa sortie. Cela lui avait valu deux ans de séjour à la centrale de Riom.

— A côté d'Aniane, disait-il, la centrale de Riom est un simple couvent. J'y étais pas mal du tout et je m'y faisais mes huit sous par jour pour la cantine, à fabriquer des chaussons.

Ce n'était point là pour moi choses sans importance. Si je voulais quitter la Légion, ce ne pourrait être que pour la centrale de Riom. Je sus, par de nombreux récits, ce qu'étaient les comparutions au prétoire, les jours de cachot au pain sec pour avoir parlé. J'entendis le récit de la mort violente d'un mauvais garçon littéralement assassiné par des gardiens furieux qui avaient à venger un coup de poing reçu par l'un d'eux, et l'imputation de sa mort à une syphilis virulente. Je compris la faute mortelle que j'avais commise avant de quitter le pays et qui faisait de ces gens mes semblables. C'est dans cet enfer, parmi ces damnés qu'il faudrait aller si je me décidais à reprendre mon nom.

Je ne verrais autour de moi aucun de ces visages durs mais sympathiques malgré tout, qui révélaient des hommes sans détours, francs du collier, tels ceux de Lerate, Messer, Van Lancker. Au lieu des caporaux et des sergents d'une dignité hautaine, j'aurais affaire à des gardiens, à des bourreaux, dominant un cercle de figures chafouines, aux yeux sournois enfoncés dans les orbites comme s'ils craignaient la lumière du jour.

Pendant la première nuit, les punaises ne me permirent pas de fermer l'œil. Ensuite, je connus la longueur exacte de ces fameux « jours sans pain » qui jusqu'ici n'étaient pour moi qu'une expression capable d'exprimer l'ennui.

Ainsi passèrent vingt-quatre heures. La seconde nuit, je pris à longs intervalles de courts instants de repos d'où me tiraient vite les innombrables punaises qui venaient me pomper le sang. Celles que j'écrasais au cours d'un accès de rage se vengeaient en saturant l'atmosphère d'une puanteur asphyxiante. Au matin, je me sentis très faible et très las.

Les conversations du voisinage devenaient des redites. Je savais maintenant sur la pègre et sur les prisons tout ce qu'il y avait à en apprendre. Pouvant aisément m'isoler, je n'entendis bientôt plus tous ces propos démoralisants.

Le troisième jour, je me réjouis d'entendre sonner la soupe, longuement attendue depuis le réveil. Enfin! j'allais manger! Je vibrai au bruit des gamelles distribuées. Impatiemment, j'attendis mon tour.

Craignant d'être oublié, je me mis à crier, à frapper dans la porte à grands coups de pied. Le sergent de garde, jugulaire au menton, vint ouvrir :

— Qu'est-ce qu'il y a?

— Il y a quarante-deux heures que je suis arrivé. J'ai droit à mes rations.

— Tu as droit à tes rations? Qui t'a donné ce droit?

— Je suis soldat, il y a une compagnie de bataillon qui touchera le prix de ma nourriture.

— Et après? Je t'invite à nous foutre la paix. Quand nous aurons besoin de savoir ce que nous avons à faire, nous viendrons te le demander.

Sur ce, le sous-officier referma la porte et tira le verrou.

Certain de mon bon droit, je me sentis devenir enragé. Je bondis sur la porte que j'ébranlai de violents coups de talon.

Le vacarme ramena le sous-officier.

— Je demande à parler à l'adjudant de bataillon, hurlai-je, hors de moi.

— Tu t'excites, mon garçon, répondit froidement le sergent. Ça ne vaut rien pour ta santé, ce truc-là. Tu n'es pas à la Légion ici, mais au bataillon d'Afrique. Tu vas la fermer et te tenir bien sage. Tu vois cette barre de fer, là? C'est une « barre de justice ». Tu la vois bien : elle est grosse comme le pouce. Veux-tu l'essayer? Encore un mot et je t'y fais coller « à la crapaudine ». Et on te mettra dans le bec ce qu'il faudra pour t'empêcher de gueuler. J'ai tout ce qu'il faut pour te calmer, compris?

Brisé, à bout de forces, je me jetai sur le bat-flanc et m'abandonnai, vaincu. Le jour s'écoula. La nuit vint. Les heures parurent sans fin.

Le lendemain, à l'heure de la soupe, je n'osais espérer... La porte s'ouvrit et un Joyeux, en bourgeron crasseux, me présenta une appétissante gamelle de soupe accompagnée d'une demi-boule de pain.

Le sixième jour, un Bat'd'Af, en tenue de service, se présenta :

— Dis-donc, le légionnaire, tu vas remonter à Géryville par le convoi et tu pars demain matin. Tu touches trente-deux sous pour croûter pendant les quatre jours de route. Je suis commandé pour t'acheter ce que tu voudras avec tes trente-deux ronds. Qu'est-ce que tu veux que je t'apporte?

— Achète-moi des figues et des dattes. Seize sous de figues et seize sous de dattes.

Le lendemain, bien avant le jour, je reprenais mon sac et mon fusil. Le caporal de garde me remettait une poignée de dattes et autant de figues. Il y en avait bien pour trois sous!

— Tiens, dit-il, voilà tes vivres.

Je haussai les épaules sans mot dire. J'avais encore deux jours à passer avec les Joyeux, jusqu'à Kef-el-Amar. Au-delà, le convoi était assuré par la Légion. Même pas deux jours. Le lendemain soir je serais avec mes camarades qui ne me laisseraient pas souffrir de la faim.

Une douzaine d'hommes d'escorte se groupèrent derrière l'araba sous le commandement d'un sergent. Un certain ordre fut observé pendant une douzaine de kilomètres puis des traînards s'attardèrent, de plus en plus nombreux. Les douze hommes du convoi ne tardèrent pas à s'étirer sur plusieurs kilomètres malgré les vociférations du sous-officier qui resta seul avec le muletier, près de la voiture.

Soucieux de récupérer les trois cartouches que m'avait confiées Van Lancker, je me laissai distancer en compagnie d'un Joyeux à l'accent méridional, brun et de petite taille, nommé Godès. Il s'étonnait que je pusse m'inquiéter de trois cartouches.

— Si t'as envie de cartouches, t'as qu'à prendre un paquet des miennes. C'est pas ça qui est difficile à faucher, t'sais?

J'acceptai le don de Godès qui me permettait de rentrer avec onze cartouches alors que j'étais parti avec trois.

— Tu es sûrement un bon type, concédai-je à Godès, mais il y a de drôles de fumiers, chez vous, aux Joyeux. Il y a un salaud qui a touché trente-deux sous pour acheter mes vivres. Regarde ce qu'il m'a apporté. Il y en a pour trois sous.

— Et alors? riposta le Joyeux. Il en a profité. Il a eu raison, tiens! Y savait bien que tu croûterais avec nous et qu'on te laisserait pas crever. Pourquoi qu'y se serait gêné? T'as peur de la sauter?

Il tira de sa musette une miche de pain et un saucisson.

— Tiens, commence par t'envoyer un casse-croûte en attendant. Ça, c'est du bon! C'est les vivres du sergent, qu'on a fauchés. Tu vas l'entendre crosser à Alfaville quand y voudra becqueter et qu'y trouvera peau de zébie! Et c'est avec son pive qu'on va l'arroser. Et tu parles d'une rigolade qu'on aura par-dessus le marché!

L'escorte s'était tellement allongée sur la piste que nous avions l'impression d'être seuls.

A l'arrivée à Alfaville le sergent s'emporta, jura tout ce qu'il savait :

— Nom de Dieu de salauds! Vous me la paierez celle-là, bande de cochons! Je me charge de vous en faire roter quand nous serons rentrés au quartier. Je vous ferai pisser le sang.

— C'est'y que vous avez envie de nous branler? demanda Godès. Ben, vous aurez du boulot, et pis ceux qu'ont pas fait le convoi, y seront jaloux. Quand c'est que vous voulez commencer? Si vous savez y faire, on vous fera nommer le branleur du bataillon.

— Ça va, gronda le sergent. Amusez-vous. Dans quelques jours vous pleurerez, je vous le promets. Ce compte-là sera réglé, Godès. Je vous préviens.

Petit à petit, par groupes de deux ou trois, les traînards se rejoignirent. Les tentes furent montées. Depuis longtemps la cuisine était installée. A l'heure réglementaire, la soupe était prête et je fus invité à présenter ma gamelle. Les nouilles étaient abondantes et grasses à souhait. Les rations de viande d'une dimension normale. Lorsque tout le monde fut servi, on pensa au sous-officier auquel il fut offert un reliquat de contenu de marmite de campement.

— Bande de salauds, bougonna-t-il en la prenant.

Un Joyeux me prit à témoin :

— Vise-moi ça, comme y sont vaches, les gradés au bataillon. Vous en avez pas comme ça, vous autres, à la Légion. Ce fumier-là il a pas acheté de vivres. Il a mieux aimé garder son argent pour se saouler la gueule. Y sait que nous, on a bon cœur, et qu'on va pas le laisser crever de faim. Y sont dix fois plus voleurs que nous, que je te dis!

— Vous me la paierez, fulminait le sergent. Quand nous serons rentrés au quartier, vous me la paierez. Nom de Dieu de nom de Dieu, vous me la paierez.

— Voilà ce que c'est, ripostait l'autre, y s'en fout plein la lampe avec nos rations et y nous engueule par-dessus le marché! On est trop bons. Tu verras qu'y trouvera le moyen de nous faire foutre en taule en rentrant. Il aura pas honte de le faire, t'sais? Et il aura encore nos vivres dans le bide. Pas vrai sergent que vous z'aurez pas honte?

— Ça a peur de rien un sergent de Joyeux, constatait un autre. Ça recule jamais devant une saloperie à faire, si dégueulasse qu'elle soye. Pour la dégueulasserie, ça craint personne un gradé de Joyeux. Pas vrai sergent?

— Je sais où sont mes vivres allez! Amusez-vous un peu. Vous l'aurez ma reconnaissance, nom de Dieu de cochons. Tas de voleurs, comptez dessus!

— Et y nous insulte. Tu vois ça? le légionnaire!... En voilà un qui s'en est foutu plein la gueule avec nos nouilles. Y va dire que c'est les siennes qu'on lui a volées! Ça te donne pas envie de débecqueter une ordure pareille? J'ai déjà vu des types dégueulasses dans ma putain de vie, mais pas encore un oiseau pareil. Sans charrier, j'te jure!

Pendant toute l'étape suivante, les Joyeux se tinrent étroitement rassemblés autour du sergent. Le prétexte que le malheureux sous-officier avait donné à ses hommes de dauber sur lui se devait d'être exploité, ressassé, au point de m'en lasser de façon inimaginable alors même que je n'éprouvais guère de sympathie pour les gradés du bataillon d'Afrique.

Pendant huit heures de marche je dus tout apprendre des bassesses, turpitudes, infamies, mœurs contre nature, instincts d'assassins de ces veules et lâches gradés des bataillons d'Afrique. On me prit à témoin, m'invitant à me rappeler que j'avais eu une preuve flagrante de ces crimes impunis qui se perpétraient au sein des bat'd'Af. Un misérable qui avait encore dans le ventre les propres vivres de ses hommes et n'en méditait pas moins des sévices à leur intention, cet homme-là était capable de tout.

Ce fut avec un grand plaisir qu'arrivé en vue du bordj de Kef-el-Amar j'aperçus enfin le camp des légionnaires déjà installé et le feu des cuisines en pleine activité. Je fus remis au sergent de la Légion. En échange, celui des Joyeux reçut quatre légionnaires en prévention de Conseil de guerre. Il y avait un « bris volontaire d'armes », deux « dissipation d'effets » et un « coups et blessures graves ».

Le camp des Joyeux s'établit à quelque distance et il n'y eut plus, entre les deux groupes, que les rencontres accidentelles des corvées d'eau autour du puits.

Les deux étapes suivantes ne devaient rien laisser de mémorable dans mes souvenirs. J'avais définitivement renoncé à Marie. Bien que n'ayant aucun droit aux vivres, je fus alimenté par l'escorte comme si j'en faisais partie. Avant l'arrivée à Géryville je pris la résolution et la précaution de remettre à l'un de mes compagnons les onze cartouches à faire parvenir à Van Lancker.

Dès l'entrée au quartier, je fus confié au caporal de semaine de la 15e qui me conduisit au magasin où je dus remettre mon sac et mes armes avant d'être logé en prison. Je pris place au bout de la rangée installée sur le dallage. Dernier entrant, je devais occuper la place la moins enviée, à un mètre de la tinette où quarante hommes viendraient se soulager autant la nuit que le jour. En raison de l'étape faite le matin, je fus dispensé d'exercice pour l'après-midi.

Bien que, selon les indications inscrites en capitales sur l'étiquette de bois clouée sur la porte, le local eût été prévu pour vingt occupants, il en contenait quarante de la 15e compagnie.

Le doyen était Anstein, un grand diable de six pieds, remarquable par ses tatouages. L'un figurait un cobra dont la tête lui mordait le sein, et le reste après s'être enroulé autour du cou gagnait la joue droite et y formait une dernière boucle pour s'achever en pointe sur le bout du nez.

Il avait neuf ans de service dont la presque totalité en prison ou à la section de discipline. Par droit d'ancienneté, il occupait la meilleure place, sur le bat-flanc, côté opposé à la tinette.

Il n'était pas pressé de partir à la discipline. Il avait un compte à régler avec un nommé Lambert. Or ce dernier devait prochainement rentrer à Géryville. Il s'agissait donc de trouver un moyen pour différer une nouvelle fois le départ. Il y avait mille à parier contre un que Lambert ne passerait pas plus de trois jours après son arrivée sans se faire mettre en prison où il retrouverait son ennemi.

Le lendemain, je fus présenté au capitaine.

— Qu'est-ce qui t'a pris de partir en bombe?

— Quand on a formé la dernière colonne, mon Capitaine, on n'a pas voulu me prendre. Ça m'a fichu le cafard. Si on aime mieux pour ça ceux qui vont en prison, je me ferai mettre en prison, voilà!

— Tu avais de l'argent? Des vivres?

— J'avais une demi-boule de pain et une gamelle de riz cuit à l'eau.

Quand j'ai voulu le manger, il était pourri. Je n'ai eu que ma demi-boule, mon Capitaine. Et ensuite, au bataillon d'Afrique, ils m'ont fait jeûner trois jours.

— Tu n'as que quinze heures d'absence illégale. Tu as bien marché. Il y a de quoi crever un cheval. Si on te l'avait commandé, tu aurais fait la grimace, avoue!

— Mais non, mon Capitaine. Tenez, avec deux bidons et deux boules de pain, je me charge d'aller à Saïda en moins de trois jours. Vous voyez que je peux aller en colonne aussi bien que les autres. C'est pour vous le faire voir que je suis parti en bombe.

— C'est quand même un acte d'indiscipline. Tu feras huit jours de prison. Tâche de ne plus recommencer.

Le lendemain, après la soupe, un rassemblement se forma autour d'Anstein. Ce dernier prit sa cuillère dont la queue était affûtée en lame de couteau, puis se pinçant le mollet avec trois doigts de la main gauche, se mit à tailler et à scier en pleine chair sans faire la moindre grimace, comme s'il eût coupé dans un quartier de boucherie. Il me jeta une poignée de viande saignante dont l'aspect soulevait le cœur :

— Tiens, fous ça à la tinette.

J'obéis avec dégoût. La plaie résultant de ce prélèvement était considérable et saignait abondamment. Elle présentait un creux en forme de cratère de grande étendue dont la profondeur étonnait. Comme on se pressait autour de lui, le disciplinaire avec bonne humeur débitait un boniment :

— Vous pressez pas autour de l'étalage, siu'dam's, y en aura pour tous. Je suis pas venu ici pour vous montrer des crottes de lapin roulées dans du purin ou des crottes de lapines roulées dans la farine ni pour vous expliquer ce que c'est qu'un hareng. Écartez-vous, siu'dam's, laissez approcher ceusses qu'ont pas encore vu.

Vous pouvez vous blesser, siu'dam's. C'est un malheur qu'arrive à tout le monde. Qu'est.ce que vous faites alors? Vous faites venir le médecin et il vous en fout pour une pièce de cent sous. Le célèbre docteur Anstein, siu'dam's, vous donne le moyen de vous soigner gratis. Et le procédé il vous le vend même pas quarante sous, le prix d'une consultation, pas même vingt sous, pas même dix sous. C'est gratuit siu'dam's.

Puis il expliqua au fur et à mesure qu'il opérait :

— Vous prenez un mouchoir sale. Notez bien, siu'dam's, un mouchoir aussi sale que possible. Tant plus que le mouchoir sera dégueulasse, tant plus que la guérison se fera vite. Vous ramassez par terre, dans une prison de légionnaires, tout ce que vous trouvez de balayures et vous mettez ça à la place de la viande qui manque. Il faut qu'y en ait assez pour remplir le trou. Vous serrez bien par-dessus avec le mouchoir sale et vous n'avez plus qu'à attendre.

Mon procédé, siu'dam's, je le vends pas, je le donne, et tant pis pour ceux qui sont pas contents. La maison rend pas la monnaie vu qu'elle n'en a pas reçu. Allez! en avant la musique!

Le lendemain et le surlendemain, Anstein fit l'exercice comme tout le monde. Le troisième jour il se fit porter malade. Il avait une forte fièvre et l'enflure était considérable. Il se rendit gaillardement à la visite par ses propres moyens, escorté d'un homme de garde. Le médecin-major leva les bras au ciel en voyant le dommage et parla d'une probable amputation. Il ordonna l'entrée d'urgence à l'hôpital.

La rencontre d'Anstein et de Lambert était désormais certaine.

Mais moi je demeurais obsédé par « l'opération » pratiquée par Anstein devant nous. C'est que cela faisait surgir dans ma tête bourdonnante d'autres cruelles images, celles de mon enfance à Ambert. Dire que nous avions vécu cela, mes amis Pudorgne et le Puissant et moi!...[1]

La bête hurlante avait jailli de la boutique de M. Péziat, le charcutier de la Grand'Rue. Elle sembla hésiter puis s'engagea dans la ruelle entraînant à sa suite quelque chose de long.

— Té! dit Pudorgne, vise le chien qui a chipé une saucisse. Veine alors! On va partager!

A vingt pas de nous le chien s'accroupit et pointant son museau vers le ciel exhala une clameur désespérée.

Sur le pas de sa porte, M. Péziat ricanait de si bon cœur qu'on voyait « travailler son gros ventre ». Derrière lui, Mme Péziat, idéalement grasse et rose, gloussait de contentement.

Cet incident mettait fin aux décevantes recherches que nous poursuivions avec méthode, Pudorgne, le Puissant et moi, au sein d'un tas d'ordures monumental provenant de l'incendie qui avait, trois jours plus tôt, ruiné sans compensation la pauvre Mère Dussat, dont la maison proche dressait son étroite façade percée d'une rangée verticale de fenêtres, au travers desquelles nous pouvions maintenant apercevoir le ciel. Le champ de nos investigations s'avérait d'une désolante pauvreté : le stock de roues de réveil qui garnissait mon gousset et qui faisait mon orgueil ne s'était pas accru d'une unité.

Pudorgne n'avait pas trouvé le « sou » objet de ses convoitises. Seul le Puissant, amateur de boutons, avait connu quelques satisfactions.

Bref, j'estimais que nous perdions notre temps — estimation faite sans amertume car j'avais une notion très juste de la valeur du temps : de toutes les choses que je pouvais perdre, c'était celle qui valait le moins.

... Nous pouvions maintenant observer notre lamentable toutou au pelage incertain où se mêlaient toutes les nuances douteuses qui

1. Voir *Toinou* — Antoine Sylvère, collection Terre Humaine, Plon.

allaient du jaune au gris sale, queue et oreilles purulentes, récemment raccourcies par un chirurgien malhabile.

Du ventre de la pauvre bête s'échappait un double cordon d'intestins saupoudrés de poussière, débordant d'une brèche aux lignes nettes, franchement arrêtée sur la peau par deux pointes en ogive.

Plus encore que cette plaie béante, les yeux vairons, noyés de larmes, nous firent vibrer d'une compassion infinie.

— Bon Dieu! s'exclama Pudorgne, plus prompt que nous à s'extérioriser, y perd ses boyaux!

— On va le soigner, proposa le Puissant qui était de nature compatissante, je vais le prendre dans mon « tabier » en tâchant moyen qu'y souffre pas. On va le laver au ruisseau. Si on avait du fil on pourrait le recoudre. Ça se fait.

— Moi, j'y vais chercher du fil à ma maison, s'empressa Pudorgne, et pis une aiguille avec — et pis des fleurs de lis, on en a un bocal plein avec de l'herbe — même quand c'est qu'on se fait mal y a rien de plus bon.

Enfin les entrailles essuyées tant bien que mal, regroupées sur la blessure entre les pattes crispées par la souffrance, le pauvre animal fut chargé dans le tablier du Puissant qui dès lors s'institua chef de file.

— Allez! dit-il à Pudorgne, va chercher ce qu'y faut, trotte et lève la queue! Nous on va au ruisseau, à côté du galocher, en bas de la grande cour.

Docile, notre ami, prenant ses sabots à la main pour courir plus vite, fila vers son quartier.

Le lavage s'effectua sans difficulté et le chien se laissa immerger avec un visible bien-être.

Le retour de notre compagnon, portant au cou ses sabots dûment ficelés et présentant un verre aux trois quarts plein de pétales huileux, mit un terme à la tranquillité de la pauvre bête, qui reposait sur mes genoux et me léchait doucement les mains.

— Allons-y, dit le Puissant.

Et il entreprit sans tarder la délicate opération tandis que je maintenais les pattes avec le secours de Pudorgne, m'efforçant d'assourdir les cris d'affreuse détresse qui marquaient le début du travail.

Ce fut une affaire rondement menée; l'opérateur ferma la brèche avec une décision toute militaire, laissant un bourrelet de peau sanguinolente, autour duquel un gros fil noir dessinait une hélice.

Le résultat déçut nos espérances. Le malheureux animal, affolé de douleur, hurlait sans arrêt et nous mordait. Nous étions maintenant sans forces, à bout d'audace, tremblant devant ce spectacle d'atroce souffrance.

— Vite, dit enfin Pudorgne, mets-y les feuilles... Mais faudrait quéque chose pour les tenir.

En un tour de main, le Puissant dénoua les ficelles qui lui servaient de ceinture, libéra sa culotte qui tomba sur ses sabots.

D'un geste résolu il amputa sa chemise de tout le pan arrière et sur l'étoffe étalée nous fabriquâmes un emplâtre de ces feuilles, qui étaient pour nous le vulnéraire de choix.

— Amenez de la ficelle, dit le chef.

Nous avions de la ficelle en abondance et la bête hurlante fut, en moins de temps qu'il n'en faut pour l'écrire, pansée, cerclée comme un tonneau par un assortiment de cordelettes de toutes nuances.

Les conséquences nous plongèrent dans un désespoir que je ne saurais traduire. La bête se roulait sur le sol, se griffait, cherchait à se délivrer, souffrant d'infernales tortures. Terrifiés nous constations le fait : ce chien voyait maintenant en nous de véritables bourreaux.

Nous n'avions plus à notre disposition que l'ultime ressource des gosses en détresse : pleurer. Ce que nous fîmes avec un zèle exemplaire.

Enfin le Puissant prit un bout de ficelle, la noua autour d'une grosse pierre et fit sur le bout libre un nœud coulant qu'il passa autour du cou de celui que nous aurions tant voulu sauver. Nous le portâmes vers le grand trou, juste sous la roue. Avant de le jeter, le Puissant déposa un baiser sur le museau convulsé et reçut en réponse une dernière morsure qui lui entailla la joue.

Le corps disparut.

— Voilà, dit notre héros en essuyant avec sa main sale son visage ensanglanté. Y souffrira plus.

Le soir, en représailles, très tard, au retour du « Mois de Marie », le Puissant cogna à tour de bras sur la devanture close de M. Péziat, usant comme d'un marteau de son lourd sabot de frêne, cependant que Pudorgne et moi laissions choir une masse considérable de vitres brisées, rapportées de la décharge publique.

En fuyant, nous goûtâmes pleinement la volupté d'avoir imposé au charcutier la désagréable illusion d'une bande de forcenés saccageant sa boutique.

Ma punition s'acheva sans autre incident. Il y eut quelques entrées compensées par des sorties, ce qui eut pour effet de m'éloigner de la tinette. Rendu à ma compagnie au bout de huit jours, je pus vérifier que ma bordée me valait un surcroît de considération. On regrettait toutefois que cette absence eût fait perdre à la collectivité les quarts de vin que j'abandonnais généreusement.

— T'as pas traîné, admira Van Lancker, quinze heures d'absence pour aller au Kreider, en quatre étapes. Comment que t'as fait? T'as eu des occasions?

— J'ai reçu les cartouches. Y en a huit qui sont à toi.

— Comment que tu t'es démerdé pour les avoir?

Je racontai mon voyage et ma rencontre avec le jeune Arabe.

— Et tu y as pas foutu sur la gueule? coupa Van Lancker.

— J'ai pas pu, mon vieux! Il ne tenait pas debout. Je crois que s'il y avait eu un bon coup de vent ça l'aurait emporté. Tu n'aurais pas pu t'amuser à battre un type comme ça. Je lui ai payé une balade de quatre-vingts kilomètres en lui piquant un peu les fesses, tu trouves que ça ne faisait pas le compte?

Je racontai toute l'aventure sans omettre le moindre détail, tant sur la voracité des punaises du bataillon que sur le jeûne prolongé qui avait suivi mon arrivée.

— Y sont vaches, ces cochons-là, conclut Van Lancker. Y a eu un de la 16 qui s'est rendu au Kreider, y a deux mois. Avant de s'amener au quartier il a vendu ses godasses pour aller boire un bon coup avant de se rendre pour se faire mettre en taule. Il est arrivé au poste pieds nus. Eh bien, ces dégueulasses l'ont fait repartir par le convoi sans godasses, attaché par les mains, derrière l'araba. Quand il est arrivé à Kef-el-Amar, y marchait sur ses os, le mec.

C'était Knoblock, le sergent de la 14, qui commandait le convoi. Quand il a vu arriver ça à Kef, il a sauté sur le sergent des Joyeux et y a foutu une trempe à tout casser. Les Joyeux étaient autour à rigoler comme des bossus et à crier : Kss!... Kss!... Kss!...

Knoblock s'est foutu à cogner encore plus fort.

— Légionnaires, qu'il a commandé, emmenez-moi tous ces merdeux assez loin pour que je les entende plus. Conduisez-les à coups de pompe dans les fesses pour leur z'y faire voir si qu'on est des klebs!

Tu penses bien que les autres y z'ont pas attendu. Y sont trop jeunots. Y se battent pas si bien que les légionnaires et pis y se soutiennent pas si bien entre eux. Seulement, y courent plus vite.

Le convoi suivant ramena à la 15ᵉ compagnie un individu d'aspect répugnant qui répondait au nom de Leborgne. C'était un gaillard de ma taille mais bâti en hercule. Il était trapu, aux larges épaules, avec un visage au front bas et des sourcils noirs et touffus qui dominaient des yeux petits et sombres, profondément enfoncés dans l'orbite. La bouche n'était marquée que par une étroite bande violette qui avait une tendance trop fréquente à se diviser longitudinalement pour exposer une mâchoire carnassière qui, avec le nez sans relief, lui donnait un aspect franchement animal.

Il fut affecté à la chambrée du caporal Dupont.

— Y me revient pas c't'oiseau là, annonça Garrigou. Qu'est-ce qu'y z'ont pensé à Saïda en nous envoyant c't'outil. D'habitude, y les gardent jusqu'à ce qu'ils repartent à Oran.

Le premier incident éclata le soir même de l'arrivée du nouveau venu.

Leborgne avait engagé une conversation avec Van den Broucke qui, ne pouvant s'y soustraire, répondait par monosyllabes, visiblement à contrecœur.

Personne ne faisait mine d'écouter. La voix caverneuse de l'homme s'enfla. Elle était, en vérité, avec ses inflexions canailles, aussi repoussante que sa personne... On l'entendit dans toute la chambrée.

— Je viens de tirer quatorze ans de Trav's... quand j'en reprendrai maintenant ça sera pour aller au dur ou à la butte. Et j'ai pas peur de le dire. Si on me fait chier, moi, je tue.

— Dis donc, l'enfoiré, interpella le grand Garrigou, tu crois comme ça que tu vas faire le caïd dans cette piaule?

— Je te parle pas, à toi.

— C'est moi que j'te cause, emmanché! T'es une lope, v'là ce qu't'es.

— Qu'est-ce que je t'ai fait?

— Tu m'as fait que t'es une tante, une salope, et que t'es de trop dans c'te cagna. Si t'étais pas ce que j'ai dit, tu serais déjà à m'attendre dehors. « Moi je tue! » ... Hé sors-la donc c'te lame, feignant! C'est l'moment, tu trouves pas? Alors, t'as la chiasse? Tu trouves le morceau trop gros? Moi j't'avertis, salope! La première fois que t'essaies de jouer du surin, je t'apporte au lavoir et on t'écrasera ta sale gueule à coups de pavé, jusqu'à ce que tu sois crevé. On a déjà fait ça à une ordure comme toi, à Saïda.

— T'auras qu'à le tenir, Garrigou, proposa Geyer. Moi, che lui tévisserai la tête et ch'ferai pas trop vit' pour qu'il aye le temps de chouir un peu.

— Mais qu'est-ce que vous avez à vous foutre tous après moi? plaida Leborgne. Qu'est-ce que je vous ai fait? J'ai à peine parlé et vous vous montez le coup pour me butter.

— T'es pas un légionnaire, salope, enchaîna Garrigou. T'as eu l'air de nous dire que tu nous ferais peur. Sans blague! Alors tiens-toi peinard et ferme-la ou si t'es trop foireux pour sortir on te prendra où qu't'es. T'entends? Ferme-la, que j'te dis. Ta sale gueule me plaît pas et j'te l'dis en face. Si ça te va pas, je t'emmerde!

Le bagnard préféra ne pas insister.

Pendant quelques jours, Leborgne ne se fit pas entendre, puis, un soir, se trouvant seul dans la chambrée avec moi, il vint s'asseoir à mes côtés. J'étais installé sur mon lit, m'appliquant à la recherche d'un problème nettement insoluble.

Il m'attaqua :

— Alors toi aussi, t'as quéque chose contre moi?

— Pas du tout.

— Alors pourquoi tu me parles pas?

— Parce que je n'ai rien à te dire.

— Et si je te foutais une paire de baffes?

Je fus pris d'une inquiétude proche de la panique. Assis, Leborgne était bien plus imposant que debout. Il paraissait écrasant.

— Si c'est ce que tu veux, dis-je d'une voix que je m'efforçais de raffermir, sortons.

Je rangeai mes papiers et mon crayon sur la planche à paquetage, exagérant ma minutie pour gagner un peu de temps et songer aux chances que je pourrais avoir d'éviter un corps à corps avec ce torse de gorille. Je méditai que j'avais de bien plus longues jambes que mon adversaire. Je ne pouvais compter que sur le premier coup de pied. Il fallait le donner de toutes ses forces, à toute volée, dans les parties.

— Si je manque mon coup, pensai-je, je suis bon!

Je franchis la porte, gagnai le milieu du passage et, le pied droit tenu en arrière, je me tins prêt à tenter ma chance.

La vue de Garrigou, Geyer, Lerate et Van Lancker assis près de la porte, adossés au mur, me rassura. Avec de tels témoins, il n'y avait aucune chance que les coups à recevoir fussent plus terribles que ceux que j'avais reçus de Walch et de Siégel.

Leborgne se présenta à son tour en grommelant des injures.

— Tiens, c'est Flutsch qui commence! cria Van Lancker qui bondit aussitôt. Pas de ça! Y faut respecter les droits des anciens. Flutsch, tu vas me laisser ton tour. Tu passeras après moi, s'il y en a encore.

— Je suis bien plus ancien que toi, remarqua Garrigou. Laissez-moi passer le premier.

— Ça serait pas de jeu, riposta le Dunkerquois. On va faire ça dans les règles. On va aller au gymnase et on fera ça aux petits oignons. Qu'est-ce que t'en dis vieux frère? Je passe le premier? Ou si tu préfères Garrigou.

— Viens, puisque tu me cherches.

— Tu vois, Garrigou, c'est moi qui suis son chouchou. Y me trouve plus girond que toi.

— J'y vais avec toi, dit l'autre.

Puis s'adressant à Leborgne :

— Toi, salope, fais pas mine de chercher dans ta poche ou je t'assomme raide.

Et il brandit sous le nez du bagnard un poing énorme, capable de broyer un crâne, fût-il aussi solide que celui de Leborgne.

Les champions se dirigèrent vers le gymnase avec toute leur escorte, moi compris. Je craignais pour mon camarade, d'apparence bien moins redoutable que Leborgne. Si Van Lancker était vaincu, il serait rossé très durement et nul n'interviendrait.

Van Lancker et Leborgne se placèrent face à face aux deux extrémités de l'arène sablée, sous la barre fixe, à quatre mètres l'un de l'autre.

— On y va? dit le premier en avançant d'un pas. Tu vas pas me laisser faire le chemin tout seul, non?

L'autre chargea. L'ancien matelot se baissa d'un mouvement vif, comme pour simuler un coup de tête, se redressa et jeta les deux poings en avant, poudrant les yeux de Leborgne d'un double jet de sable qu'il avait ramassé au cours de sa première feinte. Leborgne jura et baissa la tête, juste à point pour recevoir un terrible coup de soulier en pleine figure, qui l'assit par terre. Un second coup, plus violent, le jeta à la renverse. En un clin d'œil Van Lancker était sur lui et à grands coups de talon clouté en pleine face, lui enfonçait la tête dans le gravier.

Je me contenais pour ne pas trépigner d'aise. Puis je tremblai.

L'ancien matelot continuait de rouer de coups de pied son adversaire qui ne réagissait plus. Il l'avait maintenant entrepris en détail, sur les chevilles, sur les rotules, sur les tibias, avec un acharnement coléreux, destructeur. Après avoir percuté les côtes à toute volée, il étendit les bras inertes pour écraser les mains, les coudes, l'avant-bras.

— Le tue pas tout à fait, prévint Garrigou.

— Y a pas de pétard, dit Van Lancker. J'y ai mis assez pour qu'y nous emmerde plus.

— Y vaut pas cher, admit Lerate. Il en a au moins pour trois mois et si y cause, t'es bon pour le voyage à Oran. Pour ce qu'y vaut, on f'rait p'êt' mieux de le finir. Avec quéqu'bons coups derrière la tête, ça ferait la rue Michel.

— Ça va, y en a marre! commenta Van Lancker. Pour le reste, qu'y cause ou qu'y cause pas, je m'en fous!

— T'en fais pas, concéda Garrigou. Tu lui as rendu service. Avec tous les trucs qu'il a de cassés, y sera foutu à la porte de la Légion sans aller au dur. Avec les abattis de traviole, il aura qu'à s'installer quéqu'part et à tendre son quart pour que les sous tombent dedans sans qu'il aye besoin de gratter. Ça vaut mieux pour lui que d'aller finir à Cayenne. Y sera drôlement peinard.

Pendant cette exécution, j'avais éprouvé toute la gamme des sentiments à l'égard de Van Lancker : de la plus haute admiration à la plus formelle exécration. Pour le malheureux Leborgne, au contraire, j'étais passé de la haine à la pitié.

— On peut pas rester là, dit enfin Lerate. Flutsch, va dans la carrée et ramène les mecs que tu trouveras pour aller chercher un brancard et le foutre à l'infirmerie. Vaudrait même mieux faire venir l'infirmier pour le manœuvrer.

Dans la chambrée, je trouvai Nief et Messer :

— Faut que vous veniez pour porter Leborgne à l'infirmerie.

— Où qu'c'est qu'il est c'te orture? demanda Messer.

— Tu verras, dis-je. C'est Lerate et Garrigou qui te demandent, avec Geyer, et tu penses bien qu'ils savent ce qu'ils disent. Moi, je vais tout de suite chercher l'infirmier.

L'infirmier, un grand Allemand à barbe rousse, ne voulait pas se déranger « pour rien ».

— Et pien! Y a qu'à le prentre à deux et l'amener ici.

— On peut pas. Tu verras. Il est trop démoli. Il faut y aller avec un brancard et il faut que tu viennes avec moi.

— Alors allons-y. Y a des hommes là-bas?

— Oui.

— Prends le prancard qui est tans la salle de fisite et allons-y.

Allongé sur le sable, Leborgne, d'une pâleur de cadavre, avait repris connaissance. Il vomissait, ajoutant de répugnantes souillures au sang qu'il rejetait par les narines.

L'infirmier tâta le bourgeron, le releva, palpa les côtes.

— T'as une gôtelette cassée. Elle a tû piquer le poumon. Mais c'est rien c'truc-là. Ça kérit tout seul. Qu'est-ce que t'as encore te cassé?

— Je sais pas. Je peux pas bouger. J'ai mal partout. Je voudrais crever.

— Qui c'est qui t'a arranché comme ça?

— C'est mon affaire.

Nief et Messer l'enlevèrent pour le déposer sur le brancard. Cette manœuvre provoqua un long hurlement.

— Flutsch et moi on va rester avec lui, dit Nief à l'infirmier, lorsque le brancard portant le blessé eut été déposé dans la salle de visite. Toi, l'infirmier, tu ferais bien d'aller avertir le toubib.

Pendant le transport, Leborgne avait de nouveau perdu connaissance. Pour moi, le blessé n'était plus qu'un malheureux. Décidément je haïrais Van Lancker désormais...

— Quand c'est qu'on se décidera à me soigner? demanda le blessé en ouvrant tout à coup les yeux. C'est pas comme aux Trav's ici? On vous laisse pas crever?

— T'en fais pas, répondit Nief, affectueux. On est allé chercher le toubib, vieux frère! A ta place, je tiendrais pas à ce qu'on me retape trop bien. Je serais réformé avec les pattes de travers et y manquerait pas de bons zigues à Pantruche pour m'installer à recevoir des ronds qui tomberaient dans ma casquette. T'sais, ça tombe vite, faut te démerder pour les ramasser et les flanquer dans tes fouilles avant qu'y en aye trop. Plus que tu boîteras, mieux que ça vaudra. Pour que ça soye bon, faut que tu soyes tellement mal foutu que tu puisses pas en fiche une secousse. T'auras de la chance si ça se voit bien que tu peux plus gratter, plus rien foutre... Tu seras rentier, vieux frère, jusqu'à la fin de tes jours, au lieu d'aller te faire triquer à Cayenne!

Tu sais, poursuivit encore Nief, c'est pas pour t'empêcher de causer que je te dis ça. Moi, je m'en balance. D'abord, je sais qu'un type qui a tiré quatorze ans de Trav's, c'est pas un mec à causer. Et pis, si Van Lancker va tirer un an ou deux au pénitencier, tu penses bien que je m'en fous.

Leborgne ne répondait que par de sourds gémissements.

J'écoutais avec intérêt : sur mon propre avenir pesait une si lourde hypothèque que je ne voyais pas les avantages que je pourrais tirer d'un état physique au demeurant assez enviable. Le point de vue de Nief changeait complètement l'aspect de ce que je jugeais quelques instants auparavant la manifestation d'une exécrable brutalité.

— J'ai jamais couché avec la chance, laissa enfin échapper le blessé. C'est pas sûr que je serai réformé.

— Si, tu le seras. Avec tout ce que t'as de cassé, t'as qu'à laisser faire et t'en auras pour toute ta vie à marcher avec des béquilles. T'auras qu'à laisser geler, tu comprends? Y aura des « anculoses » qui se feront. Et pis tâche de pas tout y dire, au toubib, si tu peux. Essaye de l'endormir sur aut'chose. Parle-lui de ta caisse, de tes boyaux, et puis pour tout le reste, supporte sans trop jacter, ça vaudra mieux.

Dans quéqu'jours ça ira mieux et tu commenceras à te faire chier. T'auras envie de fumer, tout ça. Je ferai la quête dans la carrée et t'auras tout ce qu'y t'faut. Seulement, va y avoir une enquête et si tu y dis que c'est tes légumes, y marcheront pas et y t'emmerderont jusqu'à la gauche pour te faire causer.

— T'en fais pas pour ça, promit Leborgne. J'suis pas un môme. Je dirai que c'étaient des types à ceinture rouge avec des chéchias et qu'y z'étaient cinq ou six pour m'arranger. Y z'iront chercher chez les chasseurs. Je dirai qu'y faudra que j'en butte quéqu'z'uns pour me payer.

— T'sais, si j'avais pensé que t'étais une bourrique, je serais pas venu te tenir compagnie. C'est parce que j'ai vu que tu voulais rien dire à l'infirmier que j'ai dit qu'y faudrait te soutenir en copain, jusqu'à ce que tu sortes. Demain, c'est le prêt. Je ferai la quête et j'irai te voir à l'hosto. Qu'est-ce qui te ferait envie?

— Rien! Faut attendre que ça aye un peu mieux. Je suis déjà content que tu sois venu et Flutsch aussi. Qu'on m'ait pas laissé tout seul.

Le médecin-major fit son entrée, suivi du sergent et de l'infirmier. Il ordonna :

— Déshabillez-vous.

A la première tentative, Leborgne poussa des clameurs traduisant une extrême souffrance.

— Bon! il y a des fractures! Prenez des ciseaux et dénudez-le sans trop le faire crier.

Puis s'adressant à Nief :

— Vous avez été témoins de l'affaire.

— Non, M'sieu le Major. Nous l'avons trouvé au gymnase, arrangé comme ça. Nous avons prévenu l'infirmier.

— Quel nom? Quelle compagnie?

— Leborgne, de la 15ᵉ.

— Vous avez prévenu votre sergent de semaine?

— Non, M'sieu le Major.

— Eh bien, faites-le tout de suite et envoyez-le ici. Vous pouvez partir.

— Pardon, M'sieu le Major. Il est de notre chambrée. C'est not'camarade. On pourrait pas savoir c'qu'il a?

A coups de ciseaux, l'infirmier avait dégagé le corps de Leborgne, qui exposait maintenant sa poitrine tatouée. Ses membres brisés présentaient des enflures monstrueuses.

— Mais cet homme a été roué, s'exclama le Major. Quels sont les bourreaux qui l'ont traité de cette manière?

— Il a dit que c'était des chasseurs. Qu'y z'étaient cinq ou six, affirma Nief. On voudrait savoir si ça va s'arranger pour le dire dans la chambrée.

— Il ne paraît pas en danger de mort, c'est tout ce que je peux dire. Pour le reste, il y a plus de travail sur ce pauvre type que nous en avons habituellement à faire en six mois. Maintenant, vous n'avez plus rien à voir ici. Allez prévenir votre sergent de semaine.

— Y causera pas, dit Nief dans la chambrée. Y s'est fait une raison quand j'y ai eu expliqué qu'il avait le fin filon. Il avait même peur de pas être réformé! Mais pour l'être, il le sera. Ça, c'est couru! Y n'aura, avec ça, qu'à s'amener à Pantruche et sa croûte est gagnée d'avance.

— Je l'ai dit, confirma Garrigou. Comme Van Lancker l'a travaillé, y a plus un pivot qui peut marcher comme y faut. Les coudes et les genoux ça se remet jamais bien et y en a qui sont cassés aux deux bouts. Faut pas s'en faire pour lui. Y sera mieux qu'à Cayenne. Avec ses pattes de traviole y manquera plus de rien. Il aura pas d'mal à se faire sa croûte, et même à se payer une gonzesse s'il en a envie.

Je finissais par me laisser convaincre que Van Lancker avait agi en bienfaiteur! Le renoncement à mon premier jugement m'était toutefois très pénible. J'avais maintenant franchi le cap des dix-huit ans et je me demandais si je serais jamais capable d'autre chose que de déraisonner.

Assurément, Nief et Garrigou avaient raison. La vie de Leborgne ne pouvait être qu'un choix entre d'affreuses disgrâces. Sans l'avoir prémédité, Van Lancker lui en avait imposé plusieurs qui le mettaient à l'abri de toutes les autres.

L'enquête, menée sans grande conviction, n'eut pas de résultats.

Bien que chasseurs d'Afrique et légionnaires fussent contenus dans une enceinte commune, il n'était pas concevable que des cavaliers se fussent risqués à venir attaquer un légionnaire dans ce coin où, au premier appel : « A moi, la Légion », ils se seraient fait mettre en pièces. Pour la forme, des chasseurs furent interrogés et leur total ahurissement les mit hors de cause dans une affaire où l'officier instructeur trouvait toutes les marques caractéristiques de la Légion.

Chercher les coupables dans le bataillon, contre les affirmations de la victime elle-même, était absolument vain. Si Van Lancker avait été accusé, des alibis incontestables auraient immédiatement établi qu'en compagnie d'une nombreuse société il s'occupait, à ce moment-là, à quelque tâche essentiellement pacifique.

Nief fit preuve, à l'égard de Leborgne, d'une fraternelle sollicitude. Il allait le visiter, l'encourager, lui faire un tableau riant d'un avenir d'insouciance autant que d'abondance. Au malheureux qui se trouvait réduit à l'état de momie, il allumait des cigarettes qu'il lui faisait fumer, il chargeait un convalescent de veiller sur lui, de l'assister autant que cela serait nécessaire, notamment chaque fois que l'envie le prendrait d'en « griller une ».

Souvent je l'accompagnais, surpris que le blessé ne manifestât pas contre moi, qui étais la cause première de sa mise à mal, le moindre sentiment de rancune.

Rendu inoffensif, Leborgne semblait s'être transformé et singulièrement adouci, comme si l'attitude hargneuse qui lui était coutumière auparavant n'avait plus de raison d'être. Peut-être, se projetant dans l'avenir, se voyait-il sollicitant la charité publique? Son regard mauvais, dur et sournois, une semaine plus tôt, avait quelque chose d'implorant.

Au deuxième bataillon, le cafard se propageait, accentuant ses ravages, décimant l'effectif des compagnies. Les peines de cellule devenaient inexécutables, les locaux devenant eux-mêmes insuffisants pour loger les hommes en prévention de Conseil de guerre. Absences illégales, rentrées tardives, motifs d'ivresse et actes d'indiscipline, révélant une joyeuse fantaisie chez tous ces coupables, se multipliaient. Bris volontaires d'armes, dissipations d'effets, outrages, menaces et coups aux supérieurs se soldaient par la perte d'un homme par jour. Chaque convoi de quinzaine en était surchargé.

A cette époque, le bataillon de Géryville devait, à lui seul, envoyer plus d'hommes au Conseil de guerre que les cent soixante-trois régiments d'infanterie de la métropole.

A la 15e compagnie, le sergent Cuénin fit un discours émouvant, parlant de campagnes prochaines où la Légion montrerait sa valeur. La situation s'aggravait au Maroc. Il se formerait des colonnes légères dont certaines comme à Camerone lutteraient jusqu'au dernier homme.

— Au nom des officiers du bataillon et de notre vieux colonel, dit-il en terminant, je dois vous dire que c'est avec un profond chagrin que nous voyons partir aux Travaux publics tant d'hommes qu'attendait une carrière de vaillant combattant. Je ne rappelle pas le nom de ceux que nous avons perdus en quelques mois, vous les connaissez. Vous savez comment ils se tiendraient devant l'ennemi. Lorsque nous serons au combat, ils seront, eux. à travailler comme des cantonniers sous la garde des tirailleurs.

Le chef de bataillon créa une fanfare et un stock d'instruments fut amené par le convoi. Le Belge Marteau fut désigné comme chef et fut chargé de recruter des musiciens qui seraient dispensés de tout exercice.

Dans la chambrée de Dupont, Peysson et moi avions de vagues notions de musique. Le premier entraînant le second nous nous présentâmes et Marteau, après un examen dont le résultat fit hausser toutes les épaules, se décida à nous confier les instruments qui ne trouvaient pas d'amateurs. Peysson fut premier alto et moi second. Dès la première répétition nous apprîmes l'essentiel qui consistait à marquer les contretemps.

La fanfare comptait cependant de véritables artistes. Van den Dungen, qui avait joué la cavatine du *Barbier de Séville* après une marche de quarante-quatre kilomètres, était piston solo. Lorsque Lichnerowitz jouait du cor d'harmonie, je me sentais pris aux entrailles et pétrifié d'admiration.

Sur ces entrefaites, Baudry avait été nommé bibliothécaire du bataillon. Tout en restant étroitement mêlé aux événements de ma chambrée, j'étais en rapport constant avec l'homme que j'admirais entre tous, sans comprendre encore, cependant, à quel point je serais son disciple.

L'exécution de Leborgne m'avait laissé découragé. Je racontai l'histoire à mon mentor et avouai mon désespoir d'avoir porté, avec une égale conviction, sur un même fait, deux jugements contradictoires à moins d'une heure d'intervalle.

— En général, souligna Baudry, tu ne te tires pas mal d'affaire dans toute question où tu as à ta disposition des données précises. Tu as réagi en homme en souffrant du supplice de Leborgne. Ensuite, pour juger, tu devais établir les données. Qui est Leborgne? Quel était, auparavant, son avenir prévisible? Qu'est devenu cet avenir? Que sais-tu de ses souffrances passées? Quel est son degré de conscience? Qu'a-t-il d'humain? Il y a ainsi une longue série de questions à te poser et tu n'as pas de réponse valable à opposer au plus grand nombre. Tu avais tort en portant ton premier jugement. Tu n'as pas moins tort en portant le second.

Tu ne peux rien changer à ce qui est, voilà, en vérité, ta seule connaissance. Alors, quelles conclusions tirer? Quelle solution peux-tu présenter?

Si tu fréquentes Leborgne, tu pourras en obtenir quelques-unes, pas toutes, évidemment. Partant de là, tu pourras tenter des approximations, mais rien de plus. A mon avis, cela n'a d'ailleurs aucune importance. Ce à quoi tu dois t'habituer c'est de penser que toute solution est contenue dans la donnée et que c'est à la donnée, au premier chef, à l'appréciation de sa valeur, que tu dois consacrer ta raison. Autre chose : tu t'es senti découragé, ce qui est proprement absurde. On ne se décourage pas quand on se veut raisonnable.

Un échec, une erreur, ne peuvent entraîner un découragement, mon garçon. Ce sont de simples enseignements dont on tire les fruits. C'est tellement vrai, que tu entendras les gens les moins raisonnables dire, après avoir éprouvé un mécompte : « J'ai reçu une bonne leçon. »

Vint le 14 Juillet. Après une revue brillante et un repas en vue duquel les compagnies amassaient du « boni » depuis six mois, la fanfare donna son premier concert public.

En prévision de ce grand jour, un certain nombre de « prêts » avaient été thésaurisés et le résultat était celui que l'on pouvait en attendre : tous les musiciens étaient saouls, excepté moi. Le chef Marteau lui-même ne gardait que difficilement son aplomb.

Cependant, les virtuoses exécutèrent aussi parfaitement que s'ils avaient été de sang-froid la *Marche de la Légion*. *Corinne* (polka), la fantaisie sur *Les Dragons de Villars* furent parfaitement enlevées et eurent même un succès inattendu.

Peysson avait à jouer le solo fameux : *Ne parle pas, Rose, je t'en supplie;* il avertit honnêtement Marteau qu'il ne fallait pas compter sur lui :

— Hé! comment veux-tu que je joue ça? ... Je vois pas clair!

— Alors passe la partition à Flutsch. Il fera le solo.

Je protestai à mon tour :

— Je ne peux pas jouer ça, voyons, je n'ai seulement jamais essayé!

— Je m'en fous. Tu te démerderas.

On ne peut dire que le morceau fut exécuté. Il serait plus exact de témoigner qu'il fut massacré. Le succès de cette exhibition fut considérable. Ensuite, sur un théâtre improvisé, il y eut une représentation dramatique. Le jeune Foussnecker y tenait le rôle d'une châtelaine. Il était doté d'une magnifique chevelure blonde et d'une appétissante poitrine. Appas d'autant plus abondants que seul le jugement de l'artiste en fixait l'importance.

Le soir, il y eut bal à l'Hôtel de Bordeaux et les musiciens furent requis, bien heureux d'apporter un concours qui leur serait payé quarante sous pour chaque exécutant.

Ils virent tournoyer leurs officiers entraînant des dames corsetées et prirent moins d'intérêt au spectacle qu'à l'exécution des morceaux. Ce monde n'était pas le leur

Après le concert de l'après-midi, on avait rendu leur liberté aux musiciens. J'en profitai pour faire en ville une promenade solitaire. Pour la première fois, je sortais libre et armé. En règle générale, les légionnaires ne sortaient avec la baïonnette qu'une fois par an, ce jour du 14 Juillet. On comprend la fierté que j'éprouvai à circuler ainsi, seul dans les rues, avec cet accessoire dont le fourreau me battait la cuisse.

C'est au cours de cette sortie que je rencontrai Baudry accompagné de Noblet, de la 16ᵉ. Ce dernier était un gaillard de belle mine, brun, au regard vif, intelligent, et qui s'exprimait en termes choisis.

Baudry fit les présentations.

— Viens, dit-il à Noblet, voilà un garçon qui aura certainement besoin de tes conseils. Il est parti de travers mais il ne tardera pas à retrouver son chemin. A ce moment-là, tu pourras lui rendre service.

Noblet est docteur en droit, précisa-t-il. Il connaît le code criminel comme tu connais le contenu de ton sac à brosses, Flutsch. Tu vas faire sa connaissance et quand tu voudras quitter la Légion, il éclairera ta situation.

Le lendemain, les musiciens se présentant à la salle de répétition apprirent que Marteau, leur chef, avait disparu. Un peu plus tard, ils surent qu'avec lui étaient partis les soixante francs destinés à rétribuer les artistes. L'exécution du coupable fut envisagée.

Heureusement pour ce dernier, ce fut la prison de Saïda qui l'accueillit et son affaire fut instruite par le dépôt. Le commandement avait prévu que s'il était ramené à Géryville, il y aurait nécessairement mort d'homme.

Peu après, le perruquier de la 15ᵉ vendit le contenu de sa boîte, rasoirs et tondeuses. On ne sut quel prix il avait pu en tirer. On apprit seulement que le Conseil de guerre d'Oran l'avait condamné à cinq ans de réclusion. La même session avait condamné Marteau à cinq ans de prison.

Commandé de garde au parc à fourrages avec Obert et Klémentz, je me trouvai pris de violentes coliques accompagnées de diarrhée qui ne me laissaient pas une minute de répit.

Lorsque je fus relevé par Obert, je m'efforçai de faire bonne contenance mais le vieux soldat s'aperçut que je titubais. Il me prit la main et diagnostiqua .

— T'as une fièfre te tonnerre te Tieu. Où c'est qu't'as mal?

— J'ai mal au ventre et faut que je sois toujours avec la culotte à la main.

— C'est la tyssenterie. T'es pon pour l'hôpital. Si tu en crêfes pas tu iras en confalescence à Arzen et ça c'est le filon. Tu fois ce que c'est de pas poire de fin? C'est pien peau te tonner ton quart de fin, mais c'est pas ça qui te tonnera tes forces! Seulement, c'est pas une raison pour que les autres y fassent ton poulot. T'as pas envie de te laisser aller, non? Tu fais tes tours de garte comme tout le monte, et demain, t'as qu'à t'amener à la fisite afec un peu de ta merte dans une poîte de cirage et c'est l'hôpital t'urchence. On te mettra aux Isolés afec un pot de lait et un pot de chambre, chusqu'à ce que tu guérisses ou chusqu'à ce que tu crèfes.

Ma deuxième garde fut atroce. Torturé par le mal qui me rongeait les entrailles, le fondement corrodé par des efforts incessants, je me rendis bien vite compte que je n'avais plus la force nécessaire pour garder la station verticale ou accroupie. Je dus m'installer, cassé en deux, sur une botte de paille, déculotté, les fesses hors de l'appui, afin d'obéir à un besoin toujours pressant et jamais satisfait.

Penché en avant, le buste horizontal, je m'appuyais sur mon fusil chargé, baïonnette au canon, suant à grosses gouttes.

C'est dans cette posture peu militaire que je fus surpris par la ronde. Le falot surgit, inattendu.

Je me relevai, mes mains tremblantes ne purent exécuter le mouvement réglementaire de « Croisez la baïonnette ».

— Qui vive! criai-je d'une voix défaillante.

— France... Ronde d'officier.

— Avance au ralliement.

Le lieutenant d'Angerville de la 15ᵉ s'approcha et dit à mi-voix :

— Martimprey.

— Mostaganem, répondis-je.

L'officier me considéra, baïonnette au canon, le pantalon sur les souliers et la chemise flottant au vent.

— En voilà une tenue pour monter la garde. On ne t'a pas encore appris ce que tu as à faire quand tu as envie d'aller aux chiottes étant en faction? T'avais qu'à crier : « Chef de poste, venez relever! »

— Mon lieutenant, j'ai la dysenterie. Je n'aurais pas le temps d'attendre qu'on vienne me relever, ou il faudrait que ce soit toutes les cinq minutes.

— Bon. Je vais te faire remplacer et tu vas rentrer au corps de garde. Demain matin, tu iras à la visite.

Deux minutes plus tard Obert venait prendre ma place.

— C'est pien! c'est pien! Tu t'es pas laissé aller. C'est pien. Che tirai dans la carrée que t'es un pon léchionnaire. Le yeutenant y fa enfoyer un mec pour te remplacer et comme ça tes camarates y font chuste le compte. T'as qu'à aller te coucher sur le bat-flanc et tormir.

Avant la fin de la nuit, je sentis que je n'avais plus les forces nécessaires pour me déplacer et que j'allais me souiller honteusement. Je quittai le poste et allai m'étendre à dix pas... puis je m'abandonnai.

Lorsque vint la relève de la garde, je ne pus me remettre debout. Deux hommes de corvée de ma compagnie vinrent me placer sur un brancard et me portèrent à l'infirmerie.

Le médecin-major fit prendre ma température puis examina le pantalon souillé.

— Dysenterie aiguë, annonça-t-il. A l'hôpital d'urgence : pavillon des Isolés.

Je fus installé dans une chambre, au fond d'un enclos, derrière le bâtiment principal. J'étais le seul occupant de ce pavillon qui dominait le mur de clôture de la Manutention. L'infirmier déposa près de moi un pot de lait et un pot de tisane. Après son départ, plié en chien de fusil, je m'abandonnai à une morne torpeur qui dura plusieurs jours. J'allais mourir. La 15e fournirait un piquet et je serais accompagné l'arme au bras et je regrettai de ne pas être mort comme Jacob, escorté par mes camarades l'arme sur l'épaule, baïonnette au canon.

Sur mon livret individuel on lirait au bureau de la compagnie le nom de la personne à prévenir en cas de décès : Madame Veuve Flutsch à Noirétable (Loire). L'avis reviendrait avec la mention « Inconnu » et tout serait dit.

Chez moi, dans ma petite ville d'Ambert et dans les villages d'alentour, on parlerait de l'Antoine pendant longtemps. Mon grand-père, le grand Damien, le Galibardi, m'attendrait jusqu'à sa dernière heure. Jamais le vieux ne pourrait renoncer aux espérances qu'il avait placées en ce petit-fils qui devait avoir appris tout ce que lui-même n'avait jamais pu apprendre, à qui il avait transmis le désir effréné de savoir. Il ne connaîtrait jamais le nom de ces étoiles qui tournent comme un manège de chevaux de bois autour de la Grande Ourse. Du moins, il ne le saurait pas, vivant. Après la mort, c'est l'inconnu. Je ne serais en tout cas pas revenu au pays pour le lui apprendre.

Je n'avais pas grand-peur du « Jugement ». Je n'étais pas méchant. Toutes les fautes que je pouvais me reconnaître, je les avais regrettées presque aussitôt commises sans avoir à penser à l'enfer. Je les avais regrettées parce que je les découvrais absurdes, tout simplement. Je ne me connaissais au monde aucun ennemi.

Un matin, je me sentis parfaitement bien, sans souffrances. Je sus immédiatement que ce n'était pas l'approche de la mort car j'avais très faim.

Je voulus descendre de mon lit, je mis les pieds à terre : mes jambes refusèrent de me soutenir. Je m'effondrai et m'épuisai en vaines tentatives pour regagner ma couche.

— Qu'est-ce que tu fous là? demanda l'infirmier, tu peux pas rester dans ton pieu?

— Je n'ai plus mal et je me croyais costaud. Tu ne pourrais pas me donner à manger?

— Pas sans l'ordre du major. C'est lui qui décidera quand il faudra te donner à bouffer. T'as fait la partie avec la mort et t'as l'air de la gagner. Mais c'est pas fini!

Pendant deux jours encore je dus me satisfaire de mes deux litres de lait et de mes pots de tisane. Le besoin de nourriture s'affirmait de plus en plus pressant mais le major refusait d'en tenir compte.

Les forces revenaient cependant. Je pouvais maintenant marcher en m'appuyant contre mon lit, faire le tour de ma chambre en côtoyant les murs. Il me semblait que si l'on me nourrissait, tout irait bien. Je me risquai à sortir dans la cour.

Sous un appentis, j'avisai, allongée à côté d'outils et de matériaux divers, une échelle de trois mètres qui me parut légère. A grand-peine cependant, je pus la sortir et la traîner contre le mur. Ensuite, épuisé, j'allai me coucher et dormis jusque vers le milieu de l'après-midi. Je revins alors à l'échelle et réussis à la dresser contre le mur de la Manutention. Si je pouvais monter, ma tête dépasserait la crête.

Au prix d'un gros effort, je réussis dans ma tentative et regardai dans la cour de la manutention. Un « C.O.A. » mettait des sacs en paquets, à quelques mètres de moi. Je le hélai :

— Hep!

— Qu'est-ce qu'il y a?

— Tu ne sais pas si Véry est là?

— Oui, il est là en train de défourner. Tu veux que je l'appelle?

— Oui. Dis-lui que c'est un type de sa compagnie qui le demande.

Une minute plus tard, Véry était au pied du mur.

— C'est toi? On te croyait en train de faire la manille avec les corbeaux et voilà que tu fais le mur?

— Dis-donc, vieux, depuis que je suis là je n'ai rien à bouffer. On me la fait sauter à pieds joints. Tu ne pourrais pas me faire passer un quart de boule?

— On défourne. Je vais t'envoyer une boule tout entière. Qu'est-ce que je foutrais du reste? Attends-moi là.

— C'est que je ne suis pas bien solide. J'ai encore des jambes de laine. Tu n'auras qu'à jeter par-dessus le mur. J'aime mieux attendre les pieds par terre.

— Entendu.

Quelques instants plus tard je mordais dans un pain de trois livres encore brûlant.

Le lendemain, le major examinait avec étonnement des selles inattendues qu'il retournait avec une spatule.

— Il est toujours à la diète, n'est-ce pas? demanda-t-il à l'infirmier.

— Oui, M'sieu l'Major.

— Vous n'avez rien pris d'autre que du lait?

— Non, Monsieur le Major, répondis-je effrontément alors même que depuis vingt heures je n'avais absorbé guère moins qu'un kilo de pain frais.

— Je jurerais le contraire. Comprenez, mon ami; que vous relevez d'une très grave maladie. La dysenterie est souvent mortelle et toujours grave. Si vous ne faites pas attention, vous risquez une perforation, et c'est la mort.

Le même soir, après avoir considéré que la mort serait moins douloureuse que la faim, je dînai d'une livre de pain trempée dans du lait.

A la visite suivante, le médecin demanda, après avoir examiné les selles :

— Pas de température?

— Non, M'sieu l'Major répondit l'infirmier. Ni hier soir, ni ce matin.

— Vous êtes sûr qu'il ne reçoit pas de visite.

— C'est impossible, M'sieu l'Major.

Le médecin haussa les épaules.

— Encore un mystère! Vous le mettrez dans la salle n° 3 avec demi-ration.

L'hôpital mixte, pourvu d'une cinquantaine de lits, n'avait alors que quatre malades. Un sergent syphilitique dans une chambre particulière, Leborgne, toujours emmailloté, moi et le disciplinaire Anstein qui était logé « au cabanon ».

A peine installé, j'allai rendre une visite à Anstein. Je le trouvai dans la cour, accroupi en tailleur sous la fenêtre du cabanon, dont deux barreaux largement faussés rendaient inutile toute fermeture du local.

— Tu zieutes mes barreaux? demanda le disciplinaire. Quand y m'ont amené là-dedans, y a le major qui a dit : « Moi, je suis médecin, alors c'est pas la peine de me faire des emmerdements ». Moi j'étais d'accord; mais le sergent il a dit : « Y a de bons barreaux aux fenêtres. Y sera bien forcé de se tenir tranquille ». Moi ça m'a foutu en rogne; j'ai sauté sur les barreaux et tu vois, on pourrait y faire passer une vache.

— Comment as-tu fait?

— Ben, j'ai passé l'épaule entre deux, pis en tournant, c'est venu. Y en a un qui s'est plié en dedans, l'autre en dehors. Y sont pas bien gros. Pis y sont pas scellés en haut et comme ça, ça peut glisser dans les trous. J'y ai dit au « pied » : « Faites venir les sapeurs et faites-en mettre des gros, ça sera plus rigolo de les démolir. Ça, c'est juste bon pour les mômes. » Le major a trouvé que c'était marre comme ça, et qu'on me fermerait pas la porte. C'est un bon type!

— Et si le sergent avait fait mettre des gros barreaux?

— Je les aurais démolis, rien que pour l'emmerder. On peut toujours les avoir, les barreaux. Avec un cric, faut que ça vienne.

— Tu as un cric?

— Pardi! T'as qu'à prendre ton drap, le mouiller et pis tu l'enroules autour de deux barreaux. T'as pus qu'à prendre un manche à balai et à le passer et pis tu tournes pour bander le système. Faut pas aller trop vite pour que tous les fils y z'aient le temps de prêter. Y faut qu'y tirent ensemble. Tu t'arrêtes quand tu vois que c'est le moment et pis tu remets ça. Y faut que ça vienne.

— Comment va ta jambe?

— Ça va! D'abord le toubib pensait qu'y faudrait me couper la patte. Pis, y dit que ça s'arrange. Tu vois? On pourrait me remettre en taule, mais le major est bon zigue et y trouve que je suis aussi bien là qu'ailleurs. Moi, j'ai pas à dire le contraire!

Mais c'est tout de même dommage qu'y me l'ayent pas coupée, la patte. Si j'avais su, j'aurais tenu le coup un jour de plus. Y m'auraient foutu une guibolle de bois, avec des béquilles. J'aurais fini mon temps aux mutilés et puis j'avais qu'à me mettre en route pour le tour de France.

— Le tour de France? ... Avec des béquilles?...

— Pardi! c'est le rêve! T'as pas besoin, comme ici, de faire quarante kilomètres pour remplir ton bidon. T'as un orgue de Barbarie pour appeler la clientèle et quand t'en as joué un air, tu fais la quête. C'est palace ce truc-là! C'est la bonne vie! Seulement, pour ce coup-là, c'est manqué!

Et toi? Qu'est-ce tu fous là?

— Dysenterie.

— On t'a foutu aux Isolés?

— J'en sors. J'y ai tiré une quinzaine.

— T'as pas trop décollé tant que ça! P't'êt' bien que c'était pas une vraie? A Béchar, j'en ai connu qui ont eu ça. Y z'ont été vite retournés. Y débourraient leurs boyaux. C'est pas la peine que je te demande si t'as entendu parler de Lambert?

— C'est pas aux Isolés que je pouvais avoir des nouvelles. Tu lui en veux à Lambert. Il est très fort.

— Pas plus que ça. Mais y sait pas y faire pour démolir un mec. C'est toujours rigolo quand je me fous sur la gueule avec lui.

— Tu as combien de service?

— Un peu plus de dix ans. Seulement, y a deux ans de pénitencier qui comptent pas.

— Tu as fait un long temps à la discipline?

— A peu près tout le temps. J'ai un chouette livret matricule. Plus de dix pages de quinze, de trente, de soixante. A la disciplote, c'est des soixante jours de cellule dont vingt-huit de correction.

— Qu'est-ce que c'est la cellule de correction?

— La cellule, seulement t'as que la demi-ration de pain et pas de viande du tout. Ça te fait une taille fine! On s'y habitue.

— On ne fait pas de service, à la discipline?

— On gratte à la pelle, à la pioche, à la brouette. On bâtit des postes dans le Sud. On prend pas la garde. C'est les tirailleurs qui nous gardent. Comme au pénitencier. Quelquefois, on fait la guerre, comme y a deux ans, quand j'ai bombardé Figuig.

— Raconte-moi.

— On a commandé la section pour donner la main aux artilleurs. Quand y nous ont eus, les artiflots — c'est des mecs qui les z'ont à la retourne — y nous z'ont laissé faire le boulot. C'est nous qu'on a mis les pièces en batterie et qu'on a servi les pièces. C'était un chouette feu d'artifice.

Je partis visiter Leborgne.

— Comment ça va?

— Ça me fait plus mal, mais je m'emmerde. Fais-moi une cigarette. T'as ce qu'y faut dans la table de nuit.

— C'est que je ne sais pas les rouler, avouai-je.

— Alors va demander à l'infirmier ou à Anstein. Y a plus personne à l'hôpital, à présent, et y faut que je reste presque toute la journée à attendre de pouvoir en griller une.

— Que dit le Major? demandai-je après avoir rendu, avec le secours d'Anstein, le service attendu.

— Y dit rien. Quand j'y ai demandé si je pourrais gratter, il a cru que j'en avais envie et y m'a dit qu'y faudrait que je me fasse une raison. Que j'aurais un bras et une jambe qui voudront plus jamais rien chiquer et le reste pas beaucoup. Que je pourrai plus me servir des genoux et du coude droit. Le gauche, je pourrai le plier à moitié. Le pied droit est tout à fait esquinté. Tu vois que je suis joli garçon. C'te sacrée vache de Van Lancker m'a drôlement arrangé. Qu'est-ce que je lui avais fait pour qu'y m'esquinte comme ça?

C'était une question à laquelle je ne pouvais pas répondre.

— T'sais, reprit Leborgne, la chance et moi on a jamais baisé ensemble. Ma garce de mère m'a foutu une sale gueule et j'ai même jamais su qui c'est qui lui en avait donné la graine. J'ai jamais connu que des types qui avaient envie de me fout' su' la gueule. Ça a commencé avant que je sache marcher. Y a que juste depuis que j'suis amoché comme ça qu'on me regarde pus de travers. C'est comme si, d'être esquinté, j'étais dev'nu plus girond qu'avant.

— Tu avais toujours l'air d'être en colère, expliquai-je. On pensait que tu avais envie de tuer quelqu'un pour aller au bagne. Tu paraissais tout à fait méchant. Si tu avais sorti ton couteau ou pris ta baïonnette, on t'aurait tous sauté dessus pour te tuer. Tu n'as plus cet air-là, maintenant. Tu savais bien que des hommes comme Geyer et Garrigou et les autres supporteraient pas un type qui fait peur?

— Bien sûr! Je suis en rogne depuis que je porte ma première culotte. Je suis venu à la Légion parce qu'on pouvait pas me blairer dans le civil. J'ai jamais eu un copain. On pouvait pas me sentir, pas même à la Légion. Aux Trav's, c'était le même truc. Y avait plus qu'à essayer Cayenne et si c'était le poteau, tant mieux. Tu pouvais pas encaisser ma sale gueule, s'pas? Personne pouvait l'encaisser. Ça vous dégoûtait tous. Tiens, quand je suis monté avec le convoi, y se seraient battus pour pas m'avoir sous la tente. Alors, comme y faisait pas froid, j'ai couché tout seul, dans le bled.

— On avait peur de toi, avouai-je, oubliant que cet aveu ne doit jamais sortir de la bouche d'un légionnaire.

— Et à présent que je suis amoché, on pourra pas dire que je fais peur, hein? Je ferai plus peur à personne. Un gosse de huit ans pourra me fout'su'la gueule sans que j'aye rien à faire qu'à la fermer. Quand je demandais quéqu'chos' à quéqu'un, avant, comment que ça se passait, hein? Y m'avait à la caille du premier coup. Je t'avais jamais rien fait, à toi. Et tu m'as dit que deux choses : « J'ai rien à te dire »; et pis « Sors dehors ». Et avant que j'aye seulement foutu un marron à quéqu'un, on m'a esquinté. Et toi? Dis que t'étais pas content de m'esquinter? Tu peux bien le dire maintenant? Tu es costaud, toi, et moi je suis pas même foutu de pisser tout seul, maintenant. T'as pas peur? Tu peux le dire, va, que t'étais content de me voir démolir.

— Non! Ça n'est pas vrai! J'ai été content quand j'ai vu que Van Lancker gagnait parce que s'il n'avait pas été là, je savais que tu m'aurais sûrement rossé. Je pensais que ça serait comme d'habitude, que tu te relèverais avec la figure en sang. Mais quand il s'est emballé à coups de soulier partout, à te casser les os alors que tu ne bougeais plus, non, là j'étais contre et je pensais que je lui en voudrais toujours.

— Tu lui en veux?

— Non, plus maintenant. On a parlé de ça dans la chambrée et on croit que c'est plutôt une chance pour toi. Que ça valait mieux d'être estropié que d'aller crever au bagne. Je crois que ça aurait été la même musique pour toi à Cayenne. Comme aux Trav's.

On dit tous maintenant que tu ne seras pas si malheureux qu'au bagne. Nief dit qu'il n'y a que les malheurs qu'on ne voit pas qui sont mauvais. Moi, il n'y a pas longtemps, j'étais malheureux, et c'est bien par hasard si je ne me suis pas empoisonné. Ça aussi c'était un malheur qu'on ne voyait pas. Tu n'as pas envie de t'empoisonner?

— C'est vrai, je crois pas que j'en ai envie! Tu parles drôlement bien pour un jeunot comme toi. On voit que t'es instruit; ça m'emmerde plutôt d'être comme une loque mais on me regarde pas de travers. Quand j'ai quéqu'un qui me parle, comme un copain, je pense plus que je suis démoli. Y a Nief, même, qui me dit qu'y voudrait être à ma place. Je sais pas si y faut le croire ou s'y se fout de ma gueule.

Dès mon entrée dans la chambre 13, je ne m'étais plus senti malade. La demi-ration était assez abondante pour une alimentation normale, et la préparation soignée. Cependant, si je me rétablissais ainsi, c'était grâce à un appétit dévorant qui ne pouvait être satisfait qu'avec l'appoint des boules de trois livres que j'allais solliciter du haut de mon échelle, à la Manutention. En quelques jours, je repris des forces et m'employai avec ardeur à cirer le parquet des salles hospitalières, ce qui me valut la considération de l'infirmier. J'avais assez de loisirs pour aller tenir compagnie à Leborgne et à Anstein. Au bout d'une quinzaine de jours, de l'avis unanime, je « pétais de santé ».

Enfin le médecin-major annonça ma sortie avec une exemption de service de quinze jours. Ce fut pour moi une grave déception : je m'attendais à un agréable voyage à Arzen suivi de longues vacances. L'autorisation de sortir librement du quartier tant que durerait l'exemption de service n'était qu'une négligeable consolation.

Baudry avait quitté la chambrée pour installer son lit et son paquetage à la bibliothèque. Dès ma première visite, il m'informa que, pour moi, la porte serait ouverte à toute heure. Je pourrais même venir après l'appel du soir si j'en avais le désir.

Mes quinze jours de convalescence furent exclusivement employés à jouir de l'abondance littéraire et scientifique de l'endroit. On ne me vit plus dans la chambrée qu'aux heures de la soupe et au lavoir pour l'entretien de mon linge et de mes treillis.

— Que me conseilles-tu de lire? avais-je demandé à Baudry.

— Je n'ai rien à te conseiller. Comme tu ne peux avoir d'autre stimulant que ton propre goût, c'est par l'expérience que tu pourras préciser quels sont les secteurs du savoir qui vont t'intéresser suffisamment pour t'engager dans une poursuite constante.

Si je te demande de lire tel ou tel livre, tu le feras, je le sais. Tu ne l'abandonneras pas même s'il y a désharmonie entre toi et ce livre. Il sera sans effet utile. Il ne pourra que contrarier ce que j'espère de plus heureux en toi : te voir découvrir une branche dans laquelle tu t'engageras avec une telle passion que tu n'auras jamais assez de loisirs pour satisfaire ton besoin d'aller plus loin, toujours plus loin. Tu peux lire des romans. Ça ne te fera pas de mal car ton vocabulaire est vraiment limité, parfois... Tu seras amené à interpréter un grand nombre de mots qui ne te sont pas familiers. Méfie-toi! Je te mets également en garde contre l'entraînement qui pourrait se produire chez toi par un excès d'intérêt pour des situations imaginaires et souvent extravagantes. Pense bien que lorsque tu te sens particulièrement captivé par l'intrigue, tu cesses de t'instruire. A ce moment-là, il faut que tu te dises : « Je n'apprends rien. Je me distrais. Je tue le temps! »

Si même tu veux emporter quelque livre pour aller faire de la lecture à l'ombre, allongé sur ton couvre-pieds, je n'y vois pas d'inconvénient. C'est interdit, mais j'en prends la responsabilité.

Tu verras souvent Noblet. Il est surtout ici pendant les heures de sieste, de onze heures à trois heures. Il faudra que tu lui parles pour être bien fixé sur ta situation. Il est juriste et a même plaidé en cour d'assises. Mais si tu veux qu'il puisse faire quelque chose d'utile, il faudra que tu te fies entièrement à lui.

— Le jour où je me présenterai au jugement — si je me présente — affirmai-je, je n'aurai pas besoin d'avocat. Ce sera pour payer. Je me laisserai coller la peine que je mérite.

— Mais comment sera fixée cette peine que tu « mérites »? Quelle sera ton attitude? Si tu comparaissais maintenant, ce serait celle d'un garçon qui ne se comprend pas lui-même. Tu crânerais!

Tu décides de te présenter devant un tribunal pour rendre des comptes, soit! Ne penses-tu pas que la première qualité d'un compte c'est l'exactitude? Si je t'invitais à l'établir, ce compte, et que tu t'appliques avec une absolue bonne foi à me le présenter à la fin de chaque semaine, je suis à peu près sûr que la somme serait différente de huit jours en huit jours. Prends conscience de cela et comprends qu'il est beaucoup plus sage de solliciter le concours d'un homme dont le métier est d'établir de tels comptes.

Tu te présentes au lieu de rester caché à la Légion. Bon! Mais ce n'est pas le fait de dissimuler l'actif qui rend la faillite honnête. Noblet, lui, saura te faire vider tes poches et il faudra que tu mettes le tout sur la table. Et enfin, qui sait si les créanciers ne préféreront pas un arrangement à la faillite? C'est l'avis de Noblet. Je lui en ai parlé et je t'avoue qu'il y a beaucoup plus de lui que de moi dans ce que je viens de te dire. Prends ton temps et fais-lui étudier la question.

J'avais de grandes facultés d'observation. De plus, je tenais de mon origine paysanne un désir bien plus grand d'écouter que de parler. Les discours de Baudry, même s'ils eussent été d'une qualité très inférieure et d'une logique plus discutable n'eussent pas manqué d'agir puissamment sur moi. Mais, tels quels, ils me bouleversaient. Chacun d'eux était le point de départ de longues et profondes réflexions.

Obéissant à mon impulsion, j'aurais désiré m'attacher à Baudry, ne plus le quitter « d'une semelle », cueillir ses observations et ses paroles qui avaient de tels échos en moi, déchaînant une foule d'idées et de perspectives variées. De toute évidence, Baudry voulait que je quitte la Légion. Non point pour se débarrasser de moi. D'un mot le maître pouvait renvoyer son élève dans sa chambrée au lieu de l'accueillir avec cordialité. Baudry était un homme sans faiblesses connues. Il n'eût certes pas pris la peine de témoigner un intérêt qu'il ne ressentait pas.

Dans mon histoire, deux figures apparaissaient, dominant toutes les autres, deux caractères que je n'oublierais jamais. Premier en date : Maffëi. Le pauvre maçon piémontais auquel j'avais raconté l'origine du cyanure de potassium avait jeté ma fiole à la mer. Il n'avait aucune idée de la fonderie qui m'avait employé tant de mois, ni de la manière dont je m'étais emparé de ce poison utilisé pour le lavage des poussières pouvant contenir de l'or. Mais il avait deviné que m'étant emparé de cette puissance je croyais tenir en main ma destinée. Quoi que j'aie pensé de son geste lorsque l'Italien l'avait accompli, je savais maintenant que, me sachant en danger mortel, il avait agi pour mon salut. Du geste de Maffëi je rapprochais maintenant l'action de Baudry, tendant à me faire quitter la Légion, où cependant je me croyais à ma place, mieux que je ne l'avais jamais été nulle part ailleurs. A mes yeux, Baudry ne pouvait qu'avoir raison.

Pendant ce temps, Lerate s'annonçait comme un candidat sérieux au conseil de discipline avec quatre-vingt-dix jours de prison en quatre mois. La dernière punition de trente dont huit émanait du commandant de l'escadron des chasseurs d'Afrique.

Un soir de cuite, hanté sans doute par les souvenirs de son passé de cocher de fiacre, il avait voulu visiter les écuries où, selon les consignes, nul légionnaire ne pouvait être admis. Il en était résulté un conflit avec les gardes qui prétendaient l'expulser à coups de fourche. Or, devant toute menace de coups, Lerate avait des réactions violentes.

Après un combat vaillamment soutenu contre des forces supérieures, le légionnaire avait été vaincu et les chasseurs l'avaient remis au corps de garde sérieusement abîmé et ficelé avec des cordes à fourrage. Son arrivée au poste, dans une brouette à fumier, sous escorte de quatre cavaliers et d'un brigadier qui l'accompagnaient sabre au clair. avait été des plus remarquées.

Quelques jours plus tard, le convoi de la quinzaine ramenait à Géryville le disciplinaire Lambert qui fut versé à la 15e compagnie. On l'informa sans retard de la présence d'Anstein et de la blessure qu'il s'était infligée pour se ménager le plaisir d'une rencontre avec lui.

— Qu'y se fasse pas de mousse, commenta froidement Lambert. Quand y sortira de l'hosto pour rentrer en taule, y m'y trouvera et y pourra me causer tant qu'y voudra.

Lambert n'avait rien de repoussant. C'était un homme d'une trentaine d'années, aux yeux clairs et rieurs, donnant bien plus l'impression d'un joyeux luron que d'un dangereux combattant. Dans mon esprit, l'arrivant avait tout à redouter d'un gaillard de la force d'Anstein. Dès le lendemain je dus réviser ce jugement.

Le soir même de son arrivée, après l'appel, étant en état d'ivresse il avait causé du scandale dans une chambre de la 13e compagnie. Le fait, en soi, était banal. Ce qui l'était beaucoup moins, c'était la résistance qu'il avait opposée à l'expulsion, le sang qu'il avait fait couler par le seul emploi de ses quatre membres. Il n'avait pas fallu moins de huit hommes pour le conduire en prison, et au cours du transport, alors qu'on le croyait définitivement hors de combat, il avait trouvé le moyen de libérer une de ses jambes et d'écraser la figure d'un de ses porteurs par un terrible coup de talon.

Garrigou lui rendit un hommage public.

— C'est un fameux lapin! Il a tenu tête à toute une chambrée de mecs qui sont pas manchots. Et quand ils l'ont eu esquinté, qu'il ait encore pu foutre un coup pareil!... C'est un micheton qui s'en ressent, je dis que ça!

Le lendemain, on apprenait au rapport que Lambert était en prévention de conseil de discipline avec une demande de punition de soixante jours de prison, dont huit de cellule.

Cependant, l'homme n'avait pas encore montré tout son savoir-faire. Moins de huit jours après, la punition était levée et la prévention suspendue. On l'avait vu, pendant l'exercice des punis, quitter le peloton, jeter bas son sac et courir au secours de son chef de poste que poursuivait un homme de garde, baïonnette au canon. Il s'était offert au coup qu'il avait habilement esquivé, avait désarmé l'excité avant de l'assommer à coups de crosse, puis, remettant l'arme au sergent, avait repris son sac et sa place dans le rang. Mais il n'était pas dans la nature de Lambert d'être un légionnaire discipliné.

Quelques jours plus tard, le capitaine de la 15e devait établir une nouvelle demande de trente dont huit. Ce diable d'homme était incorrigible. Il avait provoqué un nouveau scandale, et cette fois au pavillon des officiers. Là, il s'était battu avec le cuisinier et avait causé de graves dommages aux ustensiles et à la vaisselle. Le maître-coq avait été fort endommagé.

Toutefois, ce fut à l'occasion des courses de l'Oued Mérirès que Lambert montra de quelle haute fantaisie il pouvait être capable dans ses actes d'indiscipline.

Les autorités militaires et indigènes du cercle avaient décidé de rassembler leurs élites dans une grande fête sportive. A cet effet, une piste ovale de plusieurs kilomètres de circuit avait été aménagée à l'Oued Mérirès, par un simple déblaiement des touffes de thym et d'alfa. Des tribunes avaient été dressées par les sapeurs. Si Hamza, le bach-agha des Oulad-Sidi-Cheik qui avait, disait-on, rang de général de division — ou de préfet (les avis étaient partagés) — devait présider ces réjouissances.

Le jour venu, tous les légionnaires qui n'étaient ni en prison ni commandés de service avaient reçu un repas froid et, par groupes, dès le matin, s'étaient rendus sur les lieux. Ils purent s'intéresser au public bigarré et voir d'assez près les beautés indigènes parées de soies éclatantes mais au visage malheureusement voilé. Sur des burnous de fine laine, s'étalaient croix de chevaliers ou d'officiers de la Légion d'honneur qui signalaient caïds, aghas et autres autorités.

Pour moi qui ne m'intéressais pas aux chevaux, le clou de la fête devait être une course de méharis que j'attendais avec impatience.

Mais lorsque les meilleurs cavaliers, sélectionnés par diverses épreuves parmi les chasseurs d'Afrique, les spahis, les goumiers et des notables indigènes, furent alignés pour la finale, une tempête de rires s'éleva, les légionnaires poussèrent des clameurs d'enthousiasme.

Lambert, que tout le monde savait en cellule, venait de faire son apparition devant les tribunes, superbement monté sur un cheval de belle allure, la capote jetée en travers de la selle, la chemise déboutonnée, dans une tenue indiscutablement débraillée.

Sur un ordre, chasseurs et spahis se lancèrent à la poursuite du trouble-fête qui ne se montra pas moins bon cavalier qu'il était bon combattant. Les poursuivants fatiguèrent leur monture sans parvenir à le joindre. Lambert les sema dans le bled, revint une heure plus tard pour faire, à bonne distance, dressé sur les étriers, un majestueux salut, et reprendre le large.

Le soir, on le retrouva dans sa cellule, qu'il affirma, avec un étonnement bien joué, ne pas avoir quittée de la journée. Mais le commandant n'accepta pas la possibilité d'une illusion collective ou d'un mirage et le rapport des compagnies eut à mentionner une nouvelle punition.

Par quels moyens, avec le secours de quelles complicités Lambert avait-il pu réussir à s'évader de sa cellule? A sortir du quartier avec un cheval alors qu'une garde sévère, sous le commandement de sous-officiers, obligeait tout amateur de sortie irrégulière à de difficiles et dangereuses acrobaties, comportant le risque de s'empaler sur une grille? Comment Lambert qui, depuis qu'il était à Géryville, avait passé la presque totalité de son temps en prison ou en cellule, avait-il pu se ménager des intelligences? Je ne l'ai jamais su!

Je ne pouvais toutefois me défendre contre une réelle admiration pour cette personnalité exubérante, prête à tous les éclats pour se manifester et aussi capable d'actes méritoires que d'actes répréhensibles, s'ils étaient pour lui l'occasion de montrer son adresse et son courage, heureux surtout quand il pouvait y joindre quelques-unes de ces originalités qui semblaient être ses stimulants les plus actifs.

Anstein était toujours à l'hôpital. La profonde plaie se cicatrisait et le cratère creusé dans les chairs se comblait lentement. Le médecin ne se hâtait point de le renvoyer en prison.

Anstein, lui, se trouvait bien. Il avait eu connaissance des exploits de Lambert et s'en était fort amusé. Quant à demander sa sortie pour le rejoindre en prison, il n'en voyait pas l'avantage.

— Pas la peine de se presser, disait-il, pour une fois que je mène la vie de château! Maintenant, c'est couru, on partira ensemble à Béchar. On risque plus de se manquer.

Leborgne avait été débarrassé de ses plâtres. Il était infirme à jamais, irrémédiablement. Il commençait à se traîner dans la chambre, les pieds écartés et les genoux rapprochés. Son bras droit pendait, rigide, et le bras gauche exécutait des mouvements de faible amplitude qui l'obligeaient à se plier en deux pour se moucher.

— Vise comme je suis balancé, me disait-il en risquant ses premiers pas. Je suis tout à fait girond. Tu peux pas croire le travail que c'est quand je veux pisser; et pour me culotter, y a rien à faire. Le toubib dit que si je m'exerce, ça ira p'têt' un peu mieux mais que je pourrai jamais gratter.

Au garçon qui lui remettait le tabac qu'il avait quêté pour lui dans la chambrée, il demanda :

— Et Van Lancker, il t'en a donné?

— Il donne toujours, comme les autres.

— Tu lui diras qu'y vienne me voir. Ça lui ferait plaisir de voir son travail!

— Tu lui en veux?

— Pour quoi faire? A quoi que ça me servirait? Un gosse de huit ans, j'te dis, me foutrait une pâtée!

— Et puis, si tu avais pu, quand tu t'es battu avec lui, tu l'aurais tué?

— Si j'avais tué un homme chaque fois que j'ai parlé de le faire, y a longtemps qu'on m'aurait coupé le cou. Sûr que j'ai foutu quéqu'coups de lame mais je piquais pas n'importe où, j'y faisais attention. En tout cas, j'ai jamais esquinté personne, c'est ce que je peux dire.

— Tu as dit pourtant : « Moi, quand on me manque, je tue! »

— On en fait beaucoup avec la gueule. T'es pas bien vieux et si ceux qui t'ont dit : « je te tuerai » l'avaient fait, tu sais bien qu'y a longtemps que tu serais mort.

Je m'efforçai de le rassurer.

— Tu avais l'air enragé. C'était un genre que tu avais pris. Il y avait juste un homme de la compagnie qui aurait compris ça, c'est Baudry. Seulement, il n'était pas dans notre chambrée. Il n'a pas son pareil pour calmer un type qui est en rogne.

— Et si on se fout de lui et si on dit qu'il a « une gueule de tante », qu'est-ce qu'y fait?

— Je ne crois pas que personne ait jamais eu envie de lui parler comme ça. En tout cas, je l'ai vu jeter sur le dos un type costaud et le ficeler en moins de deux, quasi tout seul. Il l'a fait sans lui faire de mal et sans se mettre en colère... Je ne dis pas que t'es devenu beau garçon. Mais je peux te dire que maintenant ça me dégoûte pas plus de venir te voir et te parler que n'importe quel autre, voilà!

— Tu diras ce que tu voudras, il aurait tout de même pu me laisser un abattis pour que j'aye le moyen de pisser sans qu'on soye obligé de me la tenir! Dis-lui à Van Lancker qu'y vienne voir son boulot. Il a peur?

Van Lancker ne céda pas à la première invitation.

— Ça va, dit-il rudement. Y chiale maintenant? Moi, je peux pas encaisser ça! Si je l'avais loupé y m'aurait pas manqué, lui. Y m'aurait saigné comme un cochon s'il avait pu m'avoir autrement.

— Il est bien changé, tu sais, expliquais-je. Demande à Nief. C'est plutôt un pauvre type qui est né avec une sale gueule. Ça lui ferait plaisir que tu ailles le voir...

— Et puis, coupa Van Lancker, que je sorte mon tire-jus et que je me foute à chialer comme une tante qui passe au tribunal? Que j'y dise que j'ai des regrets et que je recommencerai plus? Sans blagues! C'est pas des mômeries pour Van Lancker, t'entends? Après c'qu'il a dit dans la carrée, j'y avais droit qu'y me butte si je lui foutais pas la trempe.

— Si tu le voyais seulement, je suis sûr que tu comprendrais ce que je ne sais pas t'expliquer. Je ne suis pas avocat, moi, et je pourrais dire, sans le faire exprès, des choses qui te fâcheraient. Je sais que tu es un bon type... deux fois je t'ai vu te battre pour un autre. La première fois c'était pour arrêter Thomas qui rossait Le Meutec. La seconde c'était pour m'éviter de prendre une sacrée trempe. Alors je crois que si tu parlais à Leborgne, tu penserais comme moi.

Depuis que je fréquentais Baudry il me semblait que je comprenais mieux mes camarades. Chacun portait un masque d'indifférence ou de dureté qui voilait une sensibilité toujours en éveil, qu'il fallait cacher à tout prix, comme une jolie religieuse doit dissimuler des charmes trop évidents. Seuls, dans leur esprit, les êtres à virilité atténuée pouvaient s'attendrir sur une souffrance ou sur une déchéance, être accessibles au remords ou au regret. L'homme intégral, selon la mentalité légionnaire, devait être l'antithèse de la féminité et rejeter tout ce que, à tort ou à raison, il tenait pour spécifiquement féminin.

— Qu'est-ce qu'il a dit, Van Lancker, me demanda Leborgne quelques jours plus tard.

— Il a dit que si tu attendais qu'il vienne te trouver le mouchoir à la main pour te faire des excuses, tu pourrais attendre longemps.

— Et si j'avais causé? Y serait en cellule maintenant? Tu crois pas que ça vaut quéque chose?

— Et si tu avais parlé, ça n'aurait rien changé. Tout le monde était contre toi. Il y aurait eu plus de dix témoins pour prouver que Van Lancker était ailleurs à ce moment-là. Et puis, ni Nief ni moi ne nous serions dérangés pour te tenir compagnie et te fournir du tabac. On t'aurait laissé t'emmerder tout seul, voilà ce que tu aurais gagné. Van Lancker ne veut pas avoir l'air d'avoir des regrets, voilà ce qu'il faut comprendre. Ce n'est pas un homme qui pourrait supporter ça. Il serait plus capable d'aller se déculotter et faire voir son cul à l'église pendant la messe le dimanche matin que de faire penser qu'il a des regrets. Deux ou trois fois tu m'as demandé qu'il vienne te voir. Qu'est-ce que t'as dans l'idée?...

— Ben, c'est une idée comme ça. Je sais pas pourquoi.

— Est-ce que c'est pas parce que tu as envie de te mettre d'accord avec tous avant de partir? Moi, j'aime à être d'accord avec tous, et quand tu es venu dans la chambrée, ça m'a fichu le cafard de penser que je pourrais pas l'être avec toi.

— Tu t'expliques comme un curé!... Après tout, dis-lui ce que tu voudras. Si y en a d'autres qui viennent me voir avec Van Lancker, ça me fera plaisir et je penserai que tu es un bon copain. Qu'est-ce que ça peut me faire que tu leur dises que j'ai compris que j'avais joué au con et que j'avais gagné? A quoi que ça m'avancerait de faire le fier? Je peux pas dire que je suis un homme, à présent. J'suis même pas foutu de me coller un rassis!

— Eh bien parle comme ça à Nief pour que je ne sois pas tout seul.

Comme ça, à deux, nous pourrons peut-être t'amener la compagnie.

Le même soir, je renouvelai ma tentative auprès de Van Lancker.

— Leborgne me parle toujours de toi.

— Qu'est-ce que tu veux que ça me foute?

— Écoute : je ne veux pas te fâcher. Tu es un de mes meilleurs camarades...

— Ça va! Pas la peine de me peloter. Raconte ce que t'as à dire.

— Eh bien, Leborgne pense maintenant qu'il a bien cherché ce qui lui est arrivé. Qu'on l'ait esquinté, il n'a rien à dire, mais qu'on le regarde encore de travers à cause de ça, il dit que ce n'est pas juste.

— Si c'est ça, j'irai! D'abord, si c'était pas moi qui l'aye arrangé, y en a un autre qui l'aurait fait. T'as entendu, même que Lerate y disait qu'il fallait le finir à coups de soulier derrière la tête pour y casser le cou. C'est même moi que j'ai dit : « c'est marre! »

Leborgne reçut dès lors de nombreuses visites. Les tâches militaires étaient de courte durée et laissaient d'interminables loisirs, générateurs de cafard. Après la soupe du soir, nombreux étaient les légionnaires qui ne trouvaient d'autre occupation que celle de rêver, étendus sur leur lit; dans la chambrée de Dupont, les visites à Leborgne devinrent une récréation.

Les soirs de prêt, le vin affluait à pleins bidons autour de Leborgne qui en prenait sa bonne part et finissait par se convaincre qu'il n'avait plus au monde que des amis empressés, malheureusement déshérités, pour qui de graves mutilations étaient la seule porte ouvrant l'accès à une vie de bonheur.

Nief, pour son propre compte, en était si parfaitement convaincu qu'il sollicita Van Lancker et Lerate de « l'arranger » en vue d'une désirable réforme qui lui permettrait de reprendre sa vie de clochard avec des avantages sérieux. Il se heurta à des refus.

Il tenta de me persuader de lui écraser la main droite entre deux blocs de pierre. Il avait disposé à cet effet le couple convenable. Il me suffisait, assurait-il, de lever à bonne hauteur un bloc d'une trentaine de kilos, de fermer le yeux et de laisser tomber.

— Pis t'auras qu'à te tirer, sans même regarder si ça saigne. Si je suis dans les pommes, c'est mon affaire. T'auras qu'à dire aux autres de venir voir. Moi, j'irai tirer deux ans aux mutilés et je serai peinard pour la vie!

Bien que je fusse pleinement convaincu que l'opération serait avantageuse pour Nief, je ne pouvais admettre de causer volontairement une mutilation dont je ressentais, par avance, dans ma propre chair, les conséquences douloureuses. Je me forçais à prendre garde désormais de ne jamais m'engager sur des voies sans retour.

Lorsque Leborgne fut évacué de Géryville, Anstein avait rejoint en prison son ennemi Lambert. Là, ils s'étaient donné de mutuelles et copieuses raclées d'où ils sortaient l'un et l'autre épuisés et sanglants, en se promettant chaque fois un prochain round. Anstein était de beaucoup le plus fort mais Lambert était souple, agile, et surtout infatigable.

La chambrée de Dupont rêvait d'une cuite totale, telle qu'on pouvait se l'offrir avec la solde à Saïda ou à Mascara. A Géryville, le vin à six sous le litre permettait d'obtenir une ivresse réelle mais insuffisante qui laissait subsister une soif intense. Pour la satisfaction générale, le petit Schoenfelder proposa une solution.

C'était un bonhomme de un mètre cinquante-quatre, à la figure poupine. Il avait vingt-cinq ans — bien qu'il parût en avoir à peine dix-huit — et six ans de Légion. Malgré sa petite taille, il était d'une force musculaire qui déroutait.

Schoenfelder informa la chambrée qu'en se promenant le long de l'oued il avait été suivi par un indigène cossu qui, visiblement, le trouvait girond et mourait d'envie de lui « proposer la botte ». Le petit Alsacien avait d'abord pensé à le laisser venir pour le rosser copieusement dès qu'il se serait déclaré. Il avait ensuite pensé qu'il y avait un parti bien plus avantageux à tirer de cette situation. Il ne suffisait pas, selon Schoenfelder, de punir le vice. La justice totale exigeait que la vertu fût récompensée. Si Messer consentait à se tenir en observation pour être, par la suite, garant que les choses — au point de vue légionnaire — s'étaient honorablement passées, il voulait bien s'offrir comme appât et réaliser le double objectif de punir le vice en flanquant une pâtée à l'indigène, et de récompenser la vertu en prenant l'argent du coupable.

Cette proposition déchaîna un tel enthousiasme que non seulement Messer, mais plusieurs autres se déclarèrent prêts à garantir la vertu du petit Alsacien et que le reste de la chambrée, à part le caporal et moi, ne put s'abstenir de suivre de loin les péripéties de l'aventure qui se déroula avec un plein succès.

On vit Schoenfelder cambrer sa courte taille, se donner des allures féminines autant que faire se pouvait, stationner dans le voisinage de la mosquée puis prendre le chemin qui borde l'oued en amont, suivi à deux cents mètres par un indigène à la barbe en éventail, escorté lui-même à courte distance par un guenilleux porteur d'un gourdin.

Le petit bonhomme s'engagea entre les berges escarpées où ses deux pisteurs s'engagèrent à leur tour et les trois personnages furent perdus de vue.

Les hommes de la chambrée comprirent que le moment était venu et se précipitèrent. Messer arrivant le premier aperçut d'abord le maître inanimé et Schoenfelder aux prises avec le garde du corps, qui avait dû abandonner son gourdin au légionnaire qu'il attaquait maintenant à coups de couteau. Se laissant tomber du haut de la rive, Messer eut vite remédié à la situation. Désarmé, assommé à coups de poing, à coups de pied et à coups de trique, l'homme au couteau était définitivement mis hors de combat avant l'arrivée du renfort de la chambrée Dupont. Il ne restait plus qu'à cueillir les fruits.

Le riche indigène avait été, comme l'annonça Schoenfelder aux arrivants, « un peu étranglé » et gisait sans mouvement. Dans une bourse de forte toile, il portait sur lui un nombre considérable de pièces de cent sous. Sur l'avis de Garrigou « qu'on était tout de même pas des voleurs », la ponction faite sur cette bourse fut modérée. Pour une cuite vraiment totale, il suffisait de quatre litres par homme, et pour cela il convenait de prélever trente francs.

Cette modération n'était pas du goût de tous les assistants mais Schoenfelder et Messer se déclarèrent de l'avis du grand Garrigou. On abandonna l'homme avec la totalité moins six des pièces de cent sous qu'il portait sur lui, sans trop s'inquiéter s'il arriverait vraiment à se ranimer tout seul. Il faut croire que les choses ne se passèrent pas trop mal car il n'y eut pas d'enquête. Pleinement d'accord avec leur conscience, les légionnaires de la chambrée de Dupont s'offrirent, ce soir-là, une cuite mémorable à laquelle vinrent participer quelques voisins particulièrement sympathiques chargés de recruter, dans leurs propres chambrées, les bidons supplémentaires que l'abondance de liquide rendait indispensables.

Vers cette époque, par groupes de deux, la plupart des légionnaires du bataillon se procuraient quelques sous par des moyens illégaux, le plus astucieusement possible.

La nourriture étant très abondante et la fatigue extrêmement réduite, la moitié de la ration de pain pouvait être économisée et vendue en ville. C'est ainsi que Van Lancker et moi, associés pour ce commerce, nous vendions tous les trois jours un pain de trois livres au cours bien établi de cinquante centimes.

La sortie n'était pas une difficulté. Nous partions ostensiblement par la grande porte, faisant le tour du casernement, et les négociations et livraisons se passaient entre les barreaux de la grille. Il ne restait plus qu'à éviter la rencontre d'un sous-officier. Le trafic était puni de quinze dont huit qui étaient portés à trente en cas de récidive. A cela s'ajoutait la perte des cinquante centimes, ce qui était considérable.

Un soir, Van Lancker étant retenu pour faire une visite à Leborgne, je fus chargé de l'opération.

Géryville, bourgade distante de plus de cent kilomètres de toute agglomération, était le centre administratif et le marché d'une importante population nomade qui trouvait là quelques compléments alimentaires que ne lui fournissait pas la vie pastorale. Elle y trouvait aussi l'élément féminin à bon compte. Comme toutes les villes indigènes, elle était constituée par un labyrinthe de rues étroites, bordées de petites maisons de terre ne possédant qu'une ouverture extérieure, la porte.

Sur un grand nombre de ces portes était cloué un triangle de zinc qui avertissait le passant qu'il trouverait là femme à sa disposition contre paiement variable selon les éléments très divers qu'il convient de considérer dans toute union, même à titre temporaire. Selon les bruits en circulation, les prix variaient de un à cinq francs. La plus cotée était une énorme Toulousaine de cinquante à soixante ans. Étant la seule

Française disponible, elle attirait à elle les hommages de tout un peuple de pasteurs qui devaient souvent s'aligner devant sa porte pour attendre leur tour.

Ce soir-là, dès mon entrée en ville, je m'aperçus que j'étais filé par un sergent de la 13e. J'allongeai le pas sans pouvoir gagner sur mon suiveur qui se rapprochait. Je ne vis d'autre moyen de salut que de pousser une porte à triangle de zinc que je repérai, entrouverte, et que je refermai vivement derrière moi.

Je me trouvai en présence d'une fillette à qui je pouvais accorder onze à douze ans et qui me sembla extrêmement jolie sous son fard. Les fins tatouages qui lui ornaient les joues et le front ne l'enlaidissaient pas le moins du monde.

Je présentai mon pain en jargonnant :

— Cheun kroub!

Ce qui, dans mon esprit tout au moins, devait signifier :

— Acheter pain?

L'enfant ne s'intéressa pas à cette question. Elle m'entraîna sur un coussin, s'installa sur mes genoux et, me prenant la main, la glissa dans son corselet sur la nudité d'un sein menu mais bien formé. Puis, sans tenir compte de mon ahurissement, elle éleva vers mon visage ses deux mains aux paumes et aux ongles rougis et me caressa par touches délicates et extrêmement douces.

Enfin, tendant sa bouche, elle souffla dans mes narines une haleine parfumée et une question précise :

— Tu veux niquer?

Je n'étais pas venu pour cela et le manque d'argent me garantissait contre un abandon vers lequel j'eusse volontiers glissé. Au prix d'un effort méritoire, je me relevai et avouai d'un ton piteux :

— Je n'ai pas d'argent. Je veux vendre ce pain.

— Un douro? Tu n'as pas un douro?

— Pas un sou! Je n'ai que ce pain que je veux vendre dix sous.

— Bou! ... Bou! ... fit alors la fillette avec mépris.

Puis de ses deux index dressés verticalement de chaque côté de son front, elle me fit les cornes.

A son cri, un grand indigène en gandoura blanche parut au fond de la pièce. Je présentai mon pain :

— Quatre sous, dit l'homme.

— Non, dix sous!

— Va-t'en!

— Je le donnerai pour huit sous.

— Non, quatre sous, ou va-t'en!

A bout, je cédai, pris les quatre sous, fort inquiet quant au compte à rendre à Van Lancker.

Devant la porte, je me heurtai au sergent.

— Qu'est-ce que vous faites ici? Qu'est-ce que vous portiez sous votre bourgeron, que vous avez laissé dans cette maison?

— On n'a pas à demander la permission à la compagnie pour entrer là, sergent. Je n'avais rien sous mon bourgeron. Vous avez mal vu.

— C'est bon! Je sais ce que vous venez de faire. Allez! Rompez!

Dans la chambrée, Van Lancker vint au-devant de moi :

— T'as les ronds?

— Je me suis fait coincer par un sergent de la 13e, expliquai-je. J'ai dû foncer dans la première maison venue et je ne pouvais plus sortir avec ma boule. Il m'attendait devant la porte.

— Alors, je suis de la revue?

— Non. J'ai quatre sous. Les voilà. Le sou qui manque, tu l'auras la prochaine fois. Moi, je perds six ronds dans l'affaire.

— Merde alors! Tu veux me faire croire que t'as lâché une boule pour quatre ronds?

— Puisque c'est vrai! Si on n'avait rien voulu me donner, fallait que j'y passe; en sortant, j'étais paumé. Je perdais les sous et je prenais quinze dont huit.

— Eh bien, t'es pas fort. Voilà ce que j'ai à te dire. Moi, quand on me piste, on peut toujours courir derrière moi. T'aurais pas pu le semer? T'as pas des jambes comme tout le monde, non?

— Tu as vu Leborgne, questionnai-je, préférant changer de sujet.

— Oui. On est tout c'qu'y a de plus copain. C'est comme un mignard qu'il a besoin qu'on lui fasse chouchou. Quand y sera civil, y sera emmerdant comme une tinée de punaises!

A la Légion comme ailleurs, le lavoir était un centre d'informations. Aux heures d'affluence, les événements du bataillon se transmettaient d'une compagnie à l'autre, assez abondants pour alimenter en faits divers locaux le journal quotidien d'un département moyen.

Quelquefois, les vétérans évoquaient de vieux souvenirs. Le vieux médaillé Kraemer rappelait les beaux jours de sa compagnie au Dahomey, la difficile retraite au cours de laquelle, sous la pluie torrentielle, la Légion avait donné toute sa mesure et sauvé l'expédition.

Et le visage du vieux soldat se transfigurait au souvenir de ces journées d'efforts surhumains où il avait gagné cette médaille militaire qu'il ne quittait jamais, qu'il épinglait sur sa chemise lorsqu'il ne portait pas d'autre vêtement.

— Faut pas s'en faire, concluait-il. Un de ces chours, on en aura pesoin de la Léchion. Ça s'accrochera tur afec les Marocains. Che fous le dis que ça traînera pas et qu'y la fautra, la Léchion, pour aller técacher tes zouaves ou tes autres qui auront choué au petit soltat afec les picots!

On voyait là Messer qui, tout en battant son linge, faisait une exhibition quotidienne. Pour ne pas égarer ses épingles de sûreté, il se les enfilait en pleine chair : dans une joue, dans un biceps. Puis il les refermait correctement, le visage impassible, comme s'il eût été absolument normal d'utiliser une peau bien vivante comme une pelote d'épingles.

Toujours par le lavoir, je connus ainsi de quelle manière Pétry, de la 16e, fit régler à Paris le sort du souteneur Bibi le Moche qui avait mis la main sur l'épouse légitime du légionnaire.

La « Grande », la femme de Pétry, avait écrit à ce dernier comment Bibi s'était installé chez elle, dans son cinquième de la rue Brise-Miche et l'avait contrainte à faire « le tapin ». Ce fait, aux yeux de Pétry, n'avait rien de formellement répréhensible, parce que, après tout, une femme c'est fait pour servir. Mais la Grande était rouée de coups chaque soir et cela était inadmissible.

Si la chose avait été possible, Pétry aurait déserté, mais il était aussi difficile à un légionnaire de Géryville de quitter le bataillon qu'à un détenu de maison centrale de s'évader. On ne pouvait sortir de là que pour aller à la section de discipline ou passer au Conseil de guerre. Le mal était apparemment sans remède et le mari s'abandonnait au cafard lorsqu'il apprit que Muller de la 13e était libérable et comptait faire un tour à Paris avant de signer son troisième engagement.

Pétry conta son affaire.

— Ch'ai compris! T'as pas besoin de me tire ce que tu feux. Ch'irai le foir, ce type, et ch'y foutrai une ponne pâtée. Après, faudra qu'y tise : « Madame ».

— Et puis, tu pourras rester avec elle, si tu veux. C'est une femme, la Grande. Elle est propre, vaillante, démerdarde et tout. Avec toi, elle sera pas malheureuse. T'es pas un type à foutre sur la gueule à une gonzesse.

A mes yeux, Messer de la 15e et Muller se ressemblaient. Tous deux alsaciens, même carrure épaisse, avec une taille de un mètre quatre-vingts, même barbe rousse en éventail, mêmes yeux clairs et durs. Même accent.

— C'est pon! J'y tirai à ta Grande que c'est toi qui m'as envoyé pour que che fasse ton poulot. Faudra que tu me tonnes un papier... une télégation, pour pas qu'elle m'envoye chier. Et che te dis qu'y fautra qu'il y tise : « Matame », qu'il y tise à chenoux!

— Méfie-toi, crut devoir prévenir Pétry, c'est un mec qui est mauvais et qui sait se servir d'un couteau.

— C'est te la plaque, un couteau. Che m'en fous t'un mec qui a un couteau. C'est même pas mauvais qu'y me pique un peu. Comme ça, moi che pourrai lui tévisser la boule chusqu'à ce qu'y soye raite.

— C'est juste pour t'avertir. Je sais que tu l'auras. Tu nous donneras des nouvelles, hein?

Une quinzaine de jours après le départ de Muller, Messer annonça triomphant :

— Y l'a eu, « le moche », Muller. Y l'a foutu par la fenêtre! La fenêtre du cinquième étage. On l'a ramassé en morceaux. Muller a pris quéques coups de couteau, mais c'est rien.

Pétry, de son côté, avait reçu une lettre de sa Grande et une coupure de journal qui authentifiait le récit qu'elle donnait de l'affaire. Cet article, très court, précisait, sous le titre : *Défenestration rue Brise-Miche :*

— Hier soir, à huit heures trente, une altercation éclatait entre le nommé Muller, Alsacien libéré depuis peu de la Légion étrangère et Pierre Garin, titulaire de plusieurs condamnations, au domicile de la femme Pétry au cinquième étage d'un immeuble, rue Brise-Miche. La femme Pétry vivait en concubinage notoire avec le dénommé Garin.

Frappé de plusieurs coups de couteau, l'ex-légionnaire, gaillard de trente ans, d'une force herculéenne, se débarrassa de son adversaire en le jetant par la fenêtre sur le pavé de la cour où il se tua sur le coup. La femme Pétry prétend ne pas connaître Muller, qui s'était présenté à elle au nom de son mari, Jacques Pétry, actuellement soldat au 2e Étrangers. Sans écouter les explications cependant plausibles du légionnaire, Garin se serait précipité, le couteau à la main, sur l'envoyé qui se serait ainsi trouvé en état de légitime défense. A l'appui de sa déclaration que nulle rivalité n'existait entre lui et Garin au sujet de la femme Pétry et qu'il n'entendait nullement la disputer à ce dernier, Muller demande, dès que la suite de l'enquête le permettra, à contracter un nouvel engagement à la Légion étrangère. Il n'a jamais eu de rapports avec la femme Pétry, et, dit-il, ne désire pas en avoir.

Malgré tout l'intérêt que je prenais à ces événements, je ne négligeais pas la bibliothèque où je passais la plus grande partie de mes heures de loisir. Les veillées silencieuses avec Baudry et Noblet se poursuivaient jusqu'après minuit. Deux fois il y eut contre-appel et, averti par un camarade de chambrée, je dus me rendre au corps de garde pour faire constater ma présence.

De temps à autre, Baudry se livrait à une critique sévère d'un roman qu'il venait de lire. Trop peu cultivé, j'écoutais. Noblet discutait, et généralement approuvait.

Grâce à mon excellente mémoire, je m'étais approprié, en lisant, une foule de mots, de formes et de formules, que je plaçais volontiers dans les conversations courantes. Lorsque je trouvais l'occasion de les employer, je me sentais particulièrement content de moi. Baudry m'en fit rudement l'observation :

— Tu t'écoutes parler, mon garçon! Parce que tu as collectionné quelques phrases que tu n'as même pas pris la peine de discuter, tu t'admires en les reproduisant comme un perroquet. Tu perds là ta meilleure qualité. Quand je te vois manquer de mots pour traduire ta pensée, faire appel à une comparaison, établir une analogie par le jeu de ta raison, je sens que j'ai affaire à un garçon inculte mais intelligent, et tu me plais. Lorsque je t'entends t'approprier simplement quelques phrases qui n'ont souvent d'autre valeur que d'avoir été imprimées, cela me choque, et je sens faiblir mon intérêt pour toi.

Humilié, j'avais pris l'attitude confuse d'un écolier pris en faute.

— C'est tout! termina Baudry. Si je t'ai donné là pour quelques jours de réflexion, je n'aurai pas perdu mon temps!

De grandes manœuvres, au cours desquelles les troupes appartenant aux divisions d'Oran et d'Alger devaient se mesurer, dans le bled, entre El Oussenker et Laghouat, avaient été décidées et le bataillon de Géryville devait y participer. Après quoi, il irait tenir garnison à Tiaret, où il remplacerait le 2ᵉ qui, lui, viendrait s'installer à Géryville.

Je me réjouis de cette perspective mais cette joie fut de courte durée.

Il fut annoncé par la voix du rapport que les légionnaires qui avaient moins d'un an de séjour seraient maintenus sur place et ne participeraient pas aux manœuvres.

Les effectifs étant surabondants, les compagnies furent néanmoins régulièrement constituées à deux cent cinquante hommes tout en abandonnant, avec les derniers arrivés, un certain nombre d'anciens dont Baudry, Noblet, Lerate, Messer. Cela fut pour moi plus qu'une consolation.

Pendant plus de trois semaines, nous jouîmes d'une oisiveté à peu près totale.

C'est ainsi que je fus amené à considérer que je restais dans l'ignorance de ce qu'était ma situation réelle dans la société. J'étais le légionnaire Flutsch, mais ce n'était là qu'un élément que Baudry et Noblet ne considéraient qu'à titre d'état passager. « Un abri contre la tempête » avait dit le premier. « Un lieu où l'on se réfugie en attendant que la situation soit éclaircie », avait déterminé le second.

— Je me sens à peu près debout sur mes jambes, dis-je un soir à Noblet. Grâce à Baudry, je crois, j'ai changé d'une façon qui m'étonne. Je ne me reconnais plus. Avant, je ne m'inquiétais jamais de savoir où j'allais, et il me semblait que ce qui pourrait m'arriver deux jours après n'avait aucune importance. Maintenant, je sais me placer devant cette situation qui viendra un jour, en voir les difficultés et me préparer à y faire face. Sans doute, je changerai encore, comme j'ai changé ces derniers temps, mais je ne pourrai plus jamais continuer de vivre sans prendre garde à ce qui viendra après. Je veux maintenant savoir ce qui arriverait si je reprenais mon nom. Baudry m'a dit que tu pouvais m'aider.

— Nous attendions cela répondit Noblet. Tu sais que je suis avocat. Pour que je puisse te servir utilement, il faut que je me substitue à toi-même, que je m'identifie à toi. D'abord, tu me feras vivre ta propre vie comme tu l'as vécue toi-même. Essaie de me faire passer par toutes les émotions successives que tu as ressenties sans négliger celles que tu as ultérieurement jugées puériles.

On sait que j'avais une mémoire fidèle. Depuis l'époque où à deux ans et demi j'avais pris conscience de mon existence [1], je me souvenais de tous les êtres qui m'avaient aimé... ou battu. En présence de Noblet je revécus chacun de mes désespoirs enfantins, chacune de mes humiliations, mon amitié passionnée pour mes deux compagnons Pudorgne et le Puissant, leur mort, les temps désespérés qui avaient suivi et qui avaient abouti à faire de moi un malfaiteur et le légionnaire Flutsch. Je me revis, à treize ans, aide-fondeur dans la fonderie de la Riolle, cuivre et métaux précieux, gagnant trois francs par semaine pour dix heures de travail par jour pendant six jours. Ce gain [2] représentait un kilo deux cent vingt grammes de pain par jour. Il fallait en outre une constitution très solide pour résister aux vapeurs cuivreuses ou aux émanations d'oxyde de carbone ainsi qu'aux écarts de température pouvant atteindre jusqu'à 60° entre les ateliers surchauffés et l'extérieur. C'est pour échapper à ce tragique destin que je m'étais enfui d'Ambert...

Mon récit nous occupa deux jours consécutifs. Noblet écouta presque sans mot dire, se contentant de rectifier quelques expressions inexactes ou de faire préciser un état d'âme.

— C'est bien, conclut-il, laisse-moi être jusqu'à demain Antoine Sylvère, légionnaire Flutsch. J'ai tous les éléments en main pour étudier la cause.

— Nous nous trouvons en présence d'une situation inquiétante, commença Noblet le lendemain. Nous sommes criminel sans en avoir la vocation, sans rien dans notre tempérament qui nous ait prédisposé à le devenir. Nous n'avons aucun goût nous amenant à une satisfaction même fugitive à commettre un acte criminel. Nous sommes contraint, par loi de nature, à être un honnête homme, bon gré, mal gré, tel est le sujet.

Or, devant la société, nous sommes un criminel. Nous voilà placé entre deux sièges. Ni le milieu des honnêtes gens, ni celui des criminels ne peut nous admettre dans ses rangs. Nous sommes, non seulement coupable, mais condamné. Le fait est patent.

Tiens-toi bien, comme il convient à un légionnaire. Je vais te dire quel est le verdict de la cour d'assises comme étant convaincu de « faux et usage de faux en écritures publiques ». Nous sommes en conséquence, condamné par coutumace à vingt ans de travaux forcés, vingt ans d'interdiction de séjour et à dix mille francs d'amende.

Je fus écrasé par cette déclaration.

1. Voir *Toinou* — Antoine Sylvère, collection Terre Humaine, Plon.
2. A peu près l'équivalent de 250 F par mois en 1980.

— Sois légionnaire, voyons! reprit Noblet. Pour étudier une situation, nous devons la voir telle qu'elle est, ce n'est qu'ensuite que nous avons à considérer si cette situation est provisoire ou définitive. Dans notre cas, elle est provisoire. Par contumace, selon la règle, on nous a appliqué le maximum, mais nous savons que nous ne sommes condamné à cette peine que tant que nous sommes contumax. Si on nous arrête ou si nous nous rendons, nous ne le sommes plus et la peine tombe d'elle-même. Nous comparaissons devant un jury qui fixe notre degré de culpabilité et les magistrats fixent la peine en conséquence.

Nous sommes un délinquant primaire et de plus, nous sommes jeune. Les circonstances atténuantes ne pourraient nous être refusées que si nous l'imposions par une attitude insolente. Sinon nous ne risquerions que cinq ans de prison ou de réclusion, pas davantage. Ce n'est rien de plus que la durée d'un bail de la Légion.

Voyons maintenant, après les circonstances atténuantes qui nous sont accordées, quels autres éléments pourront atténuer la condamnation? Combien as-tu de jours de prison depuis ton arrivée au régiment?

— Huit jours pour absence illégale.

— Parfait! A la Légion, nous avons eu une conduite exemplaire. Nous écrirons au vieux Desorthès, notre colonel, qui attestera que nous avons servi avec « honneur et fidélité ». Notre avocat saura le faire valoir. On hésitera à condamner à la réclusion, c'est-à-dire à déclarer « indigne de porter les armes », un garçon dont le chef militaire déclare qu'il a servi « avec honneur et fidélité ». Ce n'est pas une certitude mais une probabilité. Mais, parmi les probabilités heureuses, il en est une qui, de loin, est la plus heureuse de toutes. J'ai connaissance d'une loi récente qui oblige la Cour, lorsqu'il s'agit d'un accusé qui avait moins de dix-huit ans lorsque fut commis le délit, à poser au jury la question : « A-t-il agi avec discernement? » Dans la négative, c'est l'acquittement avec ou sans conditions.

1° La Cour peut t'envoyer dans une colonie pénitentiaire ou te permettre de t'engager dans un corps de troupe. Le casier judiciaire n'en fait pas mention et tu échappes au bataillon d'Afrique.

2° Elle peut te remettre, purement et simplement, à ta famille.

Pouvons-nous espérer cette dernière éventualité qui est la plus heureuse de toutes?

Si elle est raisonnable, nous pouvons l'espérer.

En conscience, et te connaissant comme je te connais, je réponds que cette issue est raisonnable et qu'elle est la seule raisonnable. Tu vas être apprécié par des hommes qui ne te sont pas ennemis. Tu ne disposeras, pour te faire connaître par la voix de ton avocat, que d'un temps très court. Par conséquent, pas de manœuvres, pas d'astuces pour te présenter plus bête que tu n'es. Ça ne réussit jamais et cela fait perdre un temps précieux. Il faut persuader le jury de ce qui est, à mon sens, la vérité : tu as agi avant d'avoir dix-sept ans, avec une conscience rudimentaire mais tu tends, par nature et par volonté, à devenir un homme de haute conscience. Tu juges l'acte commis d'une manière franche, ferme, sans chercher la moindre atténuation à la faute que tu apprécies avec une conscience aujourd'hui éclairée. Tu ne dissimules rien de ton rôle d'agent principal, tant dans l'instigation que dans l'exécution — agent peu conscient mais absolument réel. Il faut que tu fasses apparaître que tu as acquis, à la Légion, un caractère bien trempé, résolu, prêt à toutes les épreuves et que rien ne pourra te faire dévier dans l'avenir.

Ta famille ne peut pas te payer un avocat mais ton cas est assez intéressant pour qu'un débutant t'offre son concours. A vingt ans, je me serais emballé sur une affaire comme la tienne et c'est précisément un jeune avocat qu'il te faut, qui comprenne que ta cause fera sa réputation. Tu t'appliqueras à être connu de lui comme tu es connu de moi, sans forfanterie mais sans faiblesse. Dis-lui que si tu te présentes spontanément devant tes juges, au lieu de poursuivre à l'abri de la Légion une carrière qui pourrait être honorable sous le nom de Flutsch, c'est parce que tu as longuement réfléchi et que ce n'est pas sous le nom d'un autre qu'on réhabilite le nom qu'on a sali — car cette réflexion, si tu ne l'as pas encore faite, tu seras amené inévitablement à la faire dans un proche avenir. Est-ce exact?

— Oui. Je comprends que c'est vrai. J'aurais dû le penser. Si je l'avais lue ou entendue... Ça m'aurait travaillé sans jamais me sortir de l'idée.

— Cherchons la vérité maintenant sur la question de discernement qui sera posée. Nous savons, nous, que ce discernement est une acquisition récente. L'avocat général ne peut manquer de relever dans ton attitude, dans tes réponses, les marques d'une intelligence indiscutable. Tu vois le danger? Ton avocat, sans contester ta pleine conscience actuelle, devra faire apparaître d'une manière vivante les états successifs.

1° La constatation que tu es arrivé, par tes seuls moyens, à considérer ton état d'inconscience.

— Ce n'est pas par mes propres moyens. Baudry m'a aidé.

— Baudry ne pouvait qu'accélérer. Lorsque tu accueilles une idée comme vraie, elle est tienne. Si elle n'était pas tienne, tu ne la reconnaîtrais pas.

2° La période d'acquisition par un effort continu. La recherche de points d'appui et l'utilisation immédiate en vue du développement de cette conscience. Tu décriras les modifications successives et tout ce qui les a inspirées...

J'insiste : il faut que tu te présentes avec une grande vérité pour ton actif comme pour ton passif. Ce que tu dois et tes moyens de paiement. La dette est connue. Il ne faut pas que restent inconnus les moyens de solder avec profit la société qui te réclame des comptes. Ton crédit dépend de ce que tu vaux maintenant. Il y a en toi des valeurs certaines et c'est justement cette évolution qui les mettra en évidence.

— Tu parles comme Baudry, constatai-je.

— Quand on fréquente Baudry, il est difficile de ne pas reprendre plus ou moins consciemment quelques-unes de ses idées. Tu sais ce que tu lui dois. Eh bien! n'évite jamais de parler de lui au cours des conversations que tu auras avec ton avocat. Tout ce qu'il t'a dit tiendrait dans un petit nombre de pages mais les conséquences en sont énormes. Rien n'éclairera mieux ton défenseur que de citer ses paroles et d'en montrer les effets sur toi.

Tu as conservé une mémoire fidèle de tes états successifs. Tu peux donc opposer, d'une manière vivante et instructive pour l'avocat, ces deux coupes de ta vie.

La première présente un garçon de dix-sept ans, veule et découragé, agissant en désespéré au gré des impulsions; il a grandi en taille et en force physique et cherche des exemples à imiter autour de lui. Rien que des exemples d'abandon que sa raison refuse d'accepter.

... Ainsi il a été conduit à envisager la mort comme une issue. A la vouloir constamment près de lui. Cent fois il s'est complu à considérer sa propre agonie, à observer ses suprêmes convulsions, à contempler son propre cadavre.

Alors, l'équilibre est rompu. Nul risque ne peut exister pour qui accepte délibérément la mort. Rien ne peut empêcher l'évasion qui se réalisera par des moyens démesurés, d'une inconséquence puérile. C'est en cela qu'est réel, incontestable, le manque de discernement.

A cela tu opposes la seconde « coupe » :

Ce garçon a maintenant dix-neuf ans. Il était parti dans le monde, cherchant de vivants modèles. Ce criminel était, au fond, avide de perfection. Il n'a pas trouvé de modèle mais une très grande variété de caractères, de nombreux spectacles en lesquels apparaissaient les manifestations de qualités humaines autres que cette résignation bovine que sa raison refusait. Il avait soif de droiture, de courage, de certaines propretés. Il avait pour cela une telle affinité qu'il l'a trouvé dans le milieu le plus inattendu : dans le pêle-mêle de la Légion étrangère. Il a pris à chacun ce qu'il avait de mieux.

— Tu me fais meilleur que je ne suis, protestai-je.

— Ne te monte pas la tête, mon garçon. Je suis « déterministe ». Tu es cela et tu n'as pas le moindre mérite à être cela. Je constate que telles ou telles forces te sollicitent et j'apprécie la puissance qu'elles ont sur toi. Tu obéis, comme dirait Baudry, à la résultante de ces forces. Je ne te donne pas cela comme une opinion à adopter mais simplement pour que tu comprennes bien que je ne suis pas en extase devant tes qualités, assurément rares, mais dont l'acquisition n'est pas plus ton fait que ne l'est ton tour de poitrine ou ta capacité crânienne. Je constate simplement dans quelle direction ces forces te conduisent et je te déclare que ce n'est pas dans la carrière criminelle. C'est tout.

Sur ce, reprenons notre étude.

Ce garçon n'est hanté ni par la crainte des privations alimentaires ou sexuelles, ni par celle de la fatigue, de la souffrance, ni même par celle de la mort. Rien ne s'opposerait à son développement indéfini sans la faute passée qui ne laisse ouvertes que deux voies.

Premièrement, poursuivre l'existence sous un nom d'emprunt, et c'est la renonciation à ce développement. C'est renoncer à satisfaire le besoin de droiture qui se manifestera en permanence. C'est une vie entière de fausseté avec le besoin de vérité.

Deuxièmement, dévoiler son identité et c'est la chute au sein d'un milieu ignoble : celui de la prison civile. Des années, peut-être, de suffocation continue.

C'est alors que se manifeste l'une des acquisitions faites depuis l'entrée à la Légion : le caractère, dont l'absence fut l'une des causes principales de la faute. De veule, l'être est devenu volontaire. Il se sait des capacités de résistance illimitée. Il sait qu'il n'aura plus d'abandon.

Il peut maintenant descendre dans ce cloaque où, deux ans plus tôt, il se serait enlisé.

Cette deuxième coupe, s'opposant à la première, doit faire apparaître cette énergie farouche prête à repousser partout et à tout instant tout ce qui tend à altérer tes instincts originaux qui sont ceux d'un homme de bien. Tu dois aborder les épreuves qui t'attendent avec la certitude de vaincre et il faut que cette certitude apparaisse éclatante.

— Il ne faudra pas que tu sois démonté par le réquisitoire de l'avocat général. Il ne sait rien de toi que ce que contient l'acte d'accusation. Il ne pourra qu'endormir le jury et les juges en leur débitant des lieux communs sur les effets de l'exemple et la nécessité de la répression. Tout cela est connu d'avance. Seules la plaidoirie et ton attitude donneront un réel intérêt à l'affaire, surtout si tu sais être toi-même. Ne prépare pas de discours. Médite et durcis ta volonté. L'heure venue, réponds directement, selon ce que tu auras toi-même dégagé de tes méditations. Sois d'une vérité éclatante, qui crève les yeux.

J'avais écouté avec une attention concentrée sans dissimuler l'émotion qui m'empoignait. Un regret me prenait de ne pas être absolument l'homme que Noblet entendait présenter devant le jury. L'attribution des qualités que m'accordait l'avocat me gênait comme un vêtement bâti sur un mannequin aux formes parfaites, une stature idéale, qui n'étaient pas les miennes.

— Je ne crois pas, dis-je enfin, que je suis ce que tu viens de dire.

— Voyons! entendons-nous! Il ne s'agit pas de ce que tu es mais de ce que tu veux être. Oui ou non aspires-tu à être ce que je viens de dire?

Te sens-tu une inclination à devenir tel? pressens-tu que, invariablement, chaque fois que tu te laisseras surprendre à ne pas l'être, tu auras du regret?

— Oui, je voudrais l'être et quand je m'apercevrai que j'ai manqué, j'aurai du regret, j'en suis sûr. Mais j'ai beaucoup de chemin à faire.

— Qu'importe si ta bonne volonté est ferme. Prends ton temps. Rien ne t'oblige à agir dès demain.

A l'issue des manœuvres, le bataillon de Tiaret vint occuper le casernement de Géryville. Je fus versé à la 8e compagnie qui avait la place de la 15e.

Dans leur ensemble, les arrivants présentaient les mêmes caractères généraux que ceux dont ils venaient prendre la place.

Je considérais avec un extrême intérêt ce milieu que je ne quitterais qu'avec regret. Ici, pas d'intrigues, pas de calculs pour acquérir des avantages ou se soustraire à sa tâche. Pas de délation, pas de trahison, pas de faux camarades, pas de rancunes aussi fatigantes à nourrir qu'à subir. Le coup qui menaçait était immédiatement appliqué. Nul de ces hommes n'avait jamais infligé à quiconque l'humiliation de se sentir inférieur. La seule critique portée contre moi : « T'es jeune! » était toujours bienveillante et sous-entendait : « Tu vieilliras et tu seras fort comme nous. »

C'était la même indifférence devant les punitions qui maintenaient en prison quarante hommes par compagnie, très souvent pour des actes fantaisistes, que rien n'imposait sinon un besoin subit de se manifester et qui se payaient ensuite de trente ou soixante jours de marche en rond dans la cour du quartier avec de fréquents pas de gymnastique. Cela finissait par représenter des parcours de mille à deux mille kilomètres, sans vin, sans café, sans tabac, la planche ou le sol dallé pour matelas dans la prison sans air, empestée par l'odeur de la tinette.

Tous ces hommes, je les comprenais. Mais, pour moi, la présence de Baudry et de Noblet restait inexplicable. J'imaginais leur passé. Ils étaient nés riches. Dès l'enfance ils avaient eu des livres à volonté. Lorsque par hasard, dans une lecture, je trouvais une phrase latine dont la traduction manquait, Baudry l'expliquait sans hésiter comme s'il avait été curé. En vérité, Baudry dépassait de très loin tout ce que j'avais connu.

Il aurait pu commander et certainement il l'avait déjà fait. Il aurait pu gagner des tas d'argent. Pourquoi était-il à la Légion?

Noblet était avocat du grade le plus haut : docteur en droit. Si j'avais pu l'avoir avec moi pour me défendre devant les juges, avec quelle précision n'aurait-il pas tout expliqué! Comme il aurait su leur faire voir que j'étais un malheureux et non un criminel. Que faisait cet homme à la Légion?

Il y avait aussi Blachon qui refusait des lettres chargées qui contenaient plus d'argent qu'il n'en avait fallu à mon père pour faire vivre une famille de cinq personnes pendant six mois. Mais Blachon n'avait pas la valeur de Baudry et de Noblet. Et puis, il se saoulait!

Un jour, il avait cité un fait qui semblait exprimer pour lui le comble de l'horreur : il avait vu sur les bords de la Loire une bourgeoise qui se faisait « peloter »!...

En fait, je crois bien que Blachon était un pauvre piqué, comme Baousso. Et quand on est timbré à ce point, tout peut arriver, même de s'engager à la Légion quand on a des parents riches!

Peut-être, par Noblet, pourrais-je expliquer un peu le cas Baudry?...

— Toi et Baudry, dis-je à l'avocat, vous m'avez fait comprendre beaucoup de choses que je ne m'expliquais pas.

Tiens, par exemple, un jour, le frère Hermyle m'a dit en pleine classe, devant quarante camarades : « Vous lirez la fable *L'Âne et le Petit Chien!* » C'était parce qu'à ce moment-là tout le monde riait et chacun y mettait son mot. J'ai voulu faire le malin, puisque tout le monde le faisait. Et il m'a dit ça, à moi, à moi tout seul. J'ai compris, va! Tout ce que je pourrais faire — parce que j'étais moi — tout ce qui vaudrait aux autres des avantages, à moi ça ne me vaudrait que des coups de bâton. Parce que j'étais moi... parce que je portais des sabots!

— Je vois ça, mon petit. C'est cet homme que je qualifierai de misérable, ayant agi avec conscience, et qui devrait être traîné devant la cour d'assises.

Alors mon garçon, considérons en face l'hiver qui va venir pour toi. Tu as des chances d'être condamné à une longue peine de prison. Es-tu préparé à cela? C'est un méchant hiver qui t'attend. Tu n'auras, pour te réchauffer, que les pensées que tu apporteras avec toi en entrant.

— Je m'y prépare tous les jours. Je ferme les yeux et je me figure que j'y suis.

— Il n'est pas certain que tu seras condamné, même à une peine de prison. Ce n'est que peu probable. Il faudra toutefois que tu fasses un certain temps de prévention en attendant le jugement. La prévention c'est l'antichambre de la centrale, du bagne et quelquefois de l'échafaud. Ce sera un milieu nouveau et fort probablement très déplaisant. S'il te devient insupportable, il faudra te faire mettre en cellule. Au besoin, faire agir ton avocat. Prévenu, tu n'es pas astreint au travail et tu n'as pas à accepter la vie d'atelier. Le silence n'étant pas imposé aux prévenus, tu auras à entendre d'irritantes conversations, à répondre à des compagnons répugnants. En cellule, tu seras seul avec tes pensées. Procure-toi des sujets assez nombreux et intéressants pour les nourrir. Baudry t'aidera certainement.

— Il est savant! Baudry. C'est le plus savant des hommes que j'ai connus.

— Bien plus que tu ne pourrais l'imaginer. Bien qu'il ne l'ait jamais dit, on le soupçonne d'être polytechnicien. Il est très discret sur lui-même, Baudry. On pense que, s'il a abandonné son état civil, ce n'est point parce qu'il est inavouable mais parce qu'il serait placé devant la nécessité de prendre des grades dont il ne veut pas, ou de faire l'imbécile pour s'en rendre indigne et, de cela, Baudry ne veut pas davantage.

— Je ne peux pas comprendre comment un homme comme lui a pu venir à la Légion.

— Il faut comprendre, mon cher, que si tu as subi des contraintes, si tu as souffert de certaines contradictions, tu ne connais encore qu'un très petit nombre de la multitude de contraintes et de contradictions dont peut souffrir un homme... d'autant plus souffrir qu'il est, comme Baudry, plus sensible et plus cultivé. Il avait d'ailleurs vécu pas mal avant de venir à la Légion.

— Quel âge a-t-il, vingt-cinq à vingt-huit ans?

— Tu te trompes! Sa tenue, le calme de ses traits le font paraître bien plus jeune qu'il n'est. A certains recoupements que j'ai pu faire, j'ai compris qu'il était adulte lors d'événements qui se sont passés il y a vingt à vingt-cinq ans. Baudry a largement passé la quarantaine.

— Et toi? Tu aurais été un bon avocat!

— N'en parlons pas. Comme à Baudry, il m'a manqué l'essentiel : le vouloir.

— On ne peut pas dire que vous n'avez pas de volonté.

— J'ai dit le vouloir. Ce qu'on entend par volonté, c'est la capacité de vouloir. Admets que nous ayons cette capacité. Nous ne jugeons pas utile de l'employer, voilà tout. Tu as un fusil et sans doute, comme chacun ici, quelques cartouches. Tu as la capacité de tuer. Tu ne l'utilises pas car tu n'attends pas de cette utilisation des résultats capables de te satisfaire. Je suis avocat, soit! Je mets une certaine intelligence et une immense volonté à soustraire des criminels aux conséquences de leurs actes. Je réussis. A qui appartient-il d'apprécier ma propre satisfaction? Que crois-tu qu'elle vaut si je la juge nulle?

— Moi, si je savais ce que vous savez, toi et Baudry, je voudrais beaucoup de choses, mais je ne peux pas.

— Mon ami, avant toi, et surtout à ton âge, nous avons voulu beaucoup de choses. De magnifiques perspectives semblaient s'ouvrir devant moi. Je voyais des hommes par milliers, par millions, souffrir d'abus, de révoltantes injustices. J'aurais voulu, au lieu de défendre quelques vagues crapules, me jeter vers eux et mettre à leur service toutes mes capacités. Eh bien, je n'ai pas su me faire reconnaître de cette clientèle qui était la seule capable de m'intéresser. Je me suis heurté à des personnages qui avaient la même formation que moi, qui se disputaient cette clientèle dans un but plus intéressé, qui réussissaient mieux que moi. Je ne veux pas les juger, car ce n'est pas à celui qui renonce à l'action d'apprécier ceux qui la poursuivent. Plus tard, tu jugeras aux actes Millerand, Briand, bien d'autres, qui seront des noms historiques. Tu les suivras dans leur évolution et tu en tireras les conclusions. Moi, j'ai aperçu chez la plupart le désir de se réaliser eux-mêmes et s'il était possible, de s'immortaliser. Il m'est apparu que le but véritable de leur activité était la recherche d'une notoriété suffisante qui leur eût permis de s'imposer à un niveau plus élevé dans cette société bourgeoise qu'ils semblaient combattre. Le socialisme leur apparaissait comme un chemin de traverse, peu encombré, et par le moyen duquel on pouvait rapidement accéder vers les hauteurs où ils seraient accueillis avec admiration dans ce milieu qu'ils avaient paru abandonner.

Peut-être suis-je venu au monde quelques années trop tôt. Les mondes ouvrier et bourgeois sont encore séparés par une profonde coupure mais il se forme un nombre croissant de ces parvenus de l'esprit qui se trouvent au sein du monde ouvrier. La plupart de ces derniers discutent leur milieu d'origine, se plient aux usages de leur nouveau milieu, s'y incorporent et arrivent parfois à s'imposer en concurrents victorieux. Mais il en est qui, d'une sensibilité plus haute, restent reliés à leur origine par des fibres intimes, trop solides pour qu'elles puissent se rompre. Ceux-là savent tout ce qu'il m'aurait fallu savoir pour atteindre mon but. Tu te plains de ton ignorance? Considère que tu es mieux placé que moi, mon garçon. Ce que j'ai appris, tu peux l'apprendre. C'est simple affaire de volonté. Moi, je n'ai pu et ne pourrai jamais apprendre ce qu'est, depuis l'enfance jusqu'à la vieillesse, exactement cette vie du travailleur. Les livres t'apprendront, et au-delà, tout ce que je sais. Ils ne m'apprendront jamais ce que tu sais.

Tu as lu énormément, ces temps-ci. Qu'as-tu appris? Que sais-tu de ces centaines de millions de vie dans le monde du travail? Je veux dire : qu'as-tu appris d'autre que ce que tu as acquis par ta propre expérience? Tout ce que tu as acquis t'a donné des notions sur la vie bourgeoise. En cela, tu n'as pas besoin de devenir bourgeois pour en savoir autant que si tu étais né dans la bourgeoisie. Tu sais ou tu sauras de quels condiments ils assaisonnent l'amour, comment ils tuent le temps, comment ils s'embêtent et comment ils font de l'esprit. Tu sauras toutes les émotions capables de les troubler. Il y a des centaines d'hommes en ce moment qui en cherchent d'inédites ou une forme inédite pour celles qui sont connues. Ainsi tu peux vivre, en imagination, non seulement une vie bourgeoise mais des centaines. Veux-tu me dire comment je pourrais, moi, vivre même en imagination, la vie d'un paveur, d'un ferblantier, ou d'un terrassier depuis son origine jusqu'à sa mort? Suppose même un écrivain de bonne foi qui veuille le faire. En admettant qu'il fasse une enquête prolongée, les intéressés lui diront-ils ce qu'ils ne savent pas dire?... En admettant, ce qui est peu probable, qu'ils aient la volonté de le dire.

J'ai l'impression d'avoir toujours été hors de l'humanité. Plus encore lorsque j'étais civil que depuis que je suis à la Légion. Toi, tu as été en pleine humanité. Dès que tu seras libre, tu pourras t'y replonger, tu seras aussitôt reconnu, tu trouveras le langage idoine, tu pourras observer à ton aise, tu pourras agir sans être ligoté par des liens familiaux.

Les pensées qu'on ne saura t'exprimer, tu les devineras par une simple rétrospection vers un de tes états antérieurs. Moi et Baudry, qui n'acceptions pas le monde au sein duquel nous sommes nés, ne pouvions être compris. A la Légion, nous avons été terrassiers sans qu'on nous qualifie de déclassés, de ratés. Si, dans la vie civile, nous avions voulu, pour notre instruction, devenir terrassiers, c'est ainsi qu'on nous eût qualifiés aussi bien dans notre nouveau milieu que dans l'ancien : de simples toqués dont on se moque et qui ne méritent aucune confiance.

Lorsque les premières neiges firent leur apparition sur le Kjel et le Bou Derga, une importante nouvelle circula dans le casernement et fut bientôt confirmée.

Le Maroc était en ébullition. Le 2e Étranger aurait à fournir un bataillon qui ferait partie d'une colonne qui marcherait sur Fez et aurait à parcourir des centaines de kilomètres à travers un territoire résolument ennemi. Il fallait s'attendre à ce que la compagnie fournie par le bataillon de Géryville fût constituée par les éléments les plus combatifs, les mieux entraînés. Un bon nombre était en prison et le reste en était sorti depuis peu. Bien que je n'eusse qu'une faible chance, je courus au bureau de la compagnie pour la tenter. Je fus écarté sans ménagement. On ne demandait pas de volontaires pour une expédition dont tous les hommes du bataillon désiraient faire partie.

— Vous êtes trop jeune, observa le sergent Vogel qui devait commander le détachement fourni par la 8e compagnie. Il nous faut des hommes de vingt-cinq ans au moins, ayant plus de cinq années de Légion. Il ne suffit pas d'être courageux et bon marcheur. Il faut du sang-froid. Nous ne pouvons pas nous encombrer d'apprentis. Les hommes qui partiront seront désignés au choix.

Tous les élus appartenaient depuis longtemps au bataillon venu de Tiaret. Aucun de ceux qui provenaient du 4e ne fut admis. Je trouvai quelque consolation dans la pensée que je conserverais mes meilleurs amis : Baudry, Noblet.

Van Lancker et Lerate, qui semblaient absolument décidés à ne plus quitter la prison où ils logeaient depuis plusieurs mois, me restaient donc également.

Plus tard, rendu à la vie civile, j'apprendrais par les journaux l'affaire d'Al-Ouana où la compagnie du capitaine Labordette avait combattu jusqu'au dernier survivant. J'évoquerais alors ces hommes du 2e bataillon que j'avais admirés en tenue de campagne d'Afrique. Je sentirais plus vivement que jamais combien je restais lié à ce milieu où j'avais tant appris. Longtemps une part importante de ma pensée appartiendrait à cette Légion... jusqu'à ce que je m'aperçoive que la Légion n'était plus celle que j'avais connue.

Les engagements de courte durée, les primes, la publicité par des défilés à Paris et des chansons de café-concert y introduiraient bientôt des hommes très différents de ceux que j'avais connus, que l'on confondait avec les Joyeux et que l'on ne voyait jamais en permission sur le territoire métropolitain où, il faut bien le reconnaître, ils n'eussent pas été supportables.

J'avais fait la connaissance de deux nouveaux camarades de lit : Foussnecker et Makak.

Le premier était alsacien. Il était déserteur d'un régiment de uhlans caserné à Mulhouse et n'avait nullement prémédité cette désertion.

Alors que, jeune soldat, il montait à cru au manège, exaspéré par les multiples furoncles qui lui ornaient le siège et les cuisses, il avait été rendu fou furieux par le coup de chambrière d'un adjudant qui entendait stimuler sa monture. Le coup lui avait malencontreusement fouetté la cuisse en un point particulièrement douloureux. Le cavalier avait sauté à terre, « tombé » l'adjudant, et à grands coups de talon de botte lui avait enfoncé la tête dans la sciure, lorsqu'on l'avait arrêté. Il avait été délivré par son cheval. L'animal trottait derrière Foussnecker, ruant quand on tentait de le prendre par la bride, si bien que l'offre faite par le captif de ramener lui-même sa bête à l'écurie avait été acceptée. Il en avait profité pour l'enfourcher vivement, passer sur le corps de garde et gagner la frontière à toute allure, faisant preuve de capacités cavalières qu'il était bien loin de se reconnaître lui-même.

Makak était tchèque. En difficulté avec la police autrichienne, il avait dû s'enfuir. Sans ressources, rejeté d'une frontière à l'autre, il s'était engagé à la Légion et comptait y rester jusqu'à ce que ses compatriotes soient aussi fatigués qu'il l'était lui-même des Allemands en général et de l'Autriche en particulier. Lorsque les Tchèques se décideraient à se mettre en colère et à prendre les armes pour mettre fin à une situation qui durait depuis bientôt trois cents ans, il irait les retrouver. Pas avant!

La formation de la compagnie de marche avait extrait du bataillon ses éléments les plus turbulents et un certain vide s'était produit dans les locaux disciplinaires, tant pour cette raison que pour une réduction sensible de l'effectif.

Les bruits qui parvenaient à la Légion d'une opposition de l'Allemagne aux entreprises de la France au Maroc réveillèrent les rivalités latentes entre les ressortissants des deux nations et une très sérieuse bagarre se produisit dans une chambrée de la 7e compagnie. Les baïonnettes se mirent de la partie et, par portions sensiblement égales, les combattants furent dirigés sur l'hôpital, l'infirmerie ou la prison. Il y eut des blessures pénétrantes mais pas de mort d'homme.

Il fut annoncé par la voix du rapport que tout défi capable d'ouvrir un conflit de nationalités, serait tenu pour crime dénotant un manque d'esprit de corps indigne d'un légionnaire et vaudrait à son auteur une punition de soixante jours, suivi de l'envoi à la section de discipline. Le corps des officiers organisa en outre une série de conférences à la gloire de la Légion, à la fidélité que gardaient à ce corps, jusqu'à la fin de leur vie, tous ceux qui en avaient fait partie. Les Français devaient comprendre qu'en Allemagne, comme en Pologne et en France, leurs anciens étaient prêts à relever toute insulte faite à la Légion. Les exploits des régiments étrangers n'étaient pas le fait d'une nation. En Kabylie, au Mexique, au Tonkin, Allemands et Français étaient unis sous le même drapeau et s'étaient fait une même patrie qu'ils reconnaissaient tous : la Légion.

L'hiver avançait et j'avais des entretiens prolongés avec Baudry et Noblet qui ne me pressaient point de partir mais qui parlaient de la chose comme d'un fait inévitable. Un jour, je rentrerais en France, escorté par les gendarmes, menottes aux mains. Ce serait un triste point de départ mais ce serait un départ vers une vie intéressante lorsque j'aurais acquis par le travail et la réflexion la fermeté de caractère et l'énergie morale suffisantes pour en affronter les risques.

— Tu pourras les surmonter, affirmait Noblet.

— Et puis, je pourrai toujours revenir à la Légion si je ne peux pas me retrouver dans la vie civile, rétorquais-je pour m'encourager.

— Tu ne reviendras pas à la Légion. Tu n'accepteras pas une défaite.

— Est-ce que je pourrai t'écrire?

— Inutile mon cher. Je ne te répondrai pas. Si tu poses la question à Baudry, il te dira de même. Nous restons légionnaires, nous! Le monde des civils nous est fermé : nous fermons notre monde aux civils!

Vers la mi-janvier, l'incertitude de l'avenir me devint intolérable. Je me sentais maintenant assez fort pour régler mes comptes, capable de séjourner dans les prisons sans dévier de la voie que je m'étais tracée. J'examinai longuement, cette fois, les conséquences de ma détermination et ne pus rien découvrir de ce qui avait fait des actes graves de mon passé autant de fautes. A la bibliothèque, je pris une feuille de papier et rédigeai d'un trait la lettre suivante :

Monsieur le Procureur de la République à Ambert,

Depuis la fin avril 1905, je suis en fuite et recherché pour un fait dont je me reconnais coupable. Actuellement soldat au 2ᵉ Étranger, où je sers sous le nom de Flutsch, j'ai longuement réfléchi sur la gravité de ma faute, et j'ai décidé de me remettre entre les mains de la justice pour en rendre compte et subir la peine qui pourra m'être appliquée.

Antoine Sylvère,
actuellement légionnaire Flutsch,
8ᵉ compagnie — 2ᵉ Étranger,
à Géryville (Sud-Oranais)

Sur une deuxième feuille, j'écrivis :

Le légionnaire Flutsch (16 674) 8ᵉ Cie — 2ᵉ Étr.
au colonel Desorthès, commandant le régiment à Saïda.

Mon Colonel,

M'étant rendu coupable, avant mon engagement, d'une faute grave qui me rend passible du tribunal criminel, j'ai décidé de me livrer à la justice.

J'ai acquis, à la Légion, la conscience qui me manquait, et décidé de ne plus en fuir les conséquences. J'ai donc écrit au procureur de la République pour me mettre à sa disposition.

Avant de quitter le régiment, je dois vous dire, Mon Colonel, que c'est avec une tristesse profonde que je m'éloignerai de chefs admirés et de camarades qui m'ont été bienfaisants.

A mon grand regret, je n'ai pu faire partie du bataillon de marche. On m'a fait comprendre que je devrais attendre encore plusieurs années avant d'être en âge d'être accepté pour de telles missions. Pendant ce temps, je l'espère, j'aurai pu payer ma dette.

Je sollicite de votre bienveillance, Mon Colonel, un certificat de bonne conduite pour mes services à la Légion. J'espère, grâce à cette pièce, échapper à la peine de réclusion et sa conséquence la plus grave pour un soldat : l'indignité de porter les armes.

J'allai présenter les deux lettres à Noblet qui, après les avoir lues, les passa à Baudry.

— Qu'en penses-tu? demanda-t-il à ce dernier.

— Ce serait dommage d'y changer un mot.

— C'est mon avis, ratifia Noblet. Une observation, cependant : remets au bureau de la compagnie, et non fermée, ta demande au colonel. En l'adressant directement, tu commettrais un acte d'indiscipline, car toute demande doit être transmise par la voie hiérarchique. Il serait illogique de demander un certificat de bonne conduite en opérant d'une manière qui te vaudrait quinze jours de prison. D'ailleurs, tu ne gagnerais pas de temps, au contraire. Ta lettre serait envoyée au capitaine pour avis à donner.

— Avant d'envoyer ces lettres, observa Baudry, il convient de bien examiner encore une fois la situation. As-tu bien pensé à ce que pourrait être ta vie maintenant, pendant ces prochaines années?

— J'y ai pensé. Les jours que j'ai passés avec les Joyeux, au Kreider, m'ont appris quels compagnons j'aurai avec moi en prison. Je m'en suis fait une idée. Tous les jours, avant le réveil, depuis longtemps, je m'y habitue. Et puis, il est défendu de parler. Les discours ne m'embêteront pas.

— Mais il faudra que tu occupes ton esprit, mon garçon. Quels aliments as-tu préparés? As-tu pensé à te munir de ressources?

— Je penserai à l'avenir et à tout ce que j'aurai à apprendre lorsque je sortirai.

— Ce n'est pas suffisant. Je vais te donner un but qui est à ta portée, et qui, étant donné ta tournure d'esprit, te procurera des satisfactions. Il y a un moyen d'occuper ton esprit jusqu'à la fin de tes jours. Tu comparais, heureusement, le plaisir que tu trouvais à résoudre des problèmes à celui des joueurs de billard. Comme toi dans les problèmes, ces derniers accumulaient les échecs successifs mais prenaient un goût croissant à cet amusement car ils progressaient. Ils réalisaient des coups de plus en plus difficiles et devenaient d'autant plus passionnés.

Or, tu as à ta disposition, indépendamment de toutes les ressources que tu peux trouver en toi-même, tous les moyens qui s'offrent au joueur de billard : le calcul mental. Là, tu n'auras pas cette impression de tourner en rond, car il y aura progrès.

Au bout de six mois d'exercice, tu seras capable de faire des calculs que tu ne faisais pas trois ans plus tôt. Tu n'auras pas ce sentiment pénible que ta vie est suspendue.

Tu es un garçon à y prendre goût et, si cela est, tu subiras gaillardement ta peine et seras d'autant mieux préparé à tes études futures que tu te seras fait un jeu de ce qu'il y a de plus rebutant dans les études scientifiques : les calculs. Ainsi, au lieu de te laisser saouler de dégoût par ton entourage, tu cesseras de le voir en calculant la racine de 47 ou de 73 avec six ou huit décimales. Je sais que les données ne te manqueront pas. Tu peux emporter le cours d'algèbre qui est à la bibliothèque. C'est un détournement que je commets de bon cœur car il ne manquera à personne ici. Il n'y a jamais eu que toi à s'intéresser à ce livre.

Depuis que j'avais expédié la lettre qui me constituait prisonnier, je sentais se reformer en moi les liens que j'avais rompus avec ma parenté. Depuis mon engagement, je n'avais guère pensé aux miens, à ceux qui portaient ce nom de Sylvère, flétri par une condamnation à vingt ans de travaux forcés. Cette condamnation n'était, il est vrai, que provisoire, mais si j'avais obtenu de partir avec la colonne et que j'eusse péri, fût-ce le plus glorieusement du monde, pour toujours mon frère le Damien, ma sœur la Marguerite (sauf en cas de mariage) auraient eu à porter le poids de ce nom et de l'infamie qui y était attachée. Ainsi, une fois de plus, j'en étais réduit à trembler devant les conséquences qui eussent résulté d'une volonté qui pouvait paraître honorable entre toutes.

Le Damien avait maintenant quatorze ans. Ce devait être un bel adolescent aux traits fins. Son ambition était de devenir commis chez un marchand drapier de la ville. Sa gentillesse l'eût fait admettre sans difficulté et il se fût fait une situation honorable comme tant d'autres commis qui étaient devenus voyageurs, puis patrons à leur tour. Il ne pouvait en être question maintenant. On n'engage pas commis un garçon dont le frère est condamné à vingt ans de travaux forcés. Il lui avait sans doute fallu accepter une place de manœuvre quelque part... Peut-être avait-il dû se faire « goujat » pour servir les maçons?...

Je fis part de mes réflexions à Noblet :

— C'est bien ce à quoi je pensais, admit ce dernier, lorsque je t'ai souligné que ce ne pouvait être sous le nom d'un autre que tu devais chercher la réparation. Ces raisonnements qui s'imposent à toi, depuis ta lettre au procureur, tu ne pouvais y échapper. Un jour ou l'autre, il aurait bien fallu que tu envisages également ces conséquences. Quand je m'intéresse à un homme, si peu que ce soit, je m'efforce de me mettre dans sa peau, de prendre son caractère. C'est ainsi que je me suis vu le légionnaire Flutsch, crevant doucettement dans le bled avec le ventre ouvert. C'était la banqueroute totale, stupide. Je ne t'en avais rien dit car il n'y avait nulle raison de se presser. Si tu avais été désigné pour le départ, je t'aurais donné quelques avertissements à ce sujet, mais je savais qu'une telle éventualité n'était pas à considérer.

J'écrivis à l'oncle Charles. Il me répondit immédiatement, m'informant de ma condamnation par contumace.

Quelques jours après, j'étais appelé au bureau de la compagnie. Le sergent-major me présenta à l'adjudant du Génie, chef du casernement.

— Voilà notre homme.

— Vous êtes bien ici sous le nom de Flutsch Gabriel, numéro matricule 16 674.

— Oui, mon adjudant.

— Mais votre véritable nom est bien Sylvère, Antoine, né à Ambert le 4 mai 1888?

— Oui, mon adjudant.

— Vous reconnaissez cette photographie?

Le gradé me présenta un agrandissement tiré d'un groupe de communiants parmi lesquels je figurais, alors âgé de onze ans. A l'âge de dix-neuf ans je n'avais pas d'autre image de moi dans le monde que celle fixée dans ce groupe.

— C'est bien moi.

— Je dois vous notifier une condamnation par contumace à vingt ans de travaux forcés, vingt ans d'interdiction de séjour et dix mille francs d'amende.

— Rien que ça, observa le sergent-major. Salut!

— Vous êtes appelé à comparaître devant la cour d'assises afin de purger la contumace. Vous êtes inculpé de faux et usage de faux en écritures publiques, par conséquent dès maintenant, vous êtes en état d'arrestation pour être remis aux autorités civiles.

— Je suis à vos ordres, mon adjudant. Pourrai-je aller dire adieu à mes camarades?

— Cela ne me regarde pas. Il me faut une signature de qui vous prend en charge. Si votre compagnie me la donne, je vous laisse à ses soins. Sinon, je vous mène aux locaux et le sergent des punis aura soin de vous et accordera tout ce qu'il voudra.

— Donnez-moi le papier, dit le sergent-major, merci. Il apposa son paraphe et appliqua le timbre de la compagnie.

— Nous nous chargeons de lui. Il faut qu'il rende au magasin ses effets et ses armes avant de se faire emboîter. Et il n'a sûrement pas envie de se sauver.

Puis s'adressant à moi :

Allez remettre vos effets au magasin et en échange faites-vous remettre une tenue n° 3 en aussi bon état que possible. Faites vos adieux à vos amis et mangez la soupe. Ensuite, vous irez vous faire mettre en cellule comme un grand garçon.

Il écrivit une courte note qu'il me remit.

— Vous donnerez ce papier au sergent.

« Légionnaire Flutsch, avait écrit le sous-officier, à mettre et maintenir en cellule comme réclamé par la justice civile. N'est pas au régime des punis et a droit au vin et au café. Il ne peut lui être interdit de fumer. »

— Attendez, me dit-il à l'instant où, après avoir salué, je quittais le bureau. J'ai quelque chose à ajouter.

Il écrivit en P.S.

« Il n'y a pas lieu de l'enfermer pendant le jour. La porte de sa cellule sera maintenue ouverte du réveil jusqu'à la soupe du soir. »

— Voilà, mon garçon, ajouta le sergent-major, tout ce que nous pouvons faire pour vous. J'ajoute que le capitaine a donné un avis très favorable à votre demande au colonel. Il y a joint des notes excellentes. Il m'a, de plus, chargé de vous dire ceci :

L'indignité de porter les armes ne peut être prononcée contre le légionnaire Flutsch. Si la peine appliquée comporte cette conséquence, vous pourrez toujours reprendre le nom de Flutsch et regagner la Légion. Vous connaissez le chemin.

Quelques jours s'écoulèrent dans une attente paisible. Abondamment pourvu de papier et de crayons, je m'amusais à résoudre des problèmes d'algèbre, recherchant les difficultés, ne quittant guère ma cellule dont la porte restait grande ouverte.

A l'intérieur des locaux disciplinaires se trouvait une prison réservée aux indigènes qui, sur le territoire dépendant de Géryville, étaient soumis à la juridiction militaire. Parmi les détenus se trouvait un petit garçon d'une douzaine d'années, Kader ben Ibrahim, qui purgeait une peine de prison prononcée par le bureau arabe pour un vol sans importance. Le sous-officier, par humanité, laissait courir toute la journée le petit bonhomme dans la cour et ne l'enfermait que pour la nuit avec ses coreligionnaires, qui attendaient leur comparution devant le Conseil de guerre.

Très sociable, l'enfant s'était vite intéressé à moi, dont la cellule, constamment ouverte, semblait l'inviter. Ne se sentant point mal accueilli dès le premier jour, il s'installa à demeure près de moi.

Kader avait fait de bonnes études primaires. Son regard vif, ses reparties affirmaient une intelligence aiguë et précoce.

— Tu fais des problèmes? constata-t-il. Ça c'est amusant! Tu sais, j'étais le premier à l'école de Géryville, avant les juifs même. J'ai mon certificat d'études. Donne-moi des problèmes à faire, tu veux?

Je me trouvais dans les meilleures dispositions qui soient pour le satisfaire. Je lui remis du papier et l'un de mes crayons et lui composai des exercices que l'enfant, accroupi dans un coin de la cellule, résolvait avec application, signalant les difficultés par des grimaces expressives, mais prenant grand soin de ne pas me déranger.

— Tu es très bon en arithmétique, constatai-je, mais en français, quelle était ta place?

— J'étais le premier partout. Donne-moi une rédaction, tu verras! Je ne fais pas de fautes. Donne-m'en une, tiens, tout de suite!

— Eh bien, tu vas supposer que tu as un petit camarade qui était en classe avec toi et qui sait te lire. Tu lui écriras pour lui raconter ta vie en prison.

— J'ai pas besoin de le supposer. J'en ai qui savent lire. Combien veux-tu de pages?

— Comme tu voudras. Tu diras ce que tu aurais à dire si tu faisais véritablement une lettre.

Kader reprit sa position accroupie et, levant les yeux au ciel, chercha l'inspiration. Puis, à plat ventre sur le dallage de la cellule, crayonna deux pages d'une écriture ample et appliquée dont quatre mots suffisaient à faire une ligne. Le crayon dut être taillé à deux reprises car la rugosité du pupitre imposait à la mine une fatigue anormale. L'enfant s'appliquait, tirant la langue, s'arrêtant pour suçoter le bout de son crayon avec des mimiques telles que je n'aurais pu le regarder sans rire, ce qui eût été évidemment nuisible à la qualité du travail!

Enfin le petit me présenta deux feuilles sur lesquelles je pus lire ce qui suit :

« Je suis bien en prison. Je suis bien mieux nourri que dans ma maison. On me donne à manger une grande gamelle le matin, comme celle des soldats, et une autre le soir. Dans les gamelles il y a toujours un gros morceau de viande et on donne, le matin, la moitié d'une grosse boule de pain. Je ne suis pas fermé dans le jour et je reste avec un légionnaire. On s'amuse ensemble à faire des problèmes. Il est gentil. Il y a que la nuit que c'est embêtant. On me ferme avec Mohammed qui a tué le juif et avec Ali qui a volé les moutons. Ils sont embêtants. Ils me réveillent quand je dors pour me faire faire... des pompiers... »

Les feuillets tombèrent de mes mains. Je fus horrifié et mon visage s'empourpra à l'évocation de scènes répugnantes. Un sentiment de pitié m'étreignit en présence de cet enfant à qui la « loi du sabre » infligeait une telle dégradation.

— Tu n'as pas honte, Kader? dis-je enfin.

— Que si. Ça me dégoûte bien. Seulement Mohammed me serre le cou et il me dit qu'il m'étranglera si je le fais pas. Il est bien capable de me tuer, tu sais? Il a tué le juif à coups de couteau dans le ventre pour lui prendre son argent et on lui coupera le cou pour ça. Il m'a même dit qu'on pourrait pas le couper deux fois parce que, en plus, il m'aurait étranglé. Qu'est-ce qu'il faut que je fasse? J'aime mieux faire ça et pas être étranglé, tiens!

— Pourquoi ne l'as-tu pas dit au sergent?

— Il aurait engueulé Mohammed mais ça aurait pas empêché qu'il m'étrangle. Et puis, j'ose pas lui parler, au sergent. C'est pas comme avec toi.

— Écoute-moi, mon petit Kader, tu es croyant?...

L'enfant formula aussitôt : « Mohammed rassoul Allah. »

— Que dit ta religion de ça?

— Elle en parle pas.

— Tu ne comprends pas que lorsque tu fais des choses comme celles-là, tu es pire qu'un chien?

— Je le ferai plus quand je serai assez grand pour me défendre. J'aurais mieux fait de ne pas l'écrire, tiens. Tu es en colère après moi, maintenant.

J'étais en colère. Je le constatai et j'en eus honte. Je me souvins de la frayeur que me causait, à douze ans, la pensée de la mort et je mesurai à quelles ignominies la crainte aurait pu m'amener, lorsque j'avais l'âge de Kader et que les conditions de ma naissance et de mon éducation me rendaient l'esclave de tous.

— Tu aimerais mieux qu'il m'étrangle, insista l'enfant.

— Non. Mais quand on veut te forcer à faire des choses pareilles, il faut parler à ceux qui ne craignent pas Mohammed. Il fallait parler au sergent. Je lui parlerai.

— Et s'il m'étrangle?

— T'inquiète pas. Tu ne seras pas étranglé.

— Tu veux quand même que je vienne te voir?

— Quand tu voudras.

A l'heure de la soupe, j'abordai le sous-officier.

— Sergent, je voudrais vous parler.

— Qu'est-ce qu'il y a?

— J'ai fait faire une rédaction au petit Kader pour l'occuper. Il faut que vous lisiez ce qu'il a écrit.

— Qu'est-ce que vous voulez que ça me fiche?

— Je vous assure que ça en vaut la peine. Si vous ne voulez pas, faites-moi conduire au bureau de ma compagnie.

— Bon, donnez!

— Nom de Dieu! hurla le sergent après avoir pris connaissance. Alt, Mohammed, posez vos gamelles par terre!

Les deux détenus obéirent et le sous-officier culbuta les récipients à coups de pied.

— Allez! Mettez-vous là, face au mur.

Je ne veux pas salir mes chaussures sur ces ordures. Delion, Kestner, vous allez me foutre une branlée à ces deux saligauds. Je vais sortir. Dès que j'aurai fermé la porte vous vous mettrez au travail. Prenez chacun le vôtre.

Deux gaillards de grande taille, dont l'un portait tatouée sur le front l'étoile de la section de discipline, s'avancèrent et le gradé quitta la cour.

Je préférai ne pas assister à l'exécution. J'emmenai Kader dans sa cellule et tirai la porte sur eux. On entendit des coups sourds, des cris de douleur qui s'achevèrent en hurlements. Il y eut le bruit de corps jetés sur le pavé.

— Ils les tuent? demanda Kader.

— Non! Ils les battent seulement. C'est ce qui serait arrivé le premier jour si tu avais parlé au sergent. Quand on est trop petit pour se défendre, on crie « au secours ». Mange ta soupe tranquillement. Tu ne seras plus avec eux.

Le silence avait succédé aux clameurs et aux bruits de coups. Delion et Kestner avaient terminé leur « travail ». Je sortis dans la cour au moment où le sergent faisait son entrée par la porte extérieure.

En considérant les loques sanglantes et inanimées gisant sur le pavé, il fut pris d'un scrupule.

— Tu vois, dit-il à l'enfant, c'est bien vrai au moins ce que tu as écrit?

— Je le jure! protesta Kader. Que je sois changé en cochon, qu'on me saigne et qu'on me fasse manger par les chiens si c'est pas vrai.

— Pourquoi n'as-tu rien dit, demanda le sergent.

— C'est un enfant, observai-je. Vous êtes bien trop haut placé pour qu'il vienne vous dire ses misères.

— Qu'est-ce que je vais faire de lui? Vous le gardez avec vous?

— Non. Si vous n'avez pas de cellule de libre, mettez-moi en prison. Je serai aussi bien gardé.

— J'ai de la place, je vais vous donner une cellule.

Les corps inertes des deux indigènes furent enlevés sans précaution par les exécuteurs et jetés sur le bat-flanc de la prison sans plus de ménagements que s'il se fût agi de simples ballots de couvertures.

Je ne devais plus revoir mes amis Baudry et Noblet. A courts intervalles, aux heures de distribution de la soupe, je pouvais échanger quelques paroles avec Lerate et Van Lancker.

— On trouve quéqu'fois de drôles de mecs dans les taules, dit un soir ce dernier. Est-ce que t'as une rallonge?

— J'ai ma cuiller qui est affûtée. Je saurai m'en servir si c'est nécessaire.

— Ça ne vaut rien ce truc-là. C'est de la ferraille. Ça tient pas en main. Voilà ce qu'y t'faut.

Et il me présenta une lame de ciseaux aiguë, tranchante comme un rasoir.

— Avec ça, expliqua-t-il, t'es paré. T'enfiles le doigt dans la boucle et tu peux dire merde à n'importe qui. Ça entre dans le lard sans que t'aye besoin de pousser. Même si tu te laisses prendre le poignet, le moins que tu te tortilles, ça mord! Et pis, c'est de la bonne camelote. Ça tient le fil et ça passe à travers tout. Tu peux pas êt'vert!

— T'es un bon type, remerciai-je, touché. Mais toi, ça ne va pas te manquer pour couper ta viande?

— T'en fais pas! J'ai ce qu'y m'faut. Je sais bien que tu te défends, mais faut toujours s'arranger pour avoir le bon bout. Quand t'auras c'te bague-là au doigt, y a pas un costaud ou un malin qui peut te la faire. Mais si t'es avec une sale équipe, fais pas voir ton outil. T'en sers pas pour couper ton pain. On manquerait pas de te l'emprunter et tu serais marron. Y faut que ça soye tes griffes, ce truc-là. Rien de plus. Et t'auras pas peur des clebs. T'as qu'à l'enfiler dans la doublure de ta capote ou même préparer des étuis que tu couds à tes liquettes. T'as le temps de le faire, s'pas? Et si ça chie, t'es tout de suite prêt, tu passes le doigt dedans et t'es paré... Et pis, la pointe en dessous, toujours! Ça va pas si bien pour découdre un mec mais si on te tient le poignet, t'es jamais pris. Faut bien penser à ça!

— Tu peux être tranquille. J'oublie jamais les leçons qu'on me donne. Je te reverrai sans doute avant de partir avec le convoi mais je te remercie, mon vieux! Tu as été un bon camarade pour moi.

Le convoi descendant qui m'emmenait comprenait une dizaine d'escortés dont six en prévention de Conseil de guerre et trois partant à la discipline. Les deux indigènes maltraités par Kestner et Delion n'en faisaient pas partie, n'étant pas encore suffisamment remis en état pour faire les quatre étapes de Géryville au Kreider.

Au cours des quatre étapes, les captifs furent tenus en ordre, sous la garde constante d'une escorte en armes, fusils chargés. Cette escorte était franchement sympathisante mais elle exécutait la consigne avec une rigoureuse fermeté.

A Zouireg, je montai la tente avec cinq futurs pensionnaires de la Fosse aux Lions. Le sergent signifia aux escortés qu'ils ne pourraient quitter leur abri que pour se rendre aux « feuillées », accompagnés d'un gardien en armes. Avant de sortir, ils devaient appeler le garde. Tout manquement à cette règle entraînait le risque de recevoir une balle dans la peau.

Après la soupe, Ziegler qui « allait chercher » à Oran une condamnation à dix ans de Travaux publics pour voies de fait à supérieur, fit valoir que Zouireg était le seul endroit où il fût encore possible de se saouler une bonne fois. En conséquence, il proposa que chacun des occupants de la tente fît le sacrifice d'une pièce de vêtement quelconque à convertir en liquide chez l'Espagnol du bordj. Estimant qu'il devait donner l'exemple, il tira de sa musette une chemise et un caleçon. Les quatre camarades s'exécutèrent sans attendre. Quant à moi, je déclarai que je ne supportais pas le vin et ne pouvais boire avec eux mais que je n'entendais pas me soustraire pour autant à la règle de solidarité. Je jetai donc mon caleçon de rechange sur le tas déjà formé.

Ce geste fut pleinement apprécié et je n'eus plus qu'à faire mon possible pour calmer les révoltes d'une raison qui n'était nullement d'accord. L'homme de garde trouva sans délai un commissionnaire qui partit vers le bordj avec tout ce linge et les récipients disponibles dans le camp.

Sous ma tente se déroula une saoulerie paisible. Dans l'obscurité, les bidons se vidaient en glougloutant dans les gosiers. Tout se passait dans une sorte de recueillement comme si chacun eût reconnu à cette ivresse, que nulle autre ne pourrait suivre avant un certain nombre d'années, une sorte de caractère sacré.

La garde participait activement à la consommation mais se montrait bruyante. Sans qu'on sût pour quelles raisons, un combat s'engagea entre deux légionnaires en équipement de campagne et le bruit des coups se mêla aux chocs métalliques des baïonnettes et des bidons.

Le lendemain, au rassemblement, le sergent apparut porteur d'un ballot de linge et appela des matricules parmi lesquels je reconnus le mien. Comme l'avait fait Siégel neuf mois auparavant, le chef de convoi avait récupéré les effets et les rendait à ses peu légitimes possesseurs.

On pouvait se demander quels bénéfices le tenancier tirait de ses transactions avec les légionnaires!

— Avez-vous pensé à ce que vous faisiez, me demanda le sergent d'un ton sévère.

— Je quitte la Légion, ergotai-je. Je pensais n'avoir à rendre que les effets de drap. Le linge m'appartient, sergent!

— Il vous appartiendra lorsque vous cesserez d'être passible des tribunaux militaires, mon garçon! Ici, vous n'êtes pas encore civil. Vous seriez bel et bien condamné pour dissipation d'effets, comme n'importe quel libérable qui vendrait sa chemise un mois avant d'être rayé des contrôles, si une plainte était portée contre vous. Et vous n'êtes pas encore porté libérable. Vous avez mérité une condamnation. Vous n'avez cependant pas besoin de ça!

A Kef-el-Amar, les escortés furent pris en charge par les Joyeux et le reste du voyage s'accomplit sans incidents. Cette fois, le convoi fut étroitement tenu et groupé sous la surveillance d'un sergent distant et autoritaire. Les prisonniers ne furent plus lâchés, tant sous la tente que pendant les marches.

A la gare de Bou-Ktoub, nous fûmes embarqués dans un wagon où nous retrouvâmes un groupe nombreux venant du Sud, escorté de tirailleurs, baïonnette au canon. Là se trouvaient des légionnaires du 1er bataillon ou de la section de discipline, ces derniers portant le képi orné de l'étoile rouge; des disciplinaires du bataillon d'Afrique à l'étoile jaune; des arrivants des compagnies, des Travaux publics ou des pénitenciers, en capote grise. Parmi ces derniers, se distinguait un jeune homme aux yeux bruns très expressifs, aux traits fins, aux dents éblouissantes mais tristement défiguré par un masque tatoué qui s'étendait d'une oreille à l'autre et du front au menton. Ce masque indélébile était limité sur tout son pourtour par un liséré de dentelles artistement et délicatement ouvragé...

Je mesurai en quels abîmes de désespoir peut se laisser tomber un homme jeune et pourvu de tous les agréments physiques. Celui-là s'était condamné lui-même à perpétuité, marqué de manière à rendre impossible toute vie normale. Les condamnés de jadis n'étaient marqués qu'à l'épaule. Celui-là porterait toujours, comme un défi à la face de l'humanité, sur son visage même et indissimulable, sa qualité de forçat.

A Saïda, certains furent logés au dépôt des Isolés. Ceux qui portaient l'uniforme du 2e Étranger furent enfermés dans les cellules des locaux disciplinaires. Ma cellule se trouvait près de l'entrée et l'un de ses murs latéraux s'ornait d'une inscription en capitales très bien dessinées, hautes de trente centimètres et gravées si profondément que les couches successives de blanc de chaux n'avaient jamais pu les combler :

VIVE L'ANARCHIE!
DITTMAYER-THIELMANN.

Qu'était venu faire à la Légion l'anarchiste Dittmayer-Thielmann? Qu'était-il devenu?...

Assis sur mon bat-flanc je vidai ma musette et fis l'inventaire de mes biens : une chemise et un caleçon, un cours d'algèbre, une cuiller, un quart et une fourchette, un bidon, un mouchoir et une serviette. Un paquetage de cette importance ne demandait pas longtemps pour sa mise en ordre. Dans une pochette, cousue à l'intérieur de ma chemise, la lame de ciseaux, dernier cadeau de Van Lancker.

A Saïda, les compagnies de dépôt retenaient les plus douteux éléments de la Légion et les plus dangereux de ces derniers se trouvaient en prison ou en cellule. J'en étais averti depuis longtemps. Je ne fus donc pas surpris de voir, à l'heure de la soupe, un intrus à tête de bagnard entrer dans ma cellule que, sans retard, un complice verrouilla de l'extérieur. Je serrai ferme dans ma main droite la lame de ciseaux dont l'anneau était passé dans le majeur. Je vérifiai que je pouvais piquer mon propre poignet et que tant que je ne serais pas absolument privé de connaissance, il serait impossible de me désarmer. J'imaginai Van Lancker assistant à la scène qui allait se dérouler. Je me sentais trop fort pour qu'il y eût drame. Ce ne pouvait être qu'une simple comédie. Je m'avançai vers l'homme qui s'était assis et qui me considérait en ricanant.

— Fais ouvrir et fous le camp! lui dis-je sur le ton le plus... « légionnaire » que je pus adopter.

— De quoi! Un gosse comme toi voudrait faire le « meuchant »?

Ce mépris eut pour effet d'allumer chez moi la colère que je n'avais pas ressentie tout d'abord.

— Je suis condamné à vingt ans de « dur » par la cour d'assises, bluffai-je, tirant un avantage d'un état de choses cependant fâcheux. Je n'ai encore jamais tué un homme et j'ai envie de me payer ta sale peau. Elle ne me coûterait pas cher. Je l'aurais pour rien! N'essaie pas de jouer : ma lame coupe comme un rasoir et pique comme une aiguille. Allez! Balek! Ça me démange, tu sais, l'envie de te voir par terre en train de gargouiller!

— Ça va! On peut tout de même pas savoir si t'as pas envie d'un copain sans venir te le demander, non? Y a pas de quoi zigouiller un type!

D'une torsion je rapprochai la lame du poignet pour éviter une pénétration profonde et jetai un coup de revers qui trancha une manche et le bourgeron de l'homme, balafrant les pectoraux d'où le sang jaillit.

L'homme se mit à hurler :

— Non!... Non!... Ça va! Donne-moi le temps de sortir!

— Presse-toi. Maintenant c'est le cou qui va prendre!

Mon adversaire se mit à frapper dans la porte à coups redoublés. Quelqu'un tira le verrou et le sergent parut.

— Qu'est-ce que c'est? Qu'est-ce que vous foutez là, demanda-t-il.

— Je me suis trompé de cellule, sergent, bredouilla l'homme.

Le gradé nous considéra, moi, mon arme à la main et le piteux blessé dont le treillis maculé comme la blouse d'un garçon boucher présentait par une large ouverture la blessure saignante.

— On dirait bien que vous vous êtes trompé, en effet. Et vous, faites voir un peu ce que vous tenez à la main?

— Une lame de ciseaux, sergent, c'est pour couper mon pain et ma viande.

— C'est vrai, ça peut couper la viande! Je m'en aperçois! Qu'est-ce qu'il venait faire ici? Vous le connaissez?

— Je ne l'avais jamais vu avant, sergent. Il s'est fait enfermer dans ma cellule et comme il est bien plus fort que moi, je n'avais pas d'autre moyen de l'obliger à sortir. D'ailleurs, je me suis arrangé pour ne pas lui faire trop de mal. Je l'ai seulement griffé.

— Hé bien! c'est un beau coup de griffe! Ça lui apprendra à vivre! conclut le sous-officier en se retirant.

Le dernier soir que je devais passer à Saïda fut, comme l'avait été le premier, marqué par une scène sanglante qui serait le dernier souvenir que je garderais de la Légion. De ce drame, j'ignorerais toujours la cause et les conséquences.

Au moment où je venais prendre ma gamelle de soupe sur la claie, je vis un homme de garde, en tenue de service, jugulaire au menton, s'approcher d'un puni en treillis. Ce dernier était un de ces colosses dont les spécimens n'étaient pas rares à la Légion : une taille voisine de deux mètres, une carrure puissante d'homme de cent vingt kilos avec un minimum de graisse.

Après une conversation à voix basse, le planton recula d'un demi-pas et porta au géant un violent coup de poing en pleine figure. Ce geste accompli, il dut avoir conscience du danger qu'il courait après cette grave provocation car il s'enfuit vers la porte des locaux. Il fut rattrapé pendant qu'il cherchait à l'ouvrir.

L'homme au bourgeron l'empoigna au collet, l'écrasa sur le sol d'une seule main comme il l'eût fait d'un enfant de dix ans, s'agenouilla sur lui et lui broya la face sous les coups répétés d'un énorme poing que l'on voyait s'élever et s'abaisser à toute volée, rouge de sang.

Enfin, il se releva tranquillement, alla sans hâte prendre une gamelle sur la claie et se retira vers le fond des locaux où il se perdit.

Deux hommes de garde vinrent relever la victime qui ne donnait plus signe de vie. Après deux ou trois essais inutiles, ils le laissèrent retomber, tirèrent au robinet proche quelques seaux d'eau qu'ils jetèrent sur la face broyée sans obtenir le moindre résultat.

Un dernier essai pour redresser ce corps, qui avait toute l'apparence d'un cadavre, présenta une sorte de pantin désarticulé dont la tête pendait sur la poitrine. Ils prirent enfin le parti de le mettre sur un brancard et de l'emporter.

Au cours de cette scène, j'avais revécu la sévère correction reçue de Walch. Je doutai que la malheureuse victime pût survivre à de tels coups de massue. Je rentrai dans ma cellule, le cœur serré, incapable de toucher à ma nourriture dont je retirai le morceau de viande que j'enfouis dans la boule de pain pour le retrouver si mon appétit revenait!...

Le lendemain matin, nous étions rassemblés dans la cour du quartier. Je me trouvai mêlé aux disciplinaires et aux bagnards de toutes catégories que les gendarmes enchaînaient par groupes de quatre. Pour la première fois, je connus le contact de la chaîne aux maillons en fil d'acier qu'un cadenas serrait autour de chacun des poignets. Je pris place dans la colonne entre un exclu de l'armée, à vareuse foncée avec col et parements bleu clair, et un « Travaux publics » en capote grise et képi à l'immense visière carrée.

En serre-file, des gendarmes, le mousqueton sur l'épaule, encadraient le lot des misérables dirigés vers la gare. De ces derniers, un grand nombre ne connaîtrait jamais de sorties en ville autrement que de cette manière, enchaînés et gardés par une troupe armée.

Familiarisés avec un tel spectacle, les citadins de Saïda ne s'intéressaient pas le moins du monde à ce peloton d'une cinquantaine d'hommes perdus, en route pour une nouvelle étape de leur vie de damnés, engagés dans un cycle infernal dont ils ne s'échapperaient que par la mort.

Je ne savais rien de ma destination immédiate. Le gendarme méprisant qui m'avait enchaîné, auprès duquel j'avais tenté de m'informer, m'avait répondu :

— Tu as peur de te perdre? T'inquiète pas, ce soir encore, tu coucheras à l'ombre et à l'abri des courants d'air.

Ce soir, le sort rendrait un premier verdict dont les aléas me paraissaient plus inquiétants que ceux, encore lointains, de la cour d'assises. Irais-je à la prison civile ou à la Fosse aux Lions? Comprenant que la lame de ciseaux n'échapperait pas à la fouille si je la conservais dans la pochette cousue à la chemise, je la plaçai dans la ceinture de mon pantalon de treillis. Je calculai, non sans angoisse, les chances que je pouvais avoir de la conserver et dans cette éventualité, je me prenais à méditer et à mettre au point les moyens défensifs préconisés par mes vieux amis. Je me rappelais tout ce que je pouvais des connaissances anatomiques rudimentaires que j'avais pu acquérir, tâtant mon cou avec ma main droite enchaînée afin de repérer les canaux sanguins et reconnaître l'endroit où je devrais, dans un cas désespéré, mordre avec la volonté de saigner un homme, comme un furet pourrait le faire d'un lapin!

A l'embranchement de Mascara, mon inquiétude prit fin. Je fus détaché, séparé du convoi et, entre deux gendarmes, emmené vers la prison civile de la sous-préfecture.

Là je fus pesé, toisé, par des scribes en tenue de geôliers. On prit mes empreintes digitales. Je savais que je serais désormais classé pour toujours dans la catégorie des criminels. Souvent, quand on rechercherait un coupable, mes empreintes seraient examinées. Quoi que je fasse maintenant, je serais toujours soupçonné!

Je fus photographié et soumis à un examen méticuleux après avoir été débarrassé de ma lame de ciseaux. Nu comme un ver, je dus me mettre à quatre pattes, les cuisses écartées, afin de rendre visible l'appareillage d'évasion que j'aurais pu dissimuler dans le rectum!

Je demandai qu'il me fût permis de conserver mon livre d'algèbre.

— Vous êtes ici en prison, dit le gardien d'un ton sévère. C'est un lieu de punition, de correction. Si vous vous ennuyez, tant mieux! La prison, c'est fait pour ça!

La maison d'arrêt s'étageait à flanc de côteau, composée d'une quantité de petits pavillons à un étage. Par une série d'escaliers, je fus conduit dans l'un de ces pavillons, proche du mur de ronde sur lequel se profilait la silhouette d'un tirailleur algérien, baïonnette au canon. Là, je retrouvai deux juifs et un légionnaire en uniforme.

Ce dernier était un Allemand de Bochum, dans la Ruhr, dont l'extradition était réclamée pour assassinat. Les deux juifs, poursuivis pour escroquerie, attendaient leur comparution devant le tribunal correctionnel.

Le légionnaire s'exprimait en un français difficilement compréhensible. Il sut néanmoins me faire entendre qu'il n'avait fait à la Légion qu'un séjour d'une semaine.

Ce criminel n'avait rien de crapuleux. Ses yeux n'avaient pas même la dureté des yeux de Van Lancker, de Lerate ou de Messer. Ils n'étaient pas fuyants et auraient pu convenir à n'importe quel citoyen honnête de Flandre ou de Franche-Comté. Le seul étonnement que l'on pouvait avoir à le considérer était que cet homme-là eût été capable de préméditer et commettre un assassinat. Comme moi d'ailleurs, il en était à son premier contact avec la justice civile.

Allongé sur ma paillasse, je commençais à mettre en œuvre les conseils de Baudry et de Noblet. Je m'appliquais à extraire de moi-même les moyens de conserver une pensée active.

Ma vie entrait dans une phase nouvelle. Lors de mon arrivée à Mascara, il n'avait pas été le moins du monde question du légionnaire Flutsch, numéro matricule 16 674. On avait uniquement parlé d'Antoine Sylvère, né à Ambert. On m'avait, sous ce nom, communiqué des papiers timbrés qui prétendaient m'apprendre ce que je ne savais que trop. J'avais cessé d'être le légionnaire Flutsch. J'étais de nouveau l'Antoine, l'aîné de la Marie et du Jean, le scieur de long, le petit-fils du grand Damien, le Galibardi.

Les paysages familiers de mon enfance, que j'avais un peu oubliés, se présentaient maintenant à mon esprit avec leurs bois, leurs vertes prairies aux eaux ruisselantes, leur fraîcheur intense, se substituant aux plaines parsemées de touffes de thym et d'alfa, aux collines caillouteuses et calcinées du Mekter où la garnison de Géryville allait faire ses exercices de tir et de service de campagne. Les ruisseaux à truites et écrevisses s'opposaient aux oueds taris où, seulement en plein hiver, on trouvait quelques cavités où l'on pouvait se baigner dans une eau trouble et glacée.

Je retrouvais mon origine, mon identité que pendant un temps j'avais cru rejeter pour toujours. Je la reprenais, considérablement vieilli, avec une maturité qui dépassait de loin celle de mon père, le Jean, et même de mon oncle et de toute la parenté. Tout au plus pouvais-je me comparer à mon grand-père, le Damien, dont les sentences et les observations pleines de finesse avaient, malgré les difficultés d'expression, quelque chose de Baudry et de Noblet.

Ces deux camarades campaient dans mon souvenir leurs images vigoureuses, ineffaçables, qui resteraient toujours en moi. Rien ne viendrait les ternir désormais, telles les images de ces morts dont on ne trouve à évoquer rien d'autre que des notions bienfaisantes.

En rêve, je revenais au *Pont des Feignants*.

Est-ce que j'allais vivre maintenant, laissant nombre d'amis derrière moi, le cœur pleurant et les yeux secs. Est-ce que j'allais vieillir avec tous ces morts?...

Le voisinage de mes compagnons ne m'apportait aucun avantage. Le bavardage obscur des deux juifs, les gestes de l'Allemand n'étaient que désagréments. La solitude silencieuse d'une cellule eût été préférable.

Je m'appliquai à suivre les directives de Baudry et entrepris le calcul mental de la racine carrée de 7 avec la volonté d'obtenir la plus grande approximation possible. Les deux premiers chiffres furent vite obtenus et leur exactitude vérifiée. En calculant le troisième je m'aperçus que j'avais oublié les restes précédents et il fallut tout reprendre!

Une fois par jour, les détenus étaient lâchés dans une courette dont le sol était formé de graviers multicolores. J'en emplis ma poche avec l'intention de donner à certains la valeur de chiffres qui me permettraient de fixer un de ces nombres importants qui fuyaient de ma mémoire quelques minutes après avoir été obtenus au prix d'un long effort.

Ma vie libre, lorsque j'aurais terminé ma peine, m'apparaissait merveilleuse, exaltante. En considérant ce que je pourrais gagner dans les plus mauvaises conditions, en exécutant les tâches les plus ingrates, je me créais d'ores et déjà l'abondance.

La nourriture que m'accordait la prison ne valait certainement pas plus de quatre sous par jour. Certes, j'avais faim, mais en faisant une dépense double de celle-là je ne souffrirais pas. Il me resterait largement assez pour me loger dans un réduit bon marché que je pourrais garnir de livres à dix sous!

La constitution de cette bibliothèque était le terme le plus lointain de mon avenir. Je me voyais installé dans une chambrette après une journée de dix heures, dans une ville où nul ne connaîtrait le passé de l'Antoine Sylvère. J'apprendrais tout ce que je voudrais. « Le tonnerre de Dieu », comme me l'avait annoncé mon Grand, ne pourrait m'en empêcher.

Je pourrais prendre des notes sur du papier fort et les emporter au travail dans la poche de mon bourgeron, comme des cartes de visite. De temps à autre, je pourrais en tirer une et jeter sur elle un regard furtif pour me rappeler ceci ou cela que ma mémoire n'aurait pas conservé...

Comme celles de tous les garçons de mon âge, mes nuits étaient souvent troublées par des poussées érotiques. Je m'efforçais de les écarter par des pensées apaisantes. Je n'y réussissais pas toujours et devais alors me résoudre à un artifice que je jugeais dégoûtant mais qui finissait par s'imposer pour mettre fin à une obsession épuisante et insupportable.

Je dus m'apercevoir que j'avais une mémoire déplorable lorsqu'il s'agissait de retenir des nombres. Il m'avait ainsi fallu toute une semaine d'efforts pour calculer la racine de 7 avec sept décimales et faire la preuve. J'eus alors l'idée de me constituer une numération littérale, chaque chiffre étant représenté par une lettre. Un nombre formait ainsi un mot plus ou moins étrange mais qui était beaucoup plus facile à retenir par son étrangeté même. Je reconnus très vite qu'il y avait avantage à employer dans ce but les cinq premières voyelles intercalées entre les consonnes B.L.D.C.K. L'application de ce procédé à la recherche mentale de la racine carrée de 13 se révéla concluante.

Malgré la faim chronique, je supportais bien le régime de la prison. Le sentiment profond que j'avais de me sentir capable de supporter, sans déchéance nouvelle, une longue captivité, me donnait une sorte d'indifférence sereine quant à la sentence qui pourrait me frapper. Les jours s'écoulaient bien plus vite, me semblait-il, qu'avant mon départ d'Ambert. A peine étaient-ils plus lourds que la plupart de ceux que j'avais vécus à la Légion; beaucoup moins, à coup sûr, que les longues marches au cours desquelles je m'étais senti épuisé avant la première pause. Plus l'épreuve serait longue, mieux je saurais tirer parti, croyais-je, des ressources de ma pensée lorsque je serais rendu à la vie normale.

Je me sentais riche de toutes les pensées que j'avais recueillies de Baudry et de Noblet et je n'avais que peu de regrets de mes erreurs passées, me demandant parfois s'il n'était pas heureux, après tout, que j'eusse à payer, même à ce prix, les leçons que j'avais reçues, au lieu de croupir dans ma petite ville dans un état de perpétuel mécontentement de tous et de moi-même, état qui me paraissait infiniment pitoyable face à mon état actuel que je continuais à trouver supportable, malgré la faim.

Au bout d'une quinzaine, deux gendarmes vinrent me prendre, m'enchaînèrent et me menèrent à la gare. A l'embranchement sur la ligne Sud, je fus intégré à un détachement identique à celui que j'avais quitté deux semaines plus tôt. Parmi les escortés se trouvaient quelques légionnaires du 2e bataillon, dont Lerate.

J'appris par lui que nous passerions la nuit au dépôt de Perrégaux et que nous voisinerions ainsi une dernière fois avant d'être pour toujours séparés... La présence de cet excellent camarade était des plus rassurantes pour moi : maintenant que j'étais sans arme, je n'aurais pas été sans inquiétude à la perspective d'être enfermé seul avec ce troupeau de bagnards.

Dès que nous eûmes débarqué, nous fûmes enfermés dans le dépôt après avoir été débarrassés de nos chaînes, et Lerate et moi nous pûmes nous installer côte à côte sur le bat-flanc. Les séjours répétés de Lerate dans la prison de Géryville n'avaient rien changé à son programme. L'envoi à la section de discipline lui était indifférent : le temps qu'il passerait là compterait pour la retraite, et puis, continuait-il avec philosophie :

— Y avait pas d'autre moyen de voir du pays. J'aime autant filer à Béchar que m'emmerder encore pendant toute une année devant le Bou-Derga. Qu'est-ce que tu crois qu'ils vont te coller?

— Peut-être deux ans, peut-être cinq. Je pourrais être condamné à la réclusion...

— Ça la foutrait mal! Après ça y faudrait que t'ailles tirer ton temps de service aux exclus. C'est moche! Faudrait que tu trouves le moyen de te barrer et de revenir à la Légion. Où que t'as été depuis que t'es parti?

— A la prison civile de Mascara.

— Tu t'es pas arrêté à Saïda?

— Si, un jour. Il y a un type qui s'est fait enfermer dans ma cellule. Je l'ai fait un peu saigner...

— Y s'est laissé faire?

— Bien obligé. Avant que je parte de Géryville, Van Lancker m'avait donné une lame de ciseaux. Je m'en suis servi. Mais je ne l'ai plus. On me l'a prise à Mascara. Tu n'as pas idée du plaisir que ça me fait de te revoir, surtout quand je considère l'équipe avec laquelle je suis embarqué. Je n'ai plus que mes membres et mes dents, maintenant...

— C'est déjà quéqu'chose si t'es bien décidé à t'en servir.

— Je crois qu'en prenant mon temps et en calculant bien mon coup, je pourrais saigner un homme.

— J'ai jamais vu ça. Je sais même pas si ça peut se faire, mais si tu plantes tes crocs dans une joue, ça fait déjà de l'effet. Le cou, ça doit être meilleur, surtout que t'as de bons chicots, meilleurs que les miens.

C'est dommage, ajouta-t-il avec regret. Nous serons aussi peinards ici que dans la taule de Géryville. Les vieux Trav's attendent d'être à la Fosse aux Lions pour commencer leurs trucs. Ici, c'est trop dangereux d'emmerder un qui voudrait pas se laisser faire. Et puis, même à la Fosse aux Lions, t'aurais qu'à crier : « A moi la Légion! ». Ce serait rare qui y en aurait pas un tas pour se mettre dans la danse. Tu parles, si ça arrivait dans cette cagna, si on voudrait vivre, nous autres! Y aurait de la viande par terre, j'te l'dis!

A la prison de Perrégaux, je pus apprécier un ordinaire de troupe : une excellente gamelle garnie, aussi différente de l'ordinaire d'une prison civile qu'un festin peut l'être d'un léger casse-croûte.

Après une nuit reposante, le peloton des captifs fut enchaîné comme la veille, ramené à la gare et embarqué. Le voyage fut court et j'accueillis avec sympathie les ultimes conseils de mon vieux camarade.

A Oran, nous fûmes définitivement séparés : le contumax était dirigé sur la prison civile en attendant son départ pour la France.

Je fus introduit dans une salle occupée par de nombreux prévenus et condamnés parmi lesquels deux portaient un uniforme — d'ailleurs méconnaissable, insignes et boutons ayant été enlevés. Cela et l'absence de jugulaire et d'écussons au képi signifiait l'indignité de porter les armes après la cérémonie de dégradation militaire. C'étaient deux légionnaires de Bel-Abbès, condamnés l'un et l'autre à vingt ans de travaux forcés pour vol avec effraction et tentative de meurtre. Ils attendaient là leur départ pour Cayenne, après une instance en cassation, au sujet de laquelle ils ne se faisaient aucune illusion.

Rien d'autre ne présentant d'intérêt à mes yeux, je passai le reste de la soirée étendu sur mon lit, et la plus grande partie du lendemain à poursuivre les exercices que le séjour à la prison de Mascara avait déjà rendus habituels. Un peu avant la nuit, deux gendarmes vinrent me prendre et ce fut l'embarquement sur l'*Isaac Pereire* à destination de Port-Vendres.

Dès le départ, je fus anéanti par le mal de mer et vécus une nuit misérable. Le lendemain matin, je fus laissé libre de me tenir sur le pont et d'observer, de loin, les îles Baléares.

A l'heure de la soupe, j'eus faim et fus invité à me joindre à trois compagnons dont deux en uniforme et à participer à un repas qui, comparé à l'ordinaire des prisons civiles, était encore une fois un véritable banquet.

L'un de ces camarades était un Joyeux libéré du service, en tenue civile.

Les deux autres, en uniforme, un colonial à stature de lutteur et un petit Marseillais en chasseur alpin, venaient d'accomplir un stage dans une compagnie de discipline.

Vers la fin du déjeuner, le Joyeux se livra à des commentaires désobligeants sur la Légion, ce qui eut pour effet de recréer sans délai ma mentalité de légionnaire Flutsch. Quittant aussitôt le panneau d'écoutille qui nous servait à la fois de siège et de table, j'interrompis le Joyeux :

— Allons! debout! Tu sais bien ce qui ne manque jamais d'arriver quand on bêche la Légion devant un homme qui porte la tenue de la Légion.

Aussitôt, je pensai aux conseils de Lerate. Si ce dernier avait été présent, il n'aurait pas manqué de faire la critique :

— Tu finiras par êt' vert, que je te dis! Pisque fallait y aller, t'avais pas à l'avertir mais à y en foutre un bon coup avant qu'il aye le temps de se lever.

Une seconde, je regrettai d'avoir dédaigné une tactique parfaitement sûre qui m'eût donné une victoire prompte et décisive, mais je me rassurai en considérant l'adversaire, debout à son tour.

Je me disposais donc à l'offensive lorsque le petit Marseillais, me devançant, bondit sur le Joyeux par une attaque de flanc et lui porta, coup sur coup, deux coups de poing en pleine figure, criant :

— Comment! ... Tu t'amuses à chercher un pauv'copain qu'est escorté?

Le grand colonial, chez qui s'éveillaient sans doute des sentiments analogues, m'écarta vigoureusement :

— Laisse-les faire. Toi, si tu t'en mêles, tu te feras foutre derrière la grille!

Un combat indécis s'était engagé entre le Joyeux et l'Alpin. Les mouvements de tangage et de roulis du bateau intervenaient dans le jeu et les coups manquaient le but ou portaient d'une manière imprévue. Ce combat de boxe ne ressemblait en rien aux corps à corps de la Légion. J'en étais à penser que j'aurais depuis longtemps accroché et terrassé le Joyeux lorsque l'affaire se dénoua.

Au cours de cette valse, qui promenait les champions autour de l'écoutille, le Bat'd'Af' heurta la marmite de vin d'où s'éleva un mince jet qui retomba sur le pont.

— Ah! ... tu vas te faire bien voir, toi, si tu viens renverser le pive, grogna le marsouin.

Et d'un solide coup de poing il assomma l'imprudent.

Knock-out après ce coup de massue, le Joyeux se releva au bout d'un moment, chancelant, définitivement hors de combat et dut entendre sans protester les commentaires les plus humiliants, que le petit Marseillais lui prodigua jusqu'à la fin du voyage.

Le soir tombait lorsque l'*Isaac Pereire* longea la côte de Catalogne. Je tentai vainement d'apercevoir Barcelone. Le paquebot se rapprocha de plus en plus de la terre, et des odeurs délicieuses parvinrent jusqu'à mes narines, odeurs perdues depuis longtemps d'un sol où abondent les verdures et les eaux vives d'un pays semblable à celui qui m'avait vu naître et grandir.

Avant d'accoster à Port-Vendres, le Marseillais me dit en montrant le rivage à quelques centaines de mètres :

— Tu sais nager?
— Oui, Pourquoi?
— Tant que tu n'as pas les bracelets, c'est le moment de te tirer. Allez! T'as qu'à te foutre à l'eau.
— Je n'ai pas envie de me tirer. C'est pour passer en jugement que je me suis rendu. Mais je te remercie!

Le soir même, de Port-Vendres, enchaîné, je fus conduit à Perpignan et incarcéré à la prison civile. Là, visité comme à Mascara, je fus en outre invité à abandonner tous mes vêtements dans un couloir et, nu comme un ver, je fus dirigé sur un lit dans un dortoir où ronflaient une douzaine de dormeurs. Je ne fis qu'un somme jusqu'à l'instant où la cloche du réveil vint me rappeler ma condition.

Je me trouvais mêlé à des détenus qui s'entretenaient dans une langue qui paraissait être de l'espagnol. Je voulus m'en assurer :
— Penses-tu! me répondit-on. Nous ne sommes pas espagnols ici, nous sommes catalans. Nous parlons le catalan.
— Vous n'êtes pas français?
— Que si, mais en France y a des Catalans comme y a des Bretons ou des Auvergnats.

Après avoir repris possession de leurs vêtements les détenus furent rassemblés dans une vaste pièce voûtée aux allures de nef d'église. Au centre, un grand poële de fonte fut allumé avec une telle énergie qu'il fut rapidement porté au rouge et les prisonniers l'entourèrent faisant griller des tranches de pain noir présentées au bois d'allumage.

Plusieurs, parmi ces prisonniers, étaient fort bien vêtus. Ils portaient des costumes de bonne laine, faits sur mesure, qui leur donnaient une allure bourgeoise que j'eusse enviée deux ans plus tôt. J'engageai la conversation avec l'un d'eux :
— Vous êtes condamné?
— Oui, mais c'est pas fini. Nous sommes plusieurs condamnés. Il y en a deux à dix ans de travaux forcés et trois à cinq de réclusion. Moi et le grand nous sommes pour Cayenne mais nous avons demandé la cassation.
— Vous espérez que votre peine sera diminuée.
— Penses-tu! Mais ça peut durer trois mois et nous restons au régime des prévenus pendant ce temps-là. C'est toujours ça de gagné et de pris sur les dix ans. Ça compte sur le temps qu'on a à faire.

Le grand avait retiré son paletot et sa chemise et l'un de ses compagnons lui arrachait des gazes purulentes collées sur le dos et les épaules, mettant à nu d'étranges plaies circulaires, de la dimension d'une pièce de cent sous et de couleur cuivrée.
— Qu'est-ce que c'est? risquai-je.
— C'est la vérole. Je l'ai aussi, mais tu penses bien qu'on s'en fout. Aux Trav's, ça pourra peut-être bien nous faire des jours de repos.

Le lendemain matin, deux gendarmes me prirent en charge, me passèrent les menottes et me menèrent à la gare où ils me fourrèrent dans un compartiment réservé. Dès qu'ils furent installés, mes gardiens me débarrassèrent de mes chaînes et m'apprirent que, le soir même, je serais incarcéré à la maison d'arrêt de Riom. Je pensai que ce serait là un beau voyage avant une captivité qu'il était prudent de prévoir de longue durée.

Le train s'engagea dans un pays de vignobles puis gagna les Causses et les Cévennes. Je notais tout ce que je pouvais de ces paysages successifs qui se déroulaient sous mes yeux, m'efforçant de me charger de souvenirs. Pendant combien d'années n'aurais-je d'autre spectacle que les murs d'une prison?

Vers neuf heures du soir, j'étais de nouveau menottes aux poignets. encadré par mes deux gendarmes, sur le quai de la gare de Riom.

Je fus écroué à la maison d'arrêt où un athlétique gardien me conduisit devant la porte d'une cellule. Là, je fus encore une fois invité à me dévêtir entièrement. Après vérification que je n'utilisais pas mon rectum pour entreposer un matériel quelconque, je fus enfermé, sans vêtements, dans le réduit, après avoir reçu communication des consignes.

— Vous ne devez faire aucun bruit, ni siffler, ni chanter. La prison est la maison du silence.

Dès la sonnerie de la cloche, le même gardien, M. Raynal, ouvrit la porte de la cellule et jeta sur le lit une tenue complète de prisonnier : veste, pantalon, calotte de droguet de couleur vaguement marron avec des rayures d'un jaune sale.

— Vous n'êtes que prévenu, et si vous aviez des vêtements civils, on vous les laisserait. Mais on ne peut pas vous laisser en soldat dans une prison civile. Vous aurez à porter la tenue des condamnés, à moins que votre famille vous envoie des effets.

Je fus ensuite introduit dans une pièce chauffée où régnait une très forte odeur de paille mouillée. Là, deux catégories de travailleurs s'exerçaient activement : les uns transformaient en longues tresses des bottes de paille de seigle, laissant derrière eux d'énormes écheveaux amoncelés en tas, les autres, armés d'une longue alène assemblaient des lanières sur une forme de bois, fabriquant ces fameux chaussons qui avaient valu à Guizard ses gains de huit sous par jour. Plus loin, d'autres détenus faisaient des sacs en papier triangulaires à l'usage des marchands de tabac.

Bien que j'eusse été averti par le gardien que ma qualité de prévenu ne m'astreignait pas au travail, j'acceptai de tresser de la paille au prix de six sous l'hectomètre. La tâche n'avait rien de difficile. Je me mis au travail et avançai lestement, à une allure qui, pensais-je, m'eût permis de battre un escargot sélectionné parmi les champions les plus réputés!

La règle du silence n'était pas imposée aux prévenus et les conversations allaient bon train. Chacun affirmait l'excellence de sa manière de concevoir la vie et d'en tourner les difficultés. Très vite, je pus déterminer à quels compagnons j'avais désormais à faire.

La vedette n'appartenait pas, comme on serait tenté de le croire, aux grands coupables. Bien qu'il y eût là deux condamnés aux travaux forcés, le personnage principal était un vénérable vagabond aux traits nobles et à barbe de patriarche qui, à soixante-dix ans, totalisait soixante-seize condamnations pour délits mineurs dont la gravité restait comprise entre le délit de pêche et le vagabondage et mendicité.

Chaque année, à l'entrée de l'hiver, il choisissait la maison d'arrêt où il se ferait héberger. Il dilapidait encore, en une soirée, les quelques francs qu'il avait pu économiser en mendiant ou en faisant de menus travaux, puis allait tendre la main à proximité d'une gendarmerie après avoir mis ses papiers en lieu sûr.

Traduit en correctionnelle, il en tirait tout le profit et manœuvrait de telle sorte que, d'une condamnation à quinze jours prononcée à la fin de l'automne, il parvenait à réaliser une mise à l'abri pour quatre mois. De première instance en appel et d'appel en cassation, il accomplissait six ou huit fois le maximum de la peine qui pouvait être prononcée contre lui, bien au chaud jusqu'au printemps, au régime des prévenus, se procurant à la cantine de sérieux suppléments de nourriture grâce à son habileté à fabriquer les chaussons.

Les beaux jours venus, il reprenait la route, retrouvait ses papiers, se ménageait le pécule nécessaire et des certificats de travail d'autant plus nombreux que les périodes d'activité étaient plus courtes, afin de ne rejoindre la prison que lorsque telle serait sa volonté et non point celle des gendarmes. Ainsi, il pouvait parcourir le pays jusqu'au prochain hiver, qu'il irait passer dans un établissement pénitentiaire sur lequel il possédait de bonnes références, à la manière d'un riche touriste qui va prendre pension dans un hôtel recommandé.

— Y faut jamais barboter, disait le vieux. Y faut jamais avoir rien sur toi que tu peux pas dire que tu l'as acheté, y faut le nom de quéqu'un qui te l'a donné. Même si t'as un saucisson et quéqu' boîtes de sardines d'avance, faut qu'tu dises d'où qu'tu les tiens. Faut jamais raconter à ceux que tu trouves en chemin c'que tu as fait, c'que tu vas faire. Pasque s'y vont faucher après des poules et des lapins, tu peux être dans le coup comme complice, sans le faire exprès, et ça peut même êt' pire... Toi tu vas par là? Bon. Moi j'vais de l'aut'côté. C'est pas pasqu'on est deux que celui qui te donne quéqu'chose y te donnera le double. Tu t'arrêtes pour casser la croûte avec un type que tu crois franc et après tu te fais « grouper » sans avoir rien fait. T'es complice pasque l'aut' a fauché une culbute ou une liquette en train de sécher. T'en prends pour trois mois et un jour et t'es repéré. T'as qu'à êt'accusé une paire de fois, même que c'est pas toi, et t'es bon pour la relègue. C'est un bon truc, le trimard, mais y en a pas un où y faut qu'on se tienne peinard comme dans celui-là. Mais si tu sais te tenir, c'est la bonne vie! Au printemps, tu peux aller vers l'Auvergne. C'est toujours par là que je commence ma tournée. On peut gratter de temps en temps sans se la fouler, et partout t'as la soupe et le foin. Tu leur racontes des tas de trucs, tu leur parles de la garnison de Bourg ou de Briançon où qu'y z'ont servi et t'es tout de suite le bon copain. Tu leur parles de Peyrebeilhe où qu't'as passé et du four où qu'on faisait brûler les voyageurs. Y z'ont même plus envie d'aller se coucher, y commencent à sortir le beurre et le saucisson comme si c'était fête et pis la bouteille d'eau-de-vie que t'as qu'à te servir en versant carrément dans l'écuelle où qu'tas mangé ta soupe. Le lendemain, y te font promettre de revenir. Des maisons comme ça, j'en connais des cent et des cent.

Seulement, pas la peine d'aller pilonner chez les riches. C'est jamais bon! Faut laisser de côté les fermes où qu'y a des domestiques. C'est comme les belles maisons dans les villes. Ça vaut rien. Faut que tu te donnes beaucoup de mal pour faire un rond par-ci, un rond par-là, et le soir tu la sautes et t'as pas de quoi croûter. Ici, y te disent : « On donne pas ». D'autres, y disent : « On a nos pauvres » et t'as plus de chances de te faire cravater par les gendarmes et d'te faire fout'dedans, justement quand c'est qu'y fait bon d'êt' dehors. C'est comme ça que, quand j'étais jeune, j'allais plus vite à prendre les condamnations que des années d'âge. Y faut savoir qu'y a que chez les pauvres qu'on peut s'faire loger et nourrir. Si tu sais parler, tu te payes chaque jour chez eux, ce que, eux, y s'payent que de temps en temps.

Seulement, faut pas êt' le type qui sait pas où aller. Moi, je vais toujours quéqu'part. Si je suis du côté de Saint-Sauves je dis que je viens de Saint-Étienne où que j'travaillais à la mine et qu'on m'a débauché et que j'en profite pour aller à Brive pour voir une nièce qu'est mariée à un facteur. T'as une histoire toute prête à raconter avec tous les détails. Les gens, y z'aiment ça, qu'on aye de la famille, et y comprennent bien qu'on a pas les sous à donner au chemin de fer parce que, eux aussi, y z'ont pas des sous à donner. Y z'ont juste du pain, du beurre, de l'eau-de-vie et le cochon de l'année dans le saloir. Et toi, c'est tout ce qu'y t'faut, ça t'suffit!

Et pis faut pas s'emmerder à charrier des tas de guenilles, des marmites, des couvertures et tout un bordel, comme y en a qui le font. Moi, j'ai juste ma musette avec un litre, une liquette et un casse-croûte. S'y fait froid ou qu'ça mouille, je sais où j'irai me mettre au chaud.

J'te dis, moi, j'sais toujours où je vais. En blaguant, pendant la soupe, j'apprends les noms des villages à deux ou trois lieues devant, et même des types qui sont parents de ceux chez qui j'ai couché. Si je rencontre des cognes, y me demandent même rien et y a rien à faire pour me laisser fout' dedans avant que les vendanges soyent finies.

Et pis, enfin, faut jamais t'amuser à suivre la grande route. Y a toujours des chemins de traverse où qu'tas partout des villages et tu trouves pas des trimards d'occasion qui te collent pour te faucher tes quat'sous et te faire emboîter par raccroc pasque t'étais avec eux et qu'y z'ont fait un coup à la noix.

Moi, j'ai jamais de couteau, ni une cuiller ni une fourchette. Y a tout ça dans les maisons où je mange la soupe. Ça leur donne même confiance que j'aye pas de couteau.

Il y avait un autre professionnel du trimard qui avait dépassé la cinquantaine. Ses états de service étaient moins brillants car il ne comptait que quarante-trois condamnations. Il était syphilitique et avait perdu un certain nombre d'orteils. Il tirait une certaine fierté de ce fait et ne faisait pas de difficultés pour exhiber ses mutilations à quiconque en exprimait le désir.

A une connaissance déjà fort étendue des prisons nationales, il ajoutait celle de diverses prisons sud-américaines, particulièrement chiliennes. Il conservait un souvenir cuisant de la manière dont les médecins des prisons soignaient les furoncles, dans ces pays-là.

— Dans les taules, t'as pas de bat-flanc, pas de paillasse. Tu te pieutes par terre, avec les Indiens, et y s'occupent pas de te nourrir. C'est les parents qui apportent à manger ou des bonnes femmes du patelin qui portent ce qu'elles ont de trop : un morceau de barbaque où y a des vers, des fayots pleins de vermine. Quand elles portent rien, on la saute en buvant de l'eau salée à volonté. C'est quand y a des fêtes, que ça arrive. Y z'ont des fêtes qui durent des trois, quat' jours de rang, avec des processions du tonnerre de Dieu et des danses, et tout.

C'est pas étonnant qu'à mener la bonne vie comme ça, je me soye rempli de furoncles. J'avais pas, grand comme la main, un endroit sur la peau où que j'en aye pas. Je demande le médecin. Y me fait mettre à poil et je me couche sur mes fringues. V'là qu'il appelle quatre Indiens pour me tenir, et pis y prend mes furoncles, l'un après l'autre, avec l'ongle : crac! crac! y me fait sauter toutes les croûtes. Tu parles si j'ai eu du plaisir. C'était comme s'y m'écorchait vif. Et pis, y m'a dit de me rhabiller, sans me faire un pansement, rien. Ce qu'y a de pus raide, c'est que je pensais en crever et que ça m'a guéri.

Tu parles d'un pays pour faire le trimard! Qu'est-ce qu'y a comme filous! Des aveugles, des estropiés, tu vois qu'ça. J'étais à peine arrivé que j'avais drôlement envie de me faire rapatrier. J'y ai tout de même passé deux ans à la crever comme j'l'ai jamais crevée aut'part. Tout ce que j'y ai gagné de bon, c'est la vérole!

— Tu t'es envoyé une vieille sale, goguenarda l'ancien.

— Penses-tu! Je sais même pas où qu'c'est que j'l'ai attrapée. C'est pas en baisant. Y a rien à faire dans c'pays-là. Y a pas de pays où qu'les poules soyent plus difficiles à tomber, si vieilles et si dégueulasses qu'elles soient. Je sais pas comment qu'ça s'fait. Un jour, je vois que j'avais des boutons tout partout. J'pensais que j'avais la scarlatine et que p't'êt bien j'pourrais aller passer un peu de bon temps à l'hôpital. Ah ouat! quand j'y ai fait voir ça, au médecin, y m'a foutu à la porte. « C'est la vérole, qu'y m'fait. Ça s'guérit tout seul quand c'est que ça doit guérir. »

Heureusement, ça fait pas souffrir. Des fois je prends mal, puis ça passe tout seul, seulement quand ça se fout sur l'orteil, au lieu de faire un trou, ça fait tomber. Et puis en France, n'importe où, en prison ou à l'hôpital, on te donne c'qu'y faut pour l'arrêter.

Pour le trimard, concluait-il, avec une apparence d'émotion, y a tout d'même rien qui vaut l'pays!

A côté des chemineaux se trouvaient dans ce même atelier deux représentants de cette pègre malchanceuse qui, pour d'énormes risques, ne cueille jamais que de minces profits.

Lelong et Richard, garçons de vingt-cinq à vingt-six ans, présentaient l'apparence d'ouvriers honnêtes et de bonne tenue, sans rien de crapuleux dans le regard ou dans l'attitude. L'un et l'autre avaient passé leur première jeunesse dans la maison de correction d'Aniane où ils s'étaient connus, et n'avaient — et ne devaient connaître durant toute leur vie — qu'un très petit nombre de jours de liberté.

Ensemble, ils avaient été arrêtés pour un vol insignifiant mais commis avec escalade et effraction, la nuit, dans une maison habitée. Le profit avait été d'une vingtaine de francs et le coût de dix ans de travaux forcés pour chacun, juste un franc par an constataient-ils avec amertume.

Ils attendaient avec résignation le résultat d'un pourvoi dont ils n'espéraient rien de plus que de prolonger un temps de prévention dont le bénéfice le plus sérieux, à leur avis, était de pouvoir fumer chaque jour une pochette de tabac de dix centimes.

Le sort de Roux, le pickpocket marseillais, n'était guère plus enviable, bien qu'il fût plus bourgeoisement habillé, avec chaussures fines, veste et pardessus en beau drap élégamment coupés. Il était condamné à trois ans de prison et à la relégation, totalisant à vingt-quatre ans, huit ans de détention dont cinq étaient accomplis. Il attendait, comme les condamnés au bagne, le résultat de son pourvoi et pensait partir pour Cayenne par le même bateau qu'eux.

Un vieux paysan de soixante-dix-sept ans, à mine sournoise, se tenait silencieux dans un coin de l'atelier, ne parlant jamais que pour nier toute culpabilité et protester contre une condamnation à cinq ans de réclusion pour incendie volontaire.

Le Marseillais et les deux bagnards s'appliquaient à le mettre en fureur en témoignant de doutes sérieux quant à l'innocence du bonhomme.

Suivait un menu fretin de paysans poursuivis pour vol d'une pièce de quarante ou cent sous, dérobée dans un tiroir patronal ou dans la poche du gilet d'un compagnon de travail et qui attendaient leur comparution devant le tribunal correctionnel.

En tressant ma paille, j'écoutais ces discours et renforçais d'autant ma volonté d'une régénération totale. Au bout de deux jours, n'ayant plus rien à apprendre de mon entourage, je cessai d'écouter et me repliai sur moi-même. Je possédais une grande faculté de m'abstraire. Les heures passaient sans que les interminables redites de mes compagnons parvinssent jusqu'à mes oreilles. Je gagnais de cinq à six sous par jour et pouvais m'offrir à la cantine un petit supplément : morceau de boudin ou de bœuf bouilli, suffisant pour que je ne sente point la faim. L'arrivée d'un mandat de quarante sous que ma tante, la Nanette, m'envoya de Saint-Étienne, vint enfin m'assurer une large aisance. Plus que jamais, la vie m'apparut, après tout, parfaitement supportable.

Toulouse, l'un des paysans détenus, me prit à partie et se heurta à une impassibilité dont il s'offensa d'abord pour s'encourager ensuite. Sans protester, je le laissai dévider quelques petites observations désobligeantes. Excité par ce silence, l'autre passa à l'injure et moi, l'ancien légionnaire, je fus qualifié d'enculé. Il n'y avait plus moyen de se dérober. Pour laver cette injure, il fallait du sang. J'abandonnai mon travail et soumis le nez de l'insulteur à un pilonnage modéré mais très efficace. Sous les coups, Toulouse ne tenta pas même une riposte, il se contenta de hurler si fort que M. Raynal, le gardien, fut alerté et s'inquiéta d'abord de la victime qui avait trouvé le moyen de se barbouiller les mains et le visage de si belle manière qu'il semblait devoir prochainement succomber, bel et bien égorgé.

De son doigt dégouttant de sang, il montrait le coupable en clamant :

— C'est lui, M'sieu! C'est lui qui m'a battu! Oh! là là!...

— Suivez-moi, m'ordonna Raynal.

Pourquoi l'avez-vous frappé avec cette brutalité? me demanda-t-il quand nous fûmes dans le couloir.

— Je n'ai pas été brutal, je vous assure. J'ai donné quelques coups de poing sans appuyer les coups, comme j'aurais donné des gifles, parce qu'il m'avait insulté. Vous savez bien, monsieur Raynal. Vous avez été soldat pendant quinze ans. Il y a des insultes qu'on ne peut pas entendre sans se battre, quand on a porté l'uniforme... surtout celui que j'ai porté.

— Oui, je comprends bien, mais ici vous êtes en prison et vous devez être puni. Il faut que je vous amène devant le gardien-chef.

M. le Gardien-chef observa que la susceptibilité d'un ex-légionnaire était estimable mais qu'il eût donné une meilleure preuve du respect de soi-même en ne se faisant pas mettre en prison. Le coupable serait puni de quatre jours de cellule et, s'il le désirait, pour éviter le retour d'incidents de ce genre — qui pourraient être plus graves — il serait isolé jusqu'au jour de sa comparution en cour d'assises.

Rien ne pouvait me convenir davantage que cette mesure. J'acceptai en exprimant ma gratitude bien que, hors de l'atelier je dusse rester sans travail et, partant, sans possibilité de gagner un supplément de nourriture dont j'avais grand besoin. Lorsque les quarante sous de la Nanette seraient épuisés, au bout d'une semaine, il faudrait se contenter de la demi-boule de pain noir et amer et de la demi-gamelle d'eau salée que l'on nommait bouillon bien qu'elle n'eût jamais contenu la moindre trace de viande et ne se fût point souillée de la plus faible parcelle de matière grasse. Il semblait toutefois que de rares légumes, vainement offerts à la clientèle pendant une semaine, fussent venus s'y débarrasser de leur pourriture avant d'être utilisés ailleurs, car on n'en trouvait aucun vestige dans les gamelles.

Grâce au gardien Raynal, qui, sous un aspect rébarbatif, dissimulait un caractère de brave homme, les conséquences alimentaires de cette mesure furent écartées. Dès ma sortie de cellule, je fus présenté à un petit personnage en paletot et à col de celluloïd, qui vint déposer devant moi une pile de cahiers. Il s'agissait d'une tâche sérieuse qui exigeait non de la rapidité mais une très grande attention : il convenait de reproduire, en triple exemplaire, les prévisions budgétaires de toutes les communes du département avec une exactitude sans défaut. Pour cela, je serais seul dans la salle d'école qui, faute d'illettrés sans doute, restait inutilisée. Je travaillerais non aux pièces, mais à la journée, moyennant le salaire exorbitant de dix sous par jour. L'essai d'écriture qui se fit sous les yeux de l'employé de la préfecture fut déclaré plus que suffisant.

La perspective de quatre morceaux de boudin, de deux biftecks ou de deux morceaux de porc frais m'enchanta!

Je passai une suite de journées paisibles dans une solitude et un silence absolus que seules venaient rompre les visites du gardien Raynal qui entrait prendre mes commandes pour la cantine et en faisait faire la livraison par un détenu, à l'heure de la soupe. Le brave geôlier ne dédaignait pas d'engager avec son captif des conversations qui se prolongèrent de plus en plus. J'y prenais grand plaisir et faisais figure de véritable puits de science, bien que je me montrasse sans prétention et que je parlasse surtout des connaissances que je pourrais acquérir lorsque j'aurais purgé ma condamnation.

Surtout, la franche sympathie de Raynal m'était précieuse. Le gardien s'était montré touché de cette ferme volonté d'une vie honnête et studieuse et il m'assurait d'une active protection lorsque je passerais à la centrale dont lui, Raynal, connaissait tous les gardiens. Il les avait avertis que, probablement, ils auraient à recevoir un très bon sujet. Il était sûr qu'on me donnerait un travail d'écritures avec des condamnés de bonne tenue qui ne chercheraient pas d'histoires : notaires, commis de bureau qui ont « fait des bêtises » et qui ont surtout envie de se tenir désormais tranquilles.

Je reçus la visite de mon oncle Charles avec lequel je pus

m'entretenir séparé de lui par la double grille qui ménageait un intervalle où se tenait le gardien Raynal.

Tout en pleurant tout ce qu'il pouvait, le Charles me communiqua une importante nouvelle. Le jeune Daumail, qui préparait l'École centrale, s'était vivement intéressé à moi et il m'avait trouvé un avocat qui viendrait me voir et se chargerait de ma défense sans qu'il m'en coûtât rien. Toujours en larmes, mon pauvre oncle me démontra que j'avais eu grand tort de « m'ensauver » sans lui faire confiance, à lui, qui avait plus de mille francs à la Caisse d'épargne et qui les eût bien volontiers prêtés, si seulement je les lui avais demandés. Il ajouta enfin que tout le monde trouvait bien triste que j'aie pu faire « un coup comme ça », qu'on pouvait pas s'y attendre de moi, mais le Daumail avait été le plus gentil de tous :

— Il faut d'abord lui trouver un avocat et puis, quand il sera sorti de prison, je m'occuperai de lui.

Je connaissais peu le jeune Daumail qui était élève du Collège lorsque moi-même j'étais chez les Frères. Le jeune bourgeois appartenait à ce monde supérieur dont je ne connaissais que ce que j'avais pu entrevoir par des fenêtres ouvertes sur la rue. Deux ou trois fois nous avions pu échanger quelques paroles et le Daumail n'avait jamais été méprisant.

— Il m'a dit, termina le Charles dans un sanglot, de te dire qu'il te donnait une bonne poignée de main.

— Tu remercieras le Marcel dis-je enfin. Tu lui diras que j'ai appris beaucoup de choses depuis que j'ai quitté le pays. Depuis deux ans, j'ai beaucoup réfléchi et je me suis instruit. Je sais que je n'avais qu'à partir les mains dans les poches et sans le sou pour trouver mon chemin et c'est là tout le malheur que je ne l'aie pas su quand je me suis décidé à ficher mon camp. Tu lui diras aussi que le temps de service que je viens de faire m'a été bénéfique et que, lorsque je sortirai de prison, je lui montrerai qu'il n'aura pas à regretter de s'être occupé de moi.

Quelques jours plus tard, j'étais appelé au bureau où je fus mis en présence de mon avocat, Mᵉ Valleix. Raynal introduisit défenseur et accusé dans une pièce où nous demeurâmes seuls.

Mᵉ Valleix était un tout jeune homme, frêle et de petite taille, à la face rasée. Il paraissait plus jeune que son client car j'avais déjà la corpulence d'un homme fait. Nous nous considérâmes un instant, puis l'avocat me tendit une main que je serrai avec gratitude.

Nous prîmes chacun une chaise.

— Mon ami Marcel Daumail m'a parlé de vous et m'a vivement engagé à me charger de votre défense. Il vous a gardé une entière sympathie et je suis tout prêt à y joindre la mienne. Ici, personne n'écoute. Vous pouvez donc parler librement et nous arrêterons ce qu'il faut dire ou taire, comme utile ou nuisible à votre cause. D'abord, m'acceptez-vous?

— Je suis très heureux que Marcel ait pensé à ma défense et qu'il m'ait envoyé un de ses amis pour cela. Je vous raconterai absolument tout, comme au confessionnal, mais ne vous inquiétez pas si je prends mon temps et si je cherche mes mots pour m'exprimer. Ça ne sera pas pour mentir, mais parce qu'il n'y a pas encore bien longtemps que j'ai appris quelle différence il y avait entre ce que je disais et ce que je pensais dire. J'ai eu de bons camarades à la Légion pour me l'apprendre.

D'abord, un de ces camarades, qui avait été avocat dans le civil, m'a dit qu'il serait préférable pour moi d'avoir un tout jeune avocat qui aurait moins d'affaires en train et qui me comprendrait beaucoup mieux, et qui, à cause de cela, me défendrait mieux qu'un ancien.

— Je vois que votre ami a, en quelque sorte, préparé votre défense. Vous avez discuté entre vous d'un système? Voilà ce qu'il convient de m'exposer tout d'abord.

— Je ne sais pas si c'est un « système ». Je ne peux pas, non plus, me rappeler tout ce qu'il m'a dit. Je vous dirai ce que j'ai compris. Il s'appelait Noblet et il avait plaidé en cour d'assises avant de venir à la Légion.

— Alors, que disait votre ami Noblet?

— Noblet m'a fait comprendre que j'avais fait un grand tort à mon nom et que ce n'était pas en restant à la Légion et en me faisant décorer, voire tuer sous le nom de Flutsch que je réparerais tout le mal que j'avais fait à ma famille. C'était en reprenant mon nom et en me conduisant bien, mieux que ceux qui sont restés honnêtes, sans avoir peur de passer pour un imbécile, tant que je vivrais!

— C'est bien, mais revenons à la cause. Pourriez-vous me donner quelques explications sur le fait? Votre complice avait trois ans de plus que vous. Nous devrons faire savoir que vous avez subi une mauvaise influence, un entraînement, n'est-ce pas? Il faudra trouver quelque chose. Que pouvez-vous me dire à ce sujet?

— Il n'y a rien à dire à ce sujet. Je n'avais certes pas beaucoup de caractère, mais le Pierre n'en avait pas du tout. C'est moi qui ai eu l'idée du détournement et qui ai tout combiné. Lui, il n'a fait qu'exécuter tout ce que je lui demandais et il a partagé l'argent.

— Voyons! Ça n'est pas là une défense! Vous n'avez pas à faire valoir tout ce qui peut aggraver votre cas. Votre complice a été condamné à deux ans de prison ferme qui sont d'ailleurs en voie d'achèvement. Vous ne pouvez absolument plus rien pour lui.

— Je vous demande pardon, vous direz ce que vous pourrez pour me défendre, mais moi, je reconnaîtrai tout, absolument tout. Je l'ai déjà écrit dans ma lettre au procureur, quand je me suis dénoncé. Il n'y a pas à revenir là-dessus.

— Vos amis ont vu cette lettre?

— Oui, et ils ont trouvé que c'était bien comme ça.

— Et l'avocat n'a pas insisté sur ce que ça pourrait vous coûter?

— C'étaient des légionnaires. Ils n'évaluent pas pour grand-chose deux ou trois ans de plus. On s'habitue vite, à la Légion, à ne pas avoir peur quand on a décidé de faire quelque chose. Baudry, lui, disait que je devais me présenter comme un honnête homme qui avait fait de mauvaises affaires et qui avait donné aux créanciers tout ce qu'il avait dans sa poche en indiquant tout, absolument tout ce qu'il devait et qui aurait à dire comment il va s'y prendre pour payer tout le reste. C'est vous, Monsieur, qui aurez à faire ce compte. Et on paiera par de la prison ce qu'il faudra payer, si on ne veut pas me faire crédit.

— Qui est Baudry?

— Un légionnaire comme les autres, mais il est très savant et très intelligent. En quelques paroles il m'en apprenait plus qu'en une année d'école. Je crois que tous ceux que j'ai rencontrés à la Légion m'ont appris quelque chose. Ils avaient des tas de défauts, c'est sûr, mais je pense que tous m'ont rendu service d'une manière ou de l'autre

— Comment avez-vous dépensé l'argent?

— J'ai payé le chemin de fer, puis le bateau pour la Corse. Avec le reste, j'ai été deux fois à l'hôtel et j'ai acheté un livret de travail pour changer de nom. Rien que ce livret, qui ne m'a servi à rien, m'a coûté les deux tiers de cet argent.

— Vous n'avez pas eu envie de vous payer des femmes, de faire la noce?

— Ma foi non! Je voulais partir de ma ville où je me sentais plus bas que tout au monde, où on me méprisait. Je voulais aller travailler quelque part où je pourrais m'instruire. Pour m'en aller, il me fallait un peu d'argent. Du moins, je le croyais.

— Vous n'aviez pas conscience que vous faisiez très mal, en agissant ainsi?

— Si, je le savais. Mais je me sentais bête et méprisé, vous comprenez? Encore une fois, je pensais que je resterais comme ça tant que je demeurerais au pays... Je n'en pouvais plus. Il fallait que je parte ou que je meure. J'ai pensé à m'empoisonner avec du cyanure, pendant un an, et puis je me suis dit qu'avant de le faire, je pouvais tout de même essayer n'importe quoi.

— Ces idées de suicide, est-ce qu'elles vous ont repris depuis votre engagement à la Légion?

— Jamais. Elles ne me reprendront jamais. Il n'y a plus rien qui soit capable de me dégoûter de vivre. Noblet m'a fait comprendre que ce serait très dur pour moi, avec cette affaire qui me suivra toujours maintenant, mais que plus j'aurai de peine, plus j'aurai d'honneur.

— Ainsi, je pars du fait que vous déclarez votre entière responsabilité sans invoquer nul entraînement, nulle suggestion préalable de la part de votre complice?

— Je ne peux pas dire que j'ai été entraîné, je ne peux pas le laisser dire, puisque c'est moi qui ai entraîné l'autre. Je sais que ce que je dirai ne changera rien pour lui, mais je ne veux pas me défendre en lui jetant mon paquet sur le dos. Je paierai le prix qu'il faudra. Je suis prêt. J'ai l'occasion de donner une preuve d'honnêteté, je la donne, même s'il faut pour ça dire que je suis une vraie fripouille.

Je ne suis pas un garçon qu'on entraîne. Chaque fois que j'ai fait des conneries, vous savez, ça n'est jamais parce qu'on me les a commandées. J'arrivais bien à les combiner tout seul.

— Est-ce que vous vous rendez compte que ce ne sont pas ces déclarations qui faciliteront votre défense?

— Eh bien, voilà ce que Noblet en dit, lui. Si je me présente devant le jury comme un emplâtre, il n'y a pas de raison que je ne recommence pas au premier tournant. Il m'a conseillé de me présenter franc et ferme, qu'on sente que je suis sincère et qu'il n'y a rien de mieux, pour le faire sentir, que de l'être véritablement. Comme ça, on pourra espérer que plus rien ne me fera culbuter de nouveau. Et puis, je n'ai pas peur de la peine. Si j'ai des regrets, ce n'est pas à cause de cela. Si je suis longtemps maintenu en prison, je ne peux pas affirmer que cela me fera plaisir, parce que ce sera du temps de perdu pour m'instruire et pour bien faire. C'est tout.

Noblet m'a dit aussi qu'il faudra que vous demandiez mes notes et mon certificat de bonne conduite au 2ᵉ Étranger à Saïda, pour obtenir que je ne sois pas condamné à la réclusion qui me rendrait indigne de porter les armes. On pourrait tenir compte de ça s'il est prouvé que je suis un vrai soldat. Le sergent-major de la 8ᵉ a dit que le capitaine m'avait mis de très bonnes notes et que si j'étais condamné à la prison, je pourrais toujours reprendre le nom de Flutsch et revenir à la Légion.

Seulement, dis-je mélancoliquement, il y a quelque chose qui ne va pas. Il faut bien le répéter, tout ce que pourrait faire Flutsch, ça ne donnerait rien au nom de Sylvère et c'est à ce nom-là que j'ai porté atteinte. Quand Flutsch voudra dire qu'il est Sylvère, même s'il a fait quelque chose de bien, on l'enverra finir son temps à Aïn-el-Hadjar avec les exclus. Et c'est de Sylvère que je voudrais qu'on dise, dans vingt ans, dans trente ans : « C'est un brave homme. Il n'y a pas meilleur que lui. On peut lui confier n'importe quoi. Il est si honnête qu'il en est con! »

— C'est bien, je vous comprends, conclut l'avocat. Je tâcherai de faire en sorte que vous soyez content de votre défenseur. Est-ce que vous vous souvenez bien de Marcel Daumail?

— Oui. Mais je ne le voyais guère, vous comprenez? Il était au Collège. Moi, chez les Frères. Puis j'ai travaillé...

— C'est un très chic garçon et il s'intéresse beaucoup à vous. Je lui ferai part de notre entretien ce soir même. Nous sommes très amis et je suis certain de lui faire grand plaisir en lui disant ce que je pense de vous. Il s'inquiétait un peu du personnage que j'allais trouver, je vous l'avoue, et ce sera une grande satisfaction pour lui d'apprendre que je ne suis autorisé à plaider pour vous qu'en me basant sur la vérité, sur toute la vérité.

— C'est absolument cela.

— J'ajoute que j'y mettrai toute ma conscience et tout mon cœur, car vous êtes un accusé bien sympathique. Je reviendrai bientôt. Vous me retracerez toute votre odyssée, toutes vos émotions. Vous me ferez connaître toutes les phases successives de cette évolution, depuis la sortie de l'école jusqu'à ce jour.

— C'est entendu, monsieur. Je vous prie de dire à Marcel que je le remercie beaucoup. Je ne pouvais espérer que j'avais encore un ami à Ambert, et surtout que cet ami-là pouvait justement être le garçon que j'aurais préféré si on m'avait demandé d'en choisir un.

— Ce ne sera pas de nature à lui déplaire! Au revoir!

Jusqu'au début de mai, époque du jugement qui fixerait mon destin, je devais, pendant de longues heures faire du travail de copie dans une pièce où ne parvenait aucun bruit.

L'entrepreneur se déclarait content du travail : bonne écriture, collationnement ne comportant jamais d'erreur. L'effet de l'entraînement se fit très vite sentir et au bout de peu de temps je pus accomplir la tâche fixée dans la matinée. Je pus ainsi disposer un peu plus de mon temps et me livrer à des calculs sans fin tout l'après-midi.

Mon avocat, Me Valleix, me rendait souvent visite, m'invitant à me raconter avec force détails, étudiant ma vie depuis l'enfance.

Le contact avec le juge d'instruction fut très bref. Je reconnaissais mon entière culpabilité, je me déclarais l'instigateur et le principal exécuteur et je ne cherchais nullement à recueillir la menue monnaie défensive que le magistrat semblait vouloir m'abandonner. La dernière ligne de l'acte d'accusation provoqua toutefois ma protestation indignée :

« Les renseignements rassemblés sur son compte sont mauvais. »

— Qu'est-ce que cela veut dire, me révoltai-je. Je n'ai jamais quitté la ville ou ses environs avant de faire ce mauvais coup. J'ai toujours travaillé et remis ma paye à ma mère. On ne m'a jamais vu au café pour une partie de cartes ou de billard. Je n'ai jamais été au bal. J'ai le droit de savoir quelles débauches peuvent bien m'être reprochées pour que les renseignements soient mauvais?

— Sans doute les rapports de la gendarmerie? Ils parlent d'un sujet qu'ils estiment sournois, inquiétant.

— Qu'est-ce que cela veut dire? J'étais sournois parce que je n'aimais pas les bavardages où on parle pour parler? Parce que ça m'ennuyait d'entendre toujours raconter les mêmes histoires? C'est ça, être sournois? Est-ce que l'on peut signaler quelque coup en dessous dont je serais l'auteur, contre n'importe qui? J'étais sournois parce que je foutais la paix à tout le monde? Ça peut se dire en justice, ces choses-là, sans qu'on amène rien pour le prouver? Vous venez de m'interroger, monsieur le Juge, est-ce que je vous ai fait l'effet d'un type sournois?

— Calmez-vous. Vous êtes devant moi pour vous expliquer. Tout ce que vous déclarez est noté et l'exactitude en sera vérifiée. Vous avez été condamné par contumace et, dans ce cas, toutes les présomptions défavorables paraissent justifiées.

C'est votre seule objection, n'est-ce pas, aux termes de l'acte d'accusation? Elle est notée, comme vous pourrez le constater avant de signer le compte rendu. Vous verrez qu'il est d'accord avec vos déclarations. Avez-vous quelque chose à dire?

— Je voudrais, monsieur le Juge, ne pas me présenter devant le jury habillé comme je le suis maintenant, dans cette tenue de condamné. Je voudrais que mes effets militaires me soient rendus deux jours avant l'audience pour que je puisse les mettre et me présenter proprement.

— C'est au procureur de la République que vous devez adresser cette requête. Faites-la présenter par votre avocat. Je ne crois pas qu'il y ait de raison pour qu'elle soit repoussée.

Mᵉ Valleix me rassura. Je ne serais pas présenté devant le jury en tenue de condamné. Le jugement par contumace était cassé par le fait même de la présence de l'inculpé. L'obligation de se présenter en tenue pénitentiaire justifierait une instance en cassation.

Soulagé par cette affirmation, j'attendis paisiblement le mois de mai. Alors, j'aurais dix-neuf ans et le grand jour coïnciderait, à vingt-quatre heures près, avec l'anniversaire de ma naissance. Le lendemain, sans doute, je passerais au régime des condamnés et serais transféré à la maison centrale.

Deux jours avant la date fixée pour l'audience, Raynal me remit ma tenue militaire et m'installa dans la cour avec une table, un baquet, du savon et une brosse.

Ayant préparé le chantier pour un lavage méticuleux, je me mis au travail tout pénétré des paroles de mon gardien :

— Vous avez de l'eau à volonté. Tâchez de nous présenter un beau soldat.

Je me préparai donc comme pour une revue à la Légion.

Pantalon de treillis, chemise, caleçon, manchon de toile blanche destiné à garnir le képi furent battus, frottés, rincés, si bien que la blanchisseuse la plus sévère n'y eût pas relevé le moindre défaut. La capote fut traitée avec le même soin. Elle était de la catégorie « instruction », c'est-à-dire fort usagée. Avec mon porte-plume j'encrai au ton voulu les fils blanchis des coutures. Le képi avait sans doute été porté par un candidat à la section de discipline. La visière avait été cassée en accent circonflexe et la toile forte qui donnait à la coiffe la rigidité réglementaire avait disparu. Tel qu'il était, il s'affaissait comme une casquette et donnait à son propriétaire du jour un air voyou. Il fut remédié au dommage grâce au concours de Raynal qui, vieux soldat, apportait à ces préparatifs la plus grande sympathie et la plus totale bonne volonté. Il me procura du carton pour assurer la rigidité et redressa lui-même la visière au fer chaud. Le képi reprit ainsi une forme capable de satisfaire le sous-officier le plus exigeant en matière de tenue.

Le repassage fut pratiqué comme à la Légion, dès le lendemain, linge et pantalon de treillis encore humides. Avec le bord de mon quart en fer blanc j'écrasai les fils jusqu'à ce qu'ils apparaissent uniformément lustrés. Par des coutures dans le bas, les canons du pantalon furent pincés. Après un nettoyage corporel non moins soigné, je m'habillai et subis l'inspection de Raynal qui admira la netteté de la capote et la blancheur immaculée du treillis et du mancheron.

— C'est parfait approuva-t-il. Tu n'es peut-être qu'une crapule mais tu fais un fier et superbe soldat.

Comme j'avais encore du temps de libre, je songeai à la suprême coquetterie de la Légion. Le couvre-nuque fut repassé, lié en bandeau de trois centimètres et enroulé en turban à la base du képi, le tout assujetti par des épingles adroitement dissimulées.

Ainsi, je pouvais me présenter.

S'il y avait beaucoup à dire sur l'Antoine Sylvère, le légionnaire Flutsch était impeccable. Ni Obert, ni Klémentz, ni Garrigou, ni le vieux Jacob n'auraient rien pu trouver de défaillant dans ma tenue. N'hésiterait-on pas, ainsi, à me condamner à la réclusion et à me déclarer par cela même indigne de porter les armes?...

Je m'aperçus alors que j'avais pensé bien plus à me montrer digne d'être soldat qu'aux suites que pourrait avoir pour moi la journée du lendemain. J'avais l'impression d'être ferme et résolu comme Baudry et Noblet m'avaient voulu. Je serais sans peur et défendrais tout ce que je sentais d'estimable en moi.

Au début de la matinée du lendemain, les gendarmes vinrent me prendre à la maison d'arrêt, me passèrent les menottes et m'emmenèrent. Sur la place, devant le palais de justice, je subis l'examen d'une foule curieuse. Au premier rang, mon oncle Charles me fit un signe d'encouragement que j'accueillis d'un signe de tête discret, sans un sourire.

Je fus emmené dans un réduit où Me Valleix, en robe d'avocat et cravaté de blanc, me rejoignit. Il m'examina et se déclara satisfait de ma bonne mine tandis que les gendarmes me débarrassaient des menottes.

Peu après les gardes m'introduisirent dans la salle d'audience et m'encadrèrent. Me Valleix s'installa devant moi.

Dans la salle, un public déjà nombreux m'examinait, échangeait des commentaires. Toute proche, une jeune femme nota, assez haut pour que j'entende : « Oh mais! c'est qu'il est très bien, ce garçon! »

A ma connaissance, c'était bien la première fois que j'étais l'objet d'une telle appréciation. J'en fus profondément reconnaissant!

L'huissier annonça :

— Messieurs, la Cour!

D'imposants personnages en robe rouge firent leur entrée et déposèrent leurs toques à garnitures dorées. Ils avaient des traits réguliers et graves sur lesquels on ne pouvait lire l'ombre d'une méchanceté. Le procureur général lui-même, particulièrement redoutable cependant, avait un air bienveillant. On procéda à l'appel des jurés.

— Nous ne récusons personne, me souffla Me Valleix à l'oreille.

Après la lecture de l'acte d'accusation, à la fin duquel avait été supprimée la dernière phrase : « les renseignements recueillis sur son compte sont mauvais », le président procéda à l'interrogatoire :

— Accusé, levez-vous! Vos nom et prénoms?

— Sylvère Antoine, prononçai-je d'une voix raffermie. J'avais failli répondre : Flutsch Gabriel, numéro matricule 16 674.

. . . .

— Vous avez entendu l'acte d'accusation. Vous connaissez les faits qui vous sont reprochés. Vous avez affirmé votre entière culpabilité devant le juge d'instruction.

— Je maintiens toutes mes déclarations, monsieur le Président.

— Lorsque vous vous êtes engagé à la Légion, c'est pour échapper aux poursuites que vous saviez lancées contre vous?

— Je n'ai pas pensé à cela, monsieur le Président. Je me sentais faible de caractère. Je ne trouvais pas mon chemin et je craignais d'être amené à commettre d'autres fautes. Je suis entré à la Légion surtout pour me défendre contre tout cela.

— Et là, vous n'avez pas trouvé les agréments sur lesquels vous comptiez? La discipline est dure à la Légion. Vous avez préféré en sortir en vous livrant à la justice parce que vous espériez une peine légère?

— Non, monsieur le Président. Je me trouvais bien à la Légion. J'aimais mes chefs et mes camarades. Si j'avais pu y rester en reprenant mon nom, j'y serais resté. Mais je voulais devenir un honnête homme et j'ai compris qu'il fallait d'abord que je vienne ici pour payer ce que je dois payer sur mon passé. J'ai compris que tout ce que je pourrais faire de bien ne compterait que si je le faisais sous mon nom.

— Messieurs les jurés apprécieront. Faites avancer le premier témoin.

Successivement, un inspecteur des postes et quelques employés exposèrent comment avaient été commis les faux, comment ils avaient été découverts. Les pièces à conviction furent soumises au jury.

La défense n'avait pas présenté de témoin à décharge. Au président qui en faisait la remarque, l'avocat répondit :

— Les témoignages que nous avons à présenter sont au dossier, monsieur le Président. Nous les évoquerons en temps utile.

L'avocat général prit la parole. Il évoqua l'extrême facilité que présentait, pour un garçon intelligent et sans scrupules, la possibilité de commettre ce genre de crime en s'assurant la domination préalable sur un compère dont la complicité était évidente puisqu'il avait accès à la salle de tri d'un bureau de postes. La pièce préparée d'avance avait été introduite dans un sac postal à l'insu des employés et les criminels n'avaient plus eu qu'à attendre le paiement que viendrait effectuer le facteur, à l'auberge où les deux malfaiteurs s'étaient domiciliés. Dans le but de limiter l'exploitation de ces facilités, la loi avait prévu des peines très lourdes dont l'effet devait être exemplaire, à condition qu'elles soient, comme le veut l'esprit de la loi, strictement, sévèrement appliquées.

Il s'étendit sur la question de la responsabilité.

— Vous êtes souverains, messieurs les Jurés, pour décider si l'accusé a agi avec discernement. Vous l'avez entendu reconnaître les faits, affirmer lui-même la pleine conscience qu'il a d'une sanction nécessaire. Vous reconnaissez en lui un garçon intelligent, d'une intelligence nettement supérieure à la moyenne. Cette intelligence, elle se manifeste entre autres dans la préméditation du fait, dans son accomplissement, dans le talent, puis-je dire, mis en œuvre pour se soustraire aux conséquences.

Afin de tirer de la peine qui sera prononcée toute sa valeur exemplaire, je ne demande pas que les circonstances atténuantes lui soient refusées. Vous accorderez donc les circonstances atténuantes et la Cour prononcera une peine modérée mais effective. On ne peut oublier que, dans cette même salle, pour le même fait, la simple complicité a été punie de deux ans de prison.

Ce faisant, messieurs les Jurés, vous aurez tenu compte que l'accusé s'est livré spontanément et que les faits — peut-être simplement parce qu'ils n'étaient pas niables — ont été franchement reconnus. Quant à décider sur la question du discernement, convenez, messieurs les Jurés, que si la réponse était négative cela équivaudrait à refuser toute responsabilité à tout coupable de moins de dix-huit ans. Si l'accusé a agi sans discernement, de quel garçon de son âge pourrions-nous dire qu'il a agi avec discernement?

Écoutant ce raisonnement que je trouvais sans défaut, je sentais mes traits se durcir. Et je me répétais, pour me donner du cœur, les avis de Noblet : « Sois ferme et sans peur. » Mais je pensais : « J'en aurai au moins pour cinq ans! »

Dans la salle j'apercevais mon oncle, le Charles. Il pleurait d'abondance. Il souffrait tant qu'il eût, je crois, accepté pour moi une peine plus lourde encore à condition qu'elle ait été prononcée à huis clos.

Mᵉ Valleix se dressa.

— Messieurs de la Cour, messieurs les Jurés,

Il apparaît, commença-t-il d'une voix lente et basse au timbre d'une sonorité surprenante, que ce procès s'engage entre deux êtres différents. Monsieur le Procureur général, de tout son talent bien connu, vous a fait connaître les charges qui pesaient sur l'un d'eux. Parlons d'abord de celui-là.

Antoine Sylvère n'a pas encore dix-sept ans. C'est un garçon intelligent, on ne peut le nier. C'est une intelligence avide, qui bourgeonne dans toutes les directions mais sans qu'une main qualifiée se présente jamais pour élaguer, pour diriger. Il a des parents honnêtes mais de peu de savoir. A l'âge où tant d'autres vont à l'école, par l'effet de contraintes familiales et sociales, il est livré à l'ignorance, lui qui eût enlevé la première place dans un concours de boursiers si on l'eût présenté. Il en souffre. D'année en année jusqu'à cette étape de ses dix-sept ans, cette souffrance s'est affirmée, croissante. Elle l'a rendu amer.

C'est celui-là et celui-là seulement que connaît monsieur le Procureur général. Et j'ajoute : il le connaît mal. Ce garçon, depuis qu'il sait lire, aussi bien à l'école que depuis qu'on l'a mis au travail à treize ans, est un affamé de connaissances. L'imaginez-vous insolent, le mégot à la bouche, traînant dans les rues le dimanche ou tout au long de soirées inactives? Il n'est rien de cela. C'est un garçon studieux, sans livres, sans conseils, sans aucun encouragement, sans but.

Sans doute pourrait-il se présenter à l'école publique? Solliciter des avis qu'on lui donnerait, j'en suis certain, très volontiers? Emprunter des livres? Cela, il ignore que c'est à sa portée.

Il imagine une suspicion pesant sur lui parce qu'il est élève des Frères, parce qu'il s'est battu avec ceux de « la laïque », parce qu'il a été la Gronle, le Crassus, ainsi désigné par ses camarades qui l'ont persécuté toute sa vie scolaire. Partout, toujours, pense-t-il, on le tiendra pour un ennemi.

Dans un bourg, à dix kilomètres d'Ambert, il découvre des livres. On ne les lui prêtera jamais. On lui permettra de les lire, assis sur un banc devant la porte, et c'est à cela que, pendant des années, seront consacrés les dimanches de beau temps : à faire vingt kilomètres à pied pour lire pendant quelques heures de vieux livres de classe périmés!

Par étapes, il en arrive au désespoir. Pendant toute l'année qui précède le fait dont il s'est rendu coupable, il s'entretient dans l'idée de la mort, dans la contemplation de son propre cadavre. Il est prêt aux égarements.

Monsieur le Procureur a parlé de l'effet exemplaire des pénalités. Quelle peine peut servir de frein à qui est décidé à mourir? A quels ménagements peut-il se sentir tenu vis-à-vis des lois dont il ne connaît nul bienfait à son égard? Assurément ces lois lui ménageraient des possibilités! Il ne le sait pas. Pas loin de chez lui, à moins de vingt lieues, il pourrait travailler et gagner son propre pain. Chez le premier bouquiniste venu il s'offrirait tout ce qui lui permettrait de retrouver un équilibre moral, de se développer harmonieusement. Cela, messieurs les Jurés, encore une fois, il l'ignore.

Nous arrivons au fait : un précepte est ancré en lui : « Ne fais pas à autrui ce que tu ne voudrais pas qu'on te fît. » Nul n'aura jamais à se plaindre qu'Antoine Sylvère lui ait causé, soit même capable de lui causer, un tort quelconque.

Il ne s'agit pas ici de faire l'apologie des vols commis au détriment des caisses publiques, messieurs les Jurés, mais de suivre pas à pas les pensées qui nous permettent de dégager la valeur de ce discernement qui, selon monsieur l'Avocat général, paraît si parfaitement établi.

Sylvère se pose la question : Qui souffrira d'un vol commis à l'encontre de l'État? Les gendarmes et les facteurs cesseront-ils d'être payés lorsque le fermier qui braconne ou qui vend son eau-de-vie en contrebande ne paiera pas ses droits? De ce qu'il va accomplir, seuls les auteurs auront à souffrir. Pour lui, ce sera très probablement la mort. Il porte sans cesse sur lui un flacon de cyanure de potassium. S'il est pris, il en avalera le contenu. Il faut à tout prix qu'il s'évade de son milieu, de la petite ville où il étouffe. Par la fuite, si possible. Par la mort s'il se fait arrêter. Le fait est accompli. A quel usage sera employé l'argent frauduleusement acquis? A payer le chemin de fer pour partir, sans bagages, sans pièces d'identité! A acheter un livret de travail inutilisable. Avouez que ce sont là de singulières preuves de discernement!

Voilà, complétée, l'image de ce garçon coupable. Je pense que ce que nous venons d'en dire n'a rien d'une plaidoirie. Ce garçon-là, nous l'avons expliqué, messieurs les Jurés, nous ne chercherons pas à le défendre. Il s'est d'ailleurs jugé et condamné lui-même avant que vous ne l'ayez jugé et condamné.

Je passe maintenant à celui que j'ai à défendre, à celui que vous, messieurs les Jurés, vous avez réellement à juger. A ce soldat qui est devant vous.

Je me suis longuement penché sur cette âme intelligente et vive. J'ai découvert une honnêteté profonde, une volonté puissante, un cœur généreux.

J'ai prolongé mes interrogatoires bien au-delà des limites accessibles à une cour de justice. J'ai obtenu des réponses directes, spontanées, et toutes ne m'ont révélé que des sentiments nobles.

Entendez la réponse :

— Ce n'est pas sous le nom d'un autre que je peux rendre l'honneur au nom que j'ai dégradé. C'est le nom de Sylvère que je veux réhabiliter. Je veux que dans vingt ans, quarante ans, cinquante ans, si je vis jusque-là — sinon après ma mort — on puisse dire : « Sylvère est un honnête homme, un peu naïf certes, mais digne de la plus haute confiance. »

Comprenez, messieurs les Jurés, quelle ferme et indéfectible résolution révèlent ces simples mots : « un peu naïf »! Ils affirment, vous le sentez comme moi : « Je serai droit et sûr, au point que les honnêtes gens eux-mêmes devront convenir que je suis capable de toutes les exagérations, de tous les excès, mais que je serai droit tant que durera ma vie, jusqu'à me faire traiter d'imbécile. »

Et voyons comment cette résolution s'affirme dans le présent :

Lorsque j'ai soulevé la question du partage des responsabilités entre deux complices dont l'un n'a pas encore dix-sept ans et l'autre est à la veille de sa majorité, je me suis heurté à une interdiction formelle : « Je sais que mon complice a été condamné à deux ans de prison et que rien de ce que je pourrai dire ne pourra aggraver son sort. Je n'entends pas, néanmoins, rejeter sur lui la moindre parcelle de ma charge, je la porterai tout entière. Il ne faut pas différer l'application de la règle d'honnêteté. Si j'y manque dès à présent pour fuir ou pour limiter une condamnation, quelles raisons y aurait-il pour que, plus tard, je ne fasse pas de même lorsque je croirai mon intérêt en jeu? »

Ah! messieurs les Jurés, que de choses j'aurais à dire sur cette association éphémère et sur la part prise par chacun d'eux, si je n'étais lié par la promesse absolue que j'ai dû faire à mon client! Par vos propres réflexions, vous saurez compenser les effets de mon silence. Vous la relierez, cette promesse, à la déclaration : « Je serai désormais d'une droiture exemplaire, dussé-je être, pour cela, traité de niais ou de nigaud. »

Quant à nos regrets, messieurs les Jurés, nulle condamnation ne peut les alourdir, et l'acquittement même ne pourra les alléger. C'est une longue épreuve qui nous attend, une souffrance qui durera autant que nos jours mais nous sommes forts devant l'adversité, et je vais encore, à ce propos, vous citer une réponse de Sylvère considérant l'éventualité d'une condamnation infamante : « Ce n'est pas la condamnation qui aggrave la faute. Je suis prêt à l'épreuve qui est la seule compensation possible. Plus rude sera l'épreuve et plus parfaite sera la réhabilitation. Plus long et difficile sera le chemin que j'ai à parcourir pour regagner l'estime des hommes, plus sera honorable le résultat lorsque sera venu le moment d'établir le bilan de ma vie. »

Et enfin ceci, qui achève de nous préciser ce caractère de soldat sans peur, s'il n'est pas hélas sans reproche, lorsque j'ai voulu lui faire définir son attitude devant vous : « Je me présenterai comme un homme, tel que je suis maintenant et veux rester dans l'avenir. Si je me présente comme un vaincu ayant renoncé à toute dignité, quel sens aura l'affirmation de ma volonté d'être honnête désormais? Mes juges ne penseraient-ils pas, avec raison, que, sitôt libre, je ne manquerais pas de verser de nouveau au premier tournant? »

Devant ces réactions, messieurs les Jurés, permettez-moi de vous faire sentir, moi, tout jeune avocat, quelle comparaison s'est offerte à moi.

Ne trouverez-vous pas sacrilège l'association d'idées qui se produisait dans mon esprit après chacune des réponses que je viens de citer? Je ne l'ai pas voulue, cette association d'idées. Elle s'imposait. Je pensais à ces réponses de Jeanne d'Arc devant ses juges, telles que l'avocat le plus habile n'aurait pu les dicter. C'était encore une preuve éclatante que la droiture entière, absolue, écrase l'astuce la plus subtile. Vous avez devant vous, messieurs les Jurés, un homme droit, idéalement droit.

Nous n'avons pas cité de témoin à décharge. Si nous ne l'avons pas fait, c'est que nous avons ici, au dossier, les preuves les plus formelles que cette tâche de réhabilitation que nous nous sommes donnée, nous l'avons commencée.

Voici d'abord le témoignage du colonel Desorthès, commandant le 2ᵉ régiment étranger, qui affirme que le légionnaire Flutsch a servi avec honneur et fidélité.

Voici maintenant l'opinion du capitaine, commandant la 6ᵉ compagnie : « *Le légionnaire Flutsch est un excellent soldat, discipliné et de bonne tenue. Intelligent et studieux, il possède quelques connais-*

sances en voie de développement. N'a jamais été vu en état d'ivresse et s'est montré réfractaire aux entraînements coutumiers chez les jeunes soldats. S'est offert avec insistance à chaque formation de colonne en vue de missions pénibles et dangereuses. Aurait été proposé comme élève-caporal dès sa deuxième année de service. »

Et voici les notes antérieures, émanant du commandant de la 15ᵉ compagnie :

« Ce jeune légionnaire, marcheur et tireur de première classe, témoigne de goûts marqués pour l'étude. Son âge réel est vraisemblablement inférieur d'au moins deux ans à son âge apparent. A protéger et à suivre avec sollicitude avec l'espoir d'en faire, plus tard, un excellent gradé. »

Ces mots, remarquez-le, messieurs les Jurés, nous présentent et affirment ces mêmes qualités foncières qui donnent les meilleures espérances. Ce que pressent le capitaine de la 15ᵉ compagnie est plus tard affirmé par le capitaine de la 8ᵉ qui lui succède. Avec l'âge, la conscience du jeune soldat s'affirme : les espoirs sont devenus réalité.

Tels sont nos deux témoins, nous n'en voulons pas d'autres. Tout à l'heure, messieurs les Jurés, vous aurez à considérer cet avenir. Vous aurez à décider en votre âme et conscience si vous devez, en reconnaissant sa culpabilité, faire condamner à la réclusion et, contre l'avis de ses chefs les plus éminents, déclarer de ce fait indigne de porter les armes ce soldat qui est devant vous, dont le colonel d'un régiment qui est toujours à la pointe des combats a déclaré : « Il a servi avec honneur et fidélité. »

La voix s'éleva, éclatante :

— Vous déciderez en votre âme et conscience, messieurs les Jurés, si ce soldat qui se tient devant vous, qui, plus de quatre ans avant d'avoir atteint l'âge d'être appelé pour accomplir son service légal, a servi avec honneur et fidélité dans une troupe d'élite, est indigne de porter les armes désormais.

J'étais à bout d'émotion. Je me contenais à grand-peine et je sentais malgré moi des larmes affleurer à mes paupières. Les notes de mes gradés, hauts personnages dont je me croyais à peu près ignoré, m'avaient remué jusqu'au fond de l'âme. Surtout celles du capitaine de la 15ᵉ : « A protéger et à suivre avec sollicitude. » Personne, avant ce rude soldat, n'avait jamais laissé entendre que le Toinou, que l'Antoine, même lorsqu'il était tout petit, valait d'être « défendu et suivi avec sollicitude ».

Dans la salle, les gens pleuraient, levant vers moi des yeux rougis. Les membres du jury se mouchaient avec une fréquence anormale et le gendarme de droite, avec l'index, recueillait discrètement une larme.

— Cela ne peut être, messieurs les Jurés, reprit l'avocat. Ce soldat s'est présenté en soldat. Vous ne prononcerez pas sa condamnation. Vous obéirez à la prière que vous adresse, d'une lointaine garnison d'Afrique ou d'un campement marocain, ce capitaine qui vous recommande son soldat, qui réclame pour lui de la sollicitude, en considération de qualités qui n'étaient encore qu'en devenir lorsqu'il l'avait sous ses ordres. Ah! que vous êtes homme de bon jugement, Capitaine de la 15ᵉ compagnie du 2ᵉ Étranger. Le jury entendra votre appel, j'en ai la certitude.

Ici, dans cette salle, on a jugé des adolescents. A la question du discernement, des jurys ont répondu par la négative, et pour le plus grand nombre, l'absolution a été prononcée malgré la matérialité du fait. On a pensé que cette jeunesse pouvait être sauvée. Les jurys ont refusé de prononcer la flétrissure, de diriger ces êtres incomplètement formés vers des milieux d'infamie : les maisons centrales. Ils ont fait crédit!

Mais qui donc, messieurs les Jurés, s'est présenté ici, après une faute d'adolescence, avec de telles garanties contre une rechute? Avec une telle volonté de réintégration? Quel accusé se montra, à un tel degré, digne de confiance?

Ah! messieurs les Jurés, sans cette lamentable inconséquence qui fut commise, voici deux ans, comme je serais fier de le présenter, ce garçon, à ma famille, en qualité d'ami. Je ne redouterais rien de son contact pour les âmes pures dont je m'inquiète, pour ces consciences plus jeunes dont je surveille l'évolution avec un soin jaloux.

Je termine, messieurs les Jurés. Vous voudrez, j'en suis convaincu, que sans autre délai ce jeune soldat poursuive la tâche de réhabilitation qu'il a entreprise avec tant de courage et une telle persévérance depuis ces deux années.

Malgré la bienveillance du verdict rendu, cette tâche sera rude et ingrate. Ce sera la vie de l'homme intègre et cependant perpétuellement suspect. Et cela pour longtemps. Mon client le sait. Il sait que nul verdict ne lui permettra d'échapper à ce châtiment plus terrible, pour une conscience comme la sienne, que toutes les peines qu'un jugement impitoyable pourrait prononcer. Songez, messieurs les Jurés, à ce que sera cette vie douloureuse de l'homme qui se fait de l'honneur une idée si haute et qui, durant une longue vie, doit se souvenir qu'un jour il fut défaillant, que dans sa toute première jeunesse il manqua à l'honneur. Votre verdict pourra l'effacer aux yeux des hommes, mais dans sa propre conscience, je l'affirme bien haut, messieurs les Jurés, cela ne s'effacera jamais. Maintenant, avec une entière confiance je vous demande : pesez et jugez!

Il y eut un temps de silence.

— Accusé, demanda le président, avez-vous quelque chose à ajouter?

— Je ne peux pas défendre, monsieur le Président, ce que j'ai moi-même condamné pour toujours, depuis deux ans.

— Avez-vous quelques résolutions à confirmer devant messieurs les Jurés?

— Excusez-moi, monsieur le Président, je ne saurais pas dire ce que je veux dire. Je me sens fort pour la vie qui m'attend. Je ne la crains pas, quelle qu'elle soit. Je travaillerai de toutes mes forces à m'instruire, j'emploierai toute ma vie à regagner l'estime des gens...

Debout, la tête haute, je m'efforçais de garder un visage impassible malgré mes larmes.

— Le jury va délibérer. Gardes, emmenez l'accusé.

Les deux gendarmes me ramenèrent dans mon réduit.

Mᵉ Valleix vint m'y retrouver et m'embrassa.

— Je crois que nous allons nous en tirer, mon petit. Le jury et la salle étaient touchés. J'ai confiance.

— Maître... vous avez dit, tout à l'heure, que vous m'auriez voulu pour ami, si... est-ce que c'était vrai?... Ou si c'était seulement pour les jurés?

— Je n'ai rien dit que ce que je pensais, mon petit. J'ai même manqué d'audace et j'ai craint de dire toute ma pensée. Je vous assure que si les miens vous connaissaient comme je vous connais, ce soir je vous présenterais à ma famille comme un ami dont je suis fier car, je vous le répète, j'ai confiance. Avant la fin de ce jour vous serez libre. Les amis ne vous manqueront pas et vous avez montré que vous savez les choisir.

L'avocat faisait de fréquents retours vers la salle d'audience. Au bout d'un quart d'heure il revint en me tapant sur l'épaule : « La délibération du jury est terminée. Ils se sont vite mis d'accord, c'est, je crois, de très bon augure. »

De son côté le gendarme commenta :

— Y a du bon, quand c'est rapide comme ça c'est que ça va bien, surtout qu'ils ont sorti leurs mouchoirs pendant la plaidoirie.

Et le brave homme prenait un air réjoui, comme si lui-même eût été en cause.

Je fus ramené sur mon banc.

Mᵉ Valleix rayonnait :

— Ça va bien! souffla-t-il au passage.

J'avoue que je ne compris rien à la lecture du verdict. A la première question, le jury avait répondu : Oui. Donc j'étais reconnu coupable? A le seconde, le jury avait répondu : Oui. A la troisième : Non.

— La décision du jury comporte une contradiction, expliqua le président. Par ses réponses aux deux premières questions, il reconnaît l'accusé coupable avec circonstances atténuantes. La réponse négative à la troisième question déclare qu'il a agi sans discernement, ce qui exclut la culpabilité reconnue par les deux premières réponses.

En conséquence, la Cour,

Interprétant dans le sens favorable à la défense, et d'ailleurs selon l'esprit de la décision du jury, déclare Antoine Sylvère acquitté comme ayant agi sans discernement. Il sera remis, libre de toutes poursuites, aux autorités militaires les plus proches qui ont qualité pour statuer sur la validité des engagements qu'il a contractés.

Cela, je le compris. Ce soir, je coucherais dans une caserne. Plus jamais je ne reprendrais cette odieuse tenue pénitentiaire. Soulagée d'un poids écrasant que seule l'accoutumance avait rendu supportable, ma conscience vibra d'une allégresse qui me transfigura. J'étais libre! Je rentrais dans la vie où l'on peut tout apprendre, où l'on trouve tant de gens dont les paroles vous réchauffent, dont le souvenir vous attendrit! J'y rentrais sain et fort, débarrassé des puérilités et des ignorances qui, quelques années auparavant, m'avaient empoisonné. Le Marcel me prêterait sûrement ses vieux livres et même ses devoirs corrigés des années précédentes. Ce serait une existence magnifique!

Ce qui pour tant d'autres ne serait qu'un départ était pour moi une fin.

Je fus, séance tenante, emmené à la maison d'arrêt pour la levée d'écrou et conduit par les gendarmes, non enchaîné, à la caserne La Fayette, au major du 105e régiment d'infanterie qui devenait désormais seul chargé de régler la question militaire.

Cela fut assez vite réglé. En un mois environ, au cours duquel je bénéficiai de permissions, je visitai ma tante de Saint-Étienne, mes parents, à Montsimon le Grand et la Grande. Et l'oncle Charles. Je fus très bien accueilli partout. Au mois de juillet je fus enfin libéré. Nanti de mon livret militaire, je revins à Ambert, fier d'un certificat de bonne conduite, casier judiciaire vierge.

Je partis à la recherche de la Marie d'En-Bas, à Montsimon [1].

Depuis de lointaines et merveilleuses vacances enfantines, nous n'avions jamais pu nous parler de nouveau. Les brouilles de village nous l'avaient interdit d'une manière formelle.

Je la retrouvai le ventre ballonné par une première grossesse.

Spontanément, elle m'avoua sa longue et secrète attente, l'espérance obstinée de nous revoir, de pouvoir unir nos vies.

— Je te croyais mort. Tu étais parti du pays sans rien dire à personne. Ta mère ne savait pas ce que tu étais devenu. Je me suis laissée marier, pour mon malheur.

— Tu t'habitueras, Marie. Tu sais bien que si je t'avais demandée, tes parents m'auraient mis à la porte. Je n'ai ni bien ni situation. Je vais repartir pour gagner à peine ma vie...

— Ça se serait arrangé... On avait beau me dire que les gendarmes te couraient après... Comment te faire comprendre? Tous les garçons me faisaient peur et j'aurais jamais eu peur de toi, tu sais. Mon futur m'épouvantait. Figure-toi cette nuit de noces avec cet homme qui était

1. Voir *Toinou* — Antoine Sylvère, collection Terre Humaine, Plon.

saoul comme un cochon. Et mieux que jamais, je vois que j'avais raison. Tu as gardé ces mêmes yeux... On sent qu'ils ne deviendront jamais durs comme ceux des autres. On fait si facilement des bêtises quand on est jeune, mon pauvre Toinou. Tu en sais quelque chose pour ton propre compte; tu en as bien eu ta part...

La Marie semblait pressentir une fin prochaine :

— Il n'y a pas un an que je suis mariée, mon pauvre Toinou, et je me sens usée déjà, comme une vieille. Quand je pense que je n'ai pas encore vingt ans...

Je la découvrais toujours belle avec son teint si clair, ses fins cheveux noirs et sa bouche aux dents de fillette. Je ne pus que répondre :

— Il ne faut pas avoir de regrets, Marie. Regretter, c'est perdre son temps. Nous pouvons vivre encore l'un et l'autre quelque cinquante ans. Je suis, pour mon compte, plus taré vois-tu qu'un bâtard de père inconnu, portant une lourde hérédité.

J'avais, à la Légion, un camarade très chic et très instruit. Il me disait qu'on n'avait de raisons de regretter qu'après la mort, mais que, fort heureusement, on n'était plus alors en état de regretter quoi que ce fût. Les fautes qu'ils commettent sont le seul enseignement qui soit efficace pour ceux qui ont été mal enseignés. Nous sommes de ceux-là, ma petite Marie. Il est simplement bien triste pour moi de te voir dans la peine alors que tu me donnes un si grand contentement, à moi qui n'avais encore jamais pu imaginer qu'une brave et belle fille comme toi pourrait me choisir et m'être fidèle.

J'embrassai la jeune femme qui s'efforça pudiquement d'effacer son gros ventre, mes lèvres caressèrent pour la dernière fois les cheveux, comme au temps où elle n'avait que huit ans, touchèrent les cils et prirent le baiser qu'elle me donna à pleine bouche.

Avant de me quitter pour toujours, elle me dit :

— Je pensais toujours que tu deviendrais savant. Tu parles comme un livre maintenant, et je n'en suis pas étonnée. Tu crois pas que d'avoir deviné mieux que toutes les autres, ça voulait pas dire que j'étais faite pour être ta femme, dis? Si tu penses, un jour, que tu serais bien avec moi et si tu crois que tu pourras supporter ce qui va venir, tu viendras me chercher, dis?

Ses yeux se mouillaient de nouveau.

— Me dis pas encore oui, tu as trop bon cœur pour ne pas vouloir me faire plaisir. Quand tu seras en ville, tu y penseras... Si un jour tu peux te décider... Moi, je t'attendrai comme avant que tu partes en Afrique et je suis bien contente d'espérer, même si ça arrive jamais...

Trois mois plus tard, j'apprenais qu'elle était morte en couches.

Je fis une manière de rapide pèlerinage, quartier de la Savonnerie. Je nous revoyais, Pudorgne, le Puissant et moi, tirant les sonnettes et les marteaux des maisons et nous sauvant à toutes jambes, ou écoutant des disputes l'oreille collée contre un volet fermé... Nous avions découvert, vers cette époque, que le Chiveyrand, qui s'était marié avec la Glaudine, avait commencé à faire des misères à sa femme dès le lendemain même de son mariage.

La malheureuse lui disait :

— Laisse-moi, Jean. Tu me fais mal. Je veux pas.

Mais le Jean était vraiment trop méchant pour être pitoyable. Il continuait de maltraiter sa femme car la Glaudine se mettait à crier, puis à gémir.

Alors nous cognions à grands coups de sabot contre les persiennes avant de nous enfuir à pieds déchaux. Nous espérions, sans malheureusement pouvoir le vérifier, que le Jean se sentirait si peu tranquille qu'il cesserait de malmener la Glaudine.

Il y avait aussi Mme Landerna, une veuve très riche qui, disait-on, avait un cancer qui la mangeait toute vivante. Sa chambre n'était pas au rez-de-chaussée comme celle des Chiveyrand, elle était au second étage. Mais la pauvre femme souffrait tellement qu'il suffisait de se tenir sur le trottoir d'en face pour ne rien perdre de son supplice.

C'étaient des cris de bête que l'on égorge, des longues plaintes, des invocations au Christ et à la Vierge, des appels à quelqu'un qui aurait la charité de la tuer afin qu'elle cesse de souffrir.

Il était proche et lointain tout ensemble le temps où nous allions tous trois chercher chaque soir de l'eau à la fontaine afin de nous assurer la bienveillance de la grande Jeanne et de ses deux filles. Ces dernières, la Génie qui avait quatorze ans et la Nanette qui en avait quinze, se chamaillaient sans cesse tant entre elles qu'avec leur mère. Le constant travail de forçat accompli par celle-ci, lessivant d'un bout de la journée à l'autre, quels que fussent le temps et la température, les laissait insensibles et ne faisait naître entre elles aucun instinct d'émulation. Elles traînaient du matin au soir, bavardaient comme des pies, révélant ainsi qu'à défaut d'activité elles avaient beaucoup de projets. Elles espéraient bien se placer dans quelque bonne maison bourgeoise comme servantes.

La Nanette, perchée sur le seuil de sa porte, surélevé de trois marches, avait grandi plus vite que ses jupes et scandalisait fort les garnements par une exhibition quasi constante de « toute sa boutique ». Elle surveillait la rue en drapant quelque guenille autour du bâton qui lui servait de poupée, baissant les yeux à notre passage, comme pour éviter une vision désagréable.

La Nanette, la Mélie, toutes les fillettes de l'endroit avaient fréquenté le couvent des Sœurs blanches et se trouvaient ainsi mises en garde contre les dangers qui résulteraient pour leurs âmes fragiles de toute fréquentation masculine.

Cela dit, pour la Nanette cette réserve était déjà envolée.

Il ne fallait pas, il est vrai, compter sur quelque réussite sociale dans le pays même. Nulle maîtresse de maison d'Ambert n'eût consenti à s'encombrer de la présence de belles filles qui n'avaient pas le courage de se débarbouiller et de se peigner, sauf le dimanche. En outre, leurs talents culinaires n'allaient pas au-delà de la préparation d'une soupe de pommes de terre et ce n'était un secret pour personne qu'elles ne savaient même pas faire un lit.

Et les deux sœurs, assises à croupetons et en vis-à-vis, s'entretenaient à haute voix de leur avenir. Elles iraient travailler à Lyon et chacune aurait un amant. La ville de Lyon était pleine de garçons qui attendaient la Génie et la Nanette pour leur donner du bon temps.

Ces anticipations étaient remarquablement justes : dès le début de la convalescence de leur frère le Puissant mis à mal par le Ducoin [1], la Nanette réussit précisément à obtenir un mystérieux engagement à Lyon. Son attente ne fut point déçue : moins d'un an après elle revenait avec un gros ventre.

Le Galibardi avait abandonné ses recherches autour de sa fameuse poudre blanche. La Grande n'avait plus besoin de venir lui demander s'il croyait que les pommes de terre s'arrachaient toutes seules. Plus d'expériences.

Mais je me rappelais avec délices et amusement le mélange de soufre et de chlorate plié dans du papier et placé sur une pierre dure qui, sous un coup de marteau, produisait une détonation plus forte qu'un coup de fusil.

En recouvrant l'explosif d'une plaque de fer avant de frapper, le résultat était supérieur. Sans difficulté je m'en étais approvisionné.

1. Voir *Toinou* — Antoine Sylvère, collection Terre Humaine, Plon.

Avec Pudorgne et le Puissant nous tombâmes d'accord que le meilleur emploi qui pouvait se faire d'une force était de l'utiliser contre ses ennemis. Parmi eux, en première ligne, les donneurs de coups de pied au cul étaient particulièrement visés.

Le Rode, le pâtissier en était un. C'était sur le seuil de la boutique, avec double charge, qu'il fallait placer le gros pétard. On mettrait dessus la plaque de fer et on y laisserait tomber un gros pavé. Gare à la bombe mes amis!

Pudorgne suggéra que l'effet serait plus heureux encore si chacun prenait soin de se munir d'un plein tablier de verre cassé qu'on prendrait à la décharge publique. En même temps qu'aurait lieu l'explosion on mitraillerait les volets de la devanture. Le Rode aurait une sacrée peur. Il se lèverait en chemise et croirait que les anarchistes faisaient sauter le magasin.

Le projet d'attentat était parfaitement au point, lorsque, la nuit étant bien tombée, les chenapans que nous étions alors purent vérifier que le Rode se mettait au lit, par le jeu des lumières montant du rez-de-chaussée à l'étage. Peu après, une extinction totale nous avertissait que le pâtissier n'allait pas tarder à s'endormir.

Les sabots ayant été préalablement déposés sur la position de repli régulièrement prévue, nous avançâmes, moi porteur de la bombe, Pudorgne et le Puissant lestés de débris de carreaux. L'explosif fut mis en place sous sa plaque de métal et le verre cassé tenu en main.

Une formidable explosion suivie d'un vacarme de vitres pulvérisées réveilla tout le boulevard.

Après un certain temps d'indécision, les plus résolus se levèrent afin de s'enquérir. La rumeur grandissante incitait les plus timides à sortir de chez eux pour aller voir chez le Rode où des gens malintentionnés avaient tenté de faire sauter la maison à la dynamite.

Bien avant que les plus courageux aient mis le nez à la fenêtre, nous avions repris nos sabots et rejoint nos logis, sereins et tranquilles, conscients que justice était faite et devoir accompli.

Le lendemain, le Rode alla se plaindre à la gendarmerie qui dressa procès-verbal mais ramena l'affaire à ses véritables dimensions. L'un des enquêteurs montra à la victime, qui s'obstinait à parler de dynamite, que le montant des dégâts ne s'élevait pas même à un sou et qu'il ne pouvait s'agir que d'un simple pétard. Il y avait certainement eu tapage nocturne sans plus. Mais si la gendarmerie trouvait le coupable, promis, juré, « ça ne se passerait pas comme ça ».

Le Pantomin [1] avait appris l'événement par les commentaires qui se firent de bouche à oreille. Il en conclut que c'était là une simple farce qui avait tellement ému ce pauvre couillon de Rode qu'il en était encore malade. Ce coup lui avait « foutu la foire ». Et de rire. Il

1. Voir *Toinou* — Antoine Sylvère, collection Terre Humaine, Plon.

pressentait bien, en outre, que ses « trois terribles » y étaient pour quelque chose.

Le surlendemain nous lui révélâmes l'existence de la fameuse poudre blanche. On en fit un essai à l'usine à gaz. Ce fut absolument concluant.

Sans y mettre malice, le Pantomin nous expliqua que le chemin de fer employait des pétards de ce genre. Quelquefois il est nécessaire de faire arrêter un train, pour éviter un accident. On les pose sur les rails et la machine les fait partir en roulant dessus.

Ce ne fut que plus tard, après avoir quitté notre homme, que nous réalisâmes tout le parti que nous pourrions tirer de ses enseignements.

Le soir même, nous étions tous les trois sous le pont du chemin de fer dans l'attente du train de dix heures. Six pétards avaient été posés sur les rails avec un beau souci d'équidistance.

Le convoi s'annonça par un bruit sourd, grandissant de seconde en seconde. Il aborda le pont dans un bruyant tapage de ferrailles heurtées...

Pan... Pan... Pan... Pan... Pan... Pan...

Pudorgne le premier donna des signes d'une jubilation intense. Le coup était réussi. Plus réservé, je tenais à en observer les conséquences. Le train ralentit, à notre grande satisfaction. Il s'arrêta, siffla longuement. Puis le mécanicien, apercevant devant lui des rails bien nets jusqu'à la gare bien éclairée, avec toute la signalisation en place autorisant l'entrée, se décida à se remettre en marche. On peut supposer qu'il se demandait s'il n'avait pas été victime d'une hallucination, tout comme son chauffeur.

Vraiment, ce soir-là, nous fûmes tous trois au comble de la jubilation : le train s'était bel et bien arrêté parce que nous lui en avions donné l'ordre. Nous n'avions jamais entendu dire dans le pays que quelqu'un, sauf les employés de la gare, eût jamais été capable d'en faire autant.

Le lendemain, le Pantomin mit les choses au point :

— Maintenant ça suffit, dit-il sévèrement, vous avez fait assez de conneries pour aller tout droit en maison de correction, si que ça se savait. Surtout avec le chemin de fer! Vous savez donc pas, petits cons, que le chemin de fer c'est plus fort que tout? Y z'ont des tas d'avocats qu'y payent cher pour rien foutre et qui sont bien contents quand y peuvent trouver quéque chose pour emmerder le monde? Ça va bien p'têt' pour une fois, quand le mécanicien en a parlé le chef de gare a dû dire qu'y s'était p'têt' ben saoulé la gueule pour s'figurer qu'y lui avait fait met' des pétards pour s'amuser! Mais si c'était la même chose une aut'fois, la gare elle foutrait les gendarmes su'l'affaire et y faudrait ben qu'y trouvent, et y trouveraient, qui qu'a fait le coup. Et y faudrait ben y passer c'coup-là, devant le juge. Et y faudrait pas qu'y soye feignant le juge. Y aurait un avocat du chemin de fer pour le faire marcher et y faudrait ben qu'y vous emboîte tous les trois. Et pis, y faudrait qu'y sache d'où c'est qu'elle vient la poud'blanche. Et y f'rait une drôle de gueule le Galibardi quand c'est qu'on viendrait le chercher pour qu'y s'espique.

Sois tranquille, maiche! Quand c'est qu'y sauraient qu'y a un peu de bien et deux vaches, y s'raient contents les hommes d'affaires du chemin de fer! Y sauraient ben se démerder pour les z'y faire vendre. Y z'y laisseraient pas un sou, au Galibardi. V'là comment c'est qu'y sont au chemin de fer.

Y a pas de pétard, c'est l'cas d'le dire, si vous bougez pus. On s'figurera pas qu'c'est vous aut'. Si on l'y disait au chef de gare y répondrait qu'on s'fout de lui, c't'homme. Mais maintenant, barka, hein, amusez-vous entre vous sans emmerder les grandes personnes ou alors z'avez qu'à vous sortir de mes jambes, j'voudrais pus vous voir.

C'était la plus terrible des sanctions et la plus redoutable menace pour nous trois. Nous nous déclarâmes dûment avertis. Et puis, le stock de poudre blanche était complètement épuisé et il ne fallait pas compter que le Galibardi en refabriquerait de sitôt. C'était l'époque de l'arrachage des pommes de terre.

Ce n'était pas la première fois que je m'entendais voué à la maison de correction, et j'aurais bien voulu savoir où se trouvaient de telles maisons et ce qu'on y faisait. Le Pantomin connaissait bien deux garçons qui y étaient partis, il y avait plus de vingt ans. Ils n'étaient jamais revenus. Il savait seulement que l'un d'eux avait été tué à coups de fourchette dans une prison centrale.

Revenant au quartier de la Savonnerie, je savais moi aussi, maintenant, ce qu'était l'univers des prisons...

Et qu'étaient nos bagarres d'antan comparées à celles que j'avais connues au cours de ces dernières années aventureuses?...

... Je me rappelais le Touchard qui, à treize ans, travaillait déjà à la fonderie et ne manquait jamais l'occasion de rosser mes deux amis Pudorgne et le Puissant et ne se laissait jamais rattraper...

Ce me fut une occasion de prendre le commandement de notre inséparable trio.

— Maintenant, c'est nous qu'on ira le chercher, le Touchard. Il faudra pas se séparer. On l'attaquera à coups de pierre. Faudra en avoir chacun une pleine poche. S'il en coince un faudra pas que les autres se sauvent. C'est moi que je suis le plus fort et je le cognerai avec un caillou dans la main, vous autres, faudra vous cramponner à ses bras et lui taper dans les jambes, si fort que vous pourrez à grands coups de sabot, et le mordre s'il y a moyen. Faut le battre jusqu'à ce qu'il demande pardon, ce grand feignant.

Plusieurs soirs le guet-apens fut tendu sans résultat. Le Touchard faisait toujours partie de quelque bande qui rendait une agression impossible. Ce fut seulement une veille de Noël que nous eûmes l'occasion d'utiliser nos munitions, qui n'avaient pas été rassemblées sans mal par temps de gelée.

Ce jour-là, le garçon était bien seul. Il ne s'agissait pas de reculer.

— Allons-y, décidai-je.

Notre émotion rendit tout d'abord le tir peu efficace à longue distance, mais le Touchard engagea une contre-attaque avec une belle détermination. Ce fut sa perte. Au moment où, nous abordant, il empoignait Pudorgne de face — qui se jetait dans ses bras avec un exemplaire esprit de sacrifice — il reçut en pleine figure un galet fort bien roulé que le Puissant lui adressa d'une distance de moins de deux mètres. Après quoi, ce fut l'assaut.

Aveuglé par le sang, mordu par deux démons qui se cramponnaient à lui, le garçon s'offrait sans défense à mes coups d'autant plus redoutables que, s'il était mon aîné de deux ans, j'avais déjà sa taille et sa stature. Le Touchard se mit à hurler :

— Aaaaaaa! ... Ooooooo... Oyo... Oyo... V'z'aller pas me tuer tout d' même! Dites! Pardon... on... Pardon... on...

Je jugeai qu'un armistice pouvait être conclu :

— Tu nous chercheras plus jamais? Tu en « fais la croix »?

Le Touchard était prêt à en faire la croix.

Après que le vaincu eut prêté serment, nous affirmâmes notre volonté de ne plus jamais nous laisser battre par les grands.

— T'es pas bien fort, mais si t'avais été plus fort il aurait fallu qu'on gagne tout de même, tu sais! On aurait bien trouvé des outils, va, pour te faire demander pardon. Y aurait eu qu'à te piquer un peu, t'aurais compris qu'on n'est pas de ceux qui se laissent faire.

Pudorgne et le Puissant étaient émerveillés par mes propos et par ma victoire.

Le Touchard était sérieusement marqué au visage et promenait sa main sur une chevelure en broussaille pour tâter ses bosses, tandis qu'il geignait sur les démangeaisons de ses bras et de ses cuisses qui portaient des traces de morsures. Pudorgne cependant n'avait pas encore complètement pardonné :

— Si y nous prend en traître, faudra y couper l'oreille.

Le Touchard ne fut plus jamais disposé à courir le risque de se faire couper l'oreille!...

Je fis une tournée d'adieux dans la famille, affirmant mon intention de partir travailler à Clermont-Ferrand. Ma mère fit quelques dettes, me procura un complet propre, un peu de linge et un bleu de travail. Enfin, elle me remit vingt francs pour tous mes frais d'installation.

A Clermont, je pris une chambre rue des Gras, au sixième étage, moyennant quatre francs par semaine. Je payai d'avance la première semaine et m'organisai sans tarder. J'achetai deux kilos de pain, une livre de saindoux et un litre d'alcool pour alimenter un réchaud que j'avais emporté d'Ambert.

Le lendemain matin je me présentai à l'embauche. Je fus refusé chez Michelin et chez Bergougnan et accepté chez Torilhon. Je pris le travail immédiatement. Ce travail consistait à bêcher de la gomme dans des baquets de benzine de façon à faire une sorte de pâte qui constituerait le revêtement d'habits de caoutchouc, spécialité de Torilhon. A midi, je croquais mon pain sec et je reprenais le travail jusqu'au soir. Je faisais dix heures et gagnais deux francs cinquante au bout de ma journée.

Je rentrais à pied rue des Gras pour éviter de dépenser dix centimes de tramway, faisant pour cela deux kilomètres.

Le soir, je faisais ma soupe sur mon réchaud, pain, eau et une petite boule de graisse de la grosseur d'une noisette. Je reprenais le régime de mon enfance. Ensuite, je pensai à l'essentiel. Je constatai qu'il me restait en caisse douze francs vingt-cinq. Je passai chez le bouquiniste, place de la Préfecture. Là s'offrait un choix considérable de livres scolaires. J'achetai pour dix sous le cours d'algèbre de la classe de Mathématiques Élémentaires, pour le même prix le cours de géométrie, pour trois francs l'Histoire et la Géographie avec atlas. Enfin, désirant compléter mes connaissances littéraires, j'acquis les *Pensées* de Pascal pour quatre-vingt-quinze centimes. Je pris également une dizaine de cahiers, encre, plume, porte-plume et rentrai pour conquérir ma vie, très fier.

J'étais libre, je gagnais ma vie, et j'allais pouvoir m'instruire.

Quel serait mon avenir? Je n'en avais aucune idée mais j'allais acquérir un savoir certain. De cela, j'étais sûr.

Chez Torilhon j'appris aussi que j'étais capable de plaire. Une fille d'Ambert, de mon âge, vint me trouver et, tout de go, me proposa de me mettre en ménage avec elle :

— Tu n'auras pas à payer de chambre puisque j'ai la mienne. Nous aurons cent sous à dépenser par jour et nous pourrons sortir et nous payer un peu de bon temps ensemble.

— J'ai l'habitude de faire mes bêtises moi-même, répondis-je froidement. Quand j'aurai envie d'en faire une de ce genre, je te préviendrai.

Je n'aimais pas boire, je ne savais pas danser et n'avais nulle envie d'apprendre. On conçoit que ce fut sans regret que je déclinai cette offre qui eût emballé bien des jeunes ouvriers de cette usine.

Marcel Daumail était remonté à Paris mais, dans le courant du mois d'août, je rencontrai le fils Ouvry dont le grand-père et le père, fabricants de chapelets, étaient terriblement portés vers les amours ancillaires, ce qui avait entraîné mon ancien camarade à rompre toute relation avec sa famille et à refuser d'elle tout secours d'argent. Je me rappelais bien qu'il avait été de la « classe spéciale » chez les Frères de l'École chrétienne. Il avait à peu près mon âge et ma taille, alors. Il m'attirait quoique appartenant à la classe sociale des nantis d'Ambert, ceux dont on ne citait le nom que précédé de « Fils ». Ainsi y avait-il le Fils Ouvry, le Fils Vorilhon, le Fils Daumail... d'autres dont on voit encore le nom sur des plaques et des devantures.

Un jour, le Fils Ouvry m'avait abordé dans la cour pour me tendre une grosse barre de chocolat valant deux sous, m'avait prié de la manger, puis s'était effacé sans tenter d'autre rapprochement.

Sept ans plus tard, à la faveur de notre rencontre de Clermont, il éclaircissait un fait dont personne en classe, sauf le Frère, ne connaissait les mobiles. Un beau matin le Frère Hermyle avait trouvé son bureau défoncé et des quantités de bons points éparpillés dans son cabinet. Pourquoi cela? Simplement parce que le Frère, ayant cueilli entre les mains de Joubert une lettre adressée à une fillette, l'avait placée dans son bureau et avait fait prévenir les parents de l'élève de la nécessité d'une visite urgente. Le lendemain, en même temps que les bons points jetés au vent, la lettre avait disparu. Donc le délit. Le Fils Ouvry était pensionnaire et n'était pour le Joubert qu'un camarade très éloigné, bien placé par conséquent pour venir à son secours. Ayant assisté au rapt de la lettre et à la fureur du Frère, il avait seul compris ce qui venait de se passer. Il avait déjà ce tempérament de terre-neuve dont il usa à mon égard, à Clermont.

Il se montra enchanté de me revoir et le soir même, dans ma chambre, il jeta un coup d'œil sur mes cahiers et sur mes livres, considéra les *Pensées* de Pascal et conclut :

— Tu es devenu bien sérieux.

— Je ne vois pas ce que je pourrais faire de mieux?

Il considéra également les petits résumés d'histoire, de géographie, quelques pensées écrites sur un petit carton, semblable à ceux que j'emportais à l'usine et sur lesquels je jetais un coup d'œil à la dérobée lorsque le travail le permettait.

Ouvry était bachelier et enseignait l'allemand pour cent francs par mois au collège libre Godefroy-de-Bouillon.

— Je sens que tu vas devenir mon ami le plus proche et que je serai le tien, dit-il avant de me quitter. Tu es déjà très avancé, bien plus qu'il n'est nécessaire pour ce que je vais te proposer. Tu vas te présenter au brevet en octobre. Tu réussiras sûrement et, muni de ton brevet, tu pourras trouver une place d'instituteur libre dans un pensionnat. Je t'aiderai dans cette recherche. Tu pourras gagner soixante francs par mois, mais tu seras blanchi, logé et convenablement nourri.

Je le remerciai chaudement, ébloui par la perspective de ce pactole. Je posai simplement la question :

— Il y a vingt francs de frais d'inscription à payer et je n'ai aucune chance de réunir cette somme, d'autant plus que mes chaussures menacent ruine.

— Ne t'inquiète pas. Je réglerai les frais d'inscription.

Le dimanche suivant, il m'arracha à mon travail. Après avoir assisté à la messe ensemble, où je le suivis, je l'avoue, sans répugnance, nous allâmes faire une promenade à pied, devisant ensemble avec beaucoup d'entrain et de gaieté.

Un mois avant la session du brevet — qui portait alors le nom de Brevet de capacité pour l'enseignement primaire — Ouvry me déclara en me tendant deux louis :

— Tu vas rentrer à Ambert. Tu remettras les quarante francs à ta mère et tu achèveras ta préparation, surtout sur les parties où il peut te rester des vides : dessin, écriture, par exemple, car le brevet, quoique d'un niveau peu élevé, forme un ensemble très complet.

A Ambert, tu en profiteras pour aller voir l'abbé Citon. C'est un très brave homme. Il saura te recommander chaudement et avec beaucoup d'efficacité lorsque nous aurons trouvé un poste à solliciter.

Le programme se déroula de point en point. Ma mère fut enchantée de voir tomber quarante francs dans sa caisse et ce mois s'écoula le mieux du monde. L'avant-veille de l'examen, comme il avait été convenu avec l'abbé Citon, j'allai revoir ce digne prêtre. Il me remit une pièce de vingt francs pour payer mon voyage, me loger et me nourrir pendant la session.

Le résultat de l'examen fut brillant. Je sus par Ouvry qui était allé consulter l'appariteur que j'étais le premier, même en français où j'avais terminé le devoir par la citation de Villon : *« Hé! Dieu si j'eusse étudié — Au temps de ma jeunesse folle — Et à bonnes mœurs dédié — J'eusse maison et couche molle; — Mais quoi je fuyais l'école — Comme fait le mauvais enfant — En écrivant cette parole — A peu que le cœur ne me fend ».*

Je revins à Ambert en attendant qu'Ouvry et l'abbé me trouvent un poste. Ce fut vers la fin d'octobre que l'abbé vint me trouver :

— Mon enfant, vous êtes casé : à La Ferté-sous-Jouarre, soixante francs par mois, logé, nourri, blanchi, une classe de quinze élèves, cours élémentaire et moyen. Il faut maintenant que vous vous présentiez correctement. Vous trouverez un pardessus convenable pour soixante francs. Voici cent francs. Vous aurez de quoi payer votre voyage. Allez, au revoir mon ami, et bonne chance!

Je partis donc, observant pendant toute la durée du voyage les villes, les fleuves que je connaissais de nom et que je n'avais jamais vus.

Ma mère m'avait garni une malle contenant tout ce qu'elle avait pu y mettre de linge, et un pantalon de rechange.

Je pris un fiacre, à la gare du Nord, à Paris, pour me transporter à la gare de l'Est, j'enregistrai la malle et passai une bonne nuit dans une chambre à quarante sous. Le lendemain, à huit heures, j'étais à destination.

Le pensionnat comprenait, avec une aile du château de l'Île, un assez long bâtiment réunissant classes et salle des fêtes au rez-de-chaussée, dortoirs et lingerie au premier étage.

Le directeur était un vieillard de quatre-vingts ans, M. Prost, ancien enseignant de ce pensionnat lorsqu'il était entre les mains des Frères de la Doctrine chrétienne.

Il me présenta à mes deux collègues dont l'un, d'ailleurs, avait décidé d'échanger son poste contre un autre qui le rapprochait de sa famille. C'est lui que je devais remplacer à la tête de la petite classe.

Son collègue, Bouchery était un garçon mince, au visage émacié, qui avait passé sa première partie de baccalauréat et qui allait être mon compagnon pendant les deux années de vie studieuse et tranquille que je devais passer dans cette maison.

Dès mes premiers jours d'installation à La Ferté-sous-Jouarre, ou plutôt dès les premières nuits, je me heurtai à un grand obstacle concernant ma volonté de développement intellectuel constant. Par l'effet de la bonne nourriture et des copieux repas de viande, et sans que j'en perçoive les raisons, mes digestions étaient lentes. A partir de huit heures et demie du soir il me devint impossible de me tenir au travail et j'en souffris très vivement.

Je m'en ouvris à Bouchery qui me dit :

— J'ai souffert de cela comme vous et j'y ai mis un terme en fumant. Alors, si vous voulez travailler, allez acheter du tabac et fumez.

Dès le lendemain, je pus veiller, toussant, éternuant, trouvant extrêmement désagréable le goût du tabac, mais je travaillais, constatant que mes idées s'en trouvaient même éclaircies. Pendant cinq ans, après être arrivé progressivement à quarante grammes par jour, je fumai sans qu'il en résultât la moindre contrariété.

Tout de même je créai là, sans le vouloir, sans même y penser, une servitude qui empoisonnerait une partie de mes jours.

Une première obsession a pesé sur moi durant toute ma vie, celle qui est née des difficultés de la vie courante s'opposant à l'impulsion reçue de mon Grand : un désir sans bornes de savoir.

L'autre fut cette habitude de fumer, âprement combattue par certains de mes proches. Devant eux, j'étais violemment tourmenté par ce désir de la cigarette que je ne pouvais satisfaire à mon gré et que je compensais en fumant sans discontinuer lorsque je n'étais plus à portée de leurs regards.

Ainsi l'obsession se développe-t-elle parfois par les attaques et interdictions venues de l'extérieur ou même d'ordre intime, contre une tendance qui s'est étendue sans qu'on y prenne garde et sans en comprendre les dangers.

Ainsi Léon Bloy cessa de fumer à quarante ans et on est surpris de lire dans son Journal cette simple phrase : « Il y a dix mille deux cent quatre-vingt-treize jours que je ne fume plus et mon désir de fumer est aussi ardent qu'au premier jour. »

Cette rupture avait eu lieu pour des raisons mystiques de pénitence d'un chrétien fervent, offrant sa privation en sacrifice. Mais la lutte contre l'habitude de fumer a-t-elle accru la valeur humaine de Léon Bloy? Je ne le crois pas.

Bouchery fut constamment pour moi un bon camarade. De très bonne heure, il était devenu adhérent au *Sillon*, formé de catholiques progressistes, devenus par la suite la base même de la démocratie chrétienne.

Il possédait une bibliothèque philosophique très bien garnie où fort peu de romans figuraient. Nous étions ensemble en parfait accord : un couple de révolutionnaires catholiques, plutôt dressés contre la hiérarchie.

Le curé-doyen de La Ferté-sous-Jouarre ne put jamais nous entendre en confession malgré les sollicitations pressantes qu'il en fit à notre directeur, parlant de craintes d'origine douteuse et de mauvais aloi!

Lors des communions, nous allions nous confesser à Jouarre, auprès d'un excellent curé d'une extrême bienveillance.

Mes élèves étaient de bons petits, fils de bourgeois ou de demi-bourgeois, ou de riches paysans, peu portés à l'espièglerie. Je sus, tout en étant très ferme, me montrer perpétuellement bienveillant, si bien que je n'étais pas craint et que j'en étais heureux. Ils avaient d'ailleurs une très grande admiration pour ma force physique et pour mes exhibitions à la barre fixe!

Au cours d'une promenade, je me rappelle qu'un fait renforça notre mutuelle estime.

Il arrivait parfois qu'un voyou nommé Nonoche, et qui avait servi au bataillon d'Afrique, vivant d'expédients, nous poursuivît de « Croa, croa, croa » imitant le cri du corbeau!

Un jour, il vint pousser ses cris et nous provoquer d'un peu trop près. Je me dirigeai sur lui d'un pas accéléré. Devant ma résolution, il esquissa un mouvement de fuite, mais se ressaisissant, fit face. Je l'abattis d'un coup de poing bien ajusté, puis le ramenant devant les élèves, je lui tins ce simple discours :

— Nonoche, je sais où se trouvent sur toi tous les endroits où on peut te faire mal, et quand je frappe, je fais mal.

Je lui appliquai deux bonne gifles, lui timbrai le derrière d'un bon coup de pied :

— Allez, file, et tâche de t'en souvenir.

Je n'ai pas besoin d'ajouter avec quels yeux admiratifs les gamins me considéraient au cours de cette scène.

Il va sans dire que mon éducation, si elle ne m'avait pas enseigné la pédagogie, m'avait fourni une abondante source d'informations quant aux fautes qu'il ne fallait pas commettre.

J'avais dans ma classe un fils d'ouvrier nommé Adam, le plus pauvre de mes élèves. Il se donnait des allures de voyou et dès le deuxième jour son voisin de table se leva en pleurant :

— M's'ieu, Adam m'a dit qu'il me rentrerait dans le chou pendant la récré!

Je ne grondai pas Adam, me contentant de lui dire :

— Voyons! je sais bien que tu n'en feras rien, car tu n'es pas un méchant garçon.

Dès lors, je pris soin de monter Adam en épingle et de le féliciter chaudement chaque fois que son travail le permettait. Il devint, au cours de l'année, un des meilleurs élèves de la classe, et le plus confiant.

De son côté, un certain Butel m'avait voué une affection profonde. Bon travailleur, il ne pouvait acquérir que lentement et avec beaucoup de peine. Un jour, il vint me trouver, les larmes aux yeux :

— Qu'est-ce qu'il y a, mon petit?

— Je me sens très malheureux parce que je ne suis pas intelligent.

Je sus lui montrer que l'intelligence ne consistait pas simplement à faire rapidement un problème d'arithmétique ou à connaître par cœur les préfectures de tous les départements de France, mais qu'elle consistait à envisager avec sérieux les problèmes de la vie et à trouver les personnes auxquelles on peut soumettre des questions provisoirement insolubles.

D'autre part, je lui expliquai longuement que les connaissances acquises persistent d'autant mieux qu'on a eu plus de mal à les acquérir, que peu de temps après avoir fini leurs études qui ne seraient pas poussées très loin, ses petits camarades oublieraient vite ce qu'ils avaient appris, tandis que lui en garderait une empreinte profonde grâce à ses difficultés qui lui faisaient croire qu'il n'était pas intelligent.

Mes veillées étaient fructueuses. Je fis de très grands progrès en mathématiques supérieures et mathématiques spéciales et, dépassant le programme des grandes écoles, j'attaquai l'analyse. Je me procurai donc une bibliothèque solide d'ouvrages modernes.

Au bout de ma deuxième année je devais partir faire mon service militaire.

Je quittai La Ferté-sous-Jouarre les premiers jours d'octobre après de très affectueux adieux à mon directeur comme à mon camarade et, après un très court passage à Ambert, je fus incorporé au 86ᵉ de ligne.

J'étais propriétaire de plus de six cents francs de livres mais sans argent, fait qui me garantit contre tout écart durant mes deux années de service.

Vint la guerre de 1914/1918. Ses effets retentirent jusqu'au fond de nos villages du Livradois. Les hommes de Montsimon partirent du côté des frontières et y moururent, à quelques exceptions près. Le Charles fut pulvérisé par un 210 devant Dixmude et le Damien disparut vers le moulin de Denœuvre. On le vit là, pour la dernière fois, en arrière-garde, près d'un camarade éventré qu'il refusait d'abandonner seul devant la mort.

Et c'était là tout le Damien!...

Dans les villages, les femmes firent des affaires. Les bois furent vendus et les coupes se dégradèrent et se dégarnirent comme des crânes de vieux. Les noyers furent abattus pour faire des crosses de fusil et les pins furent découpés en rondins qui s'enfouirent dans les tranchées du front. Les tiroirs se garnirent de francs-papier et la Catinchoune et la Marie de chez le Mathieu se payèrent chez le dentiste de la ville des mâchoires éblouissantes.

Rien ne resta du Grand et de la Grande, ni du vieux Vincent dont le grand-père vit rouer le Damien Mouhet sur la place du Pontel [1].

J'étais appelé à durer. J'allais donc vivre, même si je devais maintes fois être confronté à la mort.

Désormais, tout serait différent. En un temps extrêmement court mon sort serait modifié par les mutations les plus importantes et les plus profondes qu'aient jamais connues les hommes. Vite, si vite...

Mais il m'apparaissait soudain, chemin faisant, que c'est dans le patrimoine héréditaire qu'est la vraie chance, source de toutes les autres chances.

1. Voir *Toinou* — Antoine Sylvère, collection Terre Humaine, Plon.

FAC-SIMILÉS

1. « Jeunes Faussaires. » Article paru dans *l'Écho de la Dore*, n° 51, en décembre 1905. (Archives de la Grande Écurie du Roy, à Versailles.)

2. L'affaire Sylvère devant la cour d'assises du Puy-de-Dôme : l'acte d'accusation. Article paru dans *l'Écho de la Dore*, n° 9, du 2 mars 1907. (Archives de la Grande Écurie du Roy, à Versailles.)

Jeunes Faussaires

L'administration des postes vient de découvrir une affaire de faux mandats-cartes dans laquelle sont actuellement impliqués deux jeunes gens d'Ambert.

L'un d'eux, M... P..., âgé de vingt ans, déjà connu de nos lecteurs, a été écroué vendredi matin à la maison d'arrêt, et l'autre, un jeune employé des postes du bureau d'Ambert, dont nous tairons le nom, en raison de la parfaite honorabilité de sa famille, a disparu depuis un mois et demi sans qu'on ait eu depuis de ses nouvelles.

L'auteur principal est l'ancien employé de la poste, et M... n'a été, en l'espèce, que son complice.

L'employé indélicat avait d'abord rempli les fonctions de porteur de dépêches, mais, depuis un an, l'administration avait autorisé M. le receveur à se l'adjoindre comme aide. Il était ainsi chargé de faire les divers courriers, de répondre au téléphone, quelquefois il faisait également de la télégraphie.

Jusqu'à ces derniers temps, jamais on n'avait eu à se plaindre de lui, il paraissait être d'une probité parfaite, seulement on avait remarqué que les compagnons qu'il suivait en dehors du bureau, n'étaient pas dans le public des mieux cotés. A différentes reprises, il avait manifesté l'intention de quitter Ambert pour se rendre en Amérique. Il semblait également avoir un caractère assez singulier, on le voyait constamment s'occuper de chimie, de la fabrication d'explosifs, c'était ainsi qu'il dépensait tout son argent. Mais de la part d'un jeune homme de 16 à 17 ans, on considérait tout cela comme des enfantillages. Seulement, l'employé des postes ne devait pas se borner à de tels actes qui, au fond, ne causaient préjudice à personne.

On suppose que l'idée de partir germa de plus en plus dans son cerveau ; mais comme il n'avait pas l'argent nécessaire pour faire le long voyage qu'il se proposait, voici de quelle façon il s'en procura.

Il prit au bureau de poste quelques imprimés de mandats-cartes, qui sont ordinairement à la disposition du public, les remplit lui-même au nom de M... P..., qui était censé se trouver à un hôtel de telle ou telle localité du département, puis y apposa les timbres à dates et les indications indispensables pour leur authenticité, et finalement les mit en circulation dans les paquets de dépêches qu'il faisait lui-même.

Auparavant, il avait eu soin de s'entendre avec M... qui quittait Ambert le jour ou la veille du départ du mandat, allait s'installer à l'adresse portée sur la valeur et attendait l'arrivée du facteur qui lui versait ainsi le montant de la somme que l'employé indélicat y avait inscrite.

Inutile d'ajouter que le mandat en question n'avait figuré sur aucun registre de la poste.

L'employé avait opéré seul, et la responsabilité du receveur des postes et de son personnel ne peut être mise en cause.

C'est par ce moyen que M... a pu toucher dans différents bureaux une somme de plus de 1,200 fr. qu'il a remis au moins en partie à l'auteur des faux mandats.

Tout a été fait dans une période de huit jours, vers la fin octobre, c'est-à-dire quelques jours avant le départ de l'ancien employé.

Ce dernier est activement recherché.

Cour d'Assisses du Puy-de-Dôme

L'AFFAIRE SYLVÈRE

Faux et usage de faux

Cette affaire s'est déroulée à Ambert ; elle a occupé, l'année dernière au mois de février, une audience de la Cour d'assises. L'accusé principal, Sylvère Antoine, avait pris la fuite ; par contumace, il fut alors condamné à 20 ans de travaux forcés, 20 ans d'interdiction de séjour et 3.000 francs d'amende.

Antoine Sylvère est né le 4 mai 1888.

M. Delange, avocat général, soutient l'accusation.

Me Valleix, du barreau de Clermont, est au banc de la défense.

Voici les faits reprochés à Sylvère, tels que les reproduit l'acte d'accusation.

Acte d'accusation

Dans les premiers jours de novembre 1905, l'attention de l'administration des postes fut attirée sur les conditions irrégulières dans lesquelles cinq mandats-cartes avaient été émis par le bureau d'Ambert, sans mention sur le registre à souche du dépôt des fonds et sur les circonstances des paiements effectués à Saint-Amand-Roche-Savine, Courpière, Clermont-Fd et Saint-Alyre.

Une enquête administrative fut ouverte, qui révéla que ces émissions constituaient autant de faux, dont l'auteur principal était un nommé Sylvère Antoine, âgé de 17 ans, aide au bureau d'Ambert, et que l'usage des faux mandats pouvait être imputable à un nommé Montel Pierre et à un nommé Chanteloube Jean-Marie. Plainte fut déposée par l'administration des postes et une information fut ouverte par le parquet d'Ambert. Elle a donné les résultats suivants :

Dans le courant du mois d'octobre 1905, Sylvère déclara au nommé Montel Jean-Marie, âgé de 18 ans, qu'il se rendait en Amérique et l'emmènerai volontiers. Il ajouta que la traversée coûterait 300 fr., mais qu'il avait 1,500 francs d'appointements à la poste et qu'il se proposait de toucher cette somme à l'insu de sa famille. Il invita Montel Jean-Marie à toucher pour lui cet argent, au moyen de mandats qu'il transmettrait lui-même dans divers bureaux. Il lui offrit une commission importante. Montel Jean-Marie refusa. Il n'en fut pas de même de Montel Pierre, frère du précédent. Celui-ci acquiesca au conraire à ces propositions et tout fut contvenu entre eux.

C'est ainsi que Sylvère, dans les derniers jours d'octobre 1905, s'empara au bureau de poste d'Ambert de cinq formules de mandats-cartes, les remplit, en indiquant une somme, au total, de 1,245 fr. 90 centimes, les data et leur donna l'authenticité en apposant les timbres horizontaux et à date. Le bénéficiaire désigné était, pour quatre mandats, le nommé Montel, et pour le cinquième, un nommé Chanteloube Jean-Marie. Sylvère, après avoir fabriqué ces faux mandats et leur avoir donné l'authenticité au moyen des des timbres, les glissa dans le courrier et les transmit aux bureaux chargés de les acquitter, en en faisant ainsi lui-même le premier un usage délictueux. Montel Pierre se rendit, à son tour, dans les localités indiquées et, après des incidents divers, parvint à toucher le montant des quatre premiers mandats, soit 995 fr. 90. Quand au cinquième, il fut touché par un individu que l'on crut tout d'abord être le nommé Chanteloube ; mais ce dernier, inculpé d'usage de faux, a établi un alibi et un non-lieu est intervenu en sa faveur. Ce mandat a été touché à Saint-Alyre par un individu demeuré inconnu est que Sylvère avait accompagné dans cette localité.

Sylvère, auteur principal des cinq faux, disparut ce même jour, 29 octobre, et, depuis, il s'est dérobé à toutes les recherches. Montel a déjà subi neuf condamnations, dont trois pour vol. Sylvère n'a jamais encouru de condamnation, mais les renseignements recueillis sur son compte sont mauvais.

Sur le verdict négatif du jury, Sylvère est **acquitté**. Il est mis en liberté.

Cet ouvrage reproduit par procédé photomécanique
a été achevé d'imprimer sur presse CAMERON
dans les ateliers de la S.E.P.C.
à Saint-Amand (Cher), le 18 avril 1983
pour le compte de France Loisirs
123, boulevard de Grenelle, Paris

Dépôt légal : avril 1983.
Nº d'Édition : 7883. Nº d'Impression : 469.

Imprimé en France